Angie 4.84.

Zu diesem Buch

Wenn Neill über Neill schreibt, dann legt kein pädagogisches Denkmal Rechenschaft vor der Nachwelt ab, dann verteidigt kein schottischer Heideschulmeister sein pädagogisches Konzept, das beinahe gegen seinen Willen in den Mittelpunkt einer weltweiten Kontroverse über Grundprinzipien der Erziehung rückte. Seine Biographie ist eine unsentimentale bildhafte Schilderung des engagierten Lebens eines humanen, witzigen, klarsichtigen und welterfahrenen Mannes.

Neill erzählt von seiner Jugend, seinen Lehrjahren im schottischen Hochland, von der Studienzeit in Edinburgh und von Vorbildern und pädagogischen Experimenten, die ihn nachhaltig beeindruckten. Aber wir erfahren auch viel von Menschen, die ihn unmittelbar beeinflußten: der skurrile Onkel und Dorffriseur Neill, die bibelfeste Großmutter, der gestrenge Herr Vater, ein auf Zucht und Ordnung achtender Dorfschullehrer und die rebellische Lieblingsschwester Clunie.

Hier erzählt kein Phantast oder Schwärmer, sondern ein Mann, der mit beiden Beinen fest auf der Erde stand. Seine berühmte Summerhill-Schule ist der Beweis für die Realisierbarkeit einer Pädagogik, die sich an praktischer Menschlichkeit orientiert.

Als rororo lieferbar: «Das Prinzip Summerhill: Fragen und Antworten» (rororo sachbuch 6690), «Theorie und Praxis der antiautoritären Erziehung. Das Beispiel Summerhill» (rororo sachbuch 6707)

A. S. Neill

Neill, Neill, Birnenstiel!

Erinnerungen
des großen Erziehers
A. S. Neill

Deutsch von
Monika Kulow und Harry Rowohlt

rororo
Rowohlt

Umschlagentwurf Werner Rebhuhn (Foto: Joshua Popenoe)
Die Originalausgabe erschien 1972 unter dem Titel
«Neill! Neill! Orange Peel!»
bei der Hart Publishing Company, Inc., New York
Die deutsche Übersetzung folgt der vom Autor erweiterten,
1973 bei Weidenfeld and Nicholson, Ltd., London,
erschienenen Ausgabe

Veröffentlicht im Rowohlt Taschenbuch Verlag GmbH,
Reinbek bei Hamburg, April 1982

Gesamtherstellung Clausen & Bosse, Leck
Printed in Germany
880-ISBN 3 499 17482 0

Inhalt

Teil I

Teil II

Über Summerhill

Über Bücher und über das Schreiben

Über mein Leben

Teil I

Eine Bemerkung über den Titel

Vor Jahren ging ein kleiner Summerhill-Schüler namens Hetney umher und murmelte «Neill, Neill, Birnenstiel» vor sich hin. Der Ausdruck bürgerte sich ein und besteht nun schon seit mehr als fünfundzwanzig Jahren. Noch heute laufen mir kleine Kinder nach und skandieren: «Neill, Neill, Birnenstiel!» Meist reagiere ich wie folgt darauf: «Wieder falsch! Bohnenstiel, nicht Birnenstiel.»

Ich wählte diesen Reim als Titel für meine Autobiographie, weil er die Summe meines Lebens mit Kindern darstellt; er könnte sogar der Wahlspruch von Summerhill sein, wenn es uns auf Wahlsprüche ankäme. Diese Worte erzählen die ganze Geschichte meiner Schule und meines Lebens. Sie zeigen, wie der Abgrund zwischen den Generationen überbrückt – oder eher abgeschafft – werden kann, denn sie drükken weder Frechheit noch Haß aus, sondern Liebe; sie bedeuten Gleichberechtigung. Wenn jedes Kind auf der Welt seinen Lehrer einen Birnenstiel oder Ähnliches nennen könnte, bekäme ich nicht so viele Briefe, in denen steht: «Ich hasse meine Schule. Kann ich nach Summerhill kommen?»

Der Reim des kleinen Jungen zeigt, daß es den Abgrund zwischen Schülern und Lehrern nicht zu geben braucht, einen Abgrund, den Erwachsene geschaffen haben, nicht die Kinder. Lehrer wollen kleine Götter sein, die durch Würde geschützt sind. Sie fürchten, daß sie ihre Autorität einbüßen und daß sich ihr Klassenzimmer in ein Tollhaus verwandeln könnte, wenn sie sich menschlich benehmen. Sie haben Angst vor der Abschaffung der Angst. Zahllose Kinder haben Angst vor ihren Lehrern. Disziplin schafft Angst. Fragen Sie irgendeinen Soldaten, ob er vor seinem Feldwebel Angst hat; ich habe noch keinen erlebt, der nicht Angst hatte.

Der Reim von Summerhill zeigt der Welt, daß eine Schule die Angst vor den Lehrern abschaffen kann – und, noch tiefer, die Angst vor dem Leben. Und die Kinder behandeln nicht nur Neill lustig und liebevoll als ihresgleichen; der gesamte Lehrkörper besteht für sie aus Kumpels und Spielkameraden. Die Lehrer bestehen nicht auf ihrer Würde und erwarten auch keine Hochachtung, nur weil sie schon erwachsen sind. Das einzige gesellschaftliche Privileg der Lehrer besteht darin, daß sie ins Bett gehen können, wann sie wollen. Sie essen das, was die Schüler essen. Sie werden mit dem Vornamen angeredet und bekommen selten Spitznamen; wenn es doch geschieht, dann sind die Spitznamen Zeichen von Freundschaft und Gleichheit. Dreißig Jahre lang war Corkhill, unser Mathematik- und Physiklehrer, George oder Corks oder Corkie. Alle Schüler liebten ihn.

Vor Jahren schrieb ich in einem meiner Bücher, daß ich Bewerbern, die Lehrer bei mir werden wollten, folgende Frage stellte: «Was würden Sie tun, wenn ein Kind Sie einen blutigen Narr nennt?» Diesen Test mache ich heute noch – nur habe ich «blutig» – außerhalb britischer Gefilde ja kein echtes Schimpfwort – inzwischen durch ein populäres Füllsel ersetzt.

Ich habe immer mehr den Eindruck gewonnen, daß die Hauptreform, die in unseren Schulen nötig ist, die Abschaffung jener Kluft zwischen Jung und Alt ist, die den Paternalismus verewigt. Diese diktatorische Autorität gibt dem Kind eine Unterlegenheit, die es sein Leben lang behält; als Erwachsener tauscht es lediglich die Autorität der Lehrer für die Autorität der Bosse ein.

Armeen mögen notwendig sein, aber niemand – außer vielleicht einem stumpfen Konservativen – wird behaupten, das Militärleben sei ein Modell für das Leben. Trotzdem sind unsere Schulen Wehrmachtsregimenter oder Schlimmeres. Soldaten haben wenigstens viel Bewegung, aber Kinder sitzen meist auf dem Hintern – in einem Alter, in dem der menschliche Instinkt ihnen befiehlt, herumzulaufen.

In diesem Buch erkläre ich, warum die herrschenden Mächte versuchen, Kinder leblos zu machen. Doch die meisten Lehrer verstehen nicht, was ihrer Disziplin und der «Charakterbildung» zugrunde liegt, und die meisten wollen es auch gar nicht wissen. Die disziplinarische Methode ist die leichtere. ACHTUNG! RÜHREN! Das ist der Ton auf Kasernenhöfen und in Klassenzimmern.

Gehorsam, Gehorsam! sagen sie, aber man *gehorcht* nicht einem Gleichberechtigten; man gehorcht einem Vorgesetzten. Gehorsam bedeutet Angst, und das ist ja wohl das letzte Gefühl, das von Schulen gefördert werden sollte.

In den USA haben die Schüler Angst vor schlechten Noten – idiotische Noten, die nichts von Bedeutung besagen – oder vor zu bestehenden Prüfungen; in einigen Ländern, zu denen leider England gehört, kommt immer noch die Angst vor dem Rohrstock oder dem Gürtel hinzu, oder die Angst, von dummen Lehrern angebrüllt oder verkohlt zu werden.

Die Tragödie ist, daß auch der Lehrer Angst hat – Angst davor, für menschlich gehalten zu werden, Angst, die Kinder könnten ihnen auf die Schliche kommen mit ihrem unheimlichen Instinkt. Ich *kenne* das. Zehn Jahre als Lehrer in staatlichen Schulen haben bei mir keine Illusionen über die Lehrer hinterlassen. Auch ich war damals würdevoll, reserviert und ein Zuchtmeister. Ich lehrte in einem System, das sich auf den *tawse*, wie wir in Schottland den Gürtel nannten, verläßt. Mein Vater gebrauchte ihn, und ich tat es ihm gleich, ohne je über die Berechtigung dazu nachzudenken – bis zu dem Tag, an dem ich als Schulleiter einen Jungen wegen Frechheit mit dem Gürtel verdrosch. Mir kam ein neuer, plötzlicher Gedanke. Was tue ich da? Dieser Junge ist klein, und ich bin groß. Warum schlage ich jemanden, der nicht meine Größe hat? Ich warf meinen *tawse* ins Feuer und schlug nie wieder ein Kind.

Die Frechheit des Jungen hatte mich auf sein Niveau hinuntergezerrt; sie beleidigte meine Würde, meinen Status als unanfechtbare Autorität. Er hatte mich angesprochen, als seien wir gleichberechtigt: ein unverzeihlicher Affront. Aber heute, sechzig Jahre später, sind Tausende von Lehrern noch da, wo ich damals war. Das klingt arrogant, aber es ist einfach die nackte Wahrheit, daß sich Lehrer weitgehend weigern, Menschen aus Fleisch und Blut zu sein.

Gestern erst hat mir ein junger Lehrer berichtet, sein Schulleiter habe ihm mit Entlassung gedroht, weil ein Junge ihn Bob genannt hatte. «Was wird aus der Disziplin, wenn Sie solche Vertraulichkeiten durchgehen lassen?» hatte er gefragt. «Was passiert wohl einem Rekruten, wenn er zu seinem Oberst Jim sagt?»

Ich glaube, daß es in der russischen Armee nach der Revolution keine Schranken zwischen Offizieren und Mannschaften gab. Sie waren alle Kumpel. Aber das System versagte, höre ich, und die Armee kehrte zu ihrem alten System der Klassenschranken und eisernen Disziplin zurück.

Neill, Neill, Birnenstiel! ist ein Titel, der vielleicht die «toten» Lehrer schockiert. Aber Studenten werden ihn in allen Ländern verstehen – außer jenen hinter dem Eisernen Vorhang, die von Summerhill nichts hören dürfen.

Warum schreiben Kinder mir Hunderte von Briefen? Nicht wegen meiner schönen Augen, o nein, sondern weil sie das Prinzip Summerhill im Innersten berührt – ihre Sehnsucht nach Freiheit, ihren Haß auf Autorität in Elternhaus und Schule, ihren Wunsch nach echtem Kontakt mit den Eltern. In Summerhill gibt es keinen Generationskonflikt. Wenn es einen gäbe, würde auf unseren Hauptversammlungen nicht die Hälfte meiner Anträge niedergestimmt. Wenn es einen gäbe, könnte ein zwölfjähriges Mädchen einem Lehrer nicht sagen, seine Unterrichtsstunden seien langweilig. Ich beeile mich hinzuzufügen, daß ein Lehrer einem Kind sagen kann, daß es eine verdammte Landplage ist. Freiheit beruht auf Gegenseitigkeit.

Ich möchte nicht als ein großer Erzieher in die Geschichte eingehen, denn das bin ich nicht. Wenn man sich überhaupt an mich erinnern wird, dann, so hoffe ich, deshalb, weil ich versucht habe, den Abgrund zwischen Jung und Alt zuzuschütten, die Angst in den Schulen abzuschaffen, die Lehrer dazu zu überreden, ehrlich gegen sich selbst zu sein und die schützende Rüstung abzulegen, die sie über Generationen hin getragen haben, um sich von ihren Schülern abzusondern. Ich möchte, daß man mich als einen ganz normalen Kerl in Erinnerung behält, der glaubte, daß durch Haß nichts verbessert wird, daß es nur eine Methode gibt, die eine fröhliche Schulzeit und ein glückliches Leben ermöglicht – sich auf die Seite des Kindes zu schlagen, wie es Homer Lane ausgedrückt hat. Wie ich für meine kleinen Schüler Neill-Neill-Birnenstiel bin, so möchte ich es für alle Kinder der Welt sein – einer, der Kindern vertraut, einer, der an die ursprüngliche Güte und Wärme glaubt, der in der Autorität nur die Macht sieht und – zu oft – auch Haß.

Bald werde ich diese meine sterbliche Hülle abstreifen, aber ich hoffe, daß kommende Generationen auf die Erziehungspolitik unserer Zeit zurückblicken werden und staunen – über ihre Barbarei, die Zerstörung menschlicher Möglichkeiten, über den wahnsinnigen Wert, den man auf formales Lernen legte. Wider alles, was mich pessimistisch macht, hoffe ich, daß sie staunen werden – über die Kriege, die religiöse Unterdrückung, über die Verbrechen. Sehen denn die Leute, die nach der Todesstrafe schreien, nicht, daß sie einen Blinddarmdurchbruch mit Aspirin heilen wollen? Will die Gesellschaft nicht erkennen, daß unser repressives System und die Armut unserer Slums und unsere seelenlose Profitgesellschaft Kriminelle und Neurotiker produziert?

Ich gestehe, ich schwanke hin und her. An einem Tag bin ich optimistisch, wenn ich an die Herausforderung der Jugend denke; am nächsten Tag lese ich in der Zeitung von Vergewaltigung und Mord, von Kriegen und Rassismus, und Pessimismus verschlingt mich. Aber diesen Zwiespalt haben wir wohl alle gemeinsam.

Alexander Sutherland «Birnenstiel» Neill

Summerhill
1972

Meine Anfänge

Ich wurde am 17. Oktober 1883 in Forfar geboren, der Bezirkshauptstadt der schottischen Grafschaft Angus, nicht weit von Dundee und dem Firth of Tay. Der Klan der MacNeills kam ursprünglich von der Insel Barra und schloß sich erst später dem hehren Prinzen Charlie an. Jene, von denen man sagt, sie hätten sich von ihm vor oder nach der Schlacht von Prestonpans abgesetzt – vorher, würde ich sagen –, ließen sich in und um Tranent nieder, einem Dorf in der Nähe von Edinburgh.

Die MacNeills wurden Bergleute, und mein Großvater, William MacNeill, arbeitete viele Jahre lang in den Gruben. Aber in der Zeit, aus der meine ersten Erinnerungen an ihn stammen, hatte er bereits die Zeche verlassen und in Edinburgh ein Fischgeschäft aufgemacht. Manchmal kam er zu Besuch, ein großer, vornehm aussehender Mann mit feinem Profil und feingliedrigen, sensiblen Händen. Sein Steckenpferd war der Bau von Fiedeln. Als Junge hatte ich Angst vor ihm, denn er hatte eine scharfe Zunge. Ich weiß noch, wie ich ihr einmal zum Opfer fiel, als ich versucht hatte, einen Bleistift mit seinem nagelneuen Hohlschliff-Rasiermesser anzuspitzen. Ich glaube, mein Vater hatte auch Angst vor ihm, denn er war immer etwas angespannt, wenn der alte Herr bei uns war.

Obwohl meine Onkel alle vor Ort arbeiteten, war mein Vater aus etwas weicherem Holz geschnitzt, und da er einen guten Kopf fürs Lernen hatte, ließ man ihn Schulreferendar werden. Ich habe nie erfahren, warum er das Mac aus seinem Namen entfernte. Ich erfuhr überhaupt nie viel über seine Jugend, da er kein sehr mitteilsamer Mensch war. Aber ich weiß noch, daß er sehr wütend wurde, wenn seine Schwester Maggie uns aus seiner Kindheit erzählte.

Meine Mutter hieß Mary Sutherland. Ihre Mutter war eine Sinclair und ihre Großmutter mütterlicherseits eine Gunn. Großmutter Clunes Sinclair entstammte einer Familie mit etwa zwanzig Söhnen und Töchtern. Ihr Vater war ein Kleinbauer in Caithness. Außer ihr starben alle an Tuberkulose. Meine Großmutter ging als Haustochter nach Leith (das heute zu Edinburgh gehört), heiratete Neill Sutherland, der irgendwie im Hafen arbeitete, und begann auf der Basis von

14 Shilling die Woche eine Familie großzuziehen. Dann wurde mein Großvater eines Abends ertrunken aufgefunden, und Granny mußte waschen gehen, um ihre Familie ernähren zu können.

Wie es dazu kam, daß meine Mutter – ihre einzige Tochter – Lehrerin wurde, weiß ich nicht. Es muß für Großmutter enorme Opfer bedeutet haben. Mein Vater und meine Mutter unterrichteten an derselben Schule in Leith, und so begann mein Vater, um sie zu freien.

Ich habe noch einen oder zwei der Liebesbriefe meines Vaters, wunderschön und wie gestochen geschrieben. Richtige Liebesbriefe sind sie nicht. Sie ähneln den Briefen, die ich nach Hause zu schreiben pflegte: *Heute hat es geregnet . . . Jim Brown hat sich letzte Woche das Gelenk verstaucht.* Meine Mutter bewahrte sie alle mit rosa Bändern verschnürt auf, hatte aber sorgfältig all ihre Briefe an ihn verbrannt. Seine Liebe zu ihr erwähnte mein Vater gewöhnlich nur als PS, aber ich erinnere mich verschwommen daran, einmal auf mehr gestoßen zu sein. Das war, als ich, mit zwölf Jahren, beim Herumstöbern in der Rumpelkammer eine Schachtel mit Briefen von Vater fand. Über einen war ich ein wenig schockiert. Er hatte gerade *Venus und Adonis* gelesen, und sein Brief zeigte etwas von der Erotik, die dieses Gedicht freigesetzt hatte. Als ich ihn damals las, war ich überzeugt, meine Mutter müsse in moralische Entrüstung ausgebrochen sein; heute bin ich nicht mehr so sicher.

Granny Sinclair wohnte bis zu ihrem Tod (da war ich vierzehn Jahre alt) bei uns. Als ihr Lieblingsenkel habe ich sie, glaube ich, so sehr geliebt, wie ein Junge eine alte Frau nur lieben kann. Sie lutschte Pfefferminzplätzchen und zeigte mir ihre Liebe dadurch, daß sie ein Plätzchen aus ihrem Mund in meinen Mund schob. Sie war sehr fromm, las viel in der Familienbibel und erzählte uns gern, daß sie als Kind jeden Sonntag neun Meilen zur Kirche und zurück gehen mußte. Ihr Glaube war ein einfacher Glaube von Schafen und Ziegen, ohne jeden Zweifel, ohne alle Skepsis. Als ich etwa sieben Jahre alt war, entdeckte ich das Wort *to bugger*, und Oma ließ mich neben ihr niederknien und Gott um Vergebung bitten. Die frühe Angst vor der Hölle muß von ihr gekommen sein.

Wir mußten ihr aus verschiedenen Predigtsammlungen vorlesen, einschließlich dem *Fourfold State* von Boston. Boston hatte offenbar auch keine Zweifel. Für mich war die erschreckendste Passage des

Buches ein Abschnitt, in dem der Gottesmann, wie Granny ihn nannte, eine minuziöse Beschreibung der Höllenqualen lieferte. Sie begann folgendermaßen: «Willst Du die Martern der Hölle kennenlernen, so entzünde eine Kerze und halte einen Finger in die Flamme.» Und weil Granny und Boston keine Zweifel über das hegten, was mit Sündern geschehen würde, hatte ich nicht nur keine Zweifel, sondern wußte instinktiv, daß ich dereinst in der Hölle enden würde. Trotzdem gab es keinen Haß in Granny. Sie war eine sehr menschliche, liebevolle Frau, und eine ihrer Freuden war es, dem oft obszönen Klatsch der Frau aus dem Cottage gegenüber zu lauschen.

Meine Schwester Clunes (nach Granny benannt) war weniger furchtsam und gläubig als ich. Von der Hölle wollte sie um keinen Preis etwas wissen, und als sie den nächsten Schritt tat und nichts mehr von Gott und seinem Himmel wissen wollte, hatte ich tatsächlich Angst, sie würde vom Fleck weg tot niedergestreckt. Meine Angst war auf eine grausige Geschichte aus Grannys *Kurzgefaßtem Katechismus* (mit Anmerkungen) zurückzuführen. Ein Dienstmädchen hatte einen silbernen Löffel gestohlen. «Ich will auf der Stelle tot umfallen, wenn ich den Löffel gestohlen habe», schrie sie und fiel natürlich auf der Stelle tot um, wobei der silberne Löffel auf dem Fußboden klimperte. Mehr als einmal erinnerte ich die gotteslästerliche Clunie an diese Geschichte, aber sie lachte, bis ich wütend wurde, und sie drohte, die unverzeihliche Sünde zu begehen: den Heiligen Geist zu lästern. Sie tat es zwar nie, aber als mein ältester Bruder Willie im Alter von dreizehn Jahren draußen im Gewitter stand und den Allmächtigen aufforderte, *ihn* tot umfallen zu lassen, weil er Gott darum gebeten hatte, mit dem Heiligen Geist etwas Widernatürliches anzustellen, war ich starr vor Schreck. Als der Donner rollte, machte ich die Augen zu und öffnete sie nur so weit, wie es meine damalige Skepsis erlaubte, denn Grannys Geschichte vom Silberlöffel hatte etwas von ihrer Herrlichkeit eingebüßt. Es ist interessant, hier anzumerken, daß Willie ein Geistlicher wurde.

Wenn die Psychologen sagen, unsere frühesten Erfahrungen bestimmten unser ganzes Leben, möchte man widersprechen. Aber seit 1918, als meine geliebte Schwester Clunie mit 34 Jahren an Lungenentzündung starb, zweifle ich nicht mehr daran. All die Jahre war sie nie von ihrem Atheismus abgerückt. Für sie war die christliche Religion sowohl Aberglaube als auch grausamer Humbug. Auf ihrem Totenbett jedoch wimmerte sie die Gebete, die sie als kleines Kind gelernt hatte, und flehte Gott an, ihre Seele zu erretten. Durch den Todeskampf geschwächt, kehrte sie zu Gefühlen zurück, die dreißig Jahre lang geschlummert hatten. Das war für mich der Beweis, daß die Gefühle der frühen Kindheit ein Leben lang bestehen bleiben.

Meine Großmutter hatte den sechsten Sinn. Es war nicht etwa jenes Zweite Gesicht, das so oft in schottischen Erzählungen erwähnt wird, wie ich sie in meiner Jugend immer hörte – Geschichten, in denen zum Beispiel der alte Mr. Tamson Mrs. Broon in der Kirche auf die Schulter tippt und flüstert: «Gehen Sie lieber nach Hause; ihr Sohn hat sich den Hals gebrochen», woraufhin Mrs. Broon die sieben Meilen nach Hause kutschiert und eben diese Tragödie vorfindet. Man bekam viele solcher Geschichten zu hören, aber sie waren meist von der «Ich kenne einen Mann und der hat es vom Küster»-Art. Nein, Granny war mit simpleren Phänomenen zufrieden: ihre Spezialität waren Klopfzeichen. «Ich werd nicht mehr lang leben», sagte sie zum Beispiel morgens, wenn sie aus ihrem Schlafzimmer kam, sehr, sehr niedergeschlagen. «Ich habe laut und deutlich drei warnende Klopfzeichen gehört. Mein Schöpfer ruft mich zu sich.» Dann ging sie wieder hinauf, um ihr Totenhemd in Ordnung zu bringen. Wir gewöhnten uns naturgemäß an ihre Vorahnungen, bekamen aber Gewissensbisse, als sie wirklich eines Tages starb, nachdem sie das Klopfen gehört hatte.

Es ist schwer, rückblickend etwas Schlüssiges zu sagen über den starken Einfluß, den die alte Frau auf mich hatte. Sie pflegte zu meiner Mutter zu sagen: «Allie wird euch am besten behandeln, wenn ihr einmal alt seid.» Es ist wahr, ich habe meine Eltern nie vernachlässigt, als sie alt wurden, obwohl andere Familienmitglieder ihnen vielleicht mehr praktische Hilfe angedeihen ließen. Ich bin davon überzeugt, daß das, was ältere Leute Kindern sagen, auf das spätere Verhalten und Denken der Kinder großen Einfluß ausübt. Eine unserer Nachbarinnen sah mich einmal traurig an, als ich etwa zehn Jahre alt war. «He, Mrs. Neill», sagte sie, «diesem Bürschchen steht der Tod im Gesicht geschrieben. Der wird nicht lange leben.» Diese Bemerkung hat mich jahrelang verfolgt.

Der Tod war mir kein Unbekannter. Mehr als einmal war ich auf der

Beerdigung kleiner Familienmitglieder gewesen und kannte den Trauerstaat und die Tränen – und auch die unbefangene Erleichterung, nachdem der Tote zu Grabe getragen war. Schon bevor ich zehn wurde, muß ich bei drei Beerdigungen dabei gewesen sein. Meine Mutter hat dreizehn Kinder zur Welt gebracht, wenn man eine Totgeburt mitzählt. Jahre später, als wir sie deswegen kritisierten, sagte sie empört, es sei Gottes Wille, und sie wurde ganz zornig, als Clunie sagte: «Schön und gut, aber du hattest nicht das Recht, mich elf Monate nach Allie zu bekommen; und wenn du das Gottes Willen nennst, dann hat Er auch die Schuld an meiner schlechten Gesundheit.»

Vater ging die zwei Meilen zu seiner Schule in Kingsmuir und zurück zu Fuß. Später, als ich etwa acht Jahre alt war, zogen wir dorthin, in ein neugebautes Schulhaus. Meine ganz frühen Erinnerungen an Forfar sind vage und verschwommen. Wir wohnten im dritten oder vierten Stock eines Mietshauses, und ich weiß noch genau, wie gern ich in dem langen Flur Eisenbahn spielte. Samstag morgens brachten die Bäuerinnen Butter und Eier zum Markt; das waren Augenblicke der Hoffnung für einen kleinen Jungen, der sich vielleicht 2 Penny für das Festhalten eines Pferdes verdienen konnte, obwohl ich damals vor Pferden solche Angst hatte, daß ich mich wundere, woher ich den Schneid dazu nahm. Noch heute flößen mir die Hufe eines Pferdes ein unbehagliches Gefühl ein. An manchen Samstagen gelang es uns, einen oder zwei Pennies zu ergattern – dank der Großmut freundlicher Bäuerinnen, deren Kinder in Kingsmuir zur Schule gingen. Wir mußten die Münzen verstohlen einstreichen, denn nach einer der strengen Vorschriften meiner Mutter war es uns unter allen Umständen verboten, von anderen Leuten Geld oder Essen anzunehmen. Die Annahme kleiner Geschenke durch uns Kinder hätte unsere Familie in ihren Augen in die Nähe des Pöbels gerückt. Wir Kinder jedoch fanden es schwierig, eine plausible Entschuldigung zu finden, wenn wir ein köstliches Stück Brot mit dicker frischer Butter und Marmelade aus Damaszenerpflaumen ablehnen sollten.

Eines Tages berichtete ich meiner Mutter voller Stolz, ich hätte einen solchen verlockenden Leckerbissen ausgeschlagen, und sie lächelte und sagte, ich sei ein braver Junge.

«Du hast naürlich gesagt, du hättest keinen Hunger?»

«Nein», sagte ich vertrauensvoll, «nur: Danke, aber meine Mama sagt, ich darf es nicht annehmen.» Und sie knallte mir ein paar.

Sie war eine stolze kleine Frau, meine Mutter. Uns kam ihre Vorschrift grausam vor: wir verstanden natürlich nicht ihre Furcht vor allem Gönnerhaften, die dahinter steckte, eine Furcht, die auf ihrer ärmlichen Kindheit in einem bescheidenen Haus in Leith zurückzuführen war. Mutter hatte mit sich und ihrer Familie viel vor. Sie war ein Snob, und sie machte Snobs aus uns.

Die Brüder und Schwestern meiner beiden Eltern waren arme Leute und gehörten zur Arbeiterklasse; sie sprachen Dialekte, die man mit dem Messer schneiden konnte. Nach und nach begannen wir zu glauben, wir seien etwas Besseres und entwickelten den wohlbekannten Komplex mit der «armen Verwandtschaft». Meine Mutter hielt ihre Verwandten – sie wohnten hundert Meilen entfernt – mit großer Geschicklichkeit davon ab, uns zu besuchen. Es gelang ihr mit einer Ausnahme.

Der exzentrische Onkel Neil war Friseur in Brechin, und er war äußerst erfolglos. Er konnte plötzlich seinen Laden abschließen und einen langen Spaziergang unternehmen. Es geht die Sage, einmal sei er mitten beim Rasieren eines Kunden zu einem Spaziergang aufgebrochen: die eine Backe des Mannes war noch unrasiert. Er führte lange Selbstgespräche, was seinen mangelnden Erfolg erklären mag: ein Barbier, der mit sich selbst spricht, während er mit dem Rasiermesser hantiert, wird nie ein großes Unternehmen aufbauen. Aber er war harmlos, und wir mochten ihn alle sehr gern. Als er kurz nach Grannys Tod Pleite machte – sie hatte ihm mit ihren wenigen Ersparnissen ausgeholfen –, zog er zu uns. Nach einer gewissen Zeit drängte ihn Mutter, er solle allmählich etwas zu seinem Lebensunterhalt beitragen. Eines Morgens ärgerte er sich über sie, schnürte seine wenigen Habseligkeiten zusammen und verließ uns. Wir sahen und hörten nie wieder etwas von ihm. Wir Kinder vermißten ihn, weil er immer großzügig mit Süßigkeiten gewesen war. Ich fragte mich oft, was aus ihm geworden sein mag.

Vaters Verwandte waren Andeutungen gegenüber offenbar weniger immun. Sie kamen manchmal zu Besuch. Der alte William MacNeill, mein Großvater, war ein Mann von strengen Überzeugungen. Er war eigensinnig, wie alle Schotten, und die kleinste Anspielung ließ ihn erstarren. Meine Mutter konnte ihm seine Halstracht nicht verzeihen; er weigerte sich nämlich, einen Kragen zu tragen, und band sich statt dessen ein schwarzes Tuch um den Hals. Er war, wie ich bereits sagte, ein vornehm aussehender Mann; in den Augen meiner Mutter jedoch war er ein Mensch, dessen Halstuch seine niedrige Herkunft verriet. Er konnte mit dem Federmesser eine feine Fiedel schnitzen; er konnte wunderschöne Möbel – mit verdeckten Schwalbenschwänzen – herstellen; er konnte jede technische Arbeit mit Sachkenntnis und Anmut verrichten, aber er konnte keinen Kragen tragen. Schlimmer noch: er hatte stets einen Frosch im Hals und spuckte überall hin. Ich war noch ein Kind, aber ich spürte eine gespannte Atmosphäre zwischen meiner Mutter und ihm. Er hatte festgefügte Vorstellungen von Frauen; in der menschlichen Rangordnung standen sie unter den Männern und mußten auf ihren Platz verwiesen werden. Mutter hätte ihm möglicherweise Halstracht und Spucken vergeben, wenn er ihr nur das Recht zugestanden hätte, wenigstens so wichtig zu sein wie er.

Dann gab es da noch eine verworrene Geschichte, die darauf hinauslief, daß die Familie meines Vaters irgendwie Mutters Hochzeit verdorben habe: die MacNeills hätten Vater angeblich zurückgehalten, als er in die Flitterwochen aufbrechen wollte. Für sie blieb der alte Mann ein herrischer alter Spielverderber.

Die Samstagvormittage habe ich in besonders guter Erinnerung. Ich rieche immer noch die frische, ungesalzene Butter auf dem Markt und sehe die Einspänner der Bauern mit den schlauen kleinen Pferden. Bis mittags hatten alle Pferde ihre Herren nach Hause gebracht – wörtlich nach Hause gebracht –, denn es betranken sich viele Bauern dermaßen, daß das Pferd den Weg ohne Anleitung finden mußte. Als die ersten Autos aufkamen und ein Agent versuchte, Bauer Mosside eines zu verkaufen, musterte dieser ihn mit seinem besten Bierblick. «Hören Sie», sagte er, «wenn Sie mir einen Wagen verkaufen können, der mich *bloody* sicher nach Hause schafft, wenn ich einen hängen habe, nehme ich ihn.»

Mit den Einspännern verschwand alle Schönheit; der Samstagnachmittag war trübe und langweilig. Wir schlenderten durch die grauen Straßen, und oft suchten wir den Rinnstein nach Schätzen ab. Sammie Clark versicherte, er habe einst einen Penny gefunden, aber wir konnten suchen und suchen – wir fanden nie Geld. Der üppigste Schatz, dessen ich mich entsinne, war eine Zündplätzchenpistole mit abgebrochenen Abzugshahn. Manchmal spielte die Stadtkapelle, und wir marschierten im Takt durch die Straßen. Clunie und ich folgten der Kapelle einmal bis zum Markt in Muir; das war ein langer Nachhauseweg für die Füße von Dreikäsehochs. Mir stieß ein hygienisches Mißgeschick zu; und als ich nach Hause kam, marschierte meine Mutter zornig mit mir die Straße hinunter zum Waschhaus, zog die kompromittierenden Hosen aus und schickte mich mit einem herzhaften Klaps auf den Hintern heim. Ich muß etwa sechs Jahre alt gewesen sein, aber ich weiß immer noch, welche Angst ich hatte, jemand würde mich bei diesem hosenlosen Sprint beobachten. Mutter schien der Vorfall nicht schlecht amüsiert zu haben; noch nach Jahren war meine Geschwindigkeit an jenem Tage eine Maßeinheit für Fixigkeit allgemein.

Die Sonntage waren immer irgendwie deprimierend, wenn wir in Sabbatkleider mit gestärktem Kragen und gestärkten Manschetten gezwängt wurden. Die Kragen waren wir gewohnt, denn Mutter war auf den Umstand solz, daß ihre Söhne selbst an Werktagen echte steife Kragen trugen. In bitterem Ton sprach sie von den trägen Tagedieben, die ihren Söhnen gewöhnliche, wasserdichte Kragen anzogen.

Die Vorbereitungen für den Kirchgang waren uns widerwärtig. Wir kämpften mit unhandlichen Manschettenknöpfen; wir standen widerstrebend still, wenn uns Olivenöl ins Haar geschmiert wurde. Da waren wir alle fein angezogen, und es gab nichts, wohin man hätte gehen können, oder jedenfalls nichts, wohin wir gern gegangen wären. Wir wußten, daß anderthalb Stunden äußerste Langeweile vor uns lagen, anderthalb Stunden des Geradesitzens auf einer harten Kirchenbank – nur die Reichen hatten Kissen –, anderthalb Stunden des Lauschens auf langweilige Psalme und Hymnen und eine scheinbar endlose Predigt von Dr. Caie. Der einzige Lichtblick in diesem düsteren Bild war die eng geschnürte Frau in der Bank vor uns. Sie büßte ihre Wespentaille mit inwendigem Gegurgel, und wir verkürzten uns die Zeit, die von der Predigt in Anspruch genommen wurde, indem wir die Intervalle zwischen den Gurglern stoppten. Während die Predigt sich weiter hinzog, stellten wir fest, daß wir genug damit zu tun hatten, ernst zu bleiben. Ich nehme an, daß die Geräusche aus der Wespentaille gelegentlich in unserem belustigten Glucksen untergingen, wenn wir nicht mehr an uns halten konnten. Allerdings glaube ich nicht, daß die Dame sich unserer losen Aufmerksamkeit bewußt war, denn sie drehte sich oft um und gab uns Pfefferminzbonbons.

Ich kam gerade ins Sonntagsschulalter, als glücklicherweise das Schulhaus (unser neues Heim) fertig wurde und wir nach Kingsmuir zogen. Offenbar hielten meine Eltern es nicht für nötig, uns zu einer zwei Meilen entfernten Sonntagsschule zu schicken. Der Umzug aufs Land ist in meinem Leben ein fröhlicher Meilenstein. Mit fünf war ich in Forfar zur Schule gegangen. Täglich trottete ich die zwei langen Meilen an meines Vaters Hand. Er war immer ein forscher Wanderer – sogar mit 75 hängte er mich noch ab –, und meine Kinderschritte müssen ihn irritiert haben.

Mein Vater machte sich nichts aus mir, als ich ein Kind war. Er war oft grausam zu mir, und ich entwickelte eine ausgesprochene Angst vor ihm, eine Angst, die ich auch als Mann nie ganz überwand. Heute weiß ich, daß Vater überhaupt keine Kinder mochte; er hatte keinen Kontakt zu ihnen. Er wußte nicht, wie man spielt, und er verstand den Geist eines Kindes nicht. Der Junge, den er bewunderte, war der Junge, der die anderen im Unterricht überrundete; und da ich mich nie für den Unterricht interessierte und nicht lernen konnte, konnte ich nicht hoffen, jemals meines Vaters Interesse oder Zuneigung zu gewinnen. Aber zu der Zeit, die ich jetzt beschreibe – als ich ein Dreikäsehoch war –, war dieser Aspekt noch nicht aktuell. Für ihn war ich lediglich ein lästiges Anhängsel, durch das er zu spät zur Schule kam. Er hatte damals eine Referendarin, ein langbeiniges Mädchen, das es athletisch mit ihm aufnahm, und ich sehe immer noch, wie ich zurückfiel und wimmerte, weil ich Angst hatte, allein gelassen zu werden.

Auch Kühe jagten mir damals Angst ein. Montags war Viehmarkt in Forfar; und die Straßen waren voller Rinderherden. Bald merkte ich, daß mein Vater sie fürchtete, und manchmal sprang er mit mir sogar auf einen Deich, wenn uns etwas entgegenkam, was wie ein gefährliches Biest aussah. Wie alle Buben glaubte ich, mein Vater könne es mit einer Horde Löwen aufnehmen, und mit ansehen zu müssen, wie er schmählich über eine Mauer hechtete, um ein paar Bullen zu entkommen, brachte die Seifenblase meines Vertrauens zum Platzen. Wie sein Vater, so war auch er ein furchtsamer Mann.

Der alte William MacNeill hatte eine solche Angst vor der Dunkelheit, daß meine Großmutter, als er ihr den Hof machte, aus ihrem Dorf in seines herüberkommen mußte, wenn sie sich treffen wollten. Auch mein Vater hatte im Dunkeln Angst, und wenn er in späteren Jahren mit dem Mitternachtspostzug aus Edinburgh zurückkam, mußten meine Brüder und ich ihn um zwei Uhr nachts am Bahnhof abholen.

Meine Mutter war furchtlos, teilsweise deshalb, weil sie weniger Phantasie hatte als Vater. Eines Tages ging sie in die Stadt, um einzukaufen, wie wir dachten. Als sie zurückkam, waren ihr alle oberen Zähne gezogen worden. Örtliche Betäubung gab es noch nicht, und nur die Reichen konnten sich Lachgas leisten.

Wir waren alles andere als reich. Das Gehalt meines Vaters überstieg nie mehr als 130 Pfund im Jahr, und wie sie acht Kinder großzogen und drei von uns auf die Universität schickten, ist ein Geheimnis. Nur große Aufopferung kann das erklären. Meine Mutter erhöhte unser mageres Einkommen dadurch, daß sie Federn färbte und eindrehte, und mein Vater gab für sich selbst nichts aus. Er rauchte und trank nicht. Andere Lehrer spielten Golf oder *bowls*; er spielte nicht und hatte keine Hobbies. Als er sich einmal am Ringwerfen beteiligen wollte, schritt meine Mutter ein: «George Neill, denke an deine Stellung! Wie kannst du so tief sinken, mit Landarbeitern und Eisenbahnern zu spielen.»

Daß Mutter solchen Nachdruck auf gesellschaftliche Stellung legte, engte uns, fürchte ich, ein. Wenn im Sommer die ganze Schule barfuß ging, mußten wir heiße Strümpfe und Schuhe tragen – und steifgestärkte Kragen.

Mutter hatte eine Waschmanie; sie wusch gut und bügelte perfekt. Wenn ihre Familie sich nicht zu wahren Ladies und Gentlemen entwickelte, so war das sicher nicht ihre Schuld. Zu Hause mußten wir Englisch sprechen, aber draußen sprachen wir natürlich breitestes Forfarshire. Erstaunlich, wie flott wir vom einen ins andere fielen; wir vertaten uns so gut wie nie. Die Stiefel von daheim wurden automatisch zu Stiebeln, wenn wir mit Jock Broon sprachen.

Eines unserer Kümmernisse war, daß wir nicht arbeiten durften wie die anderen Kinder. In den Kartoffelferien halfen sie alle auf den Bauernhöfen beim Roden. Zur Beerenzeit gingen sie Erdbeeren pflücken. Die «aristokratischen» Neills durften sich nicht wie Gesinde benehmen. Doch es kam der Tag, da die ökonomischen Umstände stärker wurden als der Snobismus. Mit dreizehn wurde ich in die Erdbeeren und in die Kartoffeln geschickt – und ich haßte die Schufterei. Der Snobismus unterlag, weil mein ältester Bruder Willie sich auf der St. Andrews-Universität wie ein Verschwender aufführte.

Der Umzug ins neue Schulhaus in Kingsmuir erweiterte unseren Horizont; in Forfar hatte er nicht über den Schulhof hinausgereicht – nun konnte er sich etwas ausdehnen. Beim Geruch von frischem Holz fühle ich mich noch heute in jenes Haus versetzt; es war der Himmel für uns und viele Jahre lang der Nabel meiner Welt. Clunie starb in dem winzigen Schlafzimmer, in dem ich jahrelang geschlafen hatte – Clunie, der Spielgefährte, den ich so liebte; denn für meine beiden älteren Brüder existierte ich nicht, und so hatte ich gezwungenermaßen Clunie zu meinem Spießgesellen gemacht. Merkwürdigerweise kann ich das alte Schulhaus heute ohne jede Emotion betrachten. Was vorüber ist, kann ich nicht mit rührseligen Gefühlen umgeben, und vielleicht ist das gut so, denn Sehnsucht nach der Vergangenheit bedeutet oft, daß man von der Gegenwart enttäuscht ist. Wenn wir rückwärts gehen, um unsere Gefühle zu finden, ist irgend etwas nicht in Ordnung; genauso falsch ist der Blick nach vorn, auf die Erfüllung im Jenseits.

Vaters Schule auf der einen Straßenseite, unsere Behausung, das Schulhaus, auf der anderen. Es hatte eine Eingangshalle, Eßzimmer, Küche und fünf Schlafzimmer. Unsere Toilette war ein Plumpsklo weit oben im Garten. Ich weiß nicht mehr, ob wir uns darüber freuten, daß wir keinen Schulweg von zwei Meilen bergauf mehr hatten, sondern nur noch die Straße zu überqueren brauchten. Mir war es wahrscheinlich angenehm, aber meine Brüder mußten bald auf die Akademie in Forfar und wieder zwei Meilen laufen, morgens und abends.

Damals war das Hochrad in Gebrauch. Das «Sicherheitsrad», das immer populärer wurde, hatte Vollgummireifen, so wie die Räder eines Kinderwagens. Es wurde durch das «Ballonrad» mit dickeren Reifen abgelöst. Ich weiß nicht mehr, wann das «Pneumatische» aufkam, aber ich erinnere mich vage, den großen Rennradler Killacky auf einem Rad mit aufblasbaren Reifen gesehen zu haben, die so groß waren wie moderne Automobil-Gürtelreifen. Aber damals gab es keine Fahrräder für arme Leute, und meine Brüder mußten zu Fuß gehen.

Die Akademie von Forfar war das Sprungbrett für eine Universitätsausbildung. Für meinen Vater war Vorwärtskommen im Leben gleichbedeutend mit dem Vorwärtskommen im Lernen. Wir sollten Gelehrte werden, und Willie ging mit gutem Beispiel voran. Auf der Akademie war er in den meisten Fächern der Primus, und er gewann die Goldmedaille – das heißt, er mußte sie sich mit einem Jungen namens Craik, dem Sohn eines großen Jute-Fabrikanten in der Stadt, teilen. Meine Mutter ließ sich nicht von der Meinung abbringen, daß Craik nur wegen seines einflußreichen Vaters auch gewonnen habe, eine verständliche Einstellung. Aber Willie war unser aller Hoffnung. Als Schüler glänzte er wirklich bemerkenswert. Ohne irgendwelche sichtbare Arbeitsanstrengung schaffte er es, mit 16 auf die Universität zu kommen und dort weitere Medaillen zu gewinnen. Seine Methode bestand darin, drei Nächte vor dem Examen mit einem nassen Handtuch um den Kopf aufzubleiben, und sein Gedächtnis war ein Wunder.

Willies Scharfsinn wirkte sich unglücklich auf die Familie aus. Neil, der dem Alter nach zwischen Willie und mir stand, besuchte ebenfalls die Akademie. Er war nicht so ein guter Schüler, und es machte ihm nichts weiter aus, wenn die Lehrer wenig schmeichelhafte Vergleiche zwischen seinen und Willies Leistungen anstellten.

Als ich mit der Akademie an der Reihe war, schickte man mich nicht hin. Ich war der einzige in der Familie, der nie zur Akademie ging. Es ist die traurige Wahrheit, daß es nutz- und hoffnungslos gewesen wäre, mich gehen zu lassen, denn ich konnte nicht lernen. Mein Vater machte sich nach wie vor nicht viel aus mir, und das war auch kein Wunder: ich war eindeutig der minderwertige Artikel, der Versager in einer Tradition akademischen Erfolgs, und automatisch akzeptierte ich eine untergeordnete Stellung. Wenn ein Brotlaib einen besonders harten und unappetitlichen Knust hatte, schnitt mein Vater ihn mit einem Schlenker ab; mit einem weiteren Schlenker rollte er ihn in meine Richtung über den Tisch und sagte: «Gerade richtig für Allie.»

Clunie war immer wütend über die Art und Weise, wie ich behandelt wurde, aber sie fand nie den Mut, meinen Vater deswegen zur Rede zu stellen. Ich weiß noch, wie sie heftig dagegen protestierte, daß ich Willies Sachen auftragen mußte, aber da ich Willie damals so bewunderte, ist es gut möglich, daß ich ihr für ihr Eingreifen mit einer

Ohrfeige dankte. Ich weiß bei aller Objektivität bis heute nicht, warum alle anderen auf die Akademie geschickt wurden. Clunie war gescheit, gewann aber nie einen Preis, und die anderen Schwestern zeichneten sich auf der Akademie auch nicht durch besondere Erfolge aus.

Ich war der einzige, der nur im Dorf zur Schule ging. Das war verhängnisvoll, denn ich blieb dadurch zu lange unter den mir vertrauten Leuten, statt mich mit den intellektuelleren Jungens in der Stadt vergleichen zu können. Nicht, daß man mir auf der Akademie in Forfar sonderlich viel hätte beibringen können – ich wäre doch sicherlich in jeder Klasse einer der letzten gewesen.

Die erste Zeit in der Schule

Die Schule von Kingsmuir war ein Zwei-Zimmer-Haus, in den «großen» und den «kleinen» Raum unterteilt. In dem großen Raum unterrichtete mein Vater die Klassen III bis Ex-VI. Die Ex-VI bestand aus den wenigen Jungen, die noch nach Beendigung des vierzehnten Lebensjahres auf der Schule blieben. Die «Missy», das «Fräulein», unterrichtete die jüngeren Kinder im kleinen Klassenzimmer.

Wenn Vater der V. Klasse Geographieunterricht geben wollte, befahl er einem Schüler, die Landkarte an die Wandtafel zu hängen. Gleichzeitig wurden an die Schüler der III. Klasse Kärtchen mit Rechenaufgaben verteilt. Die IV. Klasse mußte vielleicht Rechtschreibeübungen machen, und die VI. Klasse sollte lesen. Was die Ex-VI trieb, weiß allein der Himmel. Mein Vater stand dann an der Landkarte, und ich höre noch den Sprechchor der Erdkundeklasse: «Leeds, Bradford, Halifax, Wakefield.» Nach wenigen Minuten überließ mein Vater die Klasse ihrem Schicksal und kümmerte sich um die Leseübungen der VI. Klasse. Natürlich ging es in dem Zimmer ziemlich laut zu. Wir schwatzten viel und malten auf unsere schmutzigen Schiefertafeln, die wir mit Spucke und dem Handballen sauberrieben. Unermüdlich spuckten wir auf unsere Tafeln und hielten sie schräg, so daß der Speichel schleimige Muster hinterließ.

Im ganzen war es eine fröhliche Schule. Zuweilen machte mein Vater etwas reichlich vom Riemen Gebrauch, besonders wenn er über die Einfaltspinsel erbittert war – sein Gehalt hing nämlich davon ab, wie viele Schüler aus der V. in die VI. Klasse versetzt wurden. Aus irgendeinem dunklen Grund war die V. Klasse stets der Tummelplatz der Einfaltspinsel; je näher der Inspektionstag rückte und je reizbarer mein Vater wurde, um so mehr nahmen die Schläge mit dem Gürtel an Zahl und Härte zu. Um nicht der Begünstigung geziehen zu werden, strafte mein Vater die eigenen Kinder mindestens so streng wie die anderen, und ich bekam mehr als meinen gerechten Anteil, wenn es für Lärm oder schlechtes Betragen Dresche gab: als ein Neill hätte ich mich von den bösen Buben distanzieren sollen.

Ich hatte damals große Angst vor meinem Vater. Er hatte die gemeine Angewohnheit, mich mit Daumen und Zeigefinger brutal in die Backe zu kneifen. Oft kniff er mir schmerzhaft in den Arm. Ich muß etwas sehr Abstoßendes an mir gehabt haben, denn meine Geschwister wurden gerechter behandelt. Ich war ungeschickt, meist vollauf mit dem Alteisen in meinen Hosentaschen beschäftigt, und mein wenig einnehmendes Äußeres war auch keine Hilfe. Meine abstehenden Ohren trugen mir den Spitznamen «Terrine» ein, und meine Füße wuchsen ganz plötzlich zu der Größe heran, die sie heute haben. Wegen meiner enormen Stiefel genierte ich mich sehr. Da meine Zehen sich einwärts bogen, schlugen die Stiefel, wenn ich die Straße entlangtrampelte, ständig aneinander und brachten mich oft ins Stolpern. Ich war ganz gewiß nicht der Sohn, wie ihn sich ein Vater wünscht, der für seine Kinder akademische Ambitionen hegt. Dieses Ziel wurde bei unseren abendlichen Hausaufgaben offenbar. Die anderen Schüler, die Holzhacker oder Wasserholer werden sollten, brauchten keine Hausaufgaben zu machen. Aber wir waren etwas anderes. Jeden Abend wurden zu bestimmter Stunde unsere Spiele mit den Dorfbuben jäh und rauh durch eine Trillerpfeife unterbrochen, die mein Vater an der Hintertür blies.

«Zeit für die Hunde, heimzugehen», riefen unsere Kumpane, und «die Hunde» trollten sich mit eingekniffenen Schwänzen – Neilie und Clunie und ich. Willie war sein eigenes Gesetz und brauchte nicht angetrieben oder unterwiesen zu werden. Wir anderen marschierten in die Kinderstube und versuchten, unsere Gedanken vom «Schmuggel die Kutsch»-Spiel fort und Allens lateinischer Grammatik zuzuwenden.

Wie haßte ich dieses Buch! Einige Fetzen davon geistern mir immer noch durch das Gedächtnis: *«A dative put with show and give, tell, envy, spare, permit, believe: to these add succour, pardon, please.»* Neilie und Clunie hatten es nicht sehr schwer damit, so etwas auswendig zu lernen, aber ich konnte es nie, und oft mußte ich noch über dem Kram brüten, wenn sie schon längst wieder mit den Dorfjungen weiterspielen durften.

Sonntags übernahm meine Mutter das Kommando, und wir mußten zu Hause bleiben, bis wir bestimmte Verse eines Psalms oder eines Psalmenchorals auswendig gelernt hatten. Wieder mußte ich länger bleiben als die anderen, und schluchzend wimmerte ich die sinnlosen Zeilen vor mich hin. Manchmal steckte mir die liebe Granny Sinclair heimlich ein Pfefferminzplätzchen zu, um mir zu zeigen, daß sie auf meiner Seite war. Mein Vater ärgerte sich, daß ich kein Latein lernen konnte, aber meine Mutter war eher traurig als ärgerlich, daß ich nicht zwei Zeilen eines Psalms behielt. Ärgerlich wurde sie nur, wenn ich in die Stadt geschickt wurde und meine «Aufträge» vergaß. Als einziges Kind, das nicht auf die Akademie ging, mußte ich morgens mit den «Akademikern» nach Forfar gehen und dort die Einkäufe für den Haushalt machen.

«Erinnerst du dich auch bestimmt an alles?» fragte meine Mutter. «Ein Pfund Seitenfleisch, einen Markknochen, zwei Pfund Zucker, Senf, eine Flasche Essig und –» hier flüsterte meine Mutter – «eine Flasche Aqua.» Damals kostete Aqua – unser Wort für Whiskey – 2 Shilling und 10 Pence: Melvins Whiskey, die beste Sorte. Wenn Großvater oder Donald Macintosh, der Schulrat, erwartet wurden, mußten wir eine Flasche davon im Haus haben. Es war immer ein Luxus.

Also schleppte ich mich in meinen großen Stiefeln zur Stadt. Wenn ich jedoch den Osthafen erreicht hatte, hatte ich die einzelnen Posten längst vergessen. Manchmal rief ich einfach drauflos, aber wenn ich Zucker statt Salz heimbrachte, war das Ergebnis zu schmerzhaft, und so log ich dann kläglich, daß bei Lindsay and Low's im Augenblick der Zucker ausgegangen sei. Manchmal bekam ich eine Liste mit, aber es kam oft vor, daß ich sie unterwegs verlor.

Auch der Rückweg mit den lästigen Paketen war eine unerfreuliche Sache. Der Rucksack war anscheinend noch nicht erfunden worden, und mit einem Einholkorb kam ich mir nicht männlich genug vor. Also stolperte ich mit meinen schweren Paketen die Hügel hinauf und machte dabei alle paar Schritte eine Pause, um zu sehen, ob nicht vielleicht Clunies Milchwagen kam, denn Will war immer freundlich zu Kindern und fuhr nie vorbei, ohne mich mitzunehmen.

Oft überholten mich leere Einspänner, aber meine Bitte, mich mitzunehmen (*«Hi, mannie, see a lift fae ye?»*), stieß auf taube Ohren. Die Bauern von Angus waren ein störrisches, unfreundliches Völkchen. Die meisten erlaubten nicht einmal, daß man sich hinten anhängte und mitlief. An diese Bauern muß ich heute noch denken, auch wenn die meisten schon lange tot sind. Wenn ich mit dem Auto unterwegs bin, fahre ich selten an Kindern oder alten Leuten vorbei, ohne sie zum Mitfahren einzuladen. Auf längeren Fahrten, nach Schottland zum Beispiel, nehme ich oft Landstreicher mit, teils um Gesellschaft zu haben, aber hauptsächlich, weil ich als Kind so oft von den abweisenden Bauern enttäuscht war.

Ich gewöhnte es mir an, so lange auf der Straße herumzulungern, bis Will Clunie angefahren kam. Aber er fuhr meist ziemlich spät von der Stadt zurück, und mein Vater war wütend, wenn er zu lange auf seinen *Scotsman* warten mußte. Deshalb durfte ich nicht mehr auf den Milchwagen warten.

Diese «Botengänge» nach Forfar waren nicht nur anstrengend, sondern auch gefährlich. Außer im eigenen Dorf wurde man als Junge überall von anderen Jungen als Feind betrachtet; wenn ein Junge aus Letham durch Kingsmuir ging, taten wir unsere Pflicht, das heißt, wir warfen Steine hinter ihm her. In Forfar waren wir Kingsmuir-«Scheißer» die Fremdlinge und folglich die Feinde.

Man kam über eine Straße namens «Ha'en» in die Stadt, ein merkwürdiger Name in einer Stadt im Binnenland. Der «Ha'en» hatte seine «Blase» von Rowdies – oder seine «Gang», wie man heute sagt –, und jeden Morgen lauerten dort Gefahren. Ich erinnere mich nicht, daß ich je ernsthaft verhauen wurde, wahrscheinlich weil ich rannte wie der Teufel, wenn ich die Jungens sah. Aber es gibt auch vage Erinnerungen an ganz freundschaftliche Begegnungen mit der «Ha'en»-Gang. Ich kann nur vermuten, daß die Immunität durch Schmeichelei und Erniedrigung erkauft wurde.

Dieser Haß auf Fremde war damals, als ich ein Junge war, sehr stark. Ein paar Söhne wohlhabender Bauern hatten Ponies, auf denen sie zur Akademie ritten. Wir attackierten sie ständig mit Stöcken und Steinen. Ich weiß selbst nicht, warum. Es waren harmlose Burschen, die niemandem etwas taten.

Die Schulen in Kingsmuir und Lunanhead wurden beide Binnenlandschulen genannt; sie waren die beiden einzigen in der Gegend um Forfar. Sie hatten eine gemeinsame Schulbehörde, und diese Behörde arrangierte dummerweise anläßlich des 50. Jubiläums der Königin im Jahre 1897 ein gemeinsames Picknick. Die Schüler beider Anstalten marschierten also zum Ort des Picknicks, und dann standen wir da und starrten einander finster an. Die Burschen aus Lunanhead waren größer und kräftiger als wir, und als mich einer von ihnen fragte, was es denn zu lachen gebe und ob ich mein «Gesicht ins Haar geschmiert haben» wolle, sah ich schnell woanders hin. Unglücklicherweise hatte Jake Hanton, unser Schläger, die Schule vor ein paar Wochen verlassen. Als die Wettkämpfe anfingen und die rivalisierenden Schulen ihre Feindseligkeit mit Ausfällen und Tritten kundtaten, betrachteten wir den Stoßtrupp aus Lunanhead und flüsterten: «Wenn doch nur Jake Hanton da wäre.»

Plötzlich kam ein kleiner Junge angelaufen und berichtete uns, daß Jake Hanton nach der Arbeit kommen werde und daß er obendrein Dave Wyllie, einen anderen Faustkämpfer, mitbringen wolle. Als es soweit war, benahmen wir Kleineren, Schwächeren uns, fürchte ich, ziemlich schäbig. Wir fingen an, die Lümmel aus Lunanhead mit beleidigenden Bemerkungen zu bedenken. Daraufhin entledigten sie sich ihrer Jacken, krempelten die Ärmel auf und kündigten an, sie würden uns «zu Marmelade machen». Wir lächelten und gaben unseren Champions ein Zeichen. Die Burschen aus Lunanhead verloren die Schlacht, und als sie sich seitwärts in die Büsche schlugen, taten wir so, als überhörten sie Jakes sportliches Angebot, fünf von ihnen mit einer Hand fertigzumachen.

Jake Hanton war ein Einfaltspinsel, der nur ein Talent besaß: Kämpfen. Und er kämpfte wie eine Dogge. Die bloße Erwähnung seines Namens schüchterte jeden Buben in der Nachbarschaft ein. Er mochte mich und wurde mein Beschützer, und ein paar Monate lang führte ich ein leichtes, angenehmes Leben, denn ich hatte einen Zauberspruch: «Wenn du mich anrührst, sag ich's Jake Hanton.»

Wir haben uns, glaube ich, furchtbar oft herumgeprügelt, wenn auch selten ernstlich. Zum Beispiel fing ich mit Jock Broon wegen nichts und wieder nichts einen Krach an – eine Murmel oder ein Griffelstummel konnten schon genügen. Ich drohte ihm, er bekomme eins auf die Nase, und Jock, der natürlich jünger war als ich, antwortete dann: «Zu Dave Wyllie hättest du das nicht gesagt.»

Nun war Wyllie wirklich ein zäher Bursche, ein guter Kämpfer, der mich in Sekundenschnelle auspunkten konnte; aber wenn Jock auf die Wahrheit anspielte, nämlich daß ich vor Wyllie Angst hätte, trieb mich mein Ehrgefühl dazu, zu behaupten, vor Wyllie hätte ich überhaupt keine Angst. Wenn Jock dann Wyllie erzählte, was los war, sah Wyllie quer durch das Klassenzimmer zu mir herüber, führte seine

Faust zur Nase und flüsterte: «Warte bis um vier.» Um vier stand ich dann dem Champion gegenüber, starr vor Angst und ohne Hoffnung, geschlagen, bevor der Kampf noch begonnen hatte. Der demoralisierende Effekt dieses «Warte bis um vier» begleitet mich heute noch.

Wie schon mein Vater und mein Großvater, so war auch ich ein Feigling, allerdings mit einem Unterschied. Wie mein Vater hatte ich Angst im Dunkeln, aber im Gegensatz zu meinem Vater drückte ich mich nicht davor, im Dunkeln unterwegs zu sein. In jenen Tagen verfolgte mich das Grauen vor der Dunkelheit, besonders wenn ich nach Einbruch der Nacht von Forfar nach Hause gehen mußte, zwei lange Meilen, auf denen man an nur einem einzigen Haus vorbeikam. Dort wohnten zwei alte Frauen, aber für mich war dieses Haus immer eine Art Halbzeit-Zuflucht vor den Gefahren der Landstraße. Ich zweifelte nie daran, daß die beiden alten Frauen mich beschützen würden, wenn «der Mann mit dem Käsedolch» hinter mir her wäre. Er hatte Jeem Craik, einen ausgewachsenen Mann, angefallen. Er hatte Landarbeiter mit dem Spruch «Geld oder Leben!» überfallen. Sein Lieblingsaufenthalt war der Zauntritt am Fuß des Welton-Hügels. Unnötig, zu erwähnen, daß ich ihn nie persönlich traf, denn er existierte nur in der Phantasie von Eck Smith.

Je später es war, um so mehr fürchtete ich mich. An Winterabenden fühlte ich mich bis sechs Uhr sicher, weil dann die Mädchen aus der Fabrik unterwegs waren. Sieben Uhr war auch nicht schlimm, weil einige Mädchen vielleicht noch eingekauft hatten, und manchmal ergingen sich Liebespaare um diese Zeit auf der Straße nach Kingsmuir. Einmal beschuldigte mich ein Pärchen, ich wollte sie wohl belauschen, weil ich so dicht hinter ihnen herging. Ich brachte nicht den Mut auf, ihnen die Wahrheit zu sagen, daß ich mich nämlich davor fürchtete, allein zu sein.

Am schlimmsten war der Weg aus der Stadt hinaus. Langsam zokkelte ich den Easter Bank Brae hinauf, immer darauf bedacht, im Schein der Gaslaternen zu bleiben. Bei der letzten Laterne blieb ich stehen und starrte in die schwarze Nacht vor mir und warf sehnsüchtige Blicke zurück, in der Hoffnung, es würde eine Kutsche kommen. Die Hoffnung, mitgenommen zu werden, war zwar gering, aber wenn ich mich auf die finstere Straße stürzte, würde ich schon in Höhe der High Dykes sein, bis die Kutsche mich einholte. Wenn dann das Pferd den Welton-Hügel hinauf mußte, konnte ich die Kutsche überholen, wenn ich rannte. Und war ich erst einmal auf dem Hügel, konnte ich schon die ersten zwinkernden Lichter von Kingsmuir sehen. Jedenfalls war nichts davon bekannt, daß der Mann mit dem Käsedolch auf unserer Seite des Hügels gewirkt hätte.

Die Landstraße von Forfar her war zwar der größte Schrecken von allen, aber kleinere Wege brachten andere, kleinere Schrecken mit sich. Jeden Abend mußte ich zu Granny Hutchinson und Milch holen. Ihr Haus war gleich um die Ecke, und ich hatte nie Angst, dorthin zu gehen, aber auf dem Rückweg war mir immer, als wären sämtliche Mörder der Welt hinter mir her. Ähnlich erging es mir mit dem Weg zum WC, oben im Garten, oder vielmehr zum C, denn Wasser gab es da ja nicht. Im Dunkeln aufs Klo zu gehen, war mir unbehaglich. Wer konnte wissen, wer dort im Häuschen saß? Den Rückweg brachte ich in Windeseile hinter mich. Mit einer Laterne zu gehen war auch nicht das Richtige; einerseits war sie zwar ein beschützender Begleiter, andererseits aber verriet sie dem Mann mit dem Käsedolch, wo man gerade war.

Irgendwann in jener Zeit kam ich dahinter, daß es auf einsamen, dunklen Straßen von Vorteil war, wenn man stehenblieb und urinierte; ich brauchte bloß anzufangen, dann hörte ich auch schon Schritte und mußte weiterlaufen. Trotzdem war es eine unfehlbare Methode, Gesellschaft herbeizuziehen. Ich habe mich wohl hauptsächlich auf meine Beine verlassen, wenn es darum ging, dem Schrecken zu entkommen, aber ich weiß auch noch, daß ich mich bewaffnet habe. Willie hatte einen echten Totschläger mitgebracht, der bequem in eine Manteltasche paßte. Außerdem besaß ich eine «Gamage»-Wasserpistole, die ich mit einer Ladung aus Wasser und Cayennepfeffer füllte. Vermutlich war ich leicht enttäuscht, daß ich nie Gelegenheit bekam, sie an den Augen eines Bösewichts auszuprobieren. Später ergänzte unser Skye-Terrier meine Bewaffnung; allerdings war er ein schlechter Leibwächter. Boulot heftete sich mir immer dann an die Fersen, wenn ich ihn nicht brauchte, auf dem Hinweg in die Stadt, aber sowie wir in der Stadt waren, machte er sich selbständig und kam erst lange nach mir zu Hause angeschlichen – naß, schmutzig und sehr, sehr schuldbewußt.

Trotzdem, Boulot brachte mich auf einen Gedanken. Wenn ich die auf dem Rückweg gefährlichste Stelle passierte – den Zauntritt am Fuße des Welton-Hügels –, pfiff ich einem imaginären Hund und rief: «Wolf!» oder einen ähnlichen Namen, damit der Mann mit dem Käsedolch zur Kenntnis nahm, daß mein Hund ein gräßlicher Menschenfresser war. Eine andere Technik bestand darin, einem imaginären Gefährten ein «Nun komm schon, Jock!» zuzurufen, wenn ich glaubte, es sei Gefahr im Verzuge.

Ich erfuhr nie, ob die anderen Kinder ähnliche Ängste hatten. Solche Sachen erwähnten wir voreinander nie, weil wir wußten, daß es die größte aller gesellschaftlichen Sünden war, ein Feigling zu sein. Sie war wie die Sünde wider den Heiligen Geist: unverzeihlich. Ich weiß nicht, wie wir zu dieser Regel kamen. Vielleicht hat es mit unserer Lektüre zu tun gehabt, die der Gattung der Groschenhefte zuzuordnen war. (Wir nannten diese Hefte *penny horribles* oder *bloods.*)

Unsere Schullesebücher enthielten immer einige Heldengeschichten, deren Moral der Mut war. In einer Geschichte ging es um einen britischen Offizier auf irgendeinem fernen Vorposten des Empire – von Eingeborenen mit einem Speer ins Bein getroffen, von Fieber geschüttelt – der Wundbrand hat eingesetzt –, sieht er sich einem Stammesaufruhr gegenüber, mit keiner anderen Waffe als seinem Glauben an Gott und Königin Victoria. Ich weiß nicht mehr, wie er siegte, aber er siegte, und mit seinem letzten Atemzug dankte er Gott dafür, daß er seine Pflicht getan hatte. Ich fürchte, wir zogen das gottlose Heldentum unserer *penny horribles* vor.

Für jüngere Generationen ist es sicher nicht leicht, sich das Dorfleben gegen Ende des letzten Jahrhunderts vorzustellen. Heute kann jeder Dorfjunge irgendwo ins Kino gehen, er hat ein Radio oder kann zumindest Radio hören, sieht fern, und er sieht außerdem, wie «die Welt» in Autos, Lastwagen und Bussen vorbeifährt.

In meiner Kindheit bewegte sich das Leben langsam – in Kutschen und auf Fahrrädern. Die einzige Zerstreuung waren gelegentliche Konzerte in der Schule oder ein durch die Dörfer ziehender Jongleur und manchmal kam der alte Professor Thomson, ungewaschen und mit einer Schnapsfahne. Er erschien meistens morgens. Mein Vater befahl uns, nachmittags den Eintrittspreis (einen halben Penny) mitzubringen. Natürlich fanden wir es irrsinnig aufregend, wenn der Professor sich meterlange Bänder aus dem Mund zog und in Jock Broons

Hosentasche Eier fand. Wenn der Zauberer dann Feuer spie, nachdem er einige farbige Papierkügelchen verschluckt hatte, war ich immer höchst beunruhigt. Meine Einstellung zur Zauberei hat sich bis heute nicht geändert; ich starre bei den Kunststücken fassungslos wie ein Dorftrottel und frage mich vergeblich, wie das alles möglich ist.

Einmal im Jahr machten wir mit der Schule ein Picknick. Das war ganz fabelhaft. Wir fuhren in Bauernkutschen los, und die Tagelöhner polierten vorher in Nachtarbeit die Geschirre und striegelten die Pferde. Von allen Tagen des Jahres kam dieser dem Himmel am nächsten. Am Tag nach dem Schulpicknick stürzte ich unweigerlich in die Tiefen bitterer Verzweiflung und weinte in meinem Elend. Der Glanz war dahin und würde nie mehr zurückkehren. Ich versuchte, das Picknickgefühl zu verlängern, indem ich es mit Leuten verknüpfte, die auch da gewesen waren. Ein gewisser Jake Kenny, der auf dem Bock der Kutsche, in der ich gefahren war, gesessen hatte, wurde zwei Wochen lang mein Held. Ich hatte das unbestimmte Gefühl, daß Jake und ich nun in alle Ewigkeit verbunden waren – zwei Seelen, die gemeinsam ein großes geistiges Erlebnis gehabt hatten.

An den übrigen 364 Tagen des Jahres geschah nichts in Kingsmuir. In dieser Alltagsmonotonie waren die gelegentlichen Hochzeiten oder Beerdigungen die einzige Unterbrechung. Beides war uns willkommen, doch bevorzugten wir natürlich die Hochzeiten. Oft waren es überstürzte Feiern, weil das Paar «den Hochzeitskuchen vor der Hochzeit angeschnitten» hatte. Manchmal war ein Junge bei der Hochzeit seiner Eltern dabei. Kingsmuir kannte keine falsche Demut, wenn es um solche Ehen ging.

Der Teil der Zeremonie, der uns am meisten interessierte, war der Aufbruch des Brautpaares. Nicht, daß die Brautleute uns sonderlich interessiert hätten, aber ihr Auf-bruch war der Augenblick, in dem der Trauzeuge «austeilte». Er hatte gewöhnlich einen Sack voll Bonbons, und manchmal waren auch ein paar Kupfermünzen darin. Er streute den Inhalt auf die Straße, während die Kutsche fortfuhr, und wir krabbelten im Schlamm oder Staub herum, um die Leckereien zu erhaschen. Es machte uns nicht das geringste aus, die angeschmutzten Bonbons zu essen; jeder von uns hätte sich ohne weiteres auch aus einem Haufen Pferdemist einen Bonbon gefischt und ihn in den Mund geschoben. Ich machte einen Kompromiß: ich spuckte die erste Portion Speichelsaft aus, aber ein Kumpel von mir äußerte einmal, es sei eine sentimentale Verschwendung, überhaupt irgend etwas auszuspucken.

Die Möglichkeit, Pennies einsammeln zu können, war für uns das Verlockende an den Hochzeiten. Geld war uns so gut wie unbekannt, denn wir bekamen – im Gegensatz zu den meisten Kindern heutzutage – kein Taschengeld. Der Tag, an dem man einen halben Penny ergatterte, war ein Feiertag. Wir gingen dann zu Nanzy Tams kleinem Schaufenster und drückten unsere Nasen an die Scheibe. Durch übertriebene Dekoration zeichnete sich dies Fenster nicht gerade aus: es enthielt nur eine Reihe von Bonbongläsern, ein paar Bänder oder Stengel Lakritzen und Karamellstangen, und ein oder zwei Wundertüten. Wundertüten kaufte ich am liebsten. Zwar bekam ich nie etwas Wunderbares, doch gab ich nie die Hoffnung auf, eines Tages einen neuen goldenen halben Penny, in Seidenpapier gehüllt, darin zu finden. Später kamen andere Wundertüten mit roten, in dünnes Papier gewickelten Rahmbonbons in Mode. Und in diesen Wundertüten waren tatsächlich manchmal halbe Pennies. Einmal hatte ich Glück und bekam einen – und dann verlor ich meinen goldenen halben Penny.

Jedes Spiel hatte seine Zeit: wir spielten mit Murmeln, wenn der Märzstaub wehte, und später im Frühling waren die Kreisel dran. Wir alle hatten Murmeln und Kreisel und eiserne Reifen, die wir «Gürtel» nannten, aber ich habe nie erfahren, woher wir sie bekommen hatten. Murmeln kosteten damals viel Geld im Laden – zehn Stück einen Penny –, aber wenn die Saison begann, erschienen auch die zerlumptesten Buben plötzlich mit lauter Murmeln in den Hosentaschen. Einige dieser Murmeln zumindest waren in Nanzy Tams Laden gestohlen worden, und mehr als einmal half ich bei Überfällen auf ihren Kohlenschuppen, wo sie die leeren Limonadeflaschen aufbewahrte. Wir schleppten die Flaschen in eine dunkle Ecke und brachen ihnen den Hals, um an die Glaskugeln zu gelangen, die in manchen Flaschen waren. Aus den Gummiringen machten wir uns dürftige Katapulte. Nie dachten wir daran, daß Nanzy das Leergut bezahlen mußte. Wahrscheinlich stammten die Murmeln von den kleinen Söhnen wohlhabender Bauern.

Ich kann mich nicht erinnern, daß wir viele andere Versuche, in

Läden zu stehlen, unternommen hätten. Es kam vor, daß wir Nanzy um etwas baten, von dem wir wußten, daß sie es in der Küche aufbewahrte, und während sie fort war klauten wir Kaugummi oder Schokolade, aber das waren Bagatellfälle. Ein Junge, der Milch austrug und mich großzügig mit *penny horribles* und *Chips* und *Comic Cuts* versorgte, hatte ein ausgeklügeltes System entwickelt, nach dem er in Zeitschriftenläden stahl. Ich erkundigte mich nie näher, wie er es im einzelnen anstellte, und fragte zweifellos deswegen nicht, weil Mitwisserschaft mich zum mitschuldigen Komplicen gemacht hätte. Wir waren ein ehrlicher Haufen, hauptsächlich weil es nichts zu stehlen gab. Wir machten die üblichen Raubzüge durch Obstgärten. Unser moralisches Bewußtsein erklärte den Diebstahl von Geld zwar zu einem schmählichen Verbrechen, aber das Stehlen von Obst in fremden Gärten war für uns reiner Sport.

An zwei Samstagen im Jahr war Geld für die Erwachsenen eine besonders wichtige Sache: wenn im Mai und im November «Termin» war. An diesen Tagen wurden die Landarbeiter eingestellt oder entlohnt. (Ich wuchs übrigens mit Worten und Redensarten auf, die kein Engländer oder Amerikaner jemals hören wird: *fee, public roup, ashet, ground to feu* und *avizandum* zum Beispiel.)

Zweimal im Jahr trafen sich am Markttag Herren und Knechte in der Stadt, um zu handeln. Die Landarbeiter wurden von «Termin» zu «Termin» eingestellt. Aber warum sie so oft wechselten, verstehe ich nicht, denn die Löhne waren überall gleich (sehr niedrig), und die Nebeneinkünfte an Essen und Milch gab es offenbar auf allen Höfen. Für uns Kinder bedeutete *jeder* Markttag Abwechslung. Jeden Freitag begutachteten wir aufgeregt die Buden und Zelte entlang der High Street, die Karussellpferde und Schiffsschaukeln. Vor lauter Vorfreude schliefen wir in der Nacht auf den Samstag schlecht.

Die Bauernsöhne konnten viel auf dem Markt ausgeben, die der Adams sogar eine halbe Krone pro Nase. Wir armen Neills hatten nie mehr als Sixpence; mehr konnten unsere Eltern uns nicht geben. Manchmal vergrößerte ich meinen Anteil dadurch, daß ich Mrs. Adams seelenvoll in die Augen blickte und fragte, ob sich ihr Rheuma gebessert habe. Zu uns Kindern war sie immer nett. An Markttagen bekundete ich immer viel Sorge um die Gesundheit von Bauern und ihren Frauen und konnte so oft aus meinen Sixpence 8 oder gar

9 Pence machen. Das Ausgeben war eine knifflige Angelegenheit. Die Karussellpferde kosteten einen Penny, ebenso die Schiffsschaukeln. Die Boxhalle, vor der Jimmy Lavin stand, und brüllend jedem 5 Pfund anbot, der seinen Boxer schlagen könne, war zu teuer; ich mußte mich für den billigeren Weg entscheiden und unter der Zeltwand hindurchkriechen, wenn Jimmy Lavin sich auf den Kampf konzentrierte. Niemand hat je die 5 Pfund gewonnen. Die Landarbeiter kamen herein und schwangen ihre Arme wie Dreschflegel, und der kundige Boxer schlug sie mühelos mit geraden Linken nieder.

In meinen Ausgaben am Markttag war ich konservativ. Ich ging immer gleich vor: Ich marschierte schnurstracks in Laings Laden und kaufte für 2 Pence einen Buntstift, der am einen Ende blau und am anderen rot war, dann Eis für einen Penny, und dann ging ich weiter zu den Karussellpferden. Wenn ich die Stufen erklomm, zitterte ich, und wenn dann die Pferde sich drehten und die Orgel dröhnte, war mir zumute, als sei das Ende herbeigekommen. Der etwas üble Geruch heißen Öls konnte mich auch nicht fröhlicher stimmen. Ich hatte eine fürchterliche Phobie, die Maschine könnte kaputtgehen und die Pferde würden mich ewig im Kreis herumtragen. Schrecken und Entzücken waren so groß, daß ich sitzen blieb und einen weiteren Penny springen ließ – eine Ausgabe, die ich mir kaum leisten konnte. Für die Schiffsschaukeln fehlte mir immer der Mut, aber ich verschaffte mir eine Ersatzgänsehaut, indem ich betrunkene Landarbeiter dabei beobachtete, wie sie versuchten, einmal ganz herumzuschwingen. Zum Schluß wandte ich mich immer ganz enttäuscht ab – wie nach einem Gewitter –, weil niemand daran gestorben war.

Was für ein großer Tag! Selbst wenn alles Geld dahin war, war der Markttag immer noch aufregend. Ich entwickelte bald eine gute Nase für mögliche Streitereien, und wenn irgendwo eine Schlägerei begann mit Nasenbluten und blauen Augen, gelang es mir oft, mich in die erste Reihe der Zuschauer zu quetschen.

Am Cross, einem öffentlichen Platz, standen gewöhnlich ein oder zwei Billige Jakobs, die achtzehnkarätige goldene Uhren «für jeden Preis, der Ihnen zusagt, meine Herren» verkauften. Ihre Technik war immer die gleiche: «Ich bin nicht hierhergekommen, um Geld zu verdienen. Ich bin hergekommen, um Ihnen einen Gefallen zu tun. Möchte vielleicht einer der Herren diese halbe Krone für einen Penny eintauschen?» Die halbe Krone war zwar immer echt, aber diese Tölpel standen mit offenem Mund herum und starrten ihn an. Schließlich mußte er praktisch jemanden dazu zwingen, die Münze für einen Penny zu kaufen. Die nächste Stufe seiner Werbung um Vertrauen bestand darin, daß er eine Garnitur Manschettenknöpfe aus echtem Gold für 2 Shilling verkaufte: «Aber gehen Sie nicht fort, Sir: Jedermann wird seine Belohnung erhalten.» Und der Käufer bekam natürlich seine Manschettenknöpfe und außerdem sein Geld zurück. An jedem Markttag studierte ich ausgiebig diese Technik. Die Schwierigkeit lag darin, den genauen Zeitpunkt zu erkennen, an dem er anfing, den Tölpeln das Fell über die Ohren zu ziehen. Die ersten bekamen ihr Geld zurück; der nächste bekam die goldene Uhr und eine wunderschöne Garnitur goldener Manschettenknöpfe; die übrigen bekamen Tinnefuhren für echte Pfund-Noten.

An einem Markttag hatte ich mir eine halbe Krone zusammengespart. Die Versuchung, einen Teil in meine üblichen blau-roten Buntstifte zu investieren, wischte ich beiseite und ging geradewegs zum Cross. Diesmal verkaufte der Mann Portemonnaies, keine Uhren. Als ich kam, hielt er eines in die Höhe: «Eine halbe Krone für dies schöne Portemonnaie. Keine Angebote? Gut, dann mache ich es noch wertvoller. Schauen Sie her.» Und er ließ ein paar Shilling hineinfallen. «Immer noch eine halbe Krone», rief er, «wer will es haben?» Ich wurde bald wahnsinnig vor Aufregung und knetete meine halbe Krone in einer sehr verschwitzten Hand, aber aller Mut verließ mich: ich konnte es einfach nicht riskieren. Das Portemonnaie wurde dann von einem Landarbeiter gekauft, und ich beobachtete ihn kummervoll beim Geldzählen. Im ganzen waren ungefähr 10 Shilling in dem Portemonnaie. Aber schon ließ der Billige Jakob in eine andere Börse Münzen fallen, und ich drängte mich nach vorn und hielt ihm meine klebrige halbe Krone hin. Er gab mir das Portemonnaie, hielt mich aber dazu an, nicht hineinzublicken, bevor er es mir befahl. Ich hielt die geschwollene Börse fest und eilte an den Rand der Menge, wo ich sie endlich öffnete. Drei Kupferpennies! Da erst ging mir auf, daß er nicht hierhergekommen war, um den Leuten von Forfar einen Gefallen zu tun. Clunie fand mich kurz darauf in Tränen aufgelöst und schenkte mir die Hälfte von dem Geld, das sie noch hatte. Barsch erinnerte sie mich daran, daß sie mich erst tags zuvor eindringlich vor diesen Männern gewarnt hatte. Obwohl Clunie auf mein Bitten schwor, sie werde keinem Menschen etwas davon sagen, verpetzte sie mich, und ich mußte eine weitere Erniedrigung ertragen: das Hohngelächter meiner Brüder.

Als ich etwa dreizehn war, beschloß ich, Erfinder zu werden. Inzwischen besaß ich ein gebrauchtes Fahrrad mit Ballonreifen, das ich oft in stundenlanger Arbeit auseinandernahm. Dabei legte ich die Kugeln von den Kugellagern sorgfältig auf eine Untertasse, die Boulot, mein Hund, jedoch immer wieder erfolgreich umstieß. Eine Zeitlang fuhr ich mit nur vier Kugeln in der Achse des Vorderrades. Die besessene Auseinandernehmerei hatte einen tiefernsten Zweck: ich studierte das Rad, um zu sehen, wie man es verbessern könnte. Viele Jahre lang bildete ich mir ein, ich hätte die Felgenbremse erfunden, aber heute bin ich der Überzeugung, daß das reine Phantasie war. Was ich tatsächlich erfand, war eine Felgenbremse, die wie ein Greifzirkel funktionierte. Als ich sie einem Patentanwalt beschrieb, schrieb er zurück, das sei eine schöne Erfindung und wenn ich ihm bitte noch einen Scheck über 14 Dollar schicken wollte ... Ich mußte mich auf andere Mittel und Wege verlegen.

Mein Bruder Willie war gerade vom Sommersemester in der vorbereitenden Schule von Bexley Heath zurückgekommen und erwähnte zufällig einen der Jungen, der Bowden hieß. Ich spitzte die Ohren: «Der Bowden von der ‹Bowden-Bremse›?»

Ja, Willie war ganz sicher, daß der Vater des Jungen der Bowden-Bremsen-Mensch sei. Ich sagte nichts und setzte mich hin, um Mr. Bowden in Bexley Heath zu schreiben. Eine Skizze meiner Erfindung legte ich bei. Eine Woche später kam die Antwort. Ich konnte kaum den Umschlag öffnen, so zitterten mir die Hände. Es war ein sehr netter Brief – so nett, daß ich zunächst gar nicht merkte, daß es nicht der Brief war, den ich mir erhofft hatte. Er hatte nur geantwortet, weil er neugierig war, wie ich seine Adresse bekommen hatte. Außerdem war er überhaupt nicht der Bowden-Bremsen-Bowden, sondern ein entfernter Verwandter, und von Technik hatte er keine Ahnung. Etwa ein Jahr später entdeckte ich eine Greifzirkelbremse in einem Fahrradkatalog.

Ich war niedergeschlagen, aber geschlagen war ich nicht. Ich wandte meinen Erfindungsgeist nunmehr der Fortbewegungsenergie von Fahrrädern zu. Ich hatte etwas über Hebelwirkung gelesen und folgerte, daß Pedalen mit einer Kurbellänge von etwa einem Meter die Fortbewegungsenergie ungeheuer erhöhen würden. Die Schwierigkeit, die beiden langen Kurbelarme kreisen zu lassen, ohne daß sie den Boden berührten, sollte durch einen Mechanismus überwunden werden, der bewirkte, daß sie sich wie ein Teleskop zusammenschoben, wenn sie sich dem tiefsten Punkt ihres Radius näherten. Nachdem ein Ingenieur herzlich über diese Idee gelacht und mir erklärt hatte, wie unmöglich sie war, gab ich sie auf.

Doch das Problem der Energie beschäftigte meine Phantasie nach wie vor. Als ein entfernter Verwandter, der in technischen Dingen beschlagen war, mir gegenüber andeutete, das Fahrrad der Zukunft würde mit Hilfe von Druckluft angetrieben, handelte ich sofort. Blitzartig sah ich das Ganze vor mir. Ich wollte ein Fahrrad entwickeln, dessen Schläuche eine Luftkammer darstellten. Am Hinterrad sollte eine Luftpumpe sein, die beim Bergabfahren die Luftkammer mit Luft füllen sollte. Wenn es dann wieder bergauf ging, würde man mit einem Hebel die Luftschleuse öffnen, und die komprimierte Luft würde einen kleinen Motor in Betrieb halten, der die Maschine tapfer hügelan treiben sollte. Aber wieder zerriß ein lästiger und langweiliger Ingenieur meine Erfindung in der Luft, indem er mir demonstrierte, daß man aus einer Maschine nicht mehr herauskriegt, als man hineingetan hat; pumpte man während der Talfahrt Luft in einen Zylinder, so müßte das die ganze verdammte Maschine zum Stillstand bringen. Das war, glaube ich, meine letzte Erfindung.

Wenn ich die Erfinderei an den Nagel hängte, würde ich die korpulenten Kataloge entbehren, die mit der Post kamen, besonders den faustdicken *Gamage*-Katalog. Ich begann Anzeigen zu lesen, besonders die mit Coupons, mit denen man kostenlose Proben anfordern konnte. Ich ließ mir von allen möglichen Firmen Prospekte schicken, vorwiegend von solchen, die anboten, einen im Fernunterricht für 1000-Pfund-im-Jahr-Jobs zu schulen. Ich hatte nichts von einem Büffler; mein Wahlspruch lautete schlicht: SCHNELL REICH WERDEN.

Zu dieser Zeit hatte Neilie einen Body-Building-Tick. Jeden Morgen machte er anstrengende Übungen mit den Hanteln und Spezialentwicklern von Sandow, und seine Muskeln wurden groß und stark.

Ich schrieb einen freundlichen Brief an Sandow und teilte ihm mit, ich könne mir die 6 Guineen für den von ihm angezeigten Kursus nicht leisten, würde aber ewig dankbar sein, wenn er ihn mir umsonst überließe. Der Körperbauer antwortete nicht – zu meiner großen Überraschung, denn trotz der betrügerischen Billigen Jakobs glaubte ich immer noch, die Menschen seien gut und edel und immer bereit, den Armen und Bedürftigen zu helfen.

In manchen Augenblicken träume ich immer noch von einem Millionär, der eines Tages erscheint, um mir eine neue Schule zu bauen, nachdem ich ihm einen lieben, netten Brief geschrieben habe. Der Umstand, daß ich diesen Brief noch nicht geschrieben habe und niemals schreiben werde, beweist nur die triste Wahrheit, daß das Alter uns der Hoffnungen beraubt. Man stelle sich vor, wie interessiert ich die Post durchsehen würde, wenn ich die Antwort eines Millionärs erwartete!

Der Brief von Sandow jedoch machte mir Sorgen. Ein Junge hatte mir erzählt, daß Sandow zwei Rabauken, die ihn in Amerika angegriffen hätten, über eine Mauer geworfen und ihnen das Rückgrat gebrochen habe. Ich fragte mich dunkel, ob die Möglichkeit bestand, daß er fünfhundert Meilen nordwärts reisen würde, um mich wegen meiner Unverschämtheit über eine Mauer zu schmeißen.

Außerdem war ich ziemlich beunruhigt wegen einer Firma, die anbot, einem beizubringen, «Wie man Anzeigen schreibt». Ich hatte mir einen Prospekt kommen lassen, um wie üblich zu meinem Leidwesen zu erfahren, daß der Lehrgang etwa zweimal soviel kostete, wie mein Vater im Monat verdiente. Seither schickte die Firma mir einen steifen Brief nach dem andern und wollte wissen, warum ich nicht antwortete. Ich sah mich bereits vor Gericht und wegen ungezählter Schädigungen mit Geldstrafen belegt. Als ich Willie davon erzählte, nahm er die Sache in die Hand und schrieb den Leuten einen heftigen Brief. Das war das Ende meiner Bemühungen, schnell reich zu werden.

Wenn ich heute den Jungen betrachte, der ich damals war, kann ich die Verärgerung meines Vaters durchaus verstehen. Was konnten lateinische Verben einem Jungen bedeuten, der als Erfinder eines neuen Fahrrads oder eines neuen Hosenknopfs weltbekannt werden würde? «Mary», sagte mein Vater immer wieder, «aus dem Jungen wird nichts.» Und meine Mutter schien ihm zuzustimmen. Trotzdem war ich wenigstens bei einer Gelegenheit ein eifriger Schüler. In Kingsmuir gab es einen besonderen Jahrespreis für Mathematik, den Angus Club, den ich zu erlangen beschloß, obwohl mein Freund Frank Craik besser rechnen konnte als ich. Es war ein langer, grimmiger Kampf, aber schließlich gewann ich. Den Preis habe ich noch: ein Goldschnittbändchen mit dem Titel *Ferdinand and Isabella*, aber bis heute bin ich nicht über das erste Kapitel hinausgekommen.

Als Junge las ich selten ein Buch. Neilie las, soviel ich weiß, auch nicht viel. Bis heute lese ich nur wenig und würde lieber in meiner Werkstatt herumhantieren. Wenn ich als Junge dann doch ein Buch las, war es immer eines, das Willie oder Clunie mir empfohlen hatten. Willie las alles, was er kriegen konnte, und entwickelte schon früh einen guten literarischen Geschmack. Auch Clunie war ein literarischer Allesfresser. Obwohl sie ein Jahr jünger war als ich, hatte sie schon Dickens und Thackeray und *Jane Eyre* gelesen, als ich noch auf dem Niveau der *penny horribles* stand. Durch Willie und Clunie entdeckte ich H. G. Wells, W. W. Jacobs, Anthony Hope – *Der Eingekerkerte von Zenda* entzückte mich – und Rider Haggard. Nachdem ich *She* gelesen hatte, wußte ich, daß meine Zukunft in Zentralafrika lag. Außerdem las ich Marie Corelli. Clunie und ich waren uns einig: sie war die größte Schriftstellerin aller Zeiten; gemeinsam schrieben wir ihr einen Brief dieses Sinnes. Wenn sie uns nur ihr Autogramm schikken könnte, so würden wir es bis zu unserem Tode in Ehren halten. Sie antwortete nie, und bald hatten wir an ihrem Werk einiges auszusetzen.

Wenn ich heutzutage Briefe erhalte, in denen steht, ich sei mit Abstand der größte lebende Zeitgenosse, beantworte ich sie immer. Ich weise das Kompliment heuchlerisch zurück, wünsche den Absendern aber das Allerbeste für die Zukunft. Marie Corelli verlor zwei ernsthafte Bewunderer, weil sie ihnen nicht antwortete; ich habe so wenige, daß ich es mir nicht leisten kann, auch nur einen zu verlieren. Wenn irgendein junger Mensch glaubt, ich sei größer als Shakespeare und Shaw zusammengenommen, so wäre es doch eine grobe Unfreundlichkeit von mir, ihm zu widersprechen. Die Helden meiner Jugend haben mich oft im Stich gelassen, aber vielleicht war meine Taktik ganz falsch. Hätte ich geschrieben: «Liebe Miss Corelli!

Schreiben können Sie ums Verrecken nicht, Ihre Personen sind sterbenslangweilige Lötze und Ihre Philosophie ist der letzte Schund», hätte ich sicher eine Antwort bekommen. Kritische Briefe beantworte ich immer postwendend, während Fanpost wochenlang herumliegt und manchmal verschlampt wird.

Als Knabe frönte ich ausgiebig der Heldenverehrung. Viele Jahre lang war Willie mein Halbgott, und diese Identifizierung mit ihm sollte sich auch auf mein späteres Leben auswirken. In der Schule hatte ich immer einen beschützenden Helden – meistens einen etwas dämlichen Burschen. Ich half ihm bei seinen Rechenaufgaben, und er vergalt es mir, indem er jeden Jungen verdrosch, der mich angriff. Alle guten Kämpfer schienen Dummköpfe zu sein. Zum Diskutieren fehlte es ihnen an Grips, und so war «eines auf die Nuß» ihr bestes Argument.

Meine Helden waren die witzigen Landarbeiter, die sich abends bei der Brücke versammelten. Ich ahmte sogar ihren typischen wiegenden Gang nach und bedauerte es stets unendlich, daß meine Mutter, wenn sie mir Hosen schneiderte, nie vorn Hosentaschen draufnähen wollte, wie die Landarbeiter sie hatten. Für meine Mutter waren solche Taschen «kommun» und leicht vulgär. Einmal sagte sie, sie finde die üblichen Hosenlätze unanständig; ihr Vater habe immer Hosen getragen, bei denen der Latz von einer Klappe verdeckt gewesen sei. Wir nannten den Hosenlatz immer nur Stall.

Damals war Killacky so etwas wie ein nationales Wunder. Bei Radrennen gewann er die meisten Preise, und wenn ein Radfahrer über die Brücke fuhr, dann riefen diese Witzbolde ihm nach: «Zeig's uns, Killac!» oder «Paß auf, dein Hinterrad dreht sich!» Letztere Bemerkung konnte ich nicht oft genug hören, ebenso ihr Pendant für Fußgänger: «Paß auf, du hast einen Schritt ausgelassen!» Für mich aber war es eine schwere Prüfung, über die Brücke zu fahren, wenn die Landarbeiter auf dem Deich saßen. Vielleicht graute mir vor einer Flachserei über meine riesigen Füße oder meine krummen Zehen.

Ganz schwach war ich in Sport, und beim Fußball mußte ich immer die Schmach erleben, als letzter gewählt zu werden, wenn die Mannschaften aufgestellt wurden. Aber ich erkor mir trotzdem nie einen Athleten zum Helden. Ich muß etwa vierzehn gewesen sein, als ich anfing, mich als Spaßvogel aufzuspielen, und ich erinnere mich dunkel daran, daß ich meine Schulkameraden mit Leichtigkeit zum Lachen brachte. Sie waren nicht sehr anspruchsvoll; in Erdkunde versetzte sie der Po (der Fluß) für den Rest der Stunde in schuldbewußtes Kichern.

Wie die meisten Kinder wurden wir uns des Wechsels der Jahreszeiten offenbar nicht weiter bewußt. Am verschwommensten erinnere ich mich an die Winter meiner Kindheit. Es schien mehr Schnee zu geben als heute, und wir legten Glitschen auf der Straße an und liefen Schlittschuh – unbeholfen wie die Frösche. Manchmal, wenn es stark gefroren hatte, versuchten wir, auf dem Dorfteich Schlittschuh zu laufen, hatten aber nie viel Erfolg damit. Das lag zum Teil an unseren Schlittschuhen, die von den harten Wegfurchen so stumpf waren, daß sie nicht rutschen wollten. Wir haßten die alten Leute, die nachts Salz auf unsere Glitschen streuten.

Frühling bedeutete für uns in erster Linie Staub, den der Märzwind vor sich her jagte, und die Freuden des Vogelnestplünderns. Wir alle hatten Eiersammlungen, suchten aber trotzdem jedes Nest, auf das wir stießen, heim, einerlei, wie viele Exemplare wir bereits besaßen. Diese Nestsuche war aufregend, weil sie uns in verbotene Zonen führte, wo bärbeißige Jagdhüter mit schreckenerregenden Stimmen waren. Noch immer fühle ich die wilde Angst, die mir eine Stimme einjagte, als ich gerade auf einen Baum klettern wollte: «Was zum Teufel treibst du da?!» Wir hatten alle Geschichten von Jagdhütern gehört, die Jungens verdroschen, aber das müssen Legenden gewesen sein, denn diese Männer taten uns nie etwas. Da ich furchtsam war, mußte ich oft für die anderen Schmiere stehen; das war weit schlimmer, als bei einem Beutezug wirklich mitzumachen.

Im Spätsommer mußten wir uns wieder gegen die Jagdhüter behaupten, wenn wir Himbeeren sammelten. Hierbei hatten wir eine etwas bessere Stellung, weil wir wußten, daß wir mit elterlicher Billigung räuberten. Für meine Mutter war es eine ökonomische Notwendigkeit, so viele Gläser Himbeermarmelade wie möglich zu kochen, und im Wald warteten die Himbeeren darauf, gepflückt zu werden. Die Großgrundbesitzer verboten das Beerenpflücken nicht einfach so; sie behaupteten, die Sammler könnten Fasane und Rebhühner vergrämen.

Diese Himbeerexpeditionen waren angenehm. Um die Früchte zu

transportieren, nahmen wir große, bauchige Milchkrüge mit und Körbe, die mit Kohlblättern ausgelegt waren. Ich aß die Beeren nie und verachtete Eck Fraser, weil er auf dem Nachhauseweg davon naschte. Oft erzählte er seiner Mutter, wenn er ihr einen fast leeren Milchkrug vorweisen mußte, der Wildhüter habe ihn ausgeschüttet.

Zur Beerenzeit schuftete meine Mutter wie ein Sklave. Selten kam der Einkochtopf vom Feuer herunter, und wir liebten den köstlichen Duft, wenn der Schaum abgeschöpft wurde. Sie war wirklich eine wunderbare Hausfrau. Noch heute staune ich darüber, wie es ihr immer wieder gelang, genau den richtigen Jahresbedarf an Marmelade einzukochen. Sie war stolz auf ihre Marmeladenproduktion und besonders darauf, daß sie die einzige Frau im Ort war, der es gelang, daß ihre Erdbeermarmelade schön kompakt wurde. Genauso befriedigend waren Waschen und Bügeln für sie. Sie schuftete an Waschbütte und Bügelbrett – sie benutzte ein Holzkohlebügeleisen –, und ich fürchtete, daß ihr Maßstab für das Weiß von Linnen mich dazu gebracht hat, daß ich seitdem die meisten Dampfwäschereien für minderwertig halte.

Sie hatte in jenen Jahren schreckliche Schmerzen – und oft Koliken – wegen ihrer Gallensteine, aber nie benutzte sie ihre Krankheit als Entschuldigung, um sich vor der Hausarbeit zu drücken. Ich glaube, sie hatte ihre stolzesten Momente sonntags morgens, wenn sie an der Gartentür stand und zusah, wie wir zur Kirche zogen: mein Vater in Angströhre und gestärktem Hemd; die Jungens in gut ausgebürsteten Anzügen und steifen Krägen und mit den schneeweißen Taschentüchern, die aus ihren Taschen hervorlugten; die Mädchen in makellos gebügelten Kleidchen. Sie war etwas unbeweglich geworden und unternahm den langen Fußmarsch in die Stadt nur noch selten und nur bei besonderen Anlässen wie den Abendmahlssonntagen.

Schule und Ferien

Bald nachdem wir nach Kingsmuir gezogen waren, wurde die alte Kirche renoviert. Ein alter Bürger von Forfar hatte eine wunderbare Orgel mit vier Manualen gestiftet, und der gesamte Innenraum der Kirche wurde verändert. Wir hatten jetzt eine Bank in der vorderen Reihe der Empore, und seither kam uns Kindern der Kirchgang weit angenehmer vor als in den Tagen der Dame mit dem inneren Gegurgel. Unser Platz war der beste in der ganzen Kirche, und es machte uns Spaß, hinabzublicken und die Leute während der Predigt zu beobachten: wie sie einnickten oder nicht die richtige Stelle fanden, wenn ein Text aus Amos oder Daniel verlesen wurde; wie sie bei der Kollekte ihre Münzen fallen ließen. Beim Abendmahl paßten wir mächtig auf, um zu sehen, ob jemand den Kelch fallen ließ, und wir wußten, wer nur einen kleinen Schluck nahm und wer fast den halben Kelch austrank. Das laute Getöse der Orgel faszinierte uns. Ich gewöhnte mir an, bis zum letzten Akkord in der leeren Kirche sitzen zu bleiben, und mein musikalischer Geschmack datiert, falls ich einen habe, aus jener Zeit. Der Organist wurde mein Sonntagsheld; ich entwickelte den Ehrgeiz, in seinem Chor zu singen.

Ich habe viel über die Rolle, die die Religion in meiner Jugend spielte, zu sagen, aber irgendwie hat sie mit dem Kirchgang nichts zu tun. Das war ein gesellschaftliches Ereignis, bei dem man seine Kleider vorzeigte und Leute traf. Die Predigten bedeuteten mir nichts; Dr. Caie las alle seine Gebete ab, aber ohne viel Überzeugungskraft. Für mich waren seine Gebete Wörter, stereotype Phrasen über den Krug, der so lange zu Wasser geht, bis er bricht, oder das gelöste heilige Band. Wenn ich mich zurückbesinne, frage ich mich, ob überhaupt jemand in dieser Kirche so etwas wie religiöse Empfindung hatte. Als ich dann dreizehn oder etwas älter war, wurde die Kirche tatsächlich zu einem Ort der Anbetung, denn das Mädchen in der ersten Reihe der Empore gegenüber war meine Göttin – kühl, lieblich, unerreichbar. Meine hauptsächlichen Eindrücke von der Kirche haben mit Sex und Tod zu tun. Am farbenprächtigsten sind mir die hübschen Gesichter und Hüte der Mädchen im Kirchenchor in Erinnerung geblieben – und die schwarze Trauerkleidung von Familien, die jemanden «zu Grabe getragen» hatten. Die ganze Familie saß in einer schwarzen Reihe, und die Witwe trug einen schweren Schleier.

Am begierigsten waren wir darauf, zu sehen, wie sie reagierten, wenn der Geistliche gegen Ende seiner Predigt die entsprechende Bemerkung machte: «Laßt mich nicht schließen, ohne den tragischen Verlust zu erwähnen, den wir durch den Tod eines unserer beliebtesten Mitbürger erleiden mußten. John Brown war ...» Mit Gefühlen, die mit Trauer nichts zu tun hatten, beobachteten wir Kinder, wie die Taschentücher zum Vorschein kamen. Die jüngeren Angehörigen schienen im allgemeinen die Aufmerksamkeit zu genießen, aber für die älteren muß es peinvoll gewesen sein. Nach der Kirche lenkte dann die Familie des Verstorbenen ihre Schritte zum Friedhof. Manche Familien schienen nie aus der Trauerkleidung herauszukommen, besonders solche wie die Craiks, deren Onkel, Tanten, Vettern und Cousinen allesamt in der Stadt lebten – oder starben, wie es schien.

Die Sonntage waren ziemlich langweilig, weil wir nicht spielen gehen durften. Die einzige erlaubte Zerstreuung war ein steifer Rundgang in Sonntagskleidung und mit engen Stiefeln, die meine Zehen mit Blasen übersäten. Das einzige Gute war, daß die lateinische Grammatik sonntags tabu war. Eine ähnliche Ruhepause war uns Mittwoch abends vergönnt, wenn mein Vater, einer der Kirchenältesten, zur Sitzung mußte. Gewöhnlich gab er uns einige Seiten aus der lateinischen Grammatik oder aus Caesar auf, aber kaum hatte er sich hundert Meter weit entfernt, waren wir draußen bei den anderen. Meine Mutter drohte oft, es ihm zu sagen, tat es aber nie. Ich weiß nicht mehr, was mein Vater sagte oder unternahm, wenn er merkte, daß wir unsere Hausaufgaben nicht gemacht hatten. Clunie gab ihm kontra, damals bereits, und meine andere Schwester, May, konnte ihn ganz schön um den Finger wickeln. Wir glaubten, sie sei sein besonderer Liebling, weil sie nach Mutter benannt war. May wußte, was sie wollte, und meistens erreichte sie es auch. Mutter hatte ständig Ärger mit «der dickköpfigen Blage» und versuchte, «ihren Willen zu brechen», als May noch ganz klein war. Ich kann mich nicht mehr genau an Einzelheiten erinnern, aber ich sehe noch vage vor mir, wie May trotzig und mit rotem Kopf in der Vorhalle saß und wie meine erboste Mutter schrie: «Du *wirst* es tun!» und May zurückbrüllte: «Ich tu es nicht, und damit basta!» Sie tat es nicht, und damit basta.

Willie und May kamen glänzend zurecht, einfach weil sie ihre eigenen Wege gingen. Wir ängstlicheren dagegen fürchteten die Strafen und taten, was uns gesagt wurde. Ich war der Gehorsam in Person. Allerdings war mein passiver Gehorsam ein Fehlschlag. Er veranlaßte mich, in die lateinische Grammatik zu starren, aber irgend etwas in mir neutralisierte diese passive Reaktion und hinderte mich daran, etwas zu lernen.

Ich versuche ganz bewußt, meine Eltern objektiv zu beurteilen und sie ohne Sentimentalität zu betrachten. Als Junge liebte ich meine Mutter heiß und innig – liebte sie zu sehr –, aber meinen Vater konnte ich in diesem Alter nicht lieben. Er war zu ernst, zu weit entfernt von mir. Uns Kindern hielt er als Vorbild immer einen zerbrechlichen kleinen Jungen mit Brille vor, der nie in seinem Leben irgendwo ein Spiel mitmachte und allen Ernstes weinte, wenn er einmal nicht der Klassenbeste war. Wir haßten diesen Kerl; er wurde später Gepäckträger bei der Eisenbahn.

Viele Jahre später lernte ich meinen Alten lieben. Sein Ehrgeiz in bezug auf uns war seit langem verschwunden, und er akzeptierte uns so, wie wir waren. Aber in den Jahren, von denen ich hier spreche, hielt er sich uns vom Leibe und sprach nie über seine eigene Kindheit. Erst kurz vor seinem Tode im Alter von 84 Jahren (14 Tage vor seinem 85. Geburtstag) erzählte er mir von der ersten großen Tragödie seines Lebens. Seine Mutter war an der Cholera gestorben, als er noch ein Kind war. «Ich war wochenlang verzweifelt», sagte er, und seine und meine Augen füllten sich mit Tränen.

Ich weiß nicht, warum er immer so angespannt und unglücklich war, als wir klein waren. Sicher, er versuchte, wenn auch mit sehr unzureichenden Mitteln, alles, was er konnte, für seine Familie zu tun. Doch bin ich überzeugt, daß ökonomische Umstände eine Persönlichkeit nicht grundlegend beeinflussen können. Zum Beispiel bin ich ganz sicher, daß sich noch nie ein Mann umgebracht hat, weil er sein Vermögen verlor, wie man es so oft in der Zeitung liest. Für viele kommt das Geld erst so spät im Leben, daß es keine tiefe Bedeutung hat. Der jüngste Bruder meines Vaters hatte nie einen roten Heller und war immer lustig. Vaters Pessimismus muß einer ungewöhnlichen Lebensangst entsprungen sein und einer Enttäuschung über das Leben. Aber wie diese Angst entstand, das weiß ich auch nicht. Sicher waren die ehrgeizigen Pläne, die er für uns hatte, eine Projektion der Pläne, die er für sich selbst geschmiedet hatte.

Er war eine ehrliche Seele, und ich glaube nicht, daß es ihm leichtfiel, eine Lüge auszusprechen. So absolut gewissenhaft, wie er arbeitete, muß er es als quälend empfunden haben, daß er nicht den gerechten Lohn dafür bekam. Sein Gehalt hing von den Berichten des Schulrats ab, und damals war der Schulrat Ihrer Majestät ein säuerlicher, unfreundlicher Mann, der meinem Vater jede Anerkennung für seine Arbeit mißgönnte. Dieser Mensch schrieb glühende Berichte über die Schule im benachbarten Inverarity – dort war mein Vater nach seiner Ausbildung Referendar gewesen –, obwohl Elder, der dortige Schulleiter, kein besserer Lehrer war als Vater.

Der Tag, an dem der Schulrat kam, war für meinen Vater eine Pein. Ich sehe noch sein weißes, angestrengtes Gesicht vor mir und wie er aus dem Fenster sah, um den Schulrat und seinen Assistenten dabei zu beobachten, wenn sie morgens vom Bahnhof kamen. Vaters offensichtliche Furcht wirkte ansteckend auf uns, und wir zitterten mit ihm vor den mächtigen Autoritäten. Der Schulrat war ein lausiger Prüfer, der sich herauszufinden bemühte, was wir nicht wußten, anstatt uns unser Wissen zu entlocken. Er schrieb sich Notizen in ein kleines Buch, und wir alle, meinen Vater eingeschlossen, glaubten, es seien mindestens Verdammungsurteile.

Danach wurde der gestrenge Schulrat etwas milder, wenn er zum Mittagessen ins Lehrerhaus herüberkam. Mutter kochte gut und machte dem Gast immer seinen Lieblingspudding. Wir Kinder durften nie mit am Tisch sitzen. Bis heute kann ich einem Schulrat nicht unbefangen gegenübertreten, obwohl mir klar ist, daß die heutigen Schulräte anders sind und viel weniger Macht haben.

Die Schulräte hatten spezielle mathematische Prüfungskärtchen aus rosa Karton. Zu der einzigen Unehrlichkeit, die sich mein Vater, soweit ich mich erinnere, je erlaubte, kam er, als einmal bei der Inspektion der Schule von Dominie Deas – eine Woche vor der Inspektion bei uns – einige Prüfungskärtchen entwendet wurden. Vater rechnete die Aufgaben mit uns an der Tafel durch, aber die Strafe für diese Unehrlichkeit war, daß der Schulrat ein neues Sortiment von Kärtchen mitbrachte, als wir an der Reihe waren. Ich vermute, daß er einige Kärtchen vermißte, als er Dominie Deas' Schule verließ, und kein Risiko eingehen wollte.

Später betrat dann Hunter Craig als neuer Assistenz-Schulrat die Szene. Er war selbst Volksschullehrer gewesen und nicht wie die meisten Oberschulräte ein Oxford-Absolvent, der nie in seinem Leben selbst unterrichtet hatte. Craig war ein genialer Bursche, der einem weder Angst noch Respekt einflößte. Man konnte mit ihm wie mit seinesgleichen diskutieren, und wir alle mochten ihn sehr.

Mir war damals nie so recht bewußt, wie sehr mein Vater unter dem Elternbeirat zu leiden hatte. Er bestand hauptsächlich aus Bauern, und ich weiß noch, wie der Vorsitzende die Anwesenheitsliste abzeichnete und unten hinschrieb: «Anwesende: 98». Der Prüfung durch den Schulrat folgte stets der merkwürdige Brauch der «Examinierung». Das war der letzte Schultag vor den Sommerferien, wenn die Preise verteilt wurden. Die Bäuerinnen brachten riesige Blumensträuße, und der Elternbeirat saß im Sonntagsstaat hinter dem mit Büchern beladenen Tisch. Mein Vater achtete darauf, daß jedes Kind einen Preis bekam. Wenn er bei Jake Hanton angekommen war, kratzte er sich meist den Kopf und gab ihm dann schließlich ein kleines Buch mit der Widmung: «John Hanton, für flüssiges Lesen.»

Der Vorsitzende fing ganz geschäftsmäßig an: «James Young. Erster Preis in Erdkunde. Bravo, Jeemy – weiter so.» Aber wenn er erst einige Bücher verteilt hatte, gab er den Versuch, nützliche Kommentare zu machen, auf und verkündete nur noch die Namen der Gewinner. Der Tag der «Examinierung» war für uns einer der strahlendsten Tage des Jahres. Er war das Vorspiel für Wochen der Freiheit, in denen wir uns den ganzen Tag am Hinteren Graben aufhalten und Elritzen fangen konnten. Oder wir konnten noch weiter von zu Hause weggehen: zum Vinney, wo wir probierten, Forellen mit der Hand zu fangen, was uns aber nie gelang. Wir versuchten es nie mit Schnur und Haken, zweifellos, weil Angelgerät zu teuer gewesen wäre.

Viele Jahre später, als Student, radelte ich einmal am Vinney entlang und sah an der Brücke meinen jüngsten Bruder Percy mit einer Angel. Ich fragte ihn, wie lange er schon da stünde. «Zwei Stunden», sagte er, «und sie haben noch nicht mal dran geknabbert.»

«Ich zeige dir, wie man angelt», sagte ich mit der ganzen Überlegenheit eines älteren Bruders und warf die Schnur aus. Eine Forelle stürzte sich auf den Köder, und ich schnellte sie aus dem Wasser.

«So fängt man Fische», sagte ich und fuhr weiter. Es war der einzige Fisch, den ich je im Leben gefangen habe, aber ich bin immer noch fest davon überzeugt, daß Percy mich für einen gewieften Angler hielt.

Elritzen fingen wir immer mit Mutters großem Küchensieb. Dann taten wir sie in Marmeladeneimer, und bis wir zu Hause ankamen, waren die meisten tot. Wir wußten, daß der Reiz im Angeln lag, und ich verstehe eigentlich nicht, warum wir sie nicht ins Wasser zurückwarfen. Der Anblick eines großen Stichlings im Küchensieb würde mich auch jetzt noch aufregen, aber heute würde ich ihn wieder zurückwerfen.

Auf unseren Sommerausflügen entschieden wir uns immer für den kürzesten Weg. Wenn wir Felder und Weiden überquerten, paßten wir immer ängstlich auf, ob auch kein Bulle bei der Herde stand. Keiner von uns machte sich irgendwelche Illusionen, was Bullen betraf. Wir wußten, sie waren gefährliche Biester, denen man selbst dann nicht über den Weg trauen konnte, wenn sie scheinbar friedlich waren. Auch die Hunde auf den Bauernhöfen würzten unsere Abenteuer mit dem Aroma der Gefahr. Wir kannten das allmählich: freundliche Bauersfrauen, die am Gartentor standen und uns zuriefen: «Der tut euch nichts», wenn ein bösartiger Collie uns seine sämtlichen Zähne zeigte. Schon früh lernte ich, daß ein Hund nie vergißt. Als Frasers Collie noch ein kleiner Welpe war, traf ich ihn einmal beim Spielen mit einem halben Ziegelstein. Das vergaß mir der Collie nie, und noch viele Jahre später konnte ich mich nicht zu Fraser an die Haustür wagen.

Als wir nach Kingsmuir zogen, hatten wir eine Neufundländerhündin, die auf den Namen Myrtle hörte; das heißt, mein Vater hatte sie als Neufundländerin gekauft, merkte aber bald, daß sie ein Bastard war. Wenn sie heiß war, machten wir uns einen Sport daraus, haufenweise Steine zu sammeln und damit nach Myrtles Freiern zu werfen, die von allen umliegenden Bauernhöfen kamen, manche sogar aus zwei Meilen Entfernung. Wir warfen überhaupt viel mit Steinen, ich erinnere mich aber nicht, daß wir jemals etwas getroffen hätten.

Wir waren bestimmt mehr als nur ein bißchen grausam, doch gingen wir nie so weit wie ein oder zwei etwas pathologische Exemplare, die kleinen Vögeln den Kopf abschnitten und Frösche mit Strohhalmen aufbliesen, die sie ihnen in den Anus steckten. Auch trampelten wir nie einen Igel zu Tode, wie das andere Jungens machten. Wir erreichten unsere Grenze, wenn wir unseren Skyterrier Boulot auf Bell Eggies Katze hetzten. Außerdem taten wir es den Viehtreibern gleich und schlugen auf die Ochsen ein. Rinder hatten es damals nicht leicht: auf dem Viehmarkt in Forfar banden ihnen die Treiber Knoten in den Schwanz, ein grausamer Brauch, der später gesetzlich verboten wurde.

Von Ursachen und Beweggründen wußten wir herzlich wenig. Obwohl wir den ganzen Tag Rinder sahen, brachten wir sie nicht mit Geldverdienen in Verbindung. Man konnte sie von jedermann zusammentreiben lassen, und ein Stock machte ein angenehmes Geräusch, wenn man ihn auf ihre kotverkrusteten Flanken hieb. Für uns waren sie wirklich so etwas wie Spielzeug. Mit Schweinen war das anders. Wir wußten alle, daß Martha Ramsay sich des Specks und Schinkens wegen ein Schwein hielt, und wenn es beim ersten Frost seinem Tode entgegengeführt wurde, waren wir zur Stelle.

Der Bottich mit kochendem Wasser dampfte in der morgendlichen Kälte. Die Leiter, an der das Schwein zum Ausschlachten aufgehängt werden sollte, lehnte an der Mauer. Ja, und Geordie Marshall stand mit einem Messer in der Hand da. Und bald, wenn etliche Hände das Schwein aus seinem Koben zerrten, fing das Quietschen an. War es ein großes Schwein, brauchte man viel Zeit und Energie, bis es herumgewuchtet war und auf dem Rücken lag, so daß man ihm das Messer an die Kehle setzen konnte. Beim ersten Blutstrahl sprangen die Helfer beiseite, und das Tier rappelte sich auf die Beine. Grunzend machte es ein paar Schritte. Der Blutstrahl wurde zum Strom, das Tier brach zusammen, und alles war vorüber, jedenfalls für uns. Marshall beim Zerlegen zuzuschauen war weniger aufregend. Wir müssen ein ganz schön morbider Haufen gewesen sein.

Fast täglich konnten wir sehen, wie einem Huhn der Hals umgedreht wurde. Als ich etwa vierzehn war, bat mich meine Mutter eines Tages, ein Huhn zu schlachten. Ich hatte erst vor kurzem, auf dem Weihnachtsmarkt in Forfar, erfahrene Hände Tausende von Hühnern schlachten sehen, und es schien kinderleicht. Sie nahmen das Huhn einfach beim Kopf, drehten es ganz kurz und warfen das flatternde Etwas zu Boden. Aber als ich das Huhn gefangen hatte und es beim Kopf packte und ihm nur eine leichte Drehung gab – so jedenfalls hatte ich es beabsichtigt –, flog der Körper weit über das Kohlbeet. Ich starrte den blutigen Kopf an, den ich in der Hand hielt, und mir war plötzlich ziemlich elend zumute.

Auf dem Lande können die meisten Menschen, fast ohne etwas dabei zu empfinden, ein Tier schlachten; ich brachte es nie zu der nötigen Indifferenz, um es gut und sauber machen zu können. Als unser Terrier Boulot alt und halb blind war, bat Mutter mich, ihn mit Chloroform einzuschläfern. Ich besorgte mir beim Drogisten eine Flasche voll, steckte den Hund in einen alten Koffer und stopfte ein mit Chloroform getränktes Taschentuch hinein. Ich hörte, wie das arme Tier gegen die Dämpfe ankämpfte und warf in meiner Aufregung die Flasche auf den Fußboden. Ich wußte, daß ich den Hund nicht mit dem Chloroform umbringen konnte. Glücklicherweise hatte das Chloroform im Taschentuch ausgereicht, um ihn zu betäuben; darauf hielt ich seinen Kopf in einen Eimer Wasser, bis keine Luftblasen mehr aufstiegen. Es war schrecklich. Ich verscharrte ihn «im Schutze der Nacht», bei Regen und Wind, und als ich endlich ins Haus schlich, kam ich mir wie ein Mörder vor – mehr als jemals zuvor oder danach. Die Hilflosigkeit von Tieren, die umgebracht werden sollten, erschütterte mich.

Neulich mußte ich ein Kätzchen töten, weil es wegen irgendeiner inneren Entzündung offensichtlich schreckliche Schmerzen hatte. Ich tat es mit Hilfe des Gasherds – die einzig schmerzlose Methode, die mir in diesem Augenblick zu Gebote stand, aber obwohl ich wußte, daß der Tod notwendig und eine Wohltat war, hatte ich das unheimliche Schuldgefühl, das aus dem Bewußtsein kommt, vollständige Macht über etwas zu haben, das schwächer ist als man selber.

Unseren eigenen Tieren schreiben wir menschliche Züge zu. Es kommt uns so vor, als seien sie anders als gewöhnliche Tiere, weil sie etwas von unserer Persönlichkeit haben. Als das Lämmchen meiner Schwester Hilda ausgewachsen war und mit einer Herde ins Schlachthaus getrieben wurde, hatte ich – wie die ganze Familie – das Gefühl, daß es das Messer des Schlachters stärker spüren würde als die anderen Schafe. Ich glaubte das wirklich, obwohl ich das verwöhnte Biest haßte. Von allen Haustieren ist, finde ich, ein Lamm am anstößigsten. Zu seiner angeborenen Dummheit kommt eine merkwürdige fordernde Arroganz, die sich jeder Beschreibung entzieht. Große Tiere sollte man auch nie als Haustiere halten. Pferde zum Beispiel sind, wie ich selbst beobachtet habe, als Haustiere immer eigensinnig und unzuverlässig. Kälber können sehr gefährlich werden, wenn sie ausgewachsen sind. Da ich ein Hätschelschwein noch nie erlebt habe, kann ich nicht beurteilen, welche üblen Charaktereigenschaften es aufweist.

Wir Jungens hatten die üblichen Haustiere, hauptsächlich Kaninchen. Wie alle Kinder fütterten wir sie ein paar Tage lang und vernachlässigten sie dann. So etwas war im voraus abzusehen, denn Kaninchen sind die langweiligsten aller Haustiere. Ihr Geschlechtsleben war für uns das einzig Interessante. Hin und wieder hatten wir Meerschweinchen und später Brieftauben. Neilie spezialisierte sich auf Brieftauben, und wir hatten beide viel Spaß mit ihnen. Wir stellten jedoch fest, daß ihr Instinkt stark überbewertet wird. Man muß eine Brieftaube trainieren, und gewöhnlich geht man dabei so vor, daß man sie mit der Eisenbahn in eine bestimmte Richtung schickt und dann nach Hause fliegen läßt. Man beginnt mit der nächstgelegenen Station und vergrößert nach und nach die Entfernungen. Man kann einer Brieftaube leicht beibringen, von Carlisle nach Land's End zu fliegen, aber wenn man sie statt nach Süden nach Norden schickt, findet sie den Nachhauseweg von Edinburgh nach Carlisle bestimmt nicht. Vielleicht verlassen sie sich mehr auf ihre Augen als auf ihren Instinkt, aber das ist nur eine Vermutung, da ich alles andere als ein Experte bin.

Das Taubenhalten brachte einige Aufregung mit sich, weil man andere Taubenschläge heimsuchen mußte. Manchmal entdeckten wir in Schreiner Findlays Schlag unter all den Kreuzungen eine wunderschöne Taube mit einem Ring am Bein. Dann gingen wir zu ihm und sagten, eine von unseren Tauben habe sich in seinen Schlag verirrt, ob wir sie bitte herausholen dürften? Da er sich nicht für Tauben interessierte und keine Ahnung hatte, wie viele er besaß, erlaubte er es uns stets. Nachts stiegen wir dann hinauf und holten uns den Vogel, der uns nicht gehörte. Meistens waren es Tauben, die sich bei einem Zielfliegen verirrt hatten; sie waren insofern zwar wertlos, für uns aber Vollblüter. Würde ein Bastard einen silbernen Ring am Bein haben? Also trugen wir sie im Triumph heim. Wenn wir sie allerdings hinausließen, flogen sie sofort zurück in Findlays Taubenschlag. Findlay müssen unsere nächtlichen Wiederbeschaffungsversuche ziemlich auf die Nerven gefallen sein.

Einige der fröhlichsten Tage unserer Kindheit verbrachten wir am Strand. Wir fuhren mit dem Zug bis Arbroath, und dann ging's weiter nach Easthaven. Wo Easthaven eigentlich lag, wußten wir damals nicht; für uns war es der Himmel, den man ohne zu denken oder zu kritisieren akzeptierte. Wir übernachteten sehr billig und primitiv in den Kastenbetten der Fischerkaten. Noch heute besuche ich immer den «Ha'en», wenn ich in den Norden fahre. Es ist eine kleine Bucht, und damals lagen dort viele Fischerboote auf dem Sand.

Für Kinder war es ein ideales Fleckchen. Bei Ebbe gab es in der Bucht lange Streifen mit kleinen Felsentümpeln, Muscheln und Schnecken und weiter draußen fand man Hummer in ihren Löchern. Wir badeten – meine Mutter in einem langen Badegewand. Sie liebte das Wasser, schwimmen lernte sie nie. Ihr Vater war ertrunken, und ständig warnte sie uns davor, zu weit hinauszugehen; dadurch übertrug sie ihren Wasserkomplex auf uns. Wir lernten alle erst sehr viel später schwimmen, und obwohl ich schwimmen kann, habe ich nie das Gefühl des Selbstvertrauens, das der sichere Schwimmer hat. Ich machte mir Sorgen um meine Mutter und stand am Strand, ein armseliger kleiner Bursche von sieben oder acht Jahren, und schrie: «Komm zurück, Ma, du wirst noch ertrinken!» Mein Vater badete nie; er mochte das Wasser nicht und watete auch nur ganz selten. Willie hatte auch etwas gegen das Baden, aber wir anderen hatten viel Spaß dabei.

Für Vater muß Easthaven langweilig gewesen sein. Seine einzige Beschäftigung bestand darin, bei Anbruch der Ebbe nach Steinen zu suchen, die aussahen wie Achat. Er fand auch viele besonders schöne. Später, als ich den Felsentümpeln entwachsen war, übernahm ich diesen Zeitvertreib und ging sogar noch einen Schritt weiter als Vater: ich polierte die besten Steine.

Clunie und ich hatten Ambitionen. Unsere größte Hoffnung war es, daß wir eines Tages eine Leiche in den Tümpeln finden würden, möglichst eine, die schon lange im Meer gelegen hatte und halb von Haien gefressen war. Wir waren wirklich ein morbides Paar. Unser Wunschtraum ging nie in Erfüllung, und wir verlegten uns auf das Zweitbeste: einen Schatz zu finden, der von irgendeiner noblen Galeone her an den Strand gespült worden war. Wir entschieden uns für eine ganz bestimmte Stelle im Sand, wo wir unsere Beute vergraben würden, damit die anderen sie nicht finden konnten. Später würden wir sie dann ausgraben und gewaltigen Profit daraus schlagen. Das Geld einfach auszugeben – so weit ging unsere Phantasie noch nicht.

Die Suche nach vergrabenen Schätzen spielte in meinem jungen Leben eine große Rolle. In *Chatterbox* las ich eine Geschichte, in der der jugendliche Held eine geheime Tür in der Täfelung eines Zimmers entdeckt. Zusammen mit seiner Schwester geht er eine Treppe hinunter und findet Skelette und einen großen Schatz. Clunie und ich waren nicht so töricht, zu glauben, in unserem nagelneuen Schulhaus könne es geheime Gänge geben, aber wir wußten, daß es in der Nähe alte Schlösser gab, und eines Tages konnten wir möglicherweise ... Aber wir wußten nie so ganz sicher, was wir suchen oder was wir tun sollten. Das wechselhafte Meer in Easthaven hatte nie etwas Endgültiges an sich; morgen schon konnte die Flut den Schatz oder besser noch die Wasserleiche anspülen. Wir versuchten, die Fischer dazu zu bringen, uns aufregende Geschichten von Wracks und Haien zu erzählen. Aber sie waren ein langweiliger Haufen und wußten keine Abenteuer zu berichten. Ein alter Mann erzählte uns ein paar starke Geschichten, in denen Wracks und Piraten vorkamen, aber später erfuhren wir, daß er sein Leben lang noch nicht zur See gefahren war.

In Easthaven existierte die Zeit nicht für uns. Eine Woche oder vierzehn Tage waren eine Million Jahre. Überhaupt gab es, als wir jung waren, kaum so etwas wie Zeit für uns, und ein Jahr war für uns eine sehr, sehr lange Zeit, weil wir jeden Augenblick davon intensiv erlebten. Unser Leben war in Schwarz und Weiß gezeichnet; Grau gab es nicht. Wir waren himmelhoch jauchzend oder zu Tode betrübt.

Die Krankheit meiner Mutter bereitete mir viele dunkle Tage. Ich hing sehr an Mutter, und wenn sie krank war, konnte ich nicht spielen. Ihre Gallenanfälle kündigten sich meist durch heftiges Erbrechen an. Ihr Gesicht wurde fahl und gelb, und aus ihren müden Augen sprachen die Schmerzen. Den Arzt riefen wir nur, wenn es sehr schlimm war. Für arme Leute war dies die letzte Zuflucht, und meine Mutter pflegte uns bei allen üblichen Epidemien, ohne den Arzt hinzuzuziehen. Diesmal war es jedoch oft meine traurige Pflicht, nach Forfar zu gehen, um Dr. Wedderburn zu holen, einen stattlichen alten Herrn, der mit einem Diener in seiner schnellen Kutsche zu den Kranken fuhr. Er hatte uns alle zur Welt gebracht, und anscheinend hatte er bei jeder

Geburt zu meiner Mutter gesagt, dies Baby sei das schönste, das er je gesehen habe. Mutter vergötterte ihn.

Ich hatte Angst, meine Mutter könnte sterben. Ihre schrecklichen Geschichten über Stiefmütter ließen mich glauben, eine Stiefmutter sei der leibhaftige Satan. Ich fragte mich, welche von den hassenswerten Frauen im Dorf mein Vater wohl heiraten würde, wenn er Witwer wurde. Es kam mir nie in den Sinn, daß er auch eine von den netten heiraten könnte; und selbst wenn – auch die besten Frauen verdreschen ihre Stiefsöhne, sagte ich mir. Wenn ich dann so am Bett meiner Mutter saß und ihre feuchtkalte Hand hielt und sie mit meinen Tränen näßte, war mir dunkel bewußt, daß mein Kummer nicht ausschließlich altruistisch war. Ich folterte die arme Leidende mit meinem verzweifelten Schrei: «Wirst du sterben, Ma?»

Manchmal trocknete ich mir die Augen und stellte Überlegungen über den Tod an. Eines Tages sagte ich zu ihr: «Wird es nicht schrecklich für dich und Pa, wenn ihr beide im Himmel seid und wir anderen sind alle in der Hölle?»

«Nein», sagte sie schlicht. «Denn Gott wird unsere Herzen so verändern, daß es uns nichts mehr ausmacht.»

Diese Antwort verstörte mich, änderte aber nicht meine feste Überzeugung, daß uns Kindern die Hölle sicher war. Über das Schicksal meiner Eltern hatte ich nie die geringsten Zweifel. An die Errettung mancher anderer Erwachsenen glaubte ich allerdings nicht. Als Jake Wilson starb, diskutierten Clunie und ich im Flüsterton, wie wohl seine Chancen stehen mochten. Clunie meinte: «Er kommt bestimmt in den Himmel, weil er immer zum Abendmahl gegangen ist und manchmal auch zum normalen Gottesdienst.»

«Aber Clunie!» rief ich. «Er hat doch geflucht!»

Sie dachte einen Augenblick darüber nach. «Ich weiß, daß er geflucht hat, aber er hat es nicht so gemeint.»

Das beruhigte mich; ich wußte nun, daß Jake in den Himmel kommen würde. Aber dann jagte Clunie mir wieder einen Schreck ein: sie brachte ihr altes Argument vor, es gebe ja sowieso keinen Himmel – und vielleicht auch keinen Gott. Ich wich immer voller Entsetzen vor ihr zurück, wenn sie solche Gotteslästerungen äußerte.

Sex und Höllenfeuer

Die schottische Religion meiner Kindheit war ein gemäßigter Calvinismus. Ich kann mich nicht erinnern, je in der Prädestinationslehre unterwiesen worden zu sein, nach der uns die Vorsehung in Böcke und Schafe einteilte, ohne daß wir dabei mitzureden hatten. Nein, wir hatten die Willensfreiheit. Wir konnten uns zwischen Himmel und Hölle entscheiden, aber in den Himmel kamen wir nur, wenn wir zu Gott oder Jesus beteten und Rechtfertigung erlangten. Der Weg zur Hölle hingegen war bequem. Man brauchte nur zu sündigen, um dorthin zu kommen.

Mein religiöses Empfinden bekam ich bei uns zu Hause vermittelt, nicht in der Kirche. Dr. Caie predigte nicht Himmel und Hölle. Er verlas zwar die Episteln, und in der Kirche hörte ich von jenem Ort, da der Wurm nicht stirbt und das Feuer nicht verlöscht, aber der alte Caie schloß nie moralische Folgerungen daraus. Sein Christentum war hauptsächlich eine Unterabteilung des sozialen Status. Caie war ein Gentleman, und man sah es ihm an. Und seine Religion war die eines Gentleman: konventionell, die Oberfläche streifend, die grimmigen Realitäten von Sünde und Verdammnis meidend.

Heute meine ich, daß Granny meine Eltern in puncto Religion bei der Stange hielt. Für sie war alles so einfach. Da die Bibel – vom ersten bis zum letzten Wort – Gottes Wort war, brauchte man nur zu «glauben», und der Himmel war einem sicher. Meine Mutter und mein Vater blieben bis ins Alter bei dieser Religion, bis das Alter sie mürbe machte. Dann waren sie mehrere Jahre lang «abtrünnig» und fanden schließlich ihre Rettung im Spiritualismus.

Wir wurden nicht richtig in Religion unterwiesen; das war eine Sache, die in der Luft lag – eine Atmosphäre der Lebensverneinung. Mein Vater sprach vor jeder Mahlzeit ein Tischgebet, aber nur, wenn meine Mutter dabei war. Denn sie hielt kurz inne, nachdem sie die Suppe ausgeteilt hatte, und sagte: «Nun, George?» Dann dankte er Gott für seine Gaben. Noch heute höre ich, wie sich ihr Tonfall änderte, wenn sie «Nun, George?» sagte. Ich muß dann immer an den Rundfunksprecher der BBC denken, der, wenn er uns fröhlich von Überschwemmungen in China berichtet hat, plötzlich die Stimme senkt und gedämpft sagt: «Mit großem Bedauern teilen wir den unerwarteten Tod von Sowieso mit.»

Sonntags abends, kurz bevor wir zu Bett gingen, hatten wir eine Familienandacht. Wir hockten im Kreis auf unseren Stühlen, während Vater ein Kapitel aus der Schrift vorlas. Dann sangen wir einen Psalm, knieten nieder und Vater dankte Gott dafür, daß er uns verschont und behütet hatte, und bat ihn, all unser Tun zu segnen. An dieser Stelle war es immer schwierig, sich das Lachen zu verbeißen. Neilie kniff mich, oder ich kniff Clunie, und wir rammten unsere Münder heftig gegen den Stuhl, um nicht laut loszuplatzen.

Der Sonntag war ein heiliger Tag; man durfte nur das Nötigste tun. Unsere Lektüre wurde kritisch begutachtet, und wir konnten unsere Schundhefte nur innerhalb der schützenden Seiten eines «guten» Buches lesen. Granny mit ihrer guten Nase für Betrug ertappte uns zuweilen. Alle Spiele waren tabu; unsere Spaziergänge waren keine wahre Freude. Die Dorfjungen spielten mit Blechbüchsen Fußball auf der Straße, aber selbst diese Heiden wagten es nicht, ein richtiges Spiel mit einem richtigen Ball zu organisieren.

Wir kannten die Meilensteine auf dem «Weg ins Verderben», ohne daß man sie uns erst nennen mußte: Sex, Stehlen, Lügen, Fluchen und die Entheiligung des Tages des Herrn. (Letzteres umfaßte so gut wie alles, was Spaß machte.) Ich erinnere mich nicht, daß Tugenden wie Gehorsam und Respekt Meilensteine auf dem entgegengesetzten Pfad waren: dem engen, steinigen «Weg, der zum Leben führt». Ungehorsam kam für uns ohnehin nicht in Frage; dazu waren wir zu gut abgerichtet.

Als ich dreizehn war, kamen zwei Wanderprediger nach Kingsmuir, Pilger der Faith-Mission. Es waren muntere, schulterklopfende Optimisten, immer gut gelaunt und fröhlich. Man vergaß fast, daß sie *Gottes*männer waren, bis sie ein kleines *«Was Gott verhüten möge»* in ihre normalen Reden einflochten. Sie waren nichtzahlende Gäste bei uns, und ihre Anwesenheit muß uns irgendwie gestört haben, jedenfalls waren wir, als Boulot dem Vergnügteren der beiden ein Stück Fleisch aus dem Bein riß, hell entzückt.

Die ganze Familie versammelte sich zu ihren Veranstaltungen in der Schule. Die Lehre der Faith-Mission war denkbar simpel: Wir waren in Sünde empfangen und zu ewiger Pein verdammt. *Aber* – es gab einen Ausweg, einen einzigen. Wir brauchten bei der Versammlung nur aufzustehen und mit Inbrunst zu sagen: «Herr, ich glaube» – dann wurden wir automatisch im Blut des Lammes reingewaschen. Mein Vater erhob sich, dann erhob sich meine Mutter, und die Pilger priesen den Herrn. Auch Clunie wurde errettet, aber ich brachte es nicht über mich, auch aufzustehen, obwohl ich mir wirklich Mühe gab. Später lag ich dann im Bett und sagte immer wieder leidenschaftlich: «O Herr! Hilf mir, daß ich glauben kann!»

Jemand hatte mir erzählt, das menschliche Herz sei wie eine Geige mit Millionen Saiten, manche so dünn wie Spinnengeweb, und wenn auch nur eine dieser Saiten reiße, müsse man auf der Stelle sterben. Als ich merkte, daß ich nicht glauben konnte, fiel mir das plötzlich wieder ein, und Schrecken umklammerte mich mit eisigem Griff: Noch vor dem Morgen würde ich sterben, ohne vorher mich erheben und Zeugnis ablegen zu können, daß ich gerettet sei. Aber bei den nächsten Versammlungen konnte ich mich trotzdem nicht erheben. Clunie brach sehr bald wieder aus dem Stand der Gnade aus und beurteilte die ganze Angelegenheit höchst sarkastisch. Sie und ich mußten kichern, wenn die schwarzen Schafe des Dorfes aufstanden und berichteten, wie sie im Blut gewaschen worden seien. Eine Woche nach dem Aufbruch der Pilger war das ganze Dorf wieder auf die Pfade der Sünde zurückgekehrt, und jeden Samstagabend torkelte der alte Dave singend nach Hause.

Aber Vater war ein neuer Mensch. Er kaufte sich alle alten Predigtbücher, die er in den Grabbelkisten der Antiquariate finden konnte, und kündigte an, er werde die Erweckungsversammlungen sonntags in der Schule fortsetzen. Wir mußten auch hingehen, aber wir merkten, daß er nicht das Feuer und die Schlagfertigkeit der richtigen Pilger hatte. Sein Amt als Kirchenältester gab er zwar nicht auf, aber er schüttelte traurig den Kopf über das Abgestorbene und Leere, was in der Kirche für Religion gehalten wurde. Diese Phase dauerte etwa ein Jahr, dann hörten die Versammlungen auf, und allem Anschein nach gehörte mein Vater nicht mehr zu den Geretteten. Vielleicht hatte der Tod seines Vaters etwas damit zu tun.

Der alte William MacNeill war kein sehr frommer Mann – ich wußte es, weil er einmal sonntags sein Rasiermesser geschliffen hatte –, und als er starb, machte ich mir Sorgen um seine Zukunft. Auf dem

Weg zum Abendgottesdienst erwähnte ich meinem Vater gegenüber diese Befürchtung.

«Kommt Opa in den Himmel?» fragte ich. «Er war ein guter Mensch, aber er war nicht errettet, oder?»

«Vielleicht ...» antwortete mein Vater, etwas verlegen, «vielleicht gibt es ja vieles, was wir gar nicht wissen. Dein Großvater war ein aufrechter, nüchterner Mann, ein Mann, der nie ein böses Wort über irgend jemanden fallenließ.» Da war mir klar, daß er an der Wirksamkeit der Errettung zu zweifeln begonnen hatte.

Der Tod warf dunkle Schatten über unser Leben. In dem kleinen Dorf war jede der vielen Beerdigungen ein Ereignis, eine Art grausamer Erbauung. Der mit Federn geschmückte Leichenwagen und andere Fuhrwerke hielten vor dem Haus des Heimgegangenen. Der Geistliche hielt eine kurze, tränenselige Andacht in der Vorhalle, während der Sarg zum Leichenwagen getragen wurde. In den kleineren Hütten mußte man das Fenster herausnehmen, weil es unmöglich war, den Sarg durch die Tür hinauszutragen. Die Frauen der betroffenen Familie gingen nicht mit zur Beisetzung, sondern standen am Tor und wischten sich die Augen, bis der letzte Wagen hinter dem Hügel, dem Bunker Brae, verschwunden war. Alle Blinden des Orts versammelten sich, und Frauen standen in ihren Haustüren und sagten seufzend: «Und er war so ein guter Mensch.» Sie sagten das auch, wenn die am meisten gehaßte Person des Dorfes zu Grabe getragen wurde.

Das erste Begräbnis, an das ich mich erinnere, war das von meinem kleinen Bruder George. Seine Krankheit war als «Wasser im Hirn» bezeichnet worden. Ich entsinne mich nicht, besondere Gefühle für George gehegt zu haben, aber ich weinte aus Mitleid mit den anderen, die ich bei seiner Beerdigung weinen sah. Als der erste Spaten voll Erde dumpf auf den kleinen Sarg polterte, schauderte ich zusammen. Die Beerdigung von Granny Sinclair auf dem Rosebank-Friedhof in Leith war da schon eine angenehmere Sache, denn sie bedeutete eine Reise mit der Eisenbahn nach Edinburgh. Mein Onkel Neil, ihr von Trauer überwältigter jüngster Sohn, war strikter Antialkoholiker und konnte sich daher der anschließenden Kneipentour, bei der einige der Leidtragenden quietschvergnügt wurden, nicht anschließen. Obwohl ich nur Limonade bekam, wirkte ihre Fröhlichkeit ansteckend auf mich. Wie ich bereits früher erwähnte, überkam mich nach Beerdigungen in der Familie immer ein Gefühl der Erleichterung, das an Freude grenzte. Es begann, wenn wir den Friedhof verließen, und wurde noch stärker, wenn ich wieder in das Zimmer trat, wo auf zwei Eßzimmerstühlen der Sarg gestanden hatte.

Für uns bedeutete der Tod mehr als nur ein häßliches Grab. Er war das Jüngste Gericht, eine Art großer «Schulinspektion», bei der ich bestimmt durchfallen würde, unter anderem deshalb, weil meine Hefte immer voller Tintenkleckse waren. Da ich wußte, daß ich ewig im Feuer rösten würde, versuchte ich mir vorzustellen, wie lange die Ewigkeit dauern mochte. Der Gedanke, Millionen von Jahren schmoren zu müssen, war entsetzlich.

Mit elf, zwölf Jahren entwickelte ich eine Phobie vor Krankheiten. Ich saß brütend über medizinischen Büchern und hatte – ähnlich wie Jerome K. Jerome, der Dramatiker und Humorist – jede in den Büchern erwähnte Krankheit. Ein Pickel im Gesicht bedeutete die Pocken. Ein Schüler, den wir kannten, war gerade an einer Darmentzündung gestorben – es muß eine Blinddarmentzündung gewesen sein, aber damals war diese Krankheit noch nicht bekannt. Sofort verspürte ich Schmerzen im Leib und war fest davon überzeugt, daß Gott mir einen ähnlichen Tod bestimmt hatte.

Fieberhaft suchte ich in Grannys religiösen Büchern nach Rettung und stieß dabei unglücklicherweise auf die Geschichte von einem Bösewicht, der auf dem Totenbett von Krämpfen heimgesucht wird.

«Bald ist es vorbei», sagt er und stöhnt.

«Nein», sagt der strenge Geistliche, der an seinem Totenbett wacht, «der Todeskampf beginnt erst.»

Ich habe mich oft gefragt, warum jeder von uns auf verschiedene Weise von dem unheiligen Biest, das wir unter dem Namen Religion kannten, beeinflußt wurde. Auf Willie schien sie nicht den geringsten Eindruck zu machen. Später stieß er dann zur Kirche – nicht, weil er je religiös gewesen wäre, sondern weil sie ihm eine Anstellung bot. Soweit ich es beurteilen kann, hatte er nie Angst vor Tod und Hölle. Auch Neilie schien dem gräßlichen Einfluß der Religion zu entgehen, und Clunie war, wie bereits erwähnt, offen skeptisch. Ich allein schien die Sünden der ganzen Familie als Bürde auf mich genommen zu haben.

Zu meiner Furcht vor dem Tod gehörte eine merkwürdige, widersprüchliche Lust am Risiko. Wir Buben wetteiferten darin, über die Black Box zu gehen, einem Eisenbahnviadukt, das eine tiefe Schlucht überspannte. Von dort herunterzufallen hätte den Tod oder schwere Verletzungen bedeutet; trotzdem ging ich mit den anderen immer wieder hinüber und herüber. Oft liefen wir sogar oder versuchten es wenigstens: auf einer Planke von nur zwei Zoll Breite. Auch auf den Schienen setzten wir unser Leben aufs Spiel und prahlten, wie lange wir auf den Schwellen bleiben würden, wenn der Zug herankam. Wir legten Reißzwecken auf die Schienen und retteten uns durch einen knappen Sprung. Wir kletterten auf Bäume, ohne Angst zu haben, aber Eck Hutcheon brach sich das Genick, als er Findlays Schattenmorelle plünderte, und von da an brachten wir Bäume mit Angst in Verbindung. Frank Craik und ich debattierten ernsthaft über Ecks weiteres Schicksal; Frank meinte, Eck sei in den Himmel gekommen, weil er ein netter Kerl gewesen sei, aber ich war da nicht so sicher. Als sich der Trauerzug in Bewegung setzte, brach ein fürchterliches Gewitter hernieder, und Frank sagte zu mir, ich hätte doch recht behalten, denn das Gewitter beweise eindeutig, daß Gott Eck ins ewige Feuer schikke.

Als Kind hatte ich schreckliche Angst vor Gewittern. Granny hatte mir sehr früh in meiner Kindheit erzählt, der Donner sei die Zornesstimme Gottes. Ich wußte nur zu gut, auf wen Er einen Zorn hatte, und floh vor Gewittern wie ein verängstigtes Kaninchen. Meine Eltern müssen auch Angst gehabt haben, denn bei Gewittern herrschte bei uns immer eine gedämpfte Atmosphäre und Vater hatte heftige Kopfschmerzen. Ich hatte zwar jedesmal Angst, war danach aber stets enttäuscht, wenn niemand dabei umgekommen war. Clunie teilte diesen morbiden Wunsch, und manchmal machten wir schwarze Listen von Leuten, die vom Blitze niedergestreckt werden sollten.

Die alte Nanzy Tam, die den Bonbonladen hatte, erzählte uns, sie habe einmal gesehen, wie ein Baby durch einen Blitz getötet worden sei, der durch den Kamin eingeschlagen habe. «Danach war es wie Watte, weich wie Butter. Du konntest deinen Finger auf seinen Bauch legen und er gab nach wie nichts.» Sie demonstrierte es an einem Kissen. Diese Geschichte liebten wir. Wir fragten uns, wie tief wir den Finger in den Bauch der dicksten Frau des Dorfes pressen könnten. Wir fürchteten den Tod, aber wir verspotteten ihn.

Eine meiner großen Sorgen war die Angst vor einem plötzlichen Tod. Es war die schlimmste meiner Befürchtungen, weil mir dann die Zeit zum Bereuen fehlen würde. Schwindsucht schien mir eine ideale Todesart; man hatte monatelang Zeit, in sich zu gehen, während der arme Eck Hutcheon vor seinen Schöpfer hatte treten müssen, ohne daß ihm eine Sekunde blieb, in der er hätte schreien können: «O Gott! Vergib mir meine Sünden!»

Unsere Furcht vor dem Tod wurde durch einen nur halb entwickelten Plan ein wenig gedämpft: Wir wollten bis zum letzten Augenblick mit dem Teufel spielen, um dann durch schnelle Reue zur Himmelstür hineinzuschlüpfen, bevor Gott es sich anders überlegen konnte. Hier war der Schächer am Kreuz unser Vorbild. Trotz allem wurden wir den Gedanken an einen plötzlichen Tod nicht los, und unser Spiel mit dem Teufel war nie ganz unbeschwert.

Der Teufel war der Sexus.

Meine früheste Erinnerung an Sexuelles ist ein Kinderstubenerlebnis. Ich war damals sechs und Clunie erst fünf Jahre alt. Wir hatten uns ausgezogen und untersuchten einander mit großem Interesse und beträchtlicher geschlechtlicher Erregung. Da öffnete sich die Tür, und Mutter erwischte uns dabei. Sie verdrosch uns und ließ uns niederknien und Gott um Vergebung bitten. Als Vater später nach Hause kam, ergriff er den Knüttel und verdrosch uns noch einmal. Dann wurde ich in das große, dunkle Eßzimmer gesperrt. So lernte ich, daß Sex von allen Sünden die abscheulichste war. Dieser Vorfall war für viele Jahre prägend. Er veranlaßte mich nicht nur, Sex mit Sünde zu assoziieren, sondern bewirkte bei mir auch eine Fixierung auf Clunie, die mit der verbotenen Frucht verbunden war. Später gab es noch ein paar sexuelle Abenteuer mit Clunie, aber hinterher hatte sie ein schlechtes Gewissen und erzählte es Mutter, und ich kriegte jedesmal Prügel. Nur einmal kam ich nach Clunies Petzerei ungeschoren davon: als Willie auch drinsteckte – ja, er hatte uns sogar zu unserer Missetat angestiftet. Als ältester bekam er die Schuld. Als Lieblingssohn jedoch wurde er nie für etwas bestraft.

Ein paar Jahre später machte ich eine Phase durch, in der ich mit Mädchen in der Schule heimliche Abenteuer hatte. Wir wurden nie ertappt, obwohl die meisten anderen Jungen Bescheid wußten; dabei waren sie sogar eifersüchtig, weil die Mädchen behaupteten, ich kitzelte sie am besten. Ich entsinne mich auch eines erfolglosen Versuchs, mit einem Mädchen, das sehr sexy war, geschlechtlich zu verkehren, als ich elf war.

Zu Hause waren wir natürlich nie aufgeklärt worden. Meine Mutter kriegte ein Kind nach dem anderen, und wir sahen es als erwiesen an, daß der Doktor sie mitbrachte, denn Mutter konnte uns nicht belügen. Andere Buben sagten uns die Wahrheit, oder vielmehr besser eine Menge Halbwahrheiten. Und da wir Kaninchen hatten und andere Tiere beobachteten, wußten wir, daß die Jungen aus ihren Müttern kamen. Doch brachten wir dieses Wissen nie mit Mutter in Zusammenhang.

Ich muß etwa acht gewesen sein, als ich zum erstenmal sah, wie mein Vater aufs Klo ging. Zuerst starrte ich ihn verblüfft an; ich wußte, daß er nichts Unrechtes tun konnte; und schließlich folgerte ich, daß er das, was er tat, tat, um sich zu reinigen. Und als wir hörten, daß der Mann bei der Entstehung eines Babys mitwirkt, glaubte ich auch das nicht. Meine Eltern waren rein und heilig; so etwas konnten sie nie und nimmer tun.

Dann wurde Willie in Edinburgh eingeschult, und wenn er in den Ferien nach Hause kam, versorgte er uns mit schweinischen Geschichten aller Art. Wir hielten uns schon für mächtig bewandert, wagten aber nach wie vor nicht, in unserer Vorstellung Sexuelles mit unseren Eltern in Verbindung zu bringen. Sie waren immer überaus vorsichtig; Nacktheit war Sünde. Außer Clunie habe ich keine meiner Schwestern je nackt gesehen. Wenn jemand in mein Schlafzimmer kam, während ich mich auszog, ergriff ich hastig, was mir gerade in die Hände kam, um meine Blöße zu bedecken. Später, als 25 Jahre alter Student in Edinburgh, gewöhnte ich mir an, morgens ein kaltes Bad zu nehmen. In den Ferien ließ ich mir von meiner Mutter einen Eimer kaltes Wasser über den Rücken gießen, während ich im Zuber saß; wir hatten zu Hause nämlich kein Badezimmer. Mutter tat das gern, aber Clunie erzählte mir, Vater sei es ganz und gar nicht recht.

Jede sexuelle Missetat in der Schule wurde von meinem Vater grausam bestraft. Jock Ross bekam einmal sechs Hiebe mit dem Rohrstock auf die Hand, weil er so getan hatte, als sei ihm sein Griffel hingefallen, um bei dieser Gelegenheit einem Mädchen unter den Rock zu fassen.

Ich kann mich nicht erinnern, daß wir je über Masturbation gesprochen oder sie praktiziert hätten. Es gibt da einige Slangausdrücke dafür, aber wir kannten keinen davon. Ich verstehe genug von Psychologie, um zu wissen, daß hier eine gewisse repressive Vergeßlichkeit im Spiel sein mag, aber soweit ich weiß, onanierten wir weder einzeln noch gemeinsam.

Dagegen hatten wir eine Angewohnheit, die wir «Ankucken» nannten. Ein kleiner Junge mußte sich auf den Rücken legen, und wir öffneten seinen Hosenschlitz – aber das war immer ein kollektiver Schabernack. Als ich siebeneinhalb war, mußte ich mit Willie und Neilie in einem Bett schlafen, denen meine Anwesenheit sehr zuwider war. Diese Maßnahme wurde nach meiner Vertreibung aus dem Bett, das ich mit Clunie geteilt hatte, von meiner zornentbrannten Mutter getroffen, die uns wieder einmal bei Dingen erwischt hatte, die wir nicht tun sollten. Meine Brüder ließen mich nie vergessen, wie willkommen ich ihnen war und was dazu geführt hatte, daß ich nun ihr Bett teilen mußte.

Trotzdem muß Masturbation mir bekannt gewesen sein, denn mein Vater schimpfte mich einmal aus, weil ich Boulot, unseren Terrier, meinen Arm bespringen ließ. Außerdem erinnere ich mich vage daran, daß Neilie und ich uns einmal in einem Zimmer eingeschlossen hatten. Onkel Neil wollte herein, und als wir ihm öffneten, sagte er lauernd: «Aha, ihr laßt wohl die Vögel aus dem Käfig.» Darüber waren wir ziemlich indigniert, ein Umstand, der jedem Analytiker, der einigermaßen auf sich hält, Beweis unserer Schuld sein dürfte.

Das Kastrieren von Widdern, Stieren und Hengsten war uns Landkindern natürlich bekannt. Die Bauern nannten es *libbing*. Einer der Lieblingsscherze der Landarbeiter war es, uns damit zu drohen. Das Lachen, das die Drohung begleitete, machte den Schrecken für uns angenehm. Nur Jeemie Barclay, der Dorftrottel, geriet dabei in äußerste Panik.

Ich glaube nicht, daß meine Schulkameraden sehr unter sexueller Unterdrückung zu leiden hatten. Einige kamen aus Familien, in denen die Eltern zu Hause unanständige Ausdrücke gebrauchten. Wenn jemand unehelich geboren war, schien es ihm nichts auszumachen, denn in Kingsmuir galt deshalb niemand weniger. Unzucht zwischen Landarbeitern und Dienstmädchen war die Regel, und ebenso natürlich war es, daß unverheiratete Mädchen schwanger wurden. Aber die moralischsten und sittenstrengsten Frauen im Dorf waren immer die, die selbst uneheliche Kinder hatten.

Wir alle kannten saftige Strophen der herrlich unanständigen Ballade *The Ball o' Kirriemuir*, in der berichtet wird, was geschah, als ein Spaßvogel den Schnaps mit einem Aphrodisiakum versetzt hatte. Es war eine sehr starke Ballade, elisabethanisch in ihrer ehrlichen Unflätigkeit, nach dem Sex, der aus der Erde kommt, duftend. Sicher war sie unanständig, aber ihre Zotigkeit war von ganz anderem Saft als der gekünstelte Vertreterwitz.

Meine Stellung war äußerst schwierig. Wenn ich auf der Straße Dialekt sprach, teilte ich, was Sex betraf, die freien Ansichten der Dörfler; wenn ich Englisch sprach, und sobald ich die Schwelle unseres Hauses überschritt und respektabel wurde, mußte ich in dieser Beziehung alle sprachliche und praktische Offenheit ablegen. Ich bemühte mich, gleichzeitig dem Gott meines Elternhauses und dem Teufel des Dorfes zu dienen. Aber es ging einfach nicht. Vom rohen Sex flüchtete ich mich in die Gefilde des idealistischen Sex.

Das erste Selbstverdiente

Als ich vierzehn war, beschloß mein Vater, Neilie und mich in die Arbeitswelt hinauszuschicken. Neilie kam auf der Akademie nicht zurecht, und ich hatte in der Schule von Kingsmuir die ganze Zeit nichts gelernt. Als Vater uns fragte, was wir werden wollten, sagte Neilie: «Schafzüchter», und ich sagte: «Lokführer.» – «Huu», stöhnte mein Vater angeekelt, «ihr geht beide in ein Büro.»

Vater war ein «schwankendes Rohr», wie meine Mutter es nannte. Seine Begeisterung für Berufe wechselte schnell, und seine Ratschläge waren fast immer unbrauchbar. Pat Craik, der in den Ferien aus London nach Hause kam, hatte im Tuchgroßhandel Erfolg. «Handel ist *die* Sache», sagte mein Vater und wollte Tuchhändler aus uns machen. Eine Woche später kam Willie Adam angereist. Er blühte und gedieh im Verwaltungsdienst. Sogleich vergaß Vater die Vorzüge des Handels und wollte, daß wir uns auf die Aufnahmeprüfung für die Beamtenausbildung vorbereiteten. Wir haßten Willie Adams Besuche, denn sie bedeuteten, daß wir wochenlang stumpfsinnige Arbeiten verrichten mußten: Addieren, völlig unlesbare Manuskripte lesen und Erdkunde pauken. Über die Aufnahme in den Verwaltungsdienst entschieden strenge Prüfungen, und im Grunde seines Herzens wußte Vater, daß Neilie und ich es nie schaffen würden. So kam er wieder auf die Handlungsgehilfenkarriere zurück.

Damals wußten wir nicht, warum Vater so versessen darauf war, daß wir arbeiteten. Der Grund war, daß Willie, der an der St. Andrews-Universität studierte, mit vollen Händen Geld ausgab. Willie tanzte mit gestärkter Hemdbrust, ging auf Galaempfänge und zechte mit den anderen Theologiestudenten. Immer wieder kamen Telegramme mit den schlichten Worten: «SENDET MEHR MONETEN WILLIE.» Und je mehr Moneten dahinschwanden, um so verdrießlicher wurden meine Eltern – ihre schlechte Laune ließen sie an uns aus.

Eines Sonntags nahmen sie eine billige Gelegenheit, nach St. Andrews zu fahren, wahr. Da Willie sie mitnichten erwartet hatte und verabredet war, sprach er nur eine Minute mit ihnen und rannte dann fort. Heulend vor Wut kamen sie nach Hause, und meine Mutter verabreichte Clunie aus einem nichtigen Grund eine Tracht Prügel. Seit wir den Grund für die miese Atmosphäre kannten, haßten wir Willie. Besonders Clunie war über seine Extravaganzen empört: sie sah die Dinge schärfer als wir übrigen.

Nun war klar, warum Neilie und ich aus dem Haus und unseren Lebensunterhalt selbst verdienen mußten. Neilie fand Arbeit als Büroangestellter in einer Getreidemühle in Leith. Drei Monate später bekam ich endlich eine Antwort auf einen der vielen Briefe, die ich auf Anzeigen im *Scotsman* hin geschrieben hatte. Damals hatte ich eine gute Handschrift, und ich hatte meine Bewerbungen ganz langsam mit der Feder geschrieben, so daß es fast wie gestochen wirkte. Noch heute kann ich schön schreiben, wenn ich will – eine Fertigkeit, über die sich jüngere Generationen nur noch lustig machen.

Man hat Schönschrift oft abgelehnt mit der Begründung, sie zeige keinen Charakter. Aber warum sollte sie das? Ich besitze eine Postkarte von Bernard Shaw und zwei Briefe von Barrie; wenn die Handschrift etwas vom Charakter verriete, dann wäre Shaw eine Mischung aus einem verklemmten Schulmeister und einem zehnjährigen Debilen gewesen und Barrie von Geburt an ein Idiot. Eine schöne Handschrift ist hübsch anzuschauen, und ein gut Teil der Kritik rührt von dem Unvermögen der Kritiker her, sich diese schwierige Kunst anzueignen.

Die Antwort auf mein Bewerbungsschreiben setzte mich darüber in Kenntnis, daß ich im Büro der Firma W. & B. Cowan, Ltd., einer Gasometerfabrik in Edinburgh, als Buchhaltungsgehilfe eingestellt war. Meine Gefühle waren gemischt. Vom Studium der lateinischen Grammatik war ich jetzt zwar für immer entbunden, dafür aber auch vom Spielen, Nestplündern und Elritzenfangen, und diese Erkenntnis bedrückte mich. Trotzdem machte ich mich kühn auf den Weg. Ich sollte bei Neilie in Leith wohnen. Neilie verdiente 15 Shilling in der Woche, und ich sollte sechs bekommen. Der Sohn der Zimmerwirtin, ein junger Mann mit pessimistischen Ansichten, teilte mit uns die Schlafkammer.

Die Cowan-Werke waren zwei Meilen entfernt – der größte Teil der Strecke führte bergauf in der Buccleuch Street auf der anderen Seite von Edinburgh. Ich mußte morgens sehr früh fort und kam immer zu spät, mußte also oft die Straßenbahn nehmen. Damals waren es noch Pferdebahnen. Mein Problem war finanzieller Natur.

Für das Mittagessen konnte ich 3 Pence ausgeben, aber wenn ich die Pferdebahn nahm, blieb mir nur noch ein Penny fürs Essen. Zeitweise löste ich dieses Problem durch Strategie. Ich bemerkte, daß der Schaffner, wenn die Bahn in Pilrig abfuhr, immer zur oberen Etage hinaufstieg. Wenn ich dann aufsprang, konnte ich fast immer den halben Weg bis Leith mitfahren, bevor der Anblick seiner Stiefel auf den Stufen mir das Signal zum Abspringen gab. Wenn mir das nicht gelang, verlangte ich eine Fahrkarte nach Leith. Dann sagte er: «Falsche Richtung», und ich sagte überrascht: «Oh», sprang schnell ab und wartete auf die nächste Bahn, deren Schaffner auf der oberen Etage beschäftigt war. Unglücklicherweise kannten mich die Schaffner nach und nach, und ich mußte diese angenehme Methode des Pferdebahnrennens aufgeben.

Cowan war eine nicht enden wollende Misere für mich. Ich arbeitete nicht im Hauptbüro, sondern in einem dunklen, übelriechenden Loch von Büro mitten in der Fabrik. Dort hauste ich in einem entsetzlichen Gestank von Lötblei, Farbe und Gas. Meine schönsten Augenblicke waren die, in denen man mich fortschickte, damit ich jemanden in der Fabrik ausfindig machte. Ich stand bei den Arbeitern herum und wurde, wenn ich dann ins Büro zurückkehrte, gescholten. Das einzig Angenehme war mein Status: Ich wurde Mister genannt. Die Büroangestellten redeten sich alle untereinander mit Mr. Sowieso an, und alle trugen Melonen. Ich trug eine Mütze, aber das wurde nicht sehr gern gesehen.

Zum erstenmal in meinem Leben erfuhr ich, was Heimweh ist. Ich schrieb so lange unglückliche Briefe nach Hause, bis mich meine Mutter endlich für zwei Tage besuchte. Ich klammerte mich an sie, weinte bitterlich und flehte sie an, mich nach Hause mitzunehmen. Sie sagte, das sei unmöglich, und als sie wieder abfuhr, war mein Heimweh fast unerträglich; die Geschäftskuverts, die ich adressieren sollte, wurden tränennaß. Mein Vorgesetzter, ein gewisser Wilson, hatte Mitleid und war sehr freundlich zu mir. Er nahm mir das Adressieren ab.

Neilie wurde entlassen. Seine Arbeit erwies sich als zu schwierig für einen Sechzehnjährigen. Er fuhr heim und ließ mich ganz allein zurück. Nach drei Monaten in Edinburgh durfte ich über Neujahr für vier Tage nach Hause. Ich konnte jedoch keine einzige Minute richtig genießen, weil ich immer an das Elend denken mußte, das mich erwartete, wenn ich wieder nach Edinburgh fuhr. Nach sieben Monaten durfte ich endgültig nach Hause zurückkehren. Ich weiß noch, wie erniedrigend diese Heimkehr war, die Schande, es nicht geschafft zu haben. Als einmal ein Bauer in Gegenwart anderer Leute bemerkte: «Die Neills halten es nirgends lange aus», erröteten Neilie und ich.

Warum hatten sie mich zurückgeholt? Ich weiß es nicht. Zweifellos waren meine Eltern der verzweifelten Briefe überdrüssig, aber es mag noch einen anderen Grund gegeben haben. Ich hatte Vater geschrieben, die Chancen, bei Cowan befördert zu werden, seien sehr gering, und daß meine Zukunft sehr viel heller aussehen würde, wenn ich nach Hause kam und mich energisch auf den Verwaltungsdienst vorbereitete. Im Vergleich zu der Hölle in Edinburgh kam mir das Lehrerhaus von Kingsmuir wie das Paradies vor. Und ich glaube, ich hatte wirklich fest vor, Tag und Nacht zu lernen, wenn ich erst zu Hause war.

Neilie und ich wurden wieder zusammengesetzt, damit wir uns auf die Aufnahmeprüfung vorbereiteten. Aber die Geschichte wiederholte sich: wir konnten uns nicht konzentrieren. Eines Nachts warf Vater uns verzweifelt die Lehrbücher an den Kopf und sagte, er gebe auf: «Sie taugen zu nichts, Mary.»

Aber Apotheker Johnston brauchte einen Lehrling, und Vater vereinbarte, daß ich gleich am folgenden Montag bei ihm anfangen sollte. In der Zwischenzeit aber inserierte eine weitere Firma aus der näheren Umgebung wegen eines Lehrlings – Anderson & Sturrock, Tuchwaren –, und die Pläne meines Vaters änderten sich rasch: Neilie sollte Apotheker werden und ich Tuchhändler. So suchten wir am frühen Montagmorgen unsere neuen Wirkungsstätten auf.

Es war meine Pflicht, jeden Morgen den Ladenschlüssel im Hause des Besitzers zu holen und pünktlich um acht aufzuschließen. Dann mußte ich, zusammen mit einem anderen Lehrling, den Laden ausfegen. Wir träufelten Wasser auf die Dielen, um den Staub unten zu halten, und ich lernte, daß ein Besen am besten fegt, wenn man mit den Borsten gegen den Strich kehrt. Meine Hauptarbeit bestand darin, Päckchen auszutragen. Einmal mußte ich eine ganze Meile laufen, um eine Tüte mit Krimskrams im Wert von einem Penny abzuliefern, weil eine Dame der Oberschicht sie nicht selber tragen wollte. Ich lernte, daß man von den Reichen nie ein Trinkgeld erwarten durfte, während die Armen, bei denen ich etwas abzugeben hatte, mir immer einen oder zwei Pence zusteckten. Eine meiner Aufgaben, nämlich das Schaufenster mit Schlämmkreide zu reinigen, kam mit meiner snobistischen Erziehung ins Gehege. Ich schämte mich ernsthaft, im Einzelhandel tätig zu sein, und versteckte mich hinter dem bereits weißen Teil des Schaufensters, wenn jemand Besseres auf der Straße vorbeikam.

Dieser Snobismus spielte auch eine Rolle, als ich damals anfing, Frauen zu idealisieren. Bei normalen Mädchen tat ich es nie; meine Ziele waren höher gesteckt. Das Mädchen, in das ich mich verliebte, war immer völlig unnahbar, gehörte immer einer Gesellschaftsklasse weit über der meinen an. Forfar hatte wie jede Stadt der Welt eine soziale Struktur mit deutlich definierten Demarkationslinien zwischen den Klassen. Wenn ein Mädchen die Privatschule von Miss Smith besuchte, war sie ein höheres Wesen, und da ich eine Tätigkeit ausübte, die sehr niedrig rangierte, fand ich die Objekte meiner Verehrung immer unter den Schäfchen von Miss Smith. Ich sage *Objekte*, weil die Verehrte ständig eine andere war. Heute konnte es Cis Craik sein und morgen schon Jean Gray.

Das hatte nicht bewußt etwas mit Sexualität zu tun. Selbst in meinen kühnsten Träumen kam ich nie auf die Idee, sie zu küssen. Ich war schon befriedigt, wenn ich sie auf der Straße vorübergehen sah. Und wenn eine Angebetete sogar in meine Richtung blickte, war meine Freude vollkommen. Manchmal machte ich bei meinen Botengängen einen Umweg über die Lour Road, weil ich hoffte, einen Blick von Jean Gray erhaschen zu können. Eines Tages traf ich sie, und sie sah wirklich wunderschön aus mit ihrem breiten Sonnenhut, ihrer kleinen Stupsnase und ihren strahlenden Augen. Bestimmt bin ich vor Aufregung ganz blaß geworden.

Dieses Idealisieren war natürlich das Ergebnis der Prügel, die ich bezogen hatte im Zusammenhang mit dem, was man Sex im Rohzustand nennen könnte; aber auch zu dieser Zeit hatte ich durchaus weltliche Abenteuer mit Dorfmädchen, die bestimmt nicht so heilig waren, daß sich unter ihren Füßen Gänseblumen in Rosen verwandelt hätten. Diese beiden Interessen überschnitten sich nie; sie existierten in verschiedenen Abteilen, oder besser: sie waren Parallelen, die sich nie trafen.

Ich haßte den Tuchhandel. Von morgens halb acht bis abends um acht war ich ständig auf den Beinen, und dann mußte ich noch die zwei Meilen nach Hause gehen. Da ich schwere Stiefel tragen mußte, entzündeten sich die Gelenke meiner großen Zehen und wurden nach und nach steif – sie sind es heute noch. Der Zustand meiner Füße verschlechterte sich schließlich so sehr, daß ich meine Stellung aufgeben mußte. Dies tat ich mit Vergnügen. Ich schwor meinem Vater, daß ich nun zur Vernunft gekommen sei und für die Beamtenprüfung büffeln würde. Der arme Neilie hatte keine Entschuldigung, um seine Apothekerlehre abbrechen zu können. Vier lange Jahre ging er in die Apotheke – dabei haßte er seine Arbeit vom ersten bis zum letzten Tag.

Wieder ergab sich das alte Problem. Meine Konzentrationsfähigkeit war nicht besser als früher, und mein Vater verzweifelte zum drittenmal an mir. Diesmal gebe er wirklich auf, sagte er, und düster starrte ich in die Zukunft. Ich sah mich bereits als Taugenichts, als Landstreicher und fragte mich, ob ich als gewöhnlicher Pflüger wohl auch versagen würde. Ich hatte unter anderem den Ehrgeiz, wie Willie Geistlicher zu werden. Ich malte mir aus, wie ich auf der Kanzel stand und wunderbare Predigten hielt – in einer Kirche, die bis zum Portal gerammelt voll war. Aber ich predigte nur für einen Menschen: für Jean Gray mit dem Sonnenhut, der die Augen beschattete, die in heiliger Bewunderung starr auf den jungen, gutaussehenden Geistlichen gerichtet waren. *Tam i' the Kirk* von Violet Jacob ist mir ein reines Vergnügen, weil es so leidenschaftlich die schottische Konstellation von Kirche und Sex beschreibt. Es gab den Traum, und die Wirklichkeit konnte ihn nicht beeinträchtigen. Die Wirklichkeit war, daß man nur durch langweiliges, hartes Studieren Geistlicher werden konnte.

«Es ist hoffnungslos mit dem Jungen», sagte mein Vater düster.

«Dann soll er Lehrer werden», schlug Mutter vor.

«Dafür könnte es genügen», sagte Vater grimmig und ohne zu lächeln.

Nachdem Vater mich aufgegeben hatte, ergriff Mutter die Initiative. Sie wies darauf hin, daß kein anderer Lehrer so viele Klassen zu unterrichten hatte wie Vater: «Wirklich, George, du brauchst einen Lehrerpraktikanten.» Ich wußte, daß Vater alles andere als erpicht darauf war, aber irgendwie brachte sie ihn dazu, das Thema beim Schulrat aufs Tapet zu bringen, und bald darauf wurde ich Praktikant in der Schule von Kingsmuir. Diese Lehrzeit dauerte vier Jahre. Ich erinnere mich zwar nur schlecht an diese Zeit, doch muß ich Klassen von meinem Vater übernommen haben, jedenfalls weiß ich noch, daß ich kleinen Jungen und Mädchen mit Hilfe der «Dies ist ein A»-Methode Lesen beigebracht habe. Ich fand heraus, daß man etwas am besten lernt, wenn man es lehrt. Bald konnte ich mehr oder weniger jede Stadt, jedes Kap und jeden Fluß der Welt herbeten und ebenso die Exporte Perus oder die Importe Chinas. Ich glaube, ich erlernte meinen Beruf gründlich, denn ich kopierte meinen Vater, und der war ein guter Lehrer – gut in dem Sinne, daß er aus seinen Schülern das Wissen hervorzulocken verstand, statt es in sie hineinzubimsen. Vater konnte mich anscheinend noch immer nicht leiden und behandelte mich mehr wie einen Schüler als wie einen angehenden Lehrer. Obwohl er mich vor meinen Schülern nie herunterputzte, hatte ich doch Angst vor ihm.

Nach dem zweiten Lehrjahr mußte der Praktikant, den Vorschriften entsprechend, seine erste Prüfung ablegen – eine harmlose Angelegenheit, die beim Schulrat erledigt wurde. Dann, gegen Ende des vierten Jahres, kam das King's Scholarship, oder *normal exam*, das darüber entschied, ob man ein richtiger Student wurde oder nicht. Wenn man mit einer Eins bestand, wurde man automatisch ein normaler Student und für zwei Jahre nach Glasgow oder Edinburgh geschickt. Gab es genügend Vakanzen, konnte man auch mit einer Zwei Glück haben; mit einer Drei war man hoffnungslos disqualifiziert.

Die Zwischenprüfung beim Schulrat gegen Ende meines zweiten Jahres war nicht sehr ermutigend. «Der Kandidat», stand im Bericht, «sei hiermit gewarnt; seine Arbeit ist rundherum schwach.» Mein Vater schien eher beschämt als ärgerlich.

Beim *normal exam* am Ende meiner Lehrzeit war ich einer der schlechtesten und bekam eine Drei. Ich war neunzehn inzwischen, und ich weiß noch, wie ich am nächsten Sonntagmorgen auf unserer exponierten Kirchenbank saß und mich fragte, ob die Gemeinde wohl wußte, was für ein Dummkopf ich war. Ziemlich unbesonnen gab Vater mir einen Rippenstoß und bemerkte, Nora Stewart sei heute im Chor. Nora hatte das gleiche Examen mit einer Eins bestanden.

In all meinen Nöten pflegte Clunie mich zu trösten, und bei dieser

Gelegenheit gab sie mir eine Liste großer Männer, die bei ihren Examen durchgefallen waren. Ein Jahr später fiel sie bei dem gleichen Examen durch, obwohl sie so gut lernen konnte. Wenn man es nicht geschafft hatte, in das Lehrerausbildungs-College aufgenommen zu werden, wurde man «Ex-Praktikant», konnte aber, wenn man zwei andere Prüfungen bestand, ein Lehrerdiplom erlangen. (Auch bei diesen Prüfungen ging es darum, ob man sie mit Eins, Zwei oder Drei bestand.) Dann wurde man autorisierter, aber nicht ausgebildeter Lehrer und folglich weit niedriger eingestuft als ein Lehrer, der das College absolviert hatte. Jemand, der es nur zu einer Drei brachte, zählte zu den niedrigsten Würmern im Garten der Bildung. Er hatte keine Chancen, befördert zu werden, und mußte damit rechnen, zeit seines Lebens ein unterbezahlter Assistent zu bleiben.

Meine Tage als Praktikant sind mir heute kaum noch gegenwärtig, aber es gibt Gruppenaufnahmen, auf denen ich mit einem sehr hohen Stehkragen zu sehen bin. Wenn ich zurückblicke, muß ich sagen, daß meine Stellung schwierig war, denn ich mußte auf der Seite der Autorität stehen, bevor sich mein eigener Spieltrieb richtig ausgelebt hatte. Es war die Rolle eines Jungen, der den erwachsenen Mann spielt.

Gesellschaftliche und kulturelle Bestrebungen

Als ich etwa siebzehn war, drängten meine gesellschaftlichen Ambitionen nach einem konkreten Betätigungsfeld. Als Lehrerskinder hatten wir einen sehr armseligen gesellschaftlichen Stand, und die besten Familien von Forfar «kannten» uns nicht. Außerdem hatten wir kein Geld und konnten weder selbst einladen noch an gesellschaftlichen Veranstaltungen teilnehmen. Wir merkten, daß wir Außenseiter waren. Willie und Neilie machte das nichts aus, da sie keine Snobs waren, und Willie hatte ohnhehin an der Universität seinen eigenen Kreis. Ich wollte hoch hinaus. Neilie und ich traten einer kleinen Gruppe bei, die sich Verein zur Pflege der darstellenden Künste nannte. Für Neilie war das gut, weil er wirklich künstlerisch begabt war, und für mich war es gut, weil es mir möglicherweise die Tore zur besseren Gesellschaft öffnete. Ich zeichnete ein wenig, hauptsächlich Kopien von Frauenbildnissen des Charles Dana Gibson, aber ich brachte es damals und auch später nicht zu wirklicher Künstlerschaft. Wir machten Kohlezeichnungen auf Packpapier, und unsere Modelle kamen meistens aus dem Armenhaus. Eine der Clubdamen begann, sich für mich zu interessieren, und sie und ihre Schwestern waren so freundlich, mich zum Krocketspiel oder zum Abendessen zu sich nach Hause einzuladen. Ich hatte wenig Ahnung von gesellschaftlichem Benehmen und durchlebte einige schwierige Momente mit einer – wie mir schien – anomalen Anzahl von Messern und Gabeln. Hastig erwarb ich ein Buch über Etikette, das allerdings keine große Hilfe war, weil es sich zu sehr darauf konzentrierte, wie man Bischöfe und Fürsten anredet. Noch viele Jahre später machten mich festlich gedeckte Tische nervös. Meine erste Bekanntschaft mit einem Fingerschälchen war flüchtig, aber gottlob trank ich das Wasser nicht. Ein besonderer Salatteller in Form eines Halbmondes erwies sich als weiteres Hindernis. Ich dachte, er sei für das Brot bestimmt und handelte entsprechend. Dann entdeckte ich seine wahre Bestimmung und saß mit einem sehr, sehr roten Kopf an der feinen Tafel.

Die Sitten in den Salons waren mir unbekannt. Ich wußte nicht, daß man sich erhob, wenn eine Dame den Raum betrat oder verließ oder daß man beim Fünf-Uhr-Tee den winzigen Keks auf der Untertasse aufbewahrt und nicht auf dem Knie. Doch ich lernte meine Lektionen, und bald murmelte ich ein konventionelles «Vielen Dank», wenn eine Dame auf dem Klavier einen Walzer von Chopin gespielt hatte.

Hinter diesen meinen gesellschaftlichen Manövern steckte ein subtiler Plan: eines Tages würde ich so vielleicht eines der angebeteten Mädchen treffen. Ihr Name wechselte von Zeit zu Zeit, ihre Gesellschaftsschicht nie. Tennysons *Maud* wurde für mich ein Symbol, das die verschiedenen Schönheitsideale in den höhergestellten Kreisen der Stadt vereinigte. Unglücklicherweise interessierte sich keine der Mauds für Bücher und Musik, und ich traf nie eine. Wohl aber erreichte ich, daß ich der reizenden Jean Gray vorgestellt wurde. Es war ein trauriges Ereignis, denn die Nähe beraubte sie für mich ihres Glorienscheins, und ich mußte mir ein anderes, wirklich unerreichbares Objekt aussuchen.

Ich muß in dieser Etappe meines Lebens ein ziemlich widerwärtiger Schnösel gewesen sein. Trotzdem hatte ich einen Gewinn von der ganzen Sache. Zum erstenmal hörte ich gute Musik in jener Zeit vor Grammophon und Radio. Anfangs hörte ich Chopin und Schumann, weil es sich so gehörte, aber später lauschte ich, weil mir die Musik selbst Spaß machte. Auf anderen kulturellen Gebieten lernte ich, soweit ich mich erinnere, nicht viel. Wenn die Sprache auf Bücher kam, schwieg ich, um meine Unwissenheit zu verbergen. Als mich einmal jemand fragte, wer mein Lieblingsschriftsteller sei, sagte ich «Dumas», wobei ich das S aussprach. «Ach, Sie meinen Dümah», sagte ein hochgestellter Herr, und ich errötete und trat mir innerlich in die Seite, weil ich von Dumas sowieso noch kein Wort gelesen hatte. Trotzdem entwickelte ich zu Hause nach und nach einen gewissen literarischen Geschmack. Willie brachte uns Bücher mit Poesie – *moderner* Poesie, wie wir damals sagten. Er führte mich in die majestätische Schönheit von Francis Thompsons *The Hound of Heaven* ein und in den seltsamen, packenden Rhythmus von *Love in the Valley* von Meredith.

Willie hatte verschiedene Talente und übte großen Einfluß auf meine Entwicklung aus. Seine Zeichnungen zeigten einen eigenen, wenn auch etwas steifen Stil, und jahrelang benutzte die Zeitschrift der St. Andrews-Universität einen Entwurf von ihm unter seinem Pseudonym «Nil» für ihre Titelseite. Er schrieb niedliche Dreireime und Sonette, und seine Prosa war gut. Aber obgleich er eine Leseratte war, schien er nie irgendwelche Ideen aufzugreifen. Für Politik oder naturwissenschaftliche Dinge zeigte er kein Interesse, und Diskussionen mied er. Ich wüßte nicht, daß er Sinn für Humor gehabt hätte. Trotzdem imitierte ich ihn jahrelang. Wenn er Geistlicher wurde, wollte ich auch einer werden. Wenn er in St. Andrews seine Studentenzeitung herausgab, würde ich meine in Edinburgh herausgeben. Wenn er mit Feder und Tusche zeichnete, zeichnete auch ich mit Feder und Tusche. Das einzige, worin ich ihn nicht kopierte, war das Schreiben von Gedichten. Mein Leben lang habe ich keine einzige Gedichtzeile geschrieben.

Mit siebzehn erreichten meine Anstrengungen, Pianist zu werden, ihren Höhepunkt. Alle anderen hatten Musikunterricht gehabt – Willie spielte Geige, die anderen Klavier. Neilie hatte etwa vier Jahre lang Klavierstunden, und danach gab er das Klavier für immer auf. Warum ich als einziger keinen Musikunterricht hatte, weiß ich nicht. Hin und wieder jedoch beschloß ich, mir selbst etwas beizubringen. Einige Tage lang versuchte ich es mit Hilfe eines Buches, das ich mir gekauft oder geliehen hatte und das den schönen Titel *Hemy's Tutor* trug. Mühsam pickte ich mir mit einem Finger die richtigen Tasten heraus: «*E*very *G*ood *B*oy *D*eserves *F*avor». Mit siebzehn hatte ich alle meine früheren Rekorde gebrochen; es dauerte eine geschlagene Woche, bis ich endlich überzeugt war, daß jede weitere Anstrengung umsonst sein würde. Oft wünschte ich mir halben Herzens, ich hätte Unterricht bekommen. Ich wußte, daß ich, wäre die Musik in mir wirklich stark gewesen, trotz aller Schwierigkeiten gelernt hätte. Andererseits wußte ich auch, daß ich nie mehr als ein mittelmäßiger Musiker geworden wäre.

In meiner Zeit als Praktikant lernte ich einen Mann kennen, der für mich die Mathematik mit Leben erfüllte. Er hieß Ben Thomson und war der Mathematiklehrer an der Akademie. Später wurde er Rektor. In der Zeit, als ich bei ihm Nachhilfestunden hatte, lernte ich durch ihn die Mathematik lieben. Das erklärt den Umstand, daß ich mir in der Eisenbahn die Zeit mit Algebra- und Geometrie-Aufgaben vertreiben kann. Ben war ein treuer Freund. Meistens gab er mir umsonst Unterricht, und später half er mir brieflich, wenn ich Schwierigkeiten hatte. Ich finde es schade, daß er nie ein Lehrbuch geschrieben hat, denn er konnte einzigartig erklären. Immer wieder sagte ich ihm, er solle es tun, und meine letzte Bitte erreichte ihn kurz vor seinem plötzlichen Tod. Damals brachte die Akademie von Forfar viele brillante Mathematiker hervor.

Ich sagte schon, daß ich kein großer Leser war. Trotzdem muß ich in meiner Praktikantenzeit ziemlich viel gelesen haben. Ich erinnere mich, daß ich mir viele Bücher in der Meffan-Bibliothek auslieh, hauptsächlich Belletristik. Ich schwelgte in der wunderlichen Sentimentalität der Romane von Barrie und identifizierte mich mit seinem sentimentalen Tommy. Immer wieder fuhr ich mit dem Rad zum Schauplatz seines Romans (Thrums bei Kirriemuir, sieben Meilen entfernt), setzte mich in die Grube und versuchte – nicht sehr erfolgreich –, die Szenerie mit den handelnden Personen zu bevölkern. Kirriemuir lag auf dem Weg nach Memus, wo die Familie Craig im Pfarrhaus der Freikirchlichen Gemeinde wohnte. Die Töchter waren eine originelle, unkonventionelle Bande, die munter flirteten, einen aber nie an sich heranließen. Gefühle hielten sie sich mit einem Lachen vom Leibe, und sie waren eher gute Gefährten als Liebesobjekte. Die älteste wurde ein Begriff: jede britische Hausfrau kennt Elizabeth Craig als eine Autorität auf dem Gebiet der Kochkunst. Seit jenen Tagen habe ich sie nicht mehr wiedergesehen.

Willie hatte uns beigebracht, daß es zwei Arten von Mädchen gibt: der einen Art mußte man vorgestellt werden, und die andere Art gabelte man sich auf. Laut Willie war letztere Gattung mit Abstand die interessantere. In der Sommersaison traten sie paarweise auf. In Carnoustie paradierten sie am Strand, und in Kirriemuir paradierten sie auf den Straßen. Man brauchte viel Erfahrung, um zu wissen, welche Paare sich aufgabeln ließen und welche nicht. Wenn unser «Guten Abend» nur einen hochmütigen, vernichtenden Blick provozierte, schlossen wir daraus, daß da nichts zu machen war; allerdings kannten wir auch einen Typus, der den vernichtenden Blick benutzte, um uns zu größeren Anstrengungen zu ermuntern. Fast immer war das eine Mädchen hübsch und das andere reizlos. Wer von meinen älteren Brüdern auch gerade mit mir unterwegs war, er hielt es immer für ausgemacht, daß ich mit der Reizlosen abziehen sollte, eine Anmaßung, die mir nicht behagte. Manchmal war ich schneller, verduftete mit der Schönheit und mußte mir dann auf dem Nachhauseweg bittere Vorwürfe bezüglich meiner Fairness anhören.

Diese Flirts gingen meist nicht sehr tief; man saß in der Dämmerung auf einer Bank, knutschte und küßte einander. In Wahrheit hatten wir mit diesen «aufgegabelten» Mädchen nicht viel Glück, entweder weil wir arm und bäurisch aussahen oder, was wahrscheinlicher ist, weil die wirklich hübschen Mädchen jede Menge Verehrer hatten und nicht auf Herumstreuner angewiesen waren. Da wir zwei Meilen außerhalb der Stadt wohnten und von den Gesellschaftskreisen in der Stadt nicht zur Kenntnis genommen wurden, kannten wir keine Mädchen, und das Aufgabeln entsprang wohl ebenso unserem Bedürfnis nach weiblicher Gesellschaft wie unserem Hunger nach Sex.

In jener Zeit etwa las ich ein aufregendes kleines Buch von Richard Le Gallienne, *Die Suche nach dem Goldmädchen*, dessen Heldin eine Prostituierte war. Die Mädchen, die ich aufgabelte, waren nie golden, sie waren nicht einmal aus irgendeinem unedlen Metall. Sie ließen sich auf eine kleine Liebelei ein, aber die meisten hatten Angst davor, daß die Sache zu weit ginge. Im Normalfall ließen sie einen bis zu einem gewissen Grad gewähren, sagten dann hastig, sie müßten nach Hause, und rannten davon. Ich nehme an, sie hielten Ausschau nach einem Goldjungen und waren von der Wirklichkeit ebenso enttäuscht wie wir. Wir nahmen unsere Niederlagen nicht weiter tragisch und radelten spät in der Nacht froh und munter nach Hause. Morgen war ein neuer Tag. Morgen würden wir es in Montrose oder Arbroath mit einer neuen Romanze versuchen. Viele Jahre später unterhielt ich mich mit Neilie darüber, und wir waren beide der Meinung, daß wir uns am liebsten an die lange Fahrt bergauf zum *Jubilee Arms* in Cortachy erinnerten – mit der durstigen Vision einer Flasche Bass-Bier, die wir uns dort oben genehmigen wollten. Wir rauchten damals noch nicht. Woher wir das Geld für eine Flasche Bier hatten, weiß ich nicht mehr. Freilich, es war kein teurer Spaß – 3 Pence, glaube ich. Eine Flasche Whiskey kostete damals 3 Shilling, und für 20 Gold Flake zahlte man Sixpence.

Meine Ambitionen müssen in jener Zeit wohl etwas verschüttet gewesen sein. Die Zukunft existierte für mich nicht, möglicherweise, weil ich es nicht wagte, mir eine Zukunft als erfolgloser Lehrer ohne

Hoffnung auf Beförderung vorzustellen. Ich habe längst vergessen, was ich mir damals in meinen Wachträumen ausmalte. Die Religion war für mich inzwischen etwas Leeres, Fremdes geworden, und meine Kirchgänge galten nur einem Ziel: Mädchen zu sehen. Ich ging einmal in der Woche zur Kirchenchorprobe und sang im Baß begeistert die alten Hymnen mit, immer jedoch etwas ängstlich und immer eine Zehntelnote hinter dem Chorleiter: eine meiner Schreckensvorstellungen war es, vor der versammelten Gemeinde einen Choral mitzusingen und zur falschen Zeit einzusetzen. Hervorragende Orchestermusiker haben mir übrigens bestätigt, daß dies ein weitverbreiteter Albtraum ist.

Ein junger Schulmeister

Als meine Praktikantenzeit endete, bewarb ich mich um einen Posten, und schließlich bekam ich einen in Bonnyrigg bei Edinburgh für 50 Pfund im Jahr. Die Schule wurde von Miss MacKinley geleitet, einer alten Dame, die aussah wie ein Adler und sehr streng war. Nach der Laxheit an der Schule meines Vaters war es ein großer Schock für mich, plötzlich in einer Schule zu unterrichten, wo die Schüler während der Stunde nicht sprechen durften. Mir wurde befohlen, jedes Kind, das auch nur flüsterte, zu schlagen. Ich folgte, weil ich wirklich Angst hatte vor der alten Frau. Zwei Monate hielt ich es aus, dann bekam ich eine bessere Stellung für 60 Pfund im Jahr in Kingskettle, in der Grafschaft Fife.

Hier war die Disziplin eher noch strenger als in Bonnyrigg. Drei Jahre lang mußte ich den strengen Zuchtmeister spielen. Das Klassenzimmer von Calder, dem Schulleiter, war von dem meinen nur durch eine Glaswand getrennt, und sein scharfes Auge sah alles, was bei mir vorging. Drei Jahre lang tat ich meine Arbeit mit Angst im Herzen. Calder kannte keine Milde; er hielt mich stets auf Armeslänge, und alle meine Bemühungen, eine menschliche Saite in ihm zum Klingen zu bringen, erstarrten unter seinem steinernen Blick. Und doch hatte ich das Gefühl, daß er mich irgendwie, auf eine merkwürdige Weise, mochte; und irgendwie mochte auch ich ihn – trotz meiner Furcht. Calders Erziehungsmethoden verwunderten mich. Wenn er seine Klasse in Rechnen prüfte, arbeitete er zuerst jede Aufgabe langsam an der Wandtafel aus; dann mußten die Kinder die gleichen Aufgaben in ihren Heften lösen. Nur die Allerdümmsten konnten bei diesem System Fehler machen. Und Gott mußte ihnen beistehen, wenn sie Fehler machten, denn der Schulmeister führte einen flinken Gürtel und wußte ihn schmerzhaft zu gebrauchen. Der Schulrat gab Calder stets hervorragende Beurteilungen – weil Calder einen hervorragenden Whiskey im Hause hatte, sagten die Zyniker.

Kingskettle war und blieb ein Schrecken für mich. Es muß in jenen drei Jahren Zeiten gegeben haben, in denen ich fröhlich war, aber hauptsächlich erinnere ich mich an Angst: Angst, morgens zu spät zu kommen, Angst, daß Calder meine Klasse prüfen könnte, Angst, wenn er die armen Schüler verprügelte, die nicht lernen konnten. Mir wurde klar, daß ich, wäre ich sein Schüler gewesen, jeden Tag von ihm verdroschen worden wäre. Mein Vater war nie so streng gewesen. Gewiß, er hatte seine Schüler oft und manchmal heftig geschlagen, aber in seiner Schule hatte es eine gewisse Freiheit gegeben – die Freiheit zu lachen, zu schwatzen und seinen Namen in die Bank zu schnitzen. Wir hatten nie wie die Soldaten in die Klasse oder hinaus auf den Schulhof marschieren müssen.

Die Schule von Kingskettle war wie eine neue Welt für mich. Da gab es kein Gelächter – es sei denn, Calder machte einen seiner oft wiederholten Witze, die stets auf Kosten irgendeines Schülers gingen. Alle Schüler bewegten sich wie beim Militär; und alle an der Schule, auch ich, waren unaufrichtig, unmenschlich, verschüchtert. Calder war der erste richtige Exerziermeister, mit dem ich in Berührung kam. Ich hatte von solchen Typen gehört – in Forfar gab es ein paar notorische Pauker dieser Art –, und sie alle hatten eines gemeinsam: es waren Männer von kleiner Statur. Interessant an Calder war, daß er immer langsam und wie gestochen schrieb. Selbst wenn er sich eine Bleistiftnotiz machte, war sie bildschön geschrieben. Und von seinen Schülern beherrschte praktisch jeder die Kunst des Schönschreibens.

Einmal gab ich in Calders Klasse Zeichenunterricht, während er am Pult stand und seine Akten aufarbeitete. In der Klasse herrschte Totenstille, aber als er hinüberging zu seinem Haus brach die Hölle los, und ich konnte kaum auch nur den Schein von Disziplin aufrechterhalten. Trotzdem zeigte ich die Rädelsführer nie bei Calder an, wenn er zurückkam. Ich versuchte, die Schüler nach der Vorlage von Blumen und Blättern zeichnen zu lassen, und manche brachten recht gute, ausgewogene Muster in Tapetenmanier zustande. Diese Skizzen waren die einzige originelle Arbeit, die an dieser Schule je gestattet wurde. Sogar die Aufsätze wurden zuerst von Calder an die Tafel geschrieben und dann von der Klasse kopiert.

Calder war nicht sehr gesund; fast immer hatte er im Nacken schmerzhafte Furunkel, und oft war er wochenlang nicht in der Lage, seinen Dienst zu tun. In solchen Zeiten war ich alleinverantwortlich für die Schule. Ich genoß diese Wochen, obwohl es nicht leicht war, Ordnung zu halten. Allerdings versuchte ich es auch nicht allzu sehr, da ich wußte, daß mit Calders Genesung automatisch wieder militärische Disziplin einziehen würde.

Mein Logis auf einem Bauernhof kostete mich 14 Shilling die Woche, und Mrs. Tod, die Bäuerin, gab mir mehr dafür, als das Geld wert war. Das Essen war ausgezeichnet – ich weiß noch, daß man die Sahne mit dem Teelöffel abschöpfen mußte, so dick war sie. Ich wurde behandelt, als gehörte ich zur Familie. Die Tods hatten eine Tochter und zwei Söhne. Will, der ältere, war als Schiffsingenieur zur See gefahren; damals allerdings war er arbeitslos. Ich nannte ihn Sir Orakel, weil er über alles und jeden ein Urteil fällte. Er fand, ein Gespräch habe keinen Wert, wenn es nicht, wie er es nannte, eine Reihe «gescheiter Sprüche» enthalte, und in meinen Augen war er ein kluger Kopf. Ich kam mir immer sehr unerfahren vor, wenn Will erzählte, was er auf seinen Reisen alles gesehen und welche Sünden er in fremden Häfen begangen hatte. Wenn ich heute an ihn zurückdenke, möchte ich annehmen, daß er nicht schlecht übertrieben hat. Er hatte eine schöne Baßstimme, und ich hörte ihm gern zu, wenn er *Out in the Deep* sang, wobei ihn seine Schwester Aggie, die auch eine schöne Stimme hatte, auf dem Klavier begleitete. Nach der ersten Strophe bekam er allerdings immer einen Hustenanfall, weil er als Kind einmal aus einem Expreßzug gefallen war und sich einen Herzfehler zugezogen hatte. Er lebte nicht lange, und ebenso erging es seinem jüngeren Bruder Walter, der eine schlichtere Seele als Will, der Weltmann, war. Ich mochte Wattie. Mit seiner leisen, heiseren Stimme versuchte er immer zu singen, hörte aber jedesmal mitten drin auf und lachte über sich. Er war ein netter Kerl, und als er bald, nachdem ich Kingskettle verlassen hatte, starb, war ich aufrichtig bestürzt.

Wattie gehörte dem Freiwilligenkorps an, und er überredete mich dazu, auch mitzumachen. Wir hatten viel Spaß dabei. Einmal in der Woche zogen wir unsere Khakiuniformen an und wurden in einem offenen Kutschwagen einige Meilen weit zum Hauptquartier oder zu dem Schießstand auf den Falkland Hills gebracht. Geordie Henderson, der uns meistens fuhr, war der Besitzer des Hotels am Ort und ein echter Charakter. Wir lachten über seine Versuche, wie ein gebildeter Mensch zu sprechen. Als die Kettle-Farm brannte, und er als Captain der Feuerwehr das Kommando der Feuerwehr übernahm und Freiwillige zum Pumpen brachte, rief er: «Gentlemen, wir brauchen noch Leute, die mitpissen.»

Mein erster Besuch auf dem Schießstand war spannend. Ich schoß liegend aus einer Entfernung von 100 Metern und hatte vorher noch nie einen Schuß abgegeben. Als ich auf Anhieb viermal hintereinander ins Schwarze traf, wurde der diensthabende Offizier ganz aufgeregt. «Endlich», rief er, «habe ich einen guten Schützen in meiner Kompanie. Gehen Sie zurück zur Fünfhundert-Meter-Marke, und schießen Sie von dort aus.» Stolz wie ein Spanier ging ich zur Fünfhundert-Meter-Marke und zielte lange und sorgfältig. Ich verfehlte die Zielscheibe völlig, und ich verfehlte sie immer wieder, bis der enttäuschte Captain mir mürrisch befahl, nicht noch mehr gute Munition zu verschwenden.

Der Dienst war das reinste Picknick, bis wir im August auf vierzehn Tage ins Manöver zogen. Jetzt wurden wir energisch geschliffen, und abends schlichen wir zu Tode erschöpft in unsere Zelte. Dennoch faßten wir das Lagerleben mehr als gesellschaftliches Ereignis auf; wir waren ein vergnügter Haufen und nahmen unsere militärischen Pflichten nicht zu ernst. Einer der selbstsicheren Männer auf Fife weigerte in unserem Bataillon sich, die Offiziere zu grüßen, und einmal sah ich, wie unser Colonel, Sir Ralph Anstruther, einen Bergmann anhielt und ihn fragte, warum er nicht salutiere. «Sehen Sie nicht, daß ich ein Offizier bin?» fragte er scharf. Der Bergmann zuckte mit den Schultern und spuckte aus. «Ist mir schnuppe, was Sie sind», sagte er. «Ich habe noch nie vor jemandem salutiert.» Und damit ließ er den machtlosen, überschäumenden Offizier stehen. Hinterher allerdings rächte sich der Offizier: er setzte nach dem Abendessen eine Sonderübung im Grüßen an und ließ uns salutierend an einem Laternenpfahl auf und ab marschieren, so daß wir an diesem Abend darauf verzichten mußten, uns in den Straßen von Carnoustie mit den Mädchen herumzutreiben.

Als eifriger Soldat hatte ich mir das Manual für Infanterieausbildung angeschafft – nach dem Burenkrieg war eine überarbeitete Ausgabe erschienen – und studierte es gründlich. Allerdings bekam ich nie meine Sergeantenstreifen, obwohl ich die Prüfung mit Glanz bestanden hatte; denn ich verließ Kingskettle und trat aus dem Korps aus. In meiner Zeit bei den Freiwilligen hatte ich einen Preis gewonnen – für Scharfschießen, *mirabile dictu.* Als ich gefragt wurde, was ich denn gern hätte, entschied ich mich für Bücher: eines hieß *Linie und Kreis* und das andere war ein Lehrbuch der Trigonometrie. Die Schwester des Captain verteilte die Preise, und ich war sehr stolz, als sie die Augenbrauen hochzog und sagte: «Ah, ein Student.» Warum ich mir ausgerechnet diese beiden Bücher aussuchte, mögen die Götter wissen. Benutzt habe ich sie jedenfalls nie.

Auch der Tag, an dem König Eduard VII. im Queen's Park zu Edinburgh 40000 Freiwillige an sich vorüberparadieren ließ, gehört zu den großen Erinnerungen aus jener Zeit. Wir verließen Kingskettle um zwei Uhr morgens, marschierten zum Park und standen ungefähr vier Stunden lang herum. Als wir am König vorbeimarschierten, hörte jemand ihn sagen: «Verdammt anständiges Regiment, das!» Wir waren furchtbar stolz – bis wir erfuhren, daß diese Bemerkung dem Regiment vor uns gegolten hatte. Ich erinnere mich nur noch an das gelbliche Gesicht des Königs und daß er sehr unglücklich aussah.

Während meiner Zeit in Kingskettle regte sich in mir mein alter Ehrgeiz, in den geistlichen Stand zu treten. In diesem Wunsch wurde ich von dem Dorfgeistlichen, Reverend Aeneas Gunn Gordon, bestärkt. Er war Kanadier, groß, geradeheraus, vornehm, mit starkem Bart und einer Adlernase. Er nahm mich unter seine Fittiche, und ich offenbarte ihm meinen Wunschtraum. «Sie brauchen Griechisch dazu», sagte er. «Kommen Sie jeden Morgen um acht in mein Pfarrhaus, dann bringe ich es Ihnen bei.»

Er kannte seinen Homer fast auswendig und war ein so guter Lehrer, daß ich die ersten beiden Bücher der *Odyssee* und vieles von Herodot lesen konnte. (Heute kann ich kein Wort Griechisch mehr lesen.) Gordon hatte einen einzigen Fehler, der mich aber nie in meiner Bewunderung beirren konnte: manchmal trank er zuviel. Ich weiß noch, wie er einmal seinen Homer verkehrtherum hielt, ihn aber ganz korrekt zitierte. Er las alles, nahm aber offenbar wenig auf und gab noch weniger weiter. Zwar war er liberal, wenn es um Nächstenliebe und allgemeine Freundlichkeit ging, aber seine Predigten waren langweilig, und im Gespräch gab er nur Gemeinplätze von sich. Trotzdem vermittelte er mir ein gewisses literarisches Interesse. Er pflegte laut aus dem *Paradise Lost* vorzulesen, und ich lernte «Miltons Orgelmusik» schätzen. Auf seinen Rat las ich Dante, Tasso und dann die Essays von Macaulay. Durch Macaulay, der mich fesselte, wurde ich zum erstenmal in meinem Leben auf literarischen Stil aufmerksam; ich war damals gerade in ein Mädchen verliebt, das in Glasgow wohnte, und ich benutzte unsere Korrespondenz, um meinen Stil zu verbessern. Meine gedrechselten Passagen müssen erheblich über ihren Horizont gegangen sein. Meine gegenwärtige Einstellung gegenüber stilistischen Fragen läßt sich, von wenigen Ausnahmen abgesehen, sehr einfach zusammenfassen: wichtig ist, *was* gesagt wird, nicht *wie*.

Als Gordon heiratete, war ich sein Trauzeuge. Es war vereinbart worden, daß ich Vaters Gehrock und gestreifte Hosen tragen sollte, beides paßte mir gut. Doch als ich morgens zur Bahn wollte – ich hatte die Ferien in Kingsmuir verbracht –, konnte ich meine schwarzen Schuhe nicht finden. Ich suchte sie – immer mit einem Auge auf der Uhr –, aber vergeblich. Meine Schwester Ada hatte sie zum Flicken gebracht. Meine einzigen anderen Schuhe waren Stiefel, gelb wie Löwenzahn. Es gab keinen Ausweg: mit Gehrock, Zylinder und diesen entsetzlichen Stiefeln fuhr ich los. Als ich in Dundee umstieg, kamen mir all die Leute aus dem Zug aus Newport entgegen; ihre amüsierten Blicke verfolgen mich heute noch. In dem Zug nach Süden versuchte ich, meine Füße unter der Bank zu verstecken.

Meine Aufgaben als Trauzeuge machten mir Sorge. Ich wußte, daß sie hauptsächlich darin bestanden, den Kindern vor der Kirche Bonbons und Pennies hinzuwerfen, aber ich hatte nur 9 Pence in der Tasche. Nach der Trauung mußte ich dem *Scotsman* eine Vermählungsanzeige schicken, konnte aber kein Geld beilegen, und so erschien die Anzeige natürlich am nächsten Morgen nicht. Die Braut war wütend auf mich und wurde noch wütender, als ich ihr alles erklärte. Danach mochte sie mich nicht mehr, und ich machte mir bittere Vorwürfe, weil ich mich für das Paar verantwortlich fühlte. Sicherlich war ich ein ziemlicher Hemmklotz gewesen, als er noch um sie freite. Rückblickend denke ich, sie mochte mich nicht, weil Gordon mich so gern mochte. Dreizehn Jahre später bereitete sie mir einen recht kühlen Empfang, als ich auf einen kurzen Besuch mit dem Motorrad zu ihnen kam. Ich glaube, nach der Hochzeit hat Gordon nie wieder einen Tropfen Alkohol angerührt.

In Kingskettle schoß ich zum erstenmal, und zwar mit Tods Flinte, Kaninchen und Krähen. Es war ein kurzes Vergnügen. An einem Samstagmorgen erlegte ich mehrere Krähen. Als ich am nächsten Abend über das Feld wanderte, hörte ich ein leises Quietschen. Auf dem Boden lag ein armer Vogel, dessen Gedärme halb heraushingen. Mir wurde fast übel. Ich tötete die Krähe mit dem Absatz. Seit jenem Tag im Jahre 1903 habe ich nie wieder auf einen Vogel oder ein anderes Tier geschossen.

Die Leute von Kingskettle habe ich nie näher kennengelernt. Die Menschen in East Fife kann man nicht aus ihrer Reserve locken; sie erlauben niemandem, in ihr Privatleben einzudringen. In East Suffolk, wo ich jetzt lebe, scheinen mir die Menschen sehr ähnlich zu sein. Die Glasgower sind viel freundlicher als die Edinburgher weiter östlich. Aber woran dieser Unterschied zwischen Ost und West liegen kann, weiß ich nicht zu sagen. Die leichtere Art der Leute im Westen mag oberflächlich und bedeutungslos sein, aber es läßt sich besser damit leben. In Kingskettle blieb ich immer ein Außenseiter. Es war eine Ortschaft voller musikalischer Talente; als Sänger wäre ich vielleicht willkommener gewesen, aber mein einziges Talent bestand im Rezitieren, und daraus machten sie sich nicht viel.

Die Tage, an denen ich etwas vortrug, waren schmerzliche, lächerliche Zwischenspiele. Ich muß etwa achtzehn gewesen sein, als das anfing. Damals war es üblich, daß man irgend etwas zur allgemeinen Unterhaltung beitrug, wenn man eingeladen war; manche sangen, andere spielten Klavier, und ein Mann führte immer Spielkartenkunststücke vor. Ich versuchte, mir als Rezitator einen Namen zu machen. Ich begann mit einem amerikanischen Fragment, das *«Oh, my!»* hieß, erweiterte mein Repertoire aber bald mit anspruchsvollerem Zeug. Bücher, mit deren Hilfe man die Kunst der freien Rede lernen sollte, brachten immer ein paar Stücke, die zum Rezitieren geeignet waren. Sehr verbreitet war zum Beispiel «Rubinstein am Piano», eine Beschreibung, wie sie ein Hinterwäldler oder Cowboy geben würde. Wenn man es auswendig konnte, war dies ein Kleinod für jeden Amateur, der sich schauspielerische Fähigkeiten einbildete. Ich werde heute noch rot, wenn ich an einen Abend zurückdenke, an dem ich Rubinstein «spielte», indem ich mir die Haare raufte und meine Finger über die Tasten eines imaginären Flügels gleiten ließ. Das Publikum war ländlich, hatte noch nie von Rubinstein gehört und selten, wenn überhaupt, einen Pianisten erlebt; alle fragten sich natürlich, was das alles solle. Ich beschloß, mich auf das offensichtlich Komische zu beschränken, und hatte mit «Ein Geschenk für Lamb», einer

Geschichte aus dem *Strand Magazine*, einigen Erfolg. In diesem Sketch spielte ich, ich müßte eine Rede auf den schüchternen Lamb halten, dessen Club ihm anläßlich seiner Vermählung ein Hochzeitsgeschenk überreichte. Lamb aber betrank sich und verwirrte meine Rede in glanzvoller Weise.

Kingskettle war auch der Schauplatz meiner ersten politischen Bemühungen. Mr. Tod, mein Wirt, steckte als Tory dick im Kampf gegen Asquith, zu dessen Wahlkreis auch East Fife gehörte. Tod las mir aus dem *Scotsman* die Reden von A. J. Balfour vor, und ich war ein eifriger Anhänger der Konservativen. Als Asquith kam, arrogant und ziemlich gelangweilt, stimmte ich in die Buhrufe gegen ihn ein. Am Wahltag wirbelte ich mit einem blauen Band am Rockaufschlag herum – sehr zu Gordons Entzücken, denn auch er sympathisierte mit den Tories.

Ich erinnere mich auch, daß ich damals zuweilen ins Theater ging. Mein erstes Theaterstück, *Ein charmanter Abend*, hatte ich mit zwölf Jahren im Theatre Royal zu Edinburgh gesehen. Für mich war es zweifellos ein wunderbarer Abend gewesen, denn nie zuvor hatte ich solche Visionen strahlender Lieblichkeit gesehen. Ich hatte mir nicht träumen lassen, daß eine Frau so wunderschön sein konnte wie die Hauptdarstellerin. Worum es in dem Stück ging, weiß ich nicht mehr – außer, daß der reizenden jungen Dame irgendwie unrecht getan wurde. Aber zum Schluß war dann alles wieder gut.

Mein zweiter Theaterbesuch fand während Neilies Medizinstudium in Edinburgh statt. Zwei Stunden lang warteten wir in der Schlange der Galeriezuschauer, bis sich endlich die Pforten öffneten, und dann drängten wir uns vor, um Plätze in der ersten Reihe zu ergattern, was uns auch gelang. Nach einer weiteren halben Stunde – mit meinen neunzehn Jahren zappelte ich wie ein kleiner Junge – sahen wir den großen Sir Henry Irving in *Die Glocken* und in *Waterloo*. Mit offenem Mund vor Begeisterung saß ich da und verfolgte das Spiel. Aber heute, nach all den vielen Jahren, sehe ich Irving nur noch als einen Schauspieler im schlimmsten Sinne des Wortes. Er stolzierte umher, vollführte wilde Gesten und überzog die falsche Leidenschaft des Matthias in *Die Glocken* genauso wie die Sentimentalität des Altwerdens in *Waterloo*. Natürlich ist es möglich, daß ich den Schauspieler für die Fehler des Dramatikers verantwortlich mache. Auf jeden

Fall war in den ersten Jahren dieses Jahrhunderts für Kritik kein Platz in meiner Seele: das Leben hatte mein knabenhaftes Staunen noch nicht getrübt.

Nachdem ich es in Etappen auf 75 Pfund im Jahr gebracht hatte, bewarb ich mich in Newport um einen 100-Pfund-Posten. Eines Tages klingelten gegen vier Uhr zwei fremde Männer an der Schule von Kingskettle, um mit mir Tee zu trinken. Der eine war H. M. Willsher, der Schulmeister von Newport. Die beiden boten mir die Stellung an, und ich packte meinen kleinen Koffer. Willsher und Calder konnten nicht verschiedener sein. Willshers Disziplin war unbeschwert – es scherte ihn wenig, wieviel die Kinder schwatzten –, und vom ersten Tage an liebte ich die Schule. Die zwei Jahre in diesem südlichen Vorort von Dundee waren vielleicht die glücklichsten Jahre, die ich bis dahin erlebt hatte.

Man erreicht Newport über die Tay-Brücke oder mit einer der Tay-Fähren. Es war eine vornehme Wohngegend, und die einzigen Proletarier waren die Leute, die in dem Vorort die nötigen Arbeiten verrichteten, Krämer, Handwerker, Straßenfeger und so weiter. Ich hatte also eine soziologisch gemischte Schülerschaft. Die höchste Schicht schickte ihre Söhne in die Public Schools und die Töchter auf Privatschulen. Unsere Schule wurde von den Kindern der unteren Mittelklasse und der Arbeiterklasse besucht.

Für mich war Newport eine Gelegenheit, meine snobistischeren Träume zu verwirklichen. In Forfar und anderswo war mein gesellschaftlicher Status fixiert gewesen; hier in Newport aber sah ich, daß Willsher und die anderen Lehrer mit den begüterten Bürgern auf vertrautem Fuße standen; selbst als Lehrer ohne akademischen Grad konnte ich es vielleicht schaffen, Zugang zur guten Gesellschaft zu finden. Inzwischen hatte ich natürlich das Abschlußexamen bestanden und war im Besitz eines Zertifikats, das mich als Hilfslehrer auswies. Das erklärt auch, warum ich jetzt 100 Pfund im Jahr verdiente.

Auf jeden Fall war ich entschlossen, koste es, was es wolle, auf die Universität zu gehen. In Kingskettle hatte ich fleißig gelernt und war eines Morgens nach St. Andrews geradelt, um den ersten Teil meiner Aufnahmeprüfungen zu absolvieren – zwei Fächer, Englisch und Mathematik. In Mathematik fiel ich mit Pauken und Trompeten durch: die Anforderungen waren viel zu hoch für mich, obwohl Ben

Thomson mir brieflich Nachhilfeunterricht gegeben hatte. Völlig verzweifelt kam ich aus der Prüfung und glaubte schon fast, ich sollte das Ganze aufgeben, um die zweite Prüfung am Nachmittag auch nur zu versuchen. Beim Mittagessen traf ich einen Dozenten, der mit Willie befreundet war, und berichtete ihm von meinem Mißgeschick. Er klopfte mir munter auf den Rücken. «Was Sie brauchen, ist ein Brandy mit Soda», sagte er und ging mit mir ins *Cross Keys*. Ich hatte noch nie Brandy getrunken, aber der Geschmack sagte mir zu, und ich trank noch einen doppelten. Zwar kam ich nicht singend zur Prüfung, aber zweifellos war mir danach. Meine Erinnerung an die Aufgaben ist gleich Null, aber ich bestand in beiden Fächern. Als ich nun nach Newport ging, war ich also bereits ein halb-immatrikulierter Student. Für die zweite Prüfungsrunde lernte ich jetzt noch Latein und Physik.

Als erstes passierte mir in Newport etwas Romantisches: ich verliebte mich leidenschaftlich in eine Schülerin. Margaret war an die sechzehn, ich vierundzwanzig. Ihre Stimme kam mir vor wie die Essenz aller Süße. Sie war für mich alles, was liebenswert war. Ihre langen Wimpern verdeckten fast ihre schönen Augen, und ich konnte sie nicht ansehen, wenn sie mich ansah. Sie personifizierte die ganze Schule für mich: wenn sie fehlte, war der Tag dunkel, endlos und traurig; war sie da, so war der Tag immer viel zu kurz. Als ich ihr Jahre später sagte, wieviel sie mir bedeutet habe, schien sie sehr überrascht. Heute, da ich mehr von menschlichen Motivierungen und Verhaltensweisen verstehe, denke ich jedoch, daß sie es wußte und ihre gefährlichen Augen benutzte, um den schüchternen, unausgegorenen Jungen, der bei ihrem Anblick erbebte, zu foltern. Ihre Schönheit war für mich etwas Unwirkliches, aber etwas, worauf man Phantasiegebäude errichten konnte. Deshalb machte ich ihr natürlich auch keine Avancen. Um sie zu werben, schien mir nicht so wichtig. Wichtiger war es, sie anzubeten.

Das Bemerkenswerte an Margaret war die Hartnäckigkeit, mit der sie sich in meiner Seele eingenistet hatte. Während andere Mädchen nach einiger Zeit in der Erinnerung verblaßten, suchte sie mich noch jahrelang in meinen Träumen heim. Ich habe andere erwachsene Männer kennengelernt, deren Traum-Margareten immer wieder als Traumbilder in ihr Leben traten, und ich kenne Frauen, die solche Traum-Männer hatten. Das berührt mich auch heute noch merkwürdig. Ich hatte ausgedehnte psychoanalytische Sitzungen bei verschiedenen Spezialisten, aber sie alle verwirrte das Margaret-Image. Sie meinten, sie müsse meine Mutter gewesen sein, so wie ich sie zuerst kannte, jung und begehrenswert; dann sagten sie, sie müsse ein Ersatz für Clunie gewesen sein. Keine der Erklärungen löste eine emotionale Reaktion bei mir aus. Ich habe das starke Gefühl, daß ihre Indifferenz die größte Attraktion war. Offenkundig bewunderte sie mich nicht, aber an dem Abend, bevor ich die Schule verließ, warf sie mir plötzlich die Arme um den Hals und sagte: «Mr. Neill, Sie sind ein Schatz.» Verdammtes Mädchen. Das hätte den Bann brechen sollen. Doch es machte sie nur noch begehrenswerter.

Jahrelang hörte ich nichts mehr von Margaret. Als sie dann Witwe und über siebzig war, schrieb ich ihr, und später besuchte ich sie auch. Ihre schönen Augen waren trübe, von den langen Wimpern war nichts mehr übriggeblieben. Danach schrieb ich ihr noch oft und rief sie an; sie lebte ganz vereinsamt, war gehbehindert und litt Schmerzen. Sie hatte einen leichten Schlaganfall gehabt und fürchtete sich vor dem nächsten. Ihr ganzes Leben lang war das Mädchen ein Kind der unteren Mittelklasse geblieben; der große Strom neuer Ideen war an ihr vorübergeflossen. Ich lachte über den Schock, den es ihr versetzte, als ich ein unanständiges Wort gebrauchte. Im Laufe der Zeit jedoch begann die alternde Margaret sich zu verändern. «Du hast mir eine neue Welt eröffnet», sagte sie oft. Sie war wirklich eine süße alte Dame, und nur zu sehr in ihren alten Gleisen eingefahren, um moderne Ideen akzeptieren zu können. Eines Sonntagabends wollte ich sie wieder einmal anrufen, aber sie antwortete nicht. Nachbarn fanden sie im Koma.

Die arme Margaret. Wir waren uns einig, daß eine Ehe zwischen uns ein Fehler gewesen wäre, und ich zweifle, ob sie ihr konventionelles Leben in einer schottischen Vorstadt je hinter sich gelassen hätte. Aber wozu solche Erwägungen? Sie war der Traum meiner Jugend. Die Phantasie eines jungen Mannes geht davon aus, daß ein Mädchen, das hübsch aussieht, auch sonst hübsch ist. Und Margaret war doppelt gesegnet. Sie hatte eine sehr aufrichtige Art, nahm Rücksicht auf andere und haßte oder verletzte niemanden.

Die Anbetung, die ich Margaret zuteil werden ließ, hinderte mich nicht daran, mich auch für andere Mädchen lebhaft zu interessieren, und durch die Familie Leng wurde mein Leben nach und nach gesellschaftlich befriedigend. Sir John Leng hatte die große Zeitungsindustrie in Dundee begründet. Mrs. Leng war eine freundliche alte Dame, und ich wurde der Nachhilfelehrer eines der jungen Söhne. Ich wurde von den Lengs zu einem Ball eingeladen. So erfüllte sich endlich mein sehnlichster Wunsch: ich hielt Einzug in die feinste Gesellschaft.

Doch ach, ich konnte nicht tanzen und hatte keinen Abendanzug. Mit nur 100 Pfund im Jahr konnte ich mir keinen guten Schneider leisten. So ging ich zum Schneider von Kingsmuir und fragte ihn, ob er mir einen Abendanzug machen könne. Er kratzte sich nachdenklich am Kopf und meinte, er könne es ja mal versuchen, wenn es ihm gelänge, im *Tailor* eine passende Abbildung zu finden. Ich bekam meinen Anzug mit der Post geschickt und probierte ihn dummerweise nicht gleich an. So bemerkte ich erst im Ballsaal, als ich zum erstenmal tanzen wollte, daß die Hose ungefähr zwei Zoll zu lang war.

Der Stoff, den der Schneider mir empfohlen hatte, war viel zu schwer, und ich schwitzte jahrelang mehr, als ich bei den damals üblichen Tänzen, hauptsächlich Walzern, hätte schwitzen dürfen. Beleibte Männer mußten sich immer drei frische Kragen mitbringen. Ich möchte annehmen, daß die schottische Achter-Quadrille genügte, um einen der Kragen in einen triefenden Lumpen zu verwandeln, während die Walzer und Lanciers die anderen beiden schafften.

Aber bevor noch die Frage der Kleidung geregelt war, mußte ich tanzen lernen. Ein junger Lehrer in Dundee gab mir drei Stunden Walzerunterricht – eins, zwei, drei und vier, fünf, sechs –, und ich lernte die Schritte ohne Mühe. Auch die Kniffligkeiten der Achter-Quadrille und Lanciers beherrschte ich bald und hätte durchaus einen Lancier anführen können.

Damals war es Sitte, daß die Mädchen mit Programm in der Hand herumstanden, während die Männer zwischen ihnen umhergingen wie Bauern auf dem Viehmarkt, die eine Kuh kaufen wollen. Ein Junge tat zum Beispiel so, als sähe er Mary nicht, weil sie ihm beim Walzer fast den Arm gebrochen hatte, und dann blickte er schnell woanders hin, weil er Jean sah, die überhaupt kein Gefühl für Rhythmus hatte. Diese Taktik hatte allerdings auch ihre Nachteile, denn oft waren die besten Mädchen sehr schnell für alle Tänze im voraus ausgebucht. Einmal war ich von dem ganzen Brauch dermaßen angeekelt, daß ich den ganzen Abend mit reizlosen Mauerblümchen tanzte. Und ich kam mir vor, als hätte ich die heroischste Tat meines Lebens getan; heute bin ich eher geneigt, an meinen Motiven zu zweifeln.

Gesellschaftlich gesehen, führte ich ein durchaus angenehmes Leben. Aber auch kulturell hatte ich Fortschritte gemacht. Harry Willsher, der Schulmeister, wurde mein musikalischer Mentor. Abgesehen von seinen persönlichen Begabungen war er Musikkritiker der Zeitung von Dundee. Eines Abends hörte er mich sagen, ich hätte *Salut d'Amour* von Elgar gern; daraufhin setzte er sich an den Flügel und spielte das Stück. Dann, ohne ein Wort zu sagen, spielte er es noch einmal. «Soll ich es noch einmal spielen?» fragte er, aber ich lehnte dankend ab. Er lächelte: «Das ist die Moral von der Geschichte, Neill: Gute Musik kann man immer wieder hören; minderwertige Musik langweilt einen zu Tode, wenn man sie mehr als einmal vorgesetzt bekommt.» Ich war tief beeindruckt; doch wenn ich mir heute vorstelle, ich sollte mir etwas, das ich sehr liebe, zehnmal hintereinander anhören – das Trio aus dem *Rosenkavalier* zum Beispiel –, dann wäre ich wohl versucht, auf die Sänger zu schießen.

Zum erstenmal in meinem Leben kam ich mit Dramen und Opern in Berührung. Es war keine erstklassige Oper, aber für einen, der kein erstklassiger Musikkenner war, war sie gut genug. Ich hörte *Faust*, *Tannhäuser*, *Lohengrin* und *Carmen*. Dank irgend jemandes Organisationstalent hörte ich Sonntagskonzerte für einen Shilling und lernte auf diese Weise Pachmann, Paderewski, Siloti, Elman und unseren schottischen Lamond kennen. Ich war von ihren Namen stärker beeindruckt als von ihrer Musik, und wenn ich heute drei verschiedene Pianisten hinter einem Vorhang eine Polonaise von Chopin spielen hörte, bin ich sicher, daß ich nicht sagen könnte, wer jeweils spielt. Das mag Untertreibung sein: wenn Pachmann einen Walzer spielt, so merke ich das wohl, aber das liegt nur an seinem so persönlichen Stil. Was Orchestermusik anging, war ich genauso ahnungslos, und ich bezweifle nach wie vor, daß jemand ohne eine gründliche musikalische Ausbildung den einen Dirigenten vom andern unterscheiden kann; doch auch ein völlig unmusikalischer Mensch mag in der Lage sein, zu unterscheiden, ob sein Lieblingsstück gut oder schlecht vorgetragen wird. Zum Beispiel mag ich die Polonaise aus *Eugen Onegin*, habe sie aber nur ein- oder zweimal wirklich gut gespielt gehört; da ich sie liebe, kann ich beurteilen, wenn sie schlecht gespielt wird.

Damals gab es ein Theater in Dundee. Jede Woche kam eine neue Schauspieltruppe, und ich wurde ein regelmäßiger Theaterbesucher. Aus London kamen erfolgreiche Musicals, und wir sahen Martin Harvey, einen beliebten Schauspieler jener Zeit, in *So und nicht anders*, in *Das Erbe der Treshams* und sogar in *Hamlet*. Sein *Hamlet* wurde eine Woche lang gespielt; in der Woche darauf wurde der *Hamlet* von Sir Johnston Forbes-Robertson gegeben. Für mich waren sie beide überwältigend gut. Meine damaligen kulturellen Maßstäbe werden vielleicht verständlicher, wenn man bedenkt, daß ich *So und nicht anders* viel besser fand als *Hamlet*.

Zu dieser Zeit entdeckte ich meine Abneigung, mir irgend etwas allein anzusehen oder anzuhören. Die gleiche Sehnsucht, mit anderen zu teilen, überkommt mich heute, wenn ich im Radio ein gutes Konzert oder eine Oper höre. Manchmal nahm ich in Dundee Clunie mit in meine Lieblingsstücke. Sie hatte genausowenig Ahnung vom Theater wie ich, aber mein winziger Vorsprung machte es möglich, daß ich überlegen lachte, wenn nach dem ersten Akt von *So und nicht anders* der Vorhang fiel und Clunie eingedenk der Schüleraufführungen sagte: «Und jetzt hilft Martin Harvey beim Kulissenschieben, was?»

Newport war damals wohlhabend, aber Dundee bestand hauptsächlich aus schmutzigen Slums. Trotzdem war ich mir, so unglaublich das klingt, der sozialen Ungleichheit nicht bewußt und machte mir über Reichtum und Armut keine Gedanken. Von einem zukünftigen Rebell war noch nichts zu spüren. Als Winston Churchill im Wahlkampf als Liberaler nach Dundee kam, entzückte mich ein konservatives Flugblatt: «Was nützt uns ein W. C. ohne Sitz?» Und ich warf Gegenstände auf Winston, als er unter freiem Himmel sprach – hauptsächlich weil mich ein Mädchen namens Ella Robertson dazu angestachelt hatte.

Mein Bruder Neilie, der sich als Arzt zu bewähren begann, arbeitete in Dundee als Geburtshelfer. Er wurde oft mitten in der Nacht gerufen, und manchmal leistete ich ihm auf seinen Wegen durch die langen Straßen Gesellschaft. Wir kamen in Elendsquartiere, wo Frauen in von Läusen wimmelnden Betten in den Wehen lagen. Manchmal bekam eine Frau ihr Baby in einem Raum, in dem viele Kinder schliefen. Solche Erlebnisse hätten bei mir ein Bewußtsein sozialer Mißstände wecken sollen, aber das taten sie offensichtlich nicht. Ich muß emotional und intellektuell geschlafen haben.

Newport ist einer der wenigen Orte, in die ich heute noch mit heftigen Gefühlen zurückkehre. Es vermittelte mir Frieden und half mir, meine Arbeit als Lehrer ohne Angst zu tun. In meinem Herzen werde ich immer ein Fleckchen für Harry Willsher freihalten, der eher ein Gefährte als ein Meister war.

In Newport kam ich, wie gesagt, mit einer höheren Gesellschaftsklasse in Berührung. Dort lernte ich, wie man sich benimmt, als wäre man ein Gentleman, indem ich all die kleinen nichtigen Kniffe aufschnappte, die unter den Begriff gute Manieren fallen. Mit Gehrock und Zylinder ging ich auf abendliche Veranstaltungen; sonntags ging ich im Festtagsstaat zur Kirche, wobei unter meiner Weste tapfer ein weißer Latz hervorlugte, der auf ein nicht existentes Hemd hindeuten sollte. Hier entwickelte ich eine gewisse Exzentrizität. Ich hatte eine sehr bunte Weste gefunden, die meinem Großvater mütterlicherseits gehört hatte, und die trug ich nun zu meinem Gehrock. Ich habe immer einen eindeutigen Kleidungskomplex gehabt und trug schon bunte Hemden mit offenem Kragen, lange bevor sie in Mode kamen. Ungewöhnliche Kleidung ist ein Mittel, Aufmerksamkeit auf sich zu ziehen, und anfangs war sicherlich das der Grund für meine verrückte Art, mich zu kleiden. Heutzutage ziehe ich mich immer noch unkonventionell an, obwohl ich inzwischen andere Mittel habe, den Exhibitionisten hervorzukehren – zum Beispiel, indem ich Vorträge halte. Es liegt ein Protest in der Kleidung, eine Art «Warum zum Teufel soll ich mich einschränken, nur weil alle anderen dies oder jenes anziehen?». Mode hat mich immer verdrossen; Uniformität tut mir weh. Ich verbinde korrekte Kleidung mit gesellschaftlichem Nutzen und fahre nie mit Schlips und Kragen nach London, wenn ich nicht gerade mit besonders konservativen angehenden Summerhill-Eltern zu tun habe.

Doch damals in Newport war meine Kleidungsreform ein zaghafter und kaum wahrnehmbarer Versuch. Ich fürchtete zu sehr, ich könnte den kleinen Kreis, zu dem ich mir Zutritt verschafft hatte, befremden, und Status war damals das einzige, was für mich zählte. Die feine Gesellschaft interessierte mich als äußerliche Sache, nicht als ein Mittel, künstlerische oder geistige Bildung zu erwerben. Ich hörte gern zu, wenn Willsher sich mit seinen Freunden über Bücher oder Musik unterhielt, erwartete aber von den Männern und Frauen der Gesellschaft nicht, daß sie das auch täten. Sie unterhielten sich über Tennis und neue Tänze, wie sich das für gesunde junge Leute gehört. In meiner erhabenen Art versuchte ich, möglicherweise einige von ihnen zu bilden. Ich weiß noch, daß ich einem sechzehnjährigen Mädchen *Ehe* von H. G. Wells lieh. Ihr Vater las das Buch und schrieb mir einen Brief, in dem er mich einen gefährlichen Verführer jugendlicher Unschuld nannte und mir verbot, je wieder die Schwelle seiner Tür zu betreten. Das machte meinen erbaulichen Bestrebungen zweifellos ein Ende.

Inzwischen hatte ich an der St. Andrews-Universität die zweite Hälfte meiner Aufnahmeprüfung bestanden und war sehr zufrieden mit mir. Die Pforten der Universität standen mir jetzt offen, und im Sommer 1908 sagte ich Newport Lebewohl. Da die Universität erst im Oktober den Lehrbetrieb wieder aufnahm, ging ich zurück nach Kingsmuir. Ich hatte genug gespart, um mich ein oder vielleicht auch zwei Jahre über Wasser halten zu können. Wie ich das bewerkstelligt hatte, weiß der Himmel. Meine Hauptschwierigkeit lag in der Berufswahl. Den Wunsch, in den Dienst der Kirche zu treten, hatte ich seit langem aufgegeben, und ich hatte auch keine bestimmten Ambitionen, in die Dienste von irgend etwas anderem zu treten. Als mein Vater von einem ehemaligen Schüler Besuch bekam, regelte sich diese Frage. Er hatte seinen Baccalaureus Scientiae in Agrarwissenschaft gemacht und sprach von glänzenden Posten in den Kolonien. «Genau die richtige Karriere für dich», sagte mein Vater begeistert, und ich nahm den Vorschlag an.

Dieses Studiums wegen, so scheint es, ging ich dann auch nach Edinburgh statt an die St. Andrews-Universität. In meinen akademischen Träumen hatte ich immer St. Andrews gesehen. Wenn ich Willie besuchte, hatte mich die Romantik der «grauen Stadt» in ihren Bann gezogen: die scharlachroten Gewänder der Studenten und die fröhliche Atmosphäre in Willies Erzählungen. Das dortige gesellschaftliche Leben übte eine starke Anziehungskraft auf mich aus. Es hatte etwas Fröhliches, Familiäres an sich; in gewisser Weise war es fast schon gefährlich, denn die Absolventen von St. Andrews hatten ein Heimweh nach ihrer Alma Mater, das der überschwenglichen Sehnsucht des weinerlichen Trunkenboldes ähnelte, sich am Brunnen seines Heimatdorfes auszuweinen. Ich entschied mich für Edinburgh, weil man dort angeblich leichter einen akademischen Grad in Agrarwissenschaft erwerben konnte, und in Wirklichkeit, weil ich dort eine mehr kosmopolitische Ausbildung zu bekommen hoffte. Ich wußte, daß ich in St. Andrews mit Männern aus Perth und Stirling zusammenkommen würde, während ich in Edinburgh wahrscheinlich Männer aus aller Welt kennenlernen konnte. Der Umstand, daß ich bereit war, Agrarwissenschaft zu studieren, zeigt, wie unstet ich war. Ich interessierte mich nicht für Landwirtschaft und wußte, daß ich mich nie dafür interessieren würde. Ich akzeptierte den Vorschlag, diese Laufbahn einzuschlagen, wie man eine Aufforderung zum Tennisspielen annimmt – weil man gerade nichts Besseres vorhat.

Das Leben an der Universität

Für Neilie war das letzte Jahr seines Medizinstudiums angebrochen, und ich zog zu ihm. Es war eine billige Bude in der Nähe der Clerk Street. Die wohlhabenderen Studenten wohnten alle in Marchmont. Mrs. Sutherland, unsere Wirtin, war eine Perle, eine liebe, freundliche Frau, die vier Jahre lang für mich sorgte. Ich war inzwischen in großen finanziellen Schwierigkeiten und mußte jeden Penny zweimal umdrehen, bevor ich ihn ausgab, denn es war unmöglich, etwas dazu zu verdienen. Glücklicherweise bekam ich ein Carnegie-Stipendium, so daß meine Studiengebühren bezahlt wurden. Die Immatrikulations- und Prüfungsgebühren fielen allerdings nicht darunter. Für das tägliche Mittagessen konnten Neilie und ich nur 3 Pence aufwenden. Der Studentenverband unterhielt ein Restaurant und einen Mittagstisch, wo wir jeden Tag ein Glas Milch und für 2 Pence Brötchen verzehrten. Das taten andere Studenten auch, aber sie bekamen ein gutes Abendessen. Wir konnten uns auf unserer Bude nur einen *high tea* leisten, und die einzige gute Mahlzeit der Woche aßen wir am Sonntagmittag. Wir zankten uns ständig wegen der Aufteilung unseres Essens, bis wir einen vernünftigen Plan entwickelt hatten: Neilie teilte das Hauptgericht in zwei Portionen auf, und dann wählte ich eine.

Obwohl ich mich wohl eher gelassen um höhere Bildung bemühte, nahm ich mein erstes Semester in Chemie und Naturphilosophie sehr ernst, zumindest anfangs. Wir hatten jeden Morgen eine Vorlesung bei Sir James Walker, dem Chemieprofessor, und ich machte mir umfängliche Notizen. Ich hielt es jedoch für schiere Talentverschwendung, daß er seine kostbare Zeit damit verbrachte, ungehobelten Studenten die Grundlagen seines Fachs zu vermitteln. Als ich 1936 einmal mit dem Rektor der Johannesburger Universität bei einem Essen zusammensaß, machte ich ihm gegenüber eine entsprechende Bemerkung. Sofort fielen sämtliche Professoren zornig über mich her. Sie verteidigten das Vorlesungsprinzip mit dem Argument, gerade der Kontakt mit einem Mann wie Walker sei die beste Erziehung, die ein Student bekommen könnte. Ich glaube es noch immer nicht. Jeder Assistent kann den Studenten beibringen, was passiert, wenn man Schwefelsäure auf Zink gießt, und warum soll ein guter Chemiker wie Walker nicht auf Universitäts- oder Staatskosten all seine Zeit der Forschung widmen? Chemie und die praktische Arbeit im Laboratorium machten mir Spaß, und ich kam mühelos mit. Allerdings muß meine Arbeit die Universität teuer zu stehen gekommen sein, denn ich verbrauchte die gesamten Chloroformvorräte zum Reinigen meiner Röhren.

Die naturphilosophischen Vorlesungen waren unverständliches Kauderwelsch für mich. Professor MacGregor war der schlechteste Lehrer, den ich je erlebte. Während er in seinen Bart murmelte und geheimnisvolle Formeln an die Tafel schrieb, vertrieben wir uns die Zeit mit Zischen, Pfeifen und Trampeln. MacGregor schien das nichts auszumachen; ich frage mich, ob er es überhaupt hörte. Unser größter Tag war, als Lindsay, der Laborassistent, den Hebel eines Gerätes umlegen mußte, um uns die Wirkungsweise der Schallwellen zu zeigen. Wir bewarfen ihn alle mit Pennies; doch wie sein Meister schien auch er nicht im geringsten verwirrt. Er hatte dies schon viele Jahre lang mitgemacht, und möglicherweise interessierte ihn nur die Summe der Pennies, die er nach der Vorlesung zusammenkehren würde.

Die praktischen Übungen in Nat. Phil. waren in meinen Augen eine Farce. Ich weiß noch, daß ich mit Hilfe irgendeines Apparats Messungen an einer schiefen Ebene vornehmen sollte. Ich maß immer wieder die Zeit von irgend etwas und schrieb das Resultat nieder. Nachdem ich ungefähr fünfzig Resultate hatte, addierte ich sie und errechnete den Durchschnitt. Ich haßte diese langweilige Arbeit und war wütend, daß ich sie nicht schneller verrichten konnte. Ein Kommilitone von mir wurde mit seinen Experimenten immer in einer halben Stunde fertig und konnte mit einer Medaille rechnen. Eines Tages fragte ich ihn, wie er es schaffe, seine Experimente immer so schnell hinter sich zu bringen.

«Dreimal ablesen und den Rest fälschen», sagte er kurz. Danach dauerten meine Experimente nur noch jeweils zwanzig Minuten.

Ich gebe ehrlich zu, daß ich von Schall, Licht und Wärme so gut wie nichts verstand – von der Elektrizitätslehre ganz zu schweigen. Als das Abschlußexamen kam, starrte ich auf eine Prüfungsaufgabe, die weit über meinen Horizont ging, und fuhr arg bedrückt in die Sommerferien. Ich bestand. Ich frage mich immer noch, wie das möglich war, und ich kann nur vermuten, daß der alte MacGregor beim Korrigieren der Arbeiten genauso geistesabwesend war wie im Hörsaal und meine

Arbeit mit der eines anderen verwechselte. Ich denke fast, er hat sie mit der seines Medaillenanwärters durcheinandergebracht, den er möglicherweise durchfallen ließ.

Gegen Ende des ersten Jahres hatte ich entdeckt, daß die Naturwissenschaften nichts für mich waren, und beschloß, in Anglistik einen akademischen Grad zu erwerben. Wahrscheinlich hatte ein ehemaliger Schüler, dem es als Master of Arts in Englisch recht gut ging, meinen Vater besucht. Anglistik bedeutete, daß ich außer Geschichte nur noch Englisch zu betreiben brauchte. Ich schrieb mich also für Geschichte und Englisch ein.

In englischer Geschichte hatten wir Richard Lodge, und seine Vorlesungen machten mir viel Spaß. In *seinem* Hörsaal wurde nicht gezischt; ein Blick von ihm, und wir wurden emsige kleine Buben und Mädchen, die man sah, aber nicht hörte. Eines Tages versuchte doch ein Junge zu zischen. Er saß hinter mir, und ich drehte mich verärgert nach ihm um. Plötzlich hörte ich Lodge rufen: «Sie da, mein Herr!» Er sah, so dachte ich, den Übeltäter hinter mir an. «Sie, Sie meine ich, *Sir*!» Die Stimme war hartnäckig und fest, und er zeigte auf mich. Ich erhob mich und stellte die lebenswichtige Frage, indem ich mit dem Zeigefinger auf mich deutete. «Jawohl, Sie», donnerte Lodge. «Verlassen Sie den Hörsaal, Sir!»

Ich verließ den Hörsaal, sehr blaß und erhobenen Hauptes. Nach der Vorlesung klopfte ich an die Tür seines Zimmers. «Sie wollen sich entschuldigen?» fragte er. «Nein, Sir», sagte ich. «Ich wollte Ihnen sagen, daß ich mit dem Lärm nichts zu tun hatte.»

Er beäugte mich etwas argwöhnisch. «Gewiß, wenn Sie es sagen ...» Er zuckte mit den Schultern, als wollte er mir zeigen, daß er mir nicht glaubte.

Da verlor ich plötzlich alle Furcht vor der Autorität und auch meinen Gleichmut. «Hören Sie, Sir», sagte ich, «ich mußte jahrelang arbeiten, um mir das Geld für die Universität zusammenzusparen. Ich bin älter als die meisten anderen Studenten. Glauben Sie etwa, ich käme unter diesen Umständen nach Edinburgh, um mich wie ein alberner Pennäler zu benehmen?»

Seine Brauen hoben sich erstaunt. Dann lächelte er, streckte mir die Hand hin und entschuldigte sich. Meine Ehre war wiederhergestellt, aber am nächsten Tag hätte ich vor Scham im Boden versinken können: Lodge begann seine Vorlesung mit einer öffentlichen Entschuldigung, die sich allerdings eher zu einer Lobrede auswuchs. Nach seiner Beschreibung war ich nicht nur ein vorbildlicher Gelehrter, sondern auch ein Super-Gentleman – und ein dünkelhafter Fant.

Mein Englisch-Professor war George Saintsbury, der bekannte englische Autor und Kritiker. Drei Jahre saß ich ihm zu Füßen, aber er kannte weder meinen Namen noch erkannte er mich wieder – außer bei einer Gelegenheit. Seine Vorlesungen waren Monologe; er sagte sie auf wie ein Papagei, und es schien ihm nichts auszumachen, ob wir zuhörten oder nicht. Das kam uns sehr gelegen, denn wir hörten tatsächlich nicht zu. Ich jedenfalls hörte nicht zu, da ich wußte, daß ich eine Woche vor dem Examen alles in seinen umfangreichen Schriften nachlesen konnte. Er hatte eine hohe, quietschende Stimme und amüsierte uns mit seiner vornehmen, kollegialen Haltung, wenn die Sprache auf zeitgenössische Autoren kam: «Ich – äh – kann meinem Freunde (*dann ganz schnell*) Mr. Bridges nicht ganz zustimmen, wenn er sagt, es – äh –, doch muß ich gerecht sein und in Betracht ziehen, was Professor Raleigh zu diesem Thema gesagt hat, der im übrigen in seiner Einschätzung Drydens ...» Wir machten uns einen Spaß daraus, über all den Parenthesen den Faden nicht zu verlieren.

Unsere Art des Studiums war natürlich nicht kreativ. Man setzte voraus, daß wir die Literatur von Beowulf bis Pater «kannten». Wir mußten Angelsächsisch und Mittelenglisch lernen. Wir arbeiteten an Hand bestimmter Bücher über bestimmte Perioden – mein Abschlußexamen hatte das Elisabethanische Drama zum Thema. Im Grunde lasen wir lediglich Bücher über Bücher. Für ein Examen war es nicht nötig zu wissen, was Coleridge und Hazlitt über Shakespeare gesagt hatten; in allen Stilfragen erwartete man von uns, daß wir genau wußten, was Longinus zu diesem Thema gesagt hatte. In jener Zeit hatte ich Ibsen für mich entdeckt und war begeistert von seinen Stücken. Als ich als Klausurarbeit einen Aufsatz über *Viel Lärmen um nichts* schreiben mußte, schrieb ich dämlicherweise eine vernichtende Kritik und verglich den dramatischen Gehalt des Stückes mit dem zeitgenössischen Theater Ibsens. Das heißt, ich warf Shakespeare vor, nicht ein realistisches Stück geschrieben zu haben. Das war dumm, drückte aber meine damalige Meinung aus. Saintsbury war sehr ärgerlich über mich, und das dürfte das eine Mal gewesen sein, daß er meinen Namen zur Kenntnis nahm.

Ich war damals und bin noch heute der Ansicht, daß es besser ist, einen schlechten Limerick zu schreiben als *Paradise Lost* aufsagen zu können. Das ist in der Erziehung eine fundamentale Angelegenheit. Aber die Universität forderte uns noch nicht einmal auf, einen Limerick zu schreiben. Man fragte uns nicht nach unseren eigenen Meinungen über Shakespeare oder sonst jemanden. Ich las in jenen Jahren Spenser, Chaucer, Pope, Dryden und das meiste von Shakespeare und vielen seiner Zeitgenossen; ich las praktisch alle Dramen der Restaurationszeit, las Coleridge, Tennyson, Dr. Johnson, Keats. Aber wozu fortfahren? Ich mußte mich notgedrungen darauf konzentrieren, ob ein Blankvers eine Elision aufwies oder nicht oder ob man den Rhythmus von *Christabel* in den *Lotusessern* wiedererkennen konnte. Es war ein rechter Pinkelkram – als würde man den Dom von Mailand Stein für Stein niederreißen, um zu entdecken, wo die Schönheit liegt. Etwas so Herrliches wie den *Sturm* mußte ich mit Anmerkungen lesen, um mit peinlicher Sorgfalt die etymologische Bedeutung irgendwelcher Sätze nachprüfen zu können, denen keinerlei Wichtigkeit zukam.

Saintsbury vermittelte mir ein Gefühl für Prosastil, aber das ist auch alles. Er wußte etwas von der Schönheit der Literatur, konnte sie uns aber nicht deutlich machen. Drei Jahre verbrachte ich mit ihm in düsteren Sümpfen von Prosarhythmus und lyrischer Diktion und sah den Wald vor Bäumen nicht. Er meinte, seine Arbeit habe sich mit der Manier und nicht mit der Materie zu befassen; andernfalls, sagte er, müßte sein Fach, Englische Literatur, jedes andere Fach unter der Sonne einschließen. Das sehe ich ein, aber es ist einfach nicht möglich, Macaulays *Versuch über Clive* als ein Stück Literatur zu behandeln, ohne die geschichtlichen und politischen Aspekte von Clives Leben zu erläutern – oder eine Meinung darüber zu haben. Es war so leicht für Saintsbury, das Thema vom Stil zu trennen, daß er Blake als großen technischen Poeten rühmte und Nietzsche als einen der größten deutschen Prosaschriftsteller pries, während er das, worüber sie schrieben, mit den Worten abtat: «Sie waren natürlich verrückt.»

Was immer ich bei Saintsbury wirklich gelernt habe – die Liebe zur Literatur war es ganz sicher nicht. Bis heute kann ich Gedichte nicht zum Vergnügen lesen, kann ich nicht nach den Klassikern greifen. Als ich einmal hinüber nach Norwegen fuhr – ein Master of Arts in Anglistik –, bestand meine Reiselektüre aus einem Bündel von *Black Mask*-Nummern – amerikanische Gaunergeschichten. Gewiß, sie waren mir von einem Freund bei der Abreise in die Hand gedrückt worden, doch wenn ich Keats und Shelley im Koffer gehabt hätte – ich hätte doch die *Black Mask*-Hefte gelesen. Ich beeile mich hinzuzufügen, daß es sehr unfair wäre, der Universität von Edinburgh irgendeinen schlechten Geschmack, den ich mir erwarb, anzulasten: ich sage nur, daß mein literarischer Geschmack heute vielleicht besser wäre, wenn ich in den Jahren dort mehr die Materie als die Manier studiert hätte. Ich weiß, daß alles, was ich heute über Chaucer und Keats sagen könnte, unwichtig und unberaten wäre.

Als Professor Chrystal, der gefeierte Mathematiker, starb, ging ich zu Saintsbury, um ihn um einen Nachruf für unsere Universitätszeitschrift, *The Student*, zu bitten.

«Ich bin gerade auf dem Weg zu meinem Fortgeschrittenenkurs», sagte er. «Wenn Sie schnell mitschreiben können, dürfen Sie mit hineinkommen, denn ich habe die Absicht, einige Worte über meinen alten Freund zu sagen.»

«Aber Sir, ich bin doch schon seit drei Jahren in Ihrem Fortgeschrittenenkurs.»

Er blickte kurz auf und fragte mich nach meinem Namen. Als ich geantwortet hatte, sagte er: «Grundgütiger Himmel, wie Sie gewachsen sind.»

Bevor ich zur Universität kam, war ich bereits sechs Fuß lang gewesen, und in seinem Kurs saßen kaum ein Dutzend Schüler. Saintsbury erkannte Bücher wieder, aber keine Studenten. Es muß für ihn die Hölle gewesen sein, einem Haufen ungehobelter Studenten Vorlesungen zu halten.

Im großen und ganzen war das gesellschaftliche Leben in Edinburgh recht angenehm. Da ich Mitglied der *Union* war, gab es immer einen Treffpunkt und einen abendlichen Sessel für mich. Die Schwierigkeit war meine Geldknappheit. Die meisten meiner Freunde waren wohlhabend. Sie trugen die gleichen Golfjacken und Flanelltaschen wie ich, aber sie konnten Geld ausgeben; und wenn Runden spendiert wurden, war mir immer unbehaglich zumute, da ich nie mehr als ein paar Münzen in der Tasche hatte.

Ich konnte mich weder an irgendwelchen Spielen beteiligen noch Sportveranstaltungen besuchen. Ich mußte so tun, als hätte ich etwas gegen Music Halls, damit ich nicht mit den anderen ins *King's* oder *Empire* gehen mußte. Heute sollte ich ihnen die Wahrheit sagen: ich war arm. Hauptsächlich von meiner Mutter, die Angst hatte, wir könnten in die Arbeiterklasse zurückfallen, der ihre Mutter angehört hatte, hatte ich jene Shawsche Idee übernommen, daß Armut ein Verbrechen sei, etwas, dessen man sich schämen und das man so sorgfältig wie möglich vertuschen müsse. Ich muß meine Rolle recht gut gespielt haben, denn viele Jahre später sagte ein ehemaliger Kommilitone, mit dem ich befreundet gewesen war: «Für dich war das natürlich alles sehr schön, Neill. Du hattest ja Geld, ich nicht.»

In meinem zweiten Jahr ereignete sich ein Glücksfall. Eines Sonntags gab meine Wirtin mir ihre Zeitung zu lesen, und da ich nichts Besseres zu tun hatte, versuchte ich, ein Preisrätsel darin zu lösen. Eine Woche später sah ich einen Anschlag in der Nicolson Street: STUDENT IN EDINBURGH GEWINNT VIERZIG PFUND. Ich bezog das zunächst nicht auf mich. Später, auf meiner Bude, erfuhr ich mein Glück von der aufgeregten Wirtin: «Sie haben den ersten Preis gewonnen!»

Ein Freund von mir bekam in jener Zeit einen ähnlich hohen Betrag von einem Onkel, und obwohl es ihm auch nicht besser ging als mir, gab er ein großes Abendessen mit Champagner und verpulverte das ganze Geld in einer Nacht. Ich trug mein Geld auf die Bank und lebte sehr lange davon, da ich immer nur das Nötigste von meinem Konto abhob. Den anderen erwähne ich hier nicht, weil ich ihn damals für einen verdammten Narren hielt, sondern weil die Menschheit allgemein in zwei Arten zerfällt: in Leute wie ihn und Leute wie mich. In meiner Familie zum Beispiel hätte Willie seine 40 Pfund sofort verplempert; Neilie hätte es so gehalten wie ich. Mir hat es nie Spaß gemacht, den ganzen Kuchen auf einen Bissen zu verschlingen, da ich von meinem Temperament her nie ganz das Morgen vergessen kann. Oder, um es vornehm auszudrücken: ich spare für einen Schatz im Himmel. Davon abgesehen, finde ich nach wie vor, daß der andere ein Narr war. Wir diskutierten später darüber, als er nur 4 Pence für sein Mittagessen ausgeben konnte, aber trotzdem daran festhielt, daß der Spaß, den ihm die Champagner-Orgie gemacht habe, es wert gewesen sei, ein Jahr lang für nur 4 Pence zu Mittag zu essen. Für mich hätte die Sache anders ausgesehen.

Dieser Charakterunterschied erinnert mich an die Geschichte vom Verlorenen Sohn. Man stelle sich selbst die Frage: Auf welcher Seite stehe ich – auf der Seite des Sohnes, der auszog, sich zu amüsieren, oder auf der Seite des langweiligen Sohnes, der zu Hause blieb? Die meisten Männer sagen, sie seien für den Verlorenen Sohn. Ich würde das nie sagen, und ich weiß auch warum nicht: Ich denke daran, wie Willie die ganze Marmelade bekam, als er fortging, während die Brüder, die daheimblieben, das trockene Brot bekamen. Und ich habe den Verlorenen Sohn auch nie dafür bewundert, daß er erst den Champagner fließen ließ und dann feige nach Hause kam und um Verzeihung und eine warme Mahlzeit bettelte.

Die Frage meiner Einstellung zum Geld ist wichtig. Weil ich in meinen jungen Jahren so arm war, bin ich mit Geld sonderbar knauserig. Ich leide Qualen, wenn ich kleine Summen bar bezahlen muß, kann aber einen Scheck über eine riesige Summe unterschreiben, ohne einen Moment zu zögern. Ähnlich geht es vielen anderen Männern mit Schecks: ein Scheck ist für uns kein richtiges Geld. Es ist Phantasiegeld und hat deshalb keine emotionalen Wert. Wenn ich mit dem Auto fahre, bezahle ich die Benzinrechnung ohne langes Getue; wenn ich aber in einem Taxi sitze, beobachte ich angstvoll den Taxameter, wenn es auf der Straße zu einer Stauung kommt. Würde ich plötzlich Millionär, würde ich bestimmt weiter in der dritten Klasse reisen und nur Gebrauchtwagen kaufen. Ich borge mir ungern Geld, und noch unangenehmer ist es mir, Geld zu verleihen. Ich habe in meinem ganzen Leben erst ein einziges Mal einen Fünfer zurückbekommen – von einem Schotten, natürlich.

Manchmal stellte Geld für mich auch noch auf eine andere Weise ein Problem dar. Als Herausgeber des *Student* bekam ich montags Freikarten für den ersten Rang in allen Theatern der Stadt, und glücklicherweise war kein Abendanzug vorgeschrieben. Aber einmal wurden eine Woche lang Opern gespielt – *Die Meistersinger, Orpheus, Elektra* und einige andere –, und ich ging jeden Abend zu diesen feierlichen Ereignissen hin. Gegen Ende der Woche mußte ich mein eines weißes Smokinghemd sorgfältig mit Kreide bearbeiten, damit es wieder anständig aussah.

Die Meistersinger überwältigten mich von all den Opern jener Woche am meisten. So eine Musik hatte ich noch nie gehört. Sie war das reinste Gold für mich; doch statt mich zu edlen Gedanken und Taten zu beflügeln, machte sie einen Schwindler aus mir. In der gleichen Woche sollte noch eine zweite Vorstellung stattfinden, und natürlich gab es dafür keine Pressekarten. Fest entschlossen, die Oper noch einmal zu hören, zog ich mir mein gestärktes und geweißtes Hemd an und ging kurz vor Ende des ersten Akts zum Theater. Während der Pause schlich ich mich hinein und gab vor, meine Unterbrechungs-Marke verloren zu haben. Mit etwas Glück fand ich noch einen guten leeren Platz.

Als Herausgeber des *Student* hatte ich außerdem das Privileg, *ex officio* zu einer interuniversitären Konferenz in St. Andrews eingeladen zu werden. Es war eine größere Sache. Der Champagner floß wie Wasser, und die meisten waren schließlich herrlich besoffen. Wir alle hielten Walter Elliott, einen der Delegierten aus Glasgow, für den brillantesten Redner der Konferenz. Warum aber so ein liebenswerter, guter Mann später ein Konservativer und Minister in einer solchen Regierung wurde, ist mir ein Rätsel.

Der S. R. C. (Student's Representative Council) gewährte mir einen kleinen Zuschuß für meine Unkosten bei der Konferenz. Die Summe genügte nicht, und ich bat um ein weiteres Pfund. Aber Walker, der Sekretär, putzte mich tüchtig herunter: «Kein anderer Herausgeber hat je mehr verlangt als den zugeteilten Betrag», sagte er, und ich stand stumm da. Ich schämte mich meiner Armut und haßte den Mann. Er lebte im Wohlstand und betrachtete mich, als wäre ich etwas, das die Katze ins Haus geschleift hatte. Meine Vorgänger auf dem Stuhl des Herausgebers waren Gentlemen gewesen; das schien er mir klarmachen zu wollen. Ich war wütend und schuldbewußt zugleich.

Als Herausgeber ohne Geld mußte ich mehr ausgeben, als ich mir leisten konnte. Ich wurde zu allen Universitätsessen eingeladen, und obwohl es die umsonst gab, gingen die kleinen Auslagen für Garderobentrinkgeld, Hemdwäscherei und so weiter über meine Möglichkeiten. Dieser Umstand besserte sich, als mir ein ehemaliger Herausgeber sagte, ich sollte doch die Bücher verkaufen, die ich zur Besprechung erhielt. Das tat ich und erzielte dabei den halben Ladenpreis. Doch auch hier taten sich Schwierigkeiten auf, denn meine Medizinerfreunde baten mich immer wieder um das Privileg, kostspielige medizinische Werke rezensieren zu dürfen. Oft wies ich sie zurück und schrieb die Rezensionen selbst; ich studierte das Inhaltsverzeichnis und schrieb ganz passable Rezensionen zusammen, obwohl ich von Medizin nicht die Bohne verstand. Wenn ein Buch herauskam, das ich gern haben wollte, schrieb ich dem Verleger Wunderdinge über die Verbreitung und den Einfluß des *Student*, und in neun von zehn Fällen schickten die Verlage das Buch.

Ich weiß nicht mehr genau, wann ich zu schreiben begann, aber es muß einige Zeit, bevor ich Herausgeber wurde, gewesen sein. Zuerst schickte ich Zeichnungen und Karikaturen ein – scheußliches Zeug, das mich erröten läßt, wenn ich daran denke; damals zeichnete ich genauso fürchterlich wie heute. Dann riet mir ein Student, dem *Glasgow Herald* eine komische literarische Skizze zu schicken. Ich tat, wie mir geheißen, und ein paar Tage später fand ich den Text morgens in der Zeitung wieder. Das war wohl einer der ekstatischsten Augenblicke meines Lebens: zum erstenmal gedruckt! Es schien unglaublich, wunderbar, glorreich; den ganzen Tag ging ich wie auf Wolken. Später schickte ich weitere Skizzen ein und erhielt für jede, die gedruckt wurde, 14 Shilling.

Damals etwa freundete ich mich mit einem Mädchen aus meinem Englischkurs an. Es war eine platonische Freundschaft, die lange anhielt. Auf unseren langen Spaziergängen sprachen May und ich hauptsächlich über uns selbst; in den Ferien schrieben wir uns lange Briefe – über dasselbe Thema, fürchte ich. Sie war ein kluges Mädchen; sie ermunterte mich zum Prosaschreiben und half mir, ein Selbstvertrauen zu gewinnen, das mir fehlte. Jetzt sehe ich, daß ich ihre Freundschaft mißbrauchte. Ich benutzte sie, um meinem Ego zu schmeicheln, denn sie glaubte an mich, und das verhalf mir zu dem, was ich brauchte. Wenn ich auf diese Freundschaft zurückblicke, weht mich ein Gefühl der Zärtlichkeit an.

Wir beide waren Snobs, aber merkwürdigerweise war es gerade das, was uns schließlich trennte. Sie hatte aristokratische Freunde und hielt sich oft auf deren Landsitzen auf. Sie brachte etwas von dem Glanz der feinen Leute in mein Leben, doch gleichzeitig bemerkte ich, wie meine Ablehnung gegen diese feinen Leute wuchs. May hatte ausgeprägte Ansichten darüber, was sich gehörte und was nicht, und ich rebellierte, als sie von mir erwartete, daß ich die gleichen Manieren an den Tag legte wie ihre reichen Freunde. Im Grunde war sie das, was wir heute faschistisch nennen würden, während ich im Grunde Sozialist war. Sie blieb ein ausgemachter konformistischer Snob, während ich ein Snob mit negativen Vorzeichen wurde. Sie kritisierte einzelne Menschen, akzeptierte aber die Gesellschaft ohne Vorbehalte, während ich die Gesellschaft kritisierte und den einzelnen als das akzeptieren konnte, was er war. Ich mochte ihren Humor, und wir lachten über dieselben Dinge (außer über Manieren). Wir täuschten uns nicht darüber hinweg, daß sie meine freigebige Lady war, die sich eines sehr ungehobelten jungen Burschen angenommen hatte, der es, bei einiger Ermunterung, vielleicht noch zu etwas bringen würde. Ich hatte, soweit ich mich erinnere, ein wenig Angst vor ihr, aber sie war ein guter Kerl und jemand, mit dem ich mich immer wirklich gern wieder traf.

Vielleicht ist es hier ganz interessant, meine Entwicklung der von Willie gegenüberzustellen, da er mein Leben schon früh so stark beeinflußt hatte. Er trieb später nach rechts, während ich nach und nach eine eher linke Haltung einnahm, was Politik und anderes betraf. Schon als wir noch Buben waren, gab es einen großen Unterschied zwischen uns. Er entwickelte sich sehr früh; mit drei las er die Bibel, und mit sechzehn ging er auf die Universität. Ich dagegen schien unglaublich langsam voranzukommen. Zwar war ich achtundzwanzig, als ich den *Student* herausgab, doch hätten meine Leitartikel ebenso von einem Vierzehnjährigen geschrieben worden sein können. Ihre Infantilität ist beklagenswert, und ihre Arroganz ist ... *komisch* ist vielleicht das beste Wort dafür. Als Herausgeber litt ich furchtbar darunter, daß ich die einzige Autorität darstellte. Es bestand keinerlei Notwendigkeit, irgend jemanden um Rat zu fragen, und so ließ ich meine Enten flattern – in dem Glauben, sie seien Schwäne. Einige meiner Freunde bezeichneten bestimmte Artikel als Mist, aber, leider, erst nachdem sie veröffentlicht waren. Trotzdem war das Herausgeben der Studentenzeitschrift in gewisser Weise eine gute Lehre. Ich lernte, den Raum einzuteilen, Korrektur zu lesen, und ich lernte viel über die technischen Abläufe. Meine Stellung verschaffte mir einen gewissen Respekt bei den Studenten, und bei Veranstaltungen lernte ich interessante Leute kennen. Nach einem großen Bankett half ich einem der besten Chirurgen von Edinburgh nach Hause; das heißt, ich trug ihn mehr oder weniger. Vor seiner Haustür raffte er sich zusammen und sagte mit schwerer Zunge: «Junger Mann, ich bin zwar randvoll, aber wenn jetzt jemand käme und mir sagte, ich müßte operieren, dann würde ich ohne weiteres einen Appendix herausschneiden – mit einer Hand, so ruhig wie ein Felsen.» Ich hatte nie den Schatten eines Zweifels, daß er die Wahrheit sprach.

Als wieder einmal Sommerferien waren, verliebte ich mich in Beatrice. Wir waren erst im Himmel und dann in der Hölle, und ich weiß jetzt, daß für die Hölle Clunie verantwortlich war. Ohne daß es mir bewußt war, verglich ich jedes Mädchen mit Clunie; ohne daß es ihr bewußt war, haßte sie jedes Mädchen, das ich liebte. Sie lobte sie und machte mich dabei gerissen auf ihre Nachteile aufmerksam. So verlor ich Beatrice, die Gute, die Sanfte, weil ich – ohne es zu wissen – das Ideal suchte, das die sündige Auffassung meiner Mutter von geschlechtlichen Dingen mir aufgezwungen hatte. Natürlich war es das nicht allein. Meine eine Hälfte wollte Beatrice vom Fleck weg heiraten; die andere Hälfte schrie: «Warte! Binde dich nicht, bevor du Karriere gemacht hast!» Ich wurde hin und her gerissen – hier die Frau, dort der Ehrgeiz –, was an den Sprüchen meiner Mutter gelegen haben mag: «Die Ehe behindert einen Mann, weil sie ihn zwingt, an Brot und Butter zu denken.» Während ich noch überlegte und schwankte, ging die praktische Beatrice davon und heiratete einen anderen.

Ich könnte nicht ehrlich sagen, daß meine vier Jahre in Edinburgh sehr glücklich gewesen wären. Ich fahre heute immer nur widerwillig und ohne jedes Interesse in diese Stadt. Dabei ist sie schön – schöner vielleicht als jede andere Stadt, die ich gesehen habe. Trotzdem, für mich bleibt Edinburgh eine tote Stadt, provinziell und pompös. Das Universitätsleben hatte keinen oder nur sehr wenig Gruppengeist. Wir lebten alle auf unseren Buden. Der einzige Treffpunkt war die *Union*, und Tausende waren noch nicht einmal dort Mitglied. Man konnte in Edinburgh einen akademischen Grad erwerben, ohne je mit einem einzigen Studenten gesprochen zu haben. Und genauso schienen es manche Studenten tatsächlich zu halten.

Auch in der Studentenverbindung ging es ziemlich kleingeistig zu. Viele Studenten kamen aus den Kolonien, um Medizin hier zu studieren, und brachten ihre tierische kolonialistische Einstellung gegen den

«Nigger» mit. In Edinburgh studierten viele farbige Studenten, und wegen der weißen Studenten aus den Kolonien wurden sie alle Nigger genannt. Als ich eines Tages mit einem Ägypter zu Mittag aß (es hieß, er sei ein Prinz), entfernten sich zwei Südafrikaner hastig vom Tisch. Wenn die ausgebeuteten Eingeborenenvölker sich schließlich erheben, um ihre Ketten abzuwerfen, werden nicht wenige ihrer führenden Leute ihre Kraft aus der abscheulichen Behandlung der «Nigger» an englischen und schottischen Universitäten schöpfen.

Meine Abschlußexamina standen bevor. In meinem letzten Jahr hatte ich all meine Zeit und mein ganzes Interesse dem *Student* gewidmet und rechnete daher mit sehr schlechten Noten. Ich rechnete sogar mit dem Schlimmsten, mit einer Drei als Gesamtnote. Doch dann ließ es sich gar nicht so schlecht an, und am Ende der Woche wagte ich sogar auf eine Eins zu hoffen – trotz meiner zugegebenermaßen schwachen Leistungen in Angelsächsisch und Mittelenglisch. Ich schaffte es mit einer Zwei und war sehr froh. So wurde ich folgerichtig zum Master of Arts gekrönt; aber inzwischen war ich, so traurig das ist, nicht mehr übermäßig stolz darauf. Im Leben kommt alles zu spät, sagt man. Ob das nun stimmt oder nicht – auf meine akademische Würde traf es zweifellos zu. Wie Robert Louis Stevenson sagt: «Mit Hoffnung reisen ist ein besser Ding denn anzukommen.» Der M. A., einst ein glitzernder Gipfel, war zum unbedeutenden Hügel zusammengeschrumpft, von dessen Höhe ich einen weiten Ausblick auf ferne, erhabene und vielleicht unbezwingbare Gipfel hatte – Arbeit, Ruhm, vielleicht der Tod. Weniger blumig ausgedrückt: ich hatte meinen akademischen Grad und wußte nicht, was ich damit anfangen sollte. Ich wußte nur das eine: *Ich wollte kein Lehrer werden.* Der Gedanke, ich sollte mein Leben als Englisch-Pauker an irgendeiner zweitrangigen Provinzoberschule oder Akademie hinbringen, machte mich schaudern. Nein, das Lehramt würde meine letzte Zuflucht sein, wenn alle anderen Stricke rissen.

London

Meine Zukunft lag im Journalismus, und ich studierte die Stellenangebote in den Zeitungen. Ich schrieb ein paar Bewerbungen, bekam aber keine Antwort darauf. Dann sagte R. Scott Stevenson, der später im West End Hals-, Nasen- und Ohrenarzt wurde, er könne mir bei T. C. & E. C. Jacks, dem Verlag in Edinburgh, Arbeit verschaffen. Ich sollte als Redakteur an einer einbändigen Enzyklopädie mitarbeiten, die etwas umfangreicher angelegt war als die Encyclopaedia Britannica. Der Chefredakteur war H. C. O'Neill. Die Sache erwies sich als lausiger Job. Die Hälfte der Beiträge stammte von Geistlichen mit unleserlicher Handschrift. War der Text doch einmal lesbar, dann war er zu lang. Oft mußten wir das Zeug in den Papierkorb werfen und das Ganze neu schreiben. Auf diese Weise schrieb ich zum Beispiel den Artikel über den Panamakanal, wobei ich natürlich aus anderen Konversationslexika abschrieb. In einer Hinsicht war diese Arbeit sehr nützlich für mich: sie stattete mich mit Furcht vor überflüssigen Worten aus.

Ich saß ungefähr ein Jahr an dieser Arbeit, als O'Neill die Firma überredete, die Lexikonredaktion nach London zu verlegen. Nachdem ich 29 Jahre alt geworden war, ohne die Grenzen Schottlands überschritten zu haben, fand ich den Gedanken, nach London zu gehen, ebenso wunderbar wie zwingend: waren nicht auch Barrie und geringere schottische Schriftsteller südwärts gezogen, um Geld zu verdienen und sich einen Namen zu machen? Ich zählte die Tage bis zu meiner Abreise, aber wie so oft im Leben passierte im letzten Augenblick etwas, das meine Begeisterung und meine Hoffnungen dämpfte: meine Mutter wurde sehr krank. Da ich jetzt ein kleines, aber geregeltes Einkommen hatte, sorgte ich dafür, daß sie in eine Privatklinik kam, damit die störenden Gallensteine entfernt werden konnten. Meine Hoffnungen wandten sich nach Süden, aber meine Ängste blieben im Norden, in der Klinik. Ich blieb gerade so lange, daß ich sie nach der Operation noch sehen konnte – es ging ihr schlecht, aber sie lebte –, und brach dann entschieden erleichtert auf.

Ich weiß nicht mehr, wie ich aussah, als ich an einem Sonntagmorgen gegen Ende des Jahres 1912 auf dem Bahnhof King's Cross ankam, aber mir war zumute wie dem enttäuschten Cortés bei Keats: *«Silent, upon a peak in Darien.»* Dies war also London, der Mittelpunkt des Lebens und all dessen, was das Leben lebenswert machte. Ich ging zum Strand und zur Fleet Street. Gebannt sah ich mich um, und ich bemühte mich heftig, eine leichte Enttäuschung zu unterdrücken. Beide Straßen wirkten unbedeutender, als ich sie mir vorgestellt hatte, weniger malerisch als der Strand, der auf dem Umschlag des *Strand Magazine* so farbenprächtig abgebildet war. Aber was bedeuteten Namen! Warte, sagte ich mir, bis du die großen Männer siehst, die die britische Presse machen. In den folgenden Wochen wanderte ich während der Mittagspause oft von Long Acre zur Fleet Street, um die großen Männer zu betrachten. Doch nie sah ich jemanden, der wichtiger aussah als ein Laufbursche, und das gab mir zu denken.

Dorothy, eine befreundete Schauspielerin, die ich in Edinburgh kennengelernt hatte, wohnte in Hammersmith; dort sah ich mich nach einer Bleibe um. Dorothy war die einzige Menschenseele, die ich in London kannte, aber auch sie verließ nach einer Woche London, um wieder auf Tournee zu gehen, und so nützte es mir nicht viel, daß ich in Hammersmith wohnte, wenn auch ihre Mutter sehr nett zu mir war. Zum erstenmal in meinem Leben lernte ich, wie wahr der banale Satz ist, daß ein Mensch in einer Menschenmenge am einsamsten sein kann. Nach der Arbeit hatte ich niemanden, mit dem ich hätte sprechen können. Am schlimmsten waren die Wochenenden. Wenn ich hinausfuhr, um beispielsweise Harrow oder Windsor zu besichtigen, sah ich vergnügte Grüppchen, die auf einladenden Rasenflächen Tennis spielten, oder ich hörte abends, wie in Vorortvillen Klavier gespielt wurde, während ich auf der Straße stand und mich einsam fühlte. Manchmal überkam mich ein wahnsinniges Verlangen, einfach zu einem solchen Grüppchen auf einem Rasen hinzugehen und zu sagen: «Laßt mich bei euch sitzen und euch beim Spiel zusehen. Ich bin so verdammt einsam.» Ich machte es mir zur Gewohnheit, in Richmond ein Boot zu mieten und stromaufwärts zu rudern. Da ich nie zuvor Ruderboot gefahren war, mußte ich eine peinvolle Lehrzeit durchmachen und errötete nur zu oft, wenn die Insassen sorgfältig gefirnißter Boote mir Beleidigungen zuriefen, weil ich sie gestreift hatte. An manchen grauen, windigen Tagen war mein Boot das einzige Gefährt auf dem Fluß.

Doch ich hatte keine Angst, obwohl ich nicht schwimmen konnte. Nur einmal hatte ich Angst: als Neilie mir während eines London-Aufenthalts beim Rudern Gesellschaft leistete. Ich bin zwar manchmal nervös, wenn ich neben bestimmten Fahrern im Auto sitze – welcher Autofahrer ist das nicht –, aber ich hatte noch nie Angst, wenn ich selbst Auto fuhr. Angst, die in Aktion umgesetzt wird, ist keine Angst mehr. Wenn ich an sonnigen Tagen auf dem Fluß war, verwünschte ich mich, daß ich überhaupt gekommen war: der Anblick von Booten, auf denen muntere Fêten gefeiert wurden, von Kähnen voller hübscher Mädchen, die unter Sonnenschirmen lagen, während junge Männer die Kähne den Fluß entlang stakten – dies alles machte mir meine Einsamkeit fast unerträglich. Manchmal unternahm ich lange Spaziergänge und hoffte, daß etwas geschehen möge – irgendein Wunder –, kehrte aber immer enttäuscht zu meiner Bleibe zurück. Gott, und die war auch langweilig!

Eines Sonntagabends in Uxbridge, als mir ganz besonders elend zumute war, sah ich ein attraktives Mädchen in einen Roman vertieft auf einer Bank sitzen. Ich setzte mich ziemlich nervös zu ihr. Ich wußte, daß ich jetzt etwas sagen würde, und hatte Angst davor, daß sie mich abweisen würde. Eine Zeitlang saß ich so da und spähte verstohlen zu ihr hinüber. Sie schien sich noch mehr in ihr Buch zu vertiefen. «Wollen wir uns unterhalten?» sagte ich plötzlich. «Ich bin so verdammt einsam.»

Sie warf mir einen kalten, ängstlichen Blick zu, murmelte etwas davon, daß sie mich nicht kenne, und versenkte sich noch tiefer in ihren Roman. Plötzlich fühlte ich, wie eine Welle des Zorns mich überflutete. «Herrgott noch mal, Frau», rief ich, «da sitzen Sie hier und lesen eine dämliche Geschichte, und wenn die Gelegenheit für eine echte Romanze auftaucht, ziehen Sie sich zurück mit einem Blick, als wollten Sie sagen: ‹Wir sind einander noch nicht vorgestellt!›» Einen Augenblick oder auch etwas länger starrte sie mich an. Dann fing sie an zu weinen.

«So bin ich aber erzogen worden», antwortete sie kläglich. Ich wußte nicht, was ich darauf sagen sollte, denn ich sah jetzt, daß das arme Kind genauso einsam gewesen sein mußte wie ich. Wir unterhielten uns eine Zeitlang unbeholfen, aber sie hatte nicht viel vorzubringen und war, so dachte ich, nicht sehr gebildet. Unsere Romanze dauerte etwa fünf Minuten, und dann sagte das Mädchen, sie müsse jetzt gehen.

Doch gab es in dieser einsamen Zeit auch erfreuliche Zwischenspiele. Als Dorothy von ihrer Tournee zurückkam, nahm ihr Freund uns in seinem Wagen mit – oh, wie war er stolz, wenn es ihm gelang, auf der Landstraße nach Windsor 40 Meilen auf den Tacho zu bringen. Manchmal ruderten wir flußaufwärts, und sie wollten mich immer dabeihaben – als den willkommenen Anstandswauwau. Wir waren schon ein lustiges Trio. Ich höre noch Dorothys silberhelles Lachen, wenn ich beim Staken das Gleichgewicht verlor und beinahe ins Wasser fiel. Manchmal brachte sie eine ihrer Schauspielerfreundinnen mit. Ich fand heraus, daß eine Theatergruppe hauptsächlich aus sehr konventionellen, ehrgeizigen Mädchen der Mittelklasse bestand, von denen viele Geld nach Hause schickten, um ihre Familie zu unterstützen. Man kam gut mit ihnen aus, aber sie hatten so wenige Interessen: «die Show» und was Bert gesagt hatte und wie toll der Regisseur war. Dorothy erzählte in ihrer neckischen Art ihren Freundinnen immer wieder, ich sei ein wahnsinnig gescheiter Bursche – ein M. A. Ich weiß nicht, was der Witz dahinter war – möglicherweise der Spaß, den sie hatte, wenn ihre Freundinnen mich anstarrten, als wäre ich kein menschliches Wesen. Auf jeden Fall schienen ihnen die beiden magischen Buchstaben einen Schrecken einzujagen. Sie entschuldigten sich immer sofort bei mir für ihre mangelhafte Bildung.

An gewöhnlichen Arbeitstagen teilte ich meine Zeit zwischen Long Acre und dem British Museum auf. Die Enzyklopädie war inzwischen fertiggestellt und veröffentlicht, und man forderte mich auf, den Teil «Englische Sprache und Literatur» eines populär gehaltenen Nachschlagewerks zu schreiben, das der Verlag Jacks herausbringen wollte. Als ich die Arbeit abgeschlossen hatte und schon fürchtete, ich würde meinen Posten verlieren, übernahm ich den mathematischen Teil. Danach schrieb ich den Teil über Zeichenkunst und fertigte selbst die Illustrationen an, die glücklicherweise jedoch nie das Licht einer Buchhandlung erblickten, denn O'Neill beschloß in seiner Weisheit, dieses Thema auszusparen. Schließlich blieb für mich nichts mehr zu schreiben übrig, und ich war stellungslos. Ich machte mir Sorgen. Das einzige, was ich nicht wollte, war: nach Schottland zurückkehren und – eine andere Arbeitsmöglichkeit gab es dort nicht – Lehrer werden.

Inzwischen war Neilie nach London gekommen, und wir schlugen unsere Zelte bei J. B. Salmond auf, dem späteren Herausgeber des *Scots Magazine*. Er arbeitete damals im Fleetway House, und unsere Wohnung war stets voller lustiger Zecher von der Northcliffe Press. Immer wieder sagten sie mir, wenn ich eine wöchentlich erscheinende Fortsetzungsgeschichte für Waschfrauen schreiben könnte, würden sie mir 500 Pfund im Jahr garantieren. Unglücklicherweise endeten alle meine Bemühungen, eine solche Geschichte zu schreiben, in obszönem Gelächter, wenn Salmond die Ergebnisse laut vorlas.

Als wir nach Ablauf der Mietzeit aus dieser Wohnung ausziehen mußten, probierten Neilie und ich die verschiedensten Bleiben aus und fanden sie alle fürchterlich. Inzwischen machte mir meine Gesundheit zu schaffen, und es ging mir alles andere als gut. Die mangelhafte Verpflegung in meiner Universitätszeit, dann das ungenügende Essen in meinen Londoner Buden und die wenig nahrhaften Gasthausmahlzeiten und schließlich die bequeme Sardinen-und-Lachs-in-Dosen-Kost in unserer Wohnung – das alles wirkte sich nachteilig aus, und der Mangel an sportlicher Betätigung trug auch nicht gerade zur Besserung bei. Außerdem machte ich mir große Sorgen, weil die Drohung über mir schwebte, daß ich bei einem Scheidungsprozeß als Unterhaltspflichtiger vorgeladen würde. Diesem Schicksal entging ich möglicherweise deshalb, weil der wütende Gatte, ein bekannter Musiker, wußte, daß ich keinen roten Heller besaß.

Eines Nachts wachte ich mit einem scharfen Schmerz im Bein auf. Neilie, der Arzt, diagnostizierte eine Phlebitis: eine Venenentzündung. Ich war beunruhigt, denn ich wußte, daß eine solche Entzündung ein Blutgerinnsel verursachen konnte, und wenn sich ein noch so winziges Teilchen dieses Gerinnsels löste, konnte das einen sehr plötzlichen Tod bedeuten. Ich glaube, Neilie übertrieb diese Gefahr, um mich davon abzuhalten, daß ich am nächsten Tag zur Arbeit ging. Ich fuhr zum King Edward Hospital in Windsor, wo D. G. Watson, ein alter Freund von mir aus der Universitätszeit, als Chirurg arbeitete. Ich war schon oft dort draußen gewesen und kannte die Ärzte gut. Der Chirurg brachte an meiner Vene eine Ligatur an, damit sich das Gerinnsel nicht mehr bewegen konnte, und dann lag ich vierzehn Tage lang im Bett und hatte eine herrliche Zeit.

Nach meiner Genesung kehrte ich in die Stadt zurück und bewarb mich um einige Posten, die mir unter den Stellenanzeigen aufgefallen waren. Eine lautete folgendermaßen: «Künstlerischer Assistent für neue Zeitschrift gesucht. Fleet Street», und dazu eine Postfachnummer. Dies war ganz eindeutig kein Job für mich, aber da ich nichts zu verlieren hatte, setzte ich mich hin und schrieb in ziemlich frivolem Ton einen Bewerbungsbrief. Zu meinem Erstaunen erhielt ich ein paar Tage später mit der Morgenpost eine Antwort mit der Bitte, den Verleger des *Piccadilly Magazine*, 40 Fleet Street, aufzusuchen. Meine Überraschung war mit Beklemmungen gemischt: von Kunst verstand ich nichts. Trotzdem ging ich hin und stellte mich vor.

Vincent, der Herausgeber, nahm zwei Briefe in die Hand. «Dieser Brief», sagte er, «stammt von einem Menschen, der zehn Jahre als Art Director beim XY-Magazin gewesen ist. Und dieser stammt von dem Art Director des XYZ-Magazins – der Mann ist schon seit zwölf Jahren dort.»

Ich schluckte.

«Und Sie kriegen den Job», fuhr er fort.

Ich schnappte nach Luft und sagte: «Um Gottes willen, warum?»

«Weil», sagte er, «Ihr Brief der einzige war, der mich amüsiert hat. Wann können Sie anfangen?»

Ich nahm das Angebot für 150 Pfund im Jahr an.

Die Arbeit an dem gerade gegründeten Magazin machte mir viel Spaß, obwohl ich wegen meines Beines meinen Wochenlohn für Taxis ausgeben mußte. Es war meine Aufgabe, Kurzgeschichten zu lesen und diejenigen, die ich auswählte, an Vincent weiterzugeben. Wenn er einverstanden war, mußte ich für die Geschichte den richtigen Illustrator finden: Balliol Salmond, wenn es sich um eine Geschichte handelte, in der ein Mädchen in einem Boot vorkam, irgendeinen anderen, wenn in der Geschichte eine Schießerei vorkam; Harry Rountree, wenn es um Tiere ging. Und wenn ich eine Kurzgeschichte an den Agenten von H. G. Wells als ungeeignet zurückschickte, kam ich mir immer einige Zoll größer vor.

Außerdem gehörte es zu meinen Aufgaben, Leute zu interviewen. Einmal, als wir einen Artikel über das menschliche Verhalten von Pferden machten, ging ich zu Steve Donaghue, dem großen Jockei, um seine Ansichten zu erkunden. Er reagierte sehr freundlich, und als ich ihn verließ, gab er mir einen Tip für das nächste große Pferderennen. Als ich zur Nummer 40 in der Fleet Street zurückkam, erwartete mich die ganze Mannschaft auf der Schwelle. «Hat er dir einen Tip gegeben?» fragte jemand. Ich dachte einen Augenblick nach, und nannte dann den Namen des Pferdes – wie immer er gelautet haben mag. Alle rasten ins nächste Wettbüro, um ihr letztes Hemd auf dieses Pferd zu setzen. Mich amüsierte das, denn von Pferden und Pferdewetten verstand ich nicht die Bohne. Das Pferd ging entweder als letztes oder als vorletztes durchs Ziel.

Mein Interview mit einem Boxer, der unter dem Namen Bombardier Wells bekannt war, gestaltete sich schwierig. Man hatte sich für die erste Ausgabe des Magazins folgenden Aufhänger ausgedacht: *Soll der knockout abgeschafft werden?* Fröhlich machte ich mich auf den Weg, um Billy Wells zu befragen. Aber draußen auf der Straße fiel mir plötzlich ein, daß Billy selbst am Vorabend ausgeknockt worden war. Als mich schließlich ein Mann in einem schmutzigen Pullover zu ihm führte, kam ich mir so klein vor wie nie zuvor in meinem Leben – und zwar buchstäblich. Billy überragte mich um einiges, und seine Hand quetschte beim Händedruck die meine so sehr, daß ich beinahe laut aufgejault hätte. Zitternd stellte ich schließlich die peinliche Frage, aber er nahm sie recht gut auf, und wir hatten eine interessante Plauderei miteinander.

Der Erste Weltkrieg

Die erste Ausgabe des *Piccadilly Magazine* sollte Ende August 1914 herauskommen. Einer der Artikel, mit vielen Fotografien illustriert, hieß «Der Kronprinz, die wahre deutsche Gefahr». Aber die Schüsse von Sarajevo töteten – unter anderem – auch das knospende *Piccadilly Magazine*. Es ist niemals erschienen.

Ich wohnte vorübergehend bei meinem Freund Watson, dem Arzt in Windsor, als der Krieg ausbrach, und ich weiß noch, wie wir – beide Sozialisten – die ganze Nacht lang aufblieben und redeten, während die Soldaten der Life Guard ringsum immer wieder in Hochrufe ausbrachen. Er sagte: «Oh, diese Narren, diese verdammten Narren. Begreifen sie denn nicht, daß das ihren Tod bedeutet? Und den Tod von fast allem, was wir lieben?»

In jener Zeit hatte ich mich in Westminster der Labour Party angeschlossen, und wir trafen uns in einem kleinen Raum irgendwo in der Nähe von St. James's, um miteinander zu sprechen und eine neue Welt zu planen. Unter den Rednern, die neben mir im Park auf Seifenkisten standen, waren zwei, die ich schon von der Universität her kannte. Der eine wurde später Arzt bei der städtischen Polizei, der andere Arzt in der Harley Street – beide waren sicherlich ihr Leben lang Tories.

Im Leben jedes Menschen gibt es Augenblicke, auf die er mit plötzlichem Schamgefühl zurücksieht. Man sagt sich dann: «Oh, was für ein verdammter Schwachkopf war ich damals!» So ungefähr ist mir heute zumute, wenn ich an meine Seifenkistenreden zurückdenke. Meine Unwissenheit, was Politik und Ökonomie betraf, war gründlich. Also kann ich nur vermuten, daß mein Selbstvertrauen ziemlich robust war. Bei einer Gelegenheit erwähnte ich törichterweise das Hauptpostamt als leuchtendes Beispiel für den Sozialismus. Daraufhin wurde ich von einem Briefträger niedergeschlagen. Er zog mich wieder hoch, und dann schlug er so lange auf mich ein, bis ich – politisch – ohnmächtig und tot war. Auf diese Weise wurde mir gründlich eingebleut, wie die Post intern funktionierte.

Weder Watson noch ich wußten, was die wirklichen Ursachen des Krieges waren. Auf unseren früheren Versammlungen hatten wir manchmal über die Chancen gesprochen, Kriege von Anfang an zu vermeiden, wenn die internationale Arbeiterklasse sich weigerte, Schiffe zu beladen oder Granaten zu drehen. Wie die meisten anderen Leute, so hatten auch wir nur vage Vorstellungen von der ganzen Sache, und das einzige, worin wir uns wirklich einig waren, war, daß Deutschland es nicht anders gewollt und nicht anders verdient hatte. Wir sprachen darüber, was wir nun tun sollten. Watson wollte sich sofort als Arzt freiwillig melden, und ich sagte, wenig begeistert, daß ich mit meinem akademischen Grad mühelos ein Offizierspatent haben könnte. «Kein Gedanke», sagte Watson, «mit deinem Bein. Du brauchst sechs Monate Erholung, mein Alter, und bis dahin ist der Krieg längst vorbei.»

Watson ging an ein Kriegslazarett in Frankreich, doch die Monotonie wurde ihm bald zu langweilig, und so meldete er sich freiwillig zum Einsatz bei einem Regiment – und erlag seinen Verwundungen. Er war einer der nettesten Kerle, die ich je kennenlernte: klug, lebhaft und mit einem unvergleichlichen Sinn für Humor. Wir waren schon lange miteinander befreundet gewesen, als uns endlich klar wurde, daß unsere Väter als Referendare an derselben Schule unterrichtet hatten.

Verstört fuhr ich nach Kingsmuir zurück. Ich hatte das Gefühl, wirklich einrücken zu sollen, und wollte möglichst zur Artillerie, meiner lahmen Füße wegen. Die Aussagen von Watson und einem anderen Arzt, daß ich dazu gesundheitlich nicht in der Lage sein würde, unterstützten dagegen meine Feigheit. Nach ein paar Wochen bewarb ich mich um den Posten des stellvertretenden Schulleiters von Gretna Green. Ich bekam die Stelle. Als ich in Gretna Green ankam, erfuhr ich, daß der eigentliche Schulleiter, ein ausgesprochener *he-man*, beim K.O.S.B. Dienst tat (K.O.S.B. steht für The King's Own Scottish Borderers). Trotzdem hatte ich kein schlechtes Gewissen. Mein krankes Bein war geschwollen, aber eher empfindungslos, als daß es schmerzte, und ich nehme an, es war das, was man heute einen psychisch bedingten Zustand nennen würde – ich schützte mich damit vor dem Eintritt in die Armee.

Die Geschichte meines Aufenthalts in Gretna Green habe ich – mehr oder weniger wahrheitsgetreu – in meinem ersten Buch erzählt: *A Dominie's Log*. Mein zweites Buch hingegen, *A Dominie Dismissed* war pure Fiktion. Ich habe es später während meines Militärdienstes geschrieben.

Mich nach der Fleet Street dem geruhsamen Dorfleben anzupassen, fiel mir nicht leicht. Ich hatte ein Zimmer in einem kleinen Häuschen, und wenn meine Wirtin abends die Paraffinlampe hereinbrachte und vor dem schmalen Fenster das Rouleau herunterzog, fühlte ich mich von der übrigen Welt völlig abgeschnitten. Charakteristisch für den Abgrund, der zwischen Gretna Green und London lag, war die Mißbilligung, mit der meine Wirtin den sonntäglichen Gebrauch von Schreibmaschinen quittierte. Ich glaube, mit dem Bücherschreiben fing ich an, um nicht einem sanften Wahnsinn anheimzufallen.

Es klingt absurd, daß ein Mann, der später als pädagogischer Ketzer bekannt wurde, die Laufbahn des Lehrers einschlug, weil er im Journalismus scheiterte und fürs Militär nicht genügend Mut hatte. Trotzdem machte ich mir in Gretna Green zum erstenmal Gedanken über Erziehungsfragen. Mein Vorgänger hatte streng auf Disziplin geachtet, und ich fand eine stille, gehorsame Schule vor; doch ich wußte, daß die größeren Jungen mich scharf beobachteten, um herauszukriegen, wie weit sie gehen konnten. Ich setzte mein strengstes Gesicht auf und starrte sie an, und am zweiten Tage, als mich der größte von ihnen mit einer einigermaßen unverschämten Antwort provozieren wollte, zog ich ihm eins mit dem Riemen über. Damals ließ ich mich noch von dem alten Spruch des Lehrerstandes leiten: Zeig ihnen gleich, daß du der Herr bist.

Es wäre töricht, zu behaupten, ich hätte, wenn ich gewollt hätte, auch als klassischer Pauker weiterarbeiten können, denn das hätte ich selbst niemals fertiggebracht. Nach und nach merkten die Kinder, daß meine Disziplin der reinste Bluff war und daß es mir nicht das geringste ausmachte, ob sie etwas lernten oder nicht. Aus der stillen Schule wurde ein Gartenlokal voller Lärm und Gelächter. Aber wir hielten die üblichen Unterrichtsstunden ab, und sie lernten vermutlich nicht weniger, als wenn sie Angst vor mir gehabt hätten. Einerlei, jedenfalls fand ich es ziemlich nutzlos, Kindern die Geographie Indiens beizubringen, wenn sie dann doch nur auf die Bauernhöfe gingen.

Die Mitglieder des Beirats der Schule kümmerten sich nicht weiter darum, was ich trieb. Einige wurden sogar persönliche Freunde von mir. Stafford, der Geistliche, Dick MacDougall, der Schriftführer, und ihre Frauen waren sehr gütig zu mir. Und nach allgemeiner Ansicht der Dorfbewohner war ich ein recht netter Kerl, aber natürlich ein bißchen verrückt. Zu meinem Entsetzen mußte ich feststellen, daß ich nur allzu schnell verbauerte und verspießerte; ich fing an, mich für den Dorfklatsch zu interessieren, und verrenkte mir den Hals, nur um zu sehen, in welches Haus der Doktor ging. Um den Kontakt zur Welt und ihren Ereignissen nicht ganz zu verlieren, ließ ich mir wöchentlich *The Nation* und *The New Age* per Post zuschicken.

An einem sonnigen Maimorgen ereignete sich ganz in der Nähe meiner Bleibe ein schreckliches Eisenbahnunglück – es handelte sich um einen Truppentransportzug. Als meine Wirtin mich weckte und mir von einem fürchterlichen Krachen berichtete, sprang ich sofort auf mein Rad und fuhr los. Das Bild, das sich mir bot, erinnerte an einen Stummfilm. Die einzigen Geräusche waren das Zischen der Lokomotiven und das Knallen von explodierenden Patronen, während das Feuer die Trümmer entlangkroch. Überall lagen Männer – Tote und Sterbende. Ein Soldat, dem beide Beine abgerissen waren, bat mich um eine Zigarette und grinste, als ich sie ihm anzündete. «Was macht's, ob ich sie hier oder in Frankreich verliere», sagte er leichthin. Er starb, bevor er die Zigarette zu Ende geraucht hatte.

Mir erschien das alles so unwirklich – wie ein Traum. Ich half ein paar Leuten, die versuchten, einen Soldaten unter einer der Lokomotiven hervorzuziehen. Während wir uns abmühten, sagte einer zu mir: «Sie fürchten, daß die Lokomotive jeden Augenblick explodiert.» Aber nach einem flüchtigen, besorgten Blick auf den zischenden Dampf dachte ich nicht mehr darüber nach. Die Stille dieses Morgens war unfaßlich. Kaum einer der Verletzten stöhnte, und wenn ein Sterbender aufschrie, war es fast immer ein Ruf nach seiner Mutter. Unter den Verletzten waren auch Frauen und Kinder, aber auch von ihnen hörte man weder Schreie noch Schluchzen. Es hieß, die Offiziere hätten einige der Männer, die hoffnungslos unter den brennenden Trümmern eingeklemmt lagen, erschossen. Ich habe nie erfahren, ob das stimmt, aber ich hoffe es fast.

Was mich an jenem Morgen so stark erschütterte, war die Tatsache, daß ich nichts empfand, nicht einmal Mitleid. Um mir selbst gegenüber gerecht zu sein, muß ich hinzufügen, daß ich natürlich die ganze Zeit damit beschäftigt war, den Verletzten zu helfen. Trotzdem beunruhigte mich dieser Mangel an Gefühl, und als ich spät am Abend im Pfarrhaus saß, sagte ich zu dem Geistlichen: «Ich muß der größte Egoist sein, den Gott je erschaffen hat: unfähig, anderen etwas zu geben, selbstsüchtig bis in die Knochen. Heute morgen an der Unglücksstelle bemerkte ich bei mir nicht die winzigste Andeutung einer Gefühlsregung. Ich war geradezu die personifizierte Gleichgültigkeit.»

Stafford starrte mich mit weit aufgerissenen Augen an. «Ich wollte Ihnen gerade genau das gleiche erzählen. Ich kam mir vor wie ein Ungeheuer, weil ich nichts empfand.» Anscheinend hatten wir unwillkürlich die nüchterne Haltung eingenommen, die Ärzte und Krankenschwestern haben müssen. So wie Angst in Tatkraft umschlägt, wenn man bei schwerem Wellengang ein Boot rudert, so kann man Schrekken und Mitleid unterdrücken, solange man anderen, die in Not sind, beisteht. Außerdem kann man völlig fremden Menschen gegenüber kein wirklich tiefes Mitgefühl empfinden.

Andererseits weiß ich noch, wie nahe mir der Tod eines meiner Schüler ging, der an jenem Morgen auf dem Weg zu der Unglücksstelle von einem Motorrad überfahren wurde. Am Abend bat mich seine Mutter, den toten Jungen noch einmal anzuschauen, und ich empfand wirklichen Schmerz. Auch konnte ich lebhaft mit dem Bahnwärter mitfühlen, dessen Irrtum das Unglück verursacht hatte: seine Söhne gingen bei mir in die Schule, und ich mochte sie gern und ihren Vater auch. Daß man ihn ins Gefängnis sperrte, war für mich eines der vielen Zeichen von Barbarei in unserem Justizwesen.

Eines Samstags fuhr ich nach Dumfries, um zum Militär zu gehen. Ich bin sicher, daß ich keinerlei Verlangen verspürte, Soldat zu werden, aber irgend etwas muß mich beeinflußt haben, sei es ein schlechtes Gewissen, nachdem ein Freund von mir gefallen war, oder, was ebenso wahrscheinlich ist, ein Erlaß, nach dem alle Männer im Rahmen des Derby-Plans* gemustert werden sollten. Ich wurde meines Beines wegen abgelehnt und erhielt eine Bescheinigung, daß ich für den Kriegsdienst für immer untauglich sei. Als ich das Gebäude verließ, fragte mich ein Sergeant, ob ich dem Derby-Plan beigetreten sei. Ich sagte, das käme für mich nicht in Frage, da ich als untauglich abgewie-

* Nach Edward George Derby, der als Kriegsminister später die allgemeine Wehrpflicht einführte.

sen worden sei. «Aber Sie kriegen doch eine halbe Krone, wenn Sie sich anschließen», sagte er. Als ich ihn fragte, wie das denn vor sich ginge, führte er mich zu einem Offizier, vor dem ich schwor, «meinem König und Vaterland» zu dienen, wenn ich dazu aufgerufen würde. Die halbe Krone gab ich dem Sergeant für seine Bemühungen. Hätte dieser Sergeant, der so scharf auf Geld war, bei mir nicht seine Chance gesehen, und hätte ich mich nicht auf diese Weise freiwillig gemeldet, dann hätte ich später, als alle untauglichen Männer erneut zur Musterung erscheinen mußten und ich für kriegstauglich erklärt wurde, die Schande erlebt, nicht Freiwilliger, sondern «Eingezogener» zu sein.

Auch in der Phantasie fällt es mir heute schwer, in meine Zeit in Gretna Green zurückzukehren. Ich bin jedes Jahr mindestens einmal durch das Dorf gefahren, aber nur ein einziges Mal hielt ich an – und bereute es. Zurückzugehen ist fast immer ein Fehler; alte Fäden lassen sich nicht leicht wieder aufgreifen. Ich erinnere mich verschwommen an angenehme Teestunden mit meinen Assistenten May, Christine und Bell; an die Hektik und das Chaos beim Bau der großen Munitionsfabrik und wie sich ein verschlafenes kleines Dorf in eine Stadt mit Kinos und Geschäften verwandelte. Es gab auch eine *love story* – die wieder einmal an der Clunie-Fixierung scheiterte.

Später, bei der Armee, fand ich einen Freund, mit dem ich fast immer zusammen war. Ein Jahr nach Kriegsende trafen wir uns zufällig in London wieder und freuten uns über das Wiedersehen. Wir verabredeten uns zum Essen und redeten ungefähr eine halbe Stunde lang über die alten Zeiten. «Erinnerst du dich noch an Tobby? An den Morgen, als er sich nicht rasiert hatte und der Sergeant...» Wir lachten ein bißchen. Und dann versiegte unsere Unterhaltung. Wir erkannten plötzlich beide, daß wir einander nichts mehr zu sagen hatten. Das Leben bei der Armee hatte uns zusammengebracht, weil wir uns beide auf militärische Sachen konzentrieren mußten; im Zivilleben aber hatten wir keine gemeinsamen Interessen. Es war ein trauriges Essen, und obwohl wir eine krampfhafte Fröhlichkeit an den Tag legten und einander versprachen, uns wieder zu treffen, wußten wir im Grunde unseres Herzens, daß es ein sinnloser Versuch war. Ich weiß heute: wenn jemand, der schon lange tot ist, jemand, den ich geliebt habe (sprich Clunie) plötzlich zurückkäme – wir könnten nicht da wieder anfangen, wo wir aufgehört haben.

Im Frühjahr 1917 wurden alle Männer, die aus gesundheitlichen Gründen zurückgestellt worden waren, erneut zur Musterung befohlen. Ein Arzt, den ich von der Universität her kannte, befand mich für kriegstauglich – A-1. Diese Musterung fand in Dumfries statt, und die Rekruten wurden noch am gleichen Abend nach Berwick am Tweed geschickt. Dort fragte man uns, in welches Regiment wir eingereiht werden wollten. Eingedenk meiner Füße sagte ich, ich wollte zur Artillerie. Der Sergeant sah mich an.

«Artillerie», sagte er und lachte dreckig. «He, Jungens, hier ist ein Kerl, der zur Artillerie will!» Dann fuhr er mich bissig an: «Du hast zwei Möglichkeiten, entweder King's Own Scottish Borderers oder Royal Scots Fusiliers.»

Ich fragte, wo die Ausbildungslager seien.

«K.O.S.B. in Catterick, R.S.F. in Greenock.»

Ich entschied mich für das R.S.F., einfach weil ich in Glasgow den Leuten, die ich kannte, näher war. Ich bekam einen Passierschein ausgestellt und wurde nach Ayr geschickt, wo sich das Rekrutierungslager des R.S.F. befand. Ein anderer Rekrut, der auch das R.S.F. gewählt hatte, riet mir, zwei Tage blau zu machen, bevor ich mich in Ayr meldete. Ich war zu ängstlich dazu, aber bald bereute ich, daß ich seinen Ratschlag nicht befolgt hatte, denn als ich zu der Kaserne in Ayr kam, stellte ich fest, daß mich niemand erwartete, und der Sergeant war sogar verärgert, daß ich an einem Samstagabend aufkreuzte. Mir fiel das Herz in die Hose: ich war das wandelnde Elend. Die Unhöflichkeit und Arroganz der Unteroffiziere, denen ich bisher begegnet war, und dazu das gefängnisähnliche Aussehen der Kaserne lösten in mir einen Haß auf das Militär aus, der mich nie verlassen hat. Man gab mir einen Matratzensack, und befahl mir, ihn mit Stroh zu füllen, und dann mußte ich mich, zusammen mit anderen Rekruten, an eine mühselige Arbeit machen – Betten herumschleppen. Am nächsten Tag bekam ich meine Uniform und gleichzeitig die ersten Instruktionen – von einem geistesabwesenden Corporal, der mit seinen Gedanken offensichtlich irgendwo anders war. Ein paar Tage später fuhren wir mit der Bahn zu dem Ausbildungslager Fort Matilda, zwischen Greenock und Gourock. Wir wurden geimpft und bekamen Spritzen verpaßt – eine ekelhafte Sache für mich –, und dann begann ernstlich unsere Ausbildung.

Wenn ich an das R.S.F. denke, stellen sich hauptsächlich zwei Assoziationen bei mir ein: Füße und Furcht. Meine Füße sind immer empfindlich gewesen, und selbst heute, wo ich speziell für mich angefertigte Schuhe trage, bekomme ich noch Blasen an den Zehen, wenn ich an einem heißen Tag ein größeres Stück zu Fuß gehe. Jahrelang hatte ich nur Halbschuhe getragen und nach einer Stunde Drill in Knobelbechern waren meine Knöchel fast rohes Fleisch. Ich meldete mich immer wieder krank, und obwohl ich gewöhnlich einen Verband tragen mußte, schien der Arzt es nicht für nötig zu halten, daß ich vom Dienst befreit wurde. Und jedesmal wieder mußte ich zur Parade antreten. Ein Corporal sagte zu mir: «He, du, lange Latte, wenn du nicht aufpaßt, fliegst du mit deinem Getue bald auf!» Er meinte, ich simulierte. «Du hast dich jetzt dreimal morgens krank gemeldet und hast jedesmal M. D. gekriegt.» M. D. hieß «Medicine on Duty». Ich kann mich nicht erinnern, daß ich Angst gehabt hätte, nach Frankreich zu kommen. Es war mir klar, daß man uns nach einigen Monaten Grundausbildung automatisch zum Ausgleich der Verluste in den Einsatz schicken würde. So seltsam das klingen mag, es machte mir nichts aus. Meine gesamte Angst konzentrierte sich auf den Corporal, der mir mein Leben wochenlang zur Hölle machte. Aus irgendeinem Grund konnte er mich von Anfang an nicht leiden, und wenn nach den Übungen irgendwelche unangenehmen Arbeiten zu verrichten waren, wählte er regelmäßig mich aus, wobei er mich gewöhnlich mit «Du alter Bastard» ansprach. Es hieß, er sei im Zivilleben Taxifahrer.

Eines Tages hielt er bei der Postverteilung plötzlich inne und beäugte kritisch einen Briefumschlag. «Gott im Himmel, wer zum Teufel ist denn das?» fragte er. «A. S. Neill, Esq., M. A. Autor von *A Dominie's Log*. Was zum Teufel ...» Bescheiden hob ich die Hand. Er riß den Mund auf und keuchte: «Sie sind ein M. A.? Mein Gott!» Was daraufhin geschah, war erstaunlich. Er zog mich nie mehr zu unangenehmen Arbeiten heran und hörte auf, mich zu tyrannisieren. Im Gegenteil, er behandelte mich so, als wäre ich der Colonel persönlich. Später lernte ich noch andere Unteroffiziere kennen, die mir gegenüber Minderwertigkeitsgefühle hatten: sie schämten sich ihres Mangels an Bildung.

Wir, das heißt zwanzig Mann und ein Unteroffizier, schliefen in einer Armeebaracke. Die meisten Männer kamen aus Glasgow und waren «Glesgakeelies», ungeschliffene Diamanten aus den Slums. Es waren gute, freundliche Kerle, immer hilfsbereit und meist vergnügt. Das Essen bei der Truppe, das ich fast ungenießbar fand, war für sie das beste Essen, das sie je vorgesetzt bekommen hatten, und die Disziplin schien für sie nicht viel schlimmer zu sein als die, die sie von der Fabrik her gewohnt waren. Ihre Sprache war fast ausschließlich sexbezogen; alles – das Essen, die Übungen, die Vorgesetzten – war *fucking*. Sie redeten völlig offen über die intimsten anatomischen Details ihrer Frauen oder Freundinnen. Sie erzählten ziemlich dreckige Geschichten, meist ohne irgendeine Pointe, und sahen mich dabei etwas nervös an. Sie wußten, daß ich Lehrer war, und redeten mich immer mit «Mister» an.

Eines Abends waren die Geschichten besonders finster, und jeder hatte eine erzählt – außer mir.

«Na, wie wär's mit einer Geschichte von Ihnen, Mister Neill?» fragte einer.

Ich lächelte.

«Also gut, Jungens. Eines Morgens saß ein Spatz auf einer Baumspitze. Ein Pferd kam vorbei und ließ was fallen. Der Spatz kam heruntergeflogen und genoß dieses fabelhafte Frühstück, und dann flog er wieder auf seine Baumspitze, räusperte sich und sang fröhlich zu seinem Schöpfer. Da kam ein Habicht angeflogen. Er packte den Spatz mit seinen Krallen und trug ihn davon.»

«Aber», sagte einer, «was ist denn nun der Clou von der Geschichte?»

Ich antwortete: «Einen Clou hat sie nicht, aber es ist eine Geschichte mit einer Moral, und die lautet: Wenn du schon Scheiße frißt, dann geh nicht damit hausieren.»

Tödliche Stille folgte, und mir wurde klar, daß ich die falsche Geschichte erzählt hatte. Sie faßten sie als Tadel auf, fühlten sich vom Lehrer zurechtgewiesen. Hastig erzählte ich ihnen eine schmutzige Geschichte, die alles, was sie erzählt hatten, übertraf, und ihr schallendes Gelächter zeigte mir, daß sie mich als einen der ihren akzeptiert hatten.

Das Leben bei der Armee schien eine einzige Hetzjagd zu sein: nie hatten wir Zeit, irgend etwas ordentlich zu tun; nicht einmal in Ruhe rasieren konnte man sich. Am schlimmsten waren die Tage, an denen man zum Tischdienst eingeteilt war. Erst stand man Schlange nach dem Essen, das in die Baracken getragen werden mußte. Nach dem Essen mußte man abwaschen und gleich darauf blitzsauber zum nächsten Appell erscheinen, mit gereinigtem Gewehr und glänzenden Knöpfen und Stiefeln. Hinter all der Hast stand die Furcht, zu spät zum Appell zu erscheinen; das war ein Verbrechen. Aber man konnte wegen vieler Dinge «angeklagt» werden – weil man unrasiert war, seine Knöpfe oder Schnallen nicht poliert oder die Borten nicht geweißt hatte. Und in einem solchen Fall wurde man mit voller Feldmarschausrüstung auf dem Kasernenhof hin und her gehetzt und bis zur Erschöpfung geschliffen.

Es gelang mir, dieser Strafe zu entgehen – bis auf ein einziges Mal. Mein Gewehr, ein modernes, um das ich mich fürsorglich wie um ein Kind kümmerte, war mir weggenommen worden. Statt dessen hatte ich eine altmodische Lee Enfield bekommen. Bei der Gewehrinspektion warf mir der Offizier vor, mein Gewehr sei schmutzig. Ich ging zu meinem Sergeant und erklärte ihm, ich hätte eine Stunde lang versucht, das Ding zu reinigen, aber der Schmutz habe sich eingefressen. Er ging mit mir zu dem für die Gewehre verantwortlichen Sergeant, der das Gewehr sorgfältig untersuchte und dann verkündete: «Das Ding kriegt keiner wieder sauber.» Ich weiß nicht, was hinter den Kulissen vor sich ging, jedenfalls wurde mein Name von der Liste der Verbrecher gestrichen.

Dieser Vorfall war außergewöhnlich. Normalerweise hatte man keinerlei Möglichkeit, sich zur Wehr zu setzen, und dieses Gefühl der absoluten Machtlosigkeit war das, was mich am meisten bedrückte. Jeder Corporal konnte einen beschuldigen, und man wagte nicht, etwas dagegen zu sagen. Theoretisch durfte man das wohl, aber wir alle wußten, daß die geringste Beschwerde über einen vorgesetzten Offizier einen zu einem gezeichneten Mann machte und daß man es später würde büßen müssen. Altgediente Soldaten erklärten sich, ohne sich zu verteidigen, für schuldig, einerlei, ob sie zu Recht oder zu Unrecht beschuldigt wurden.

Den verhaßten Pflichten konnte man sich nicht entziehen. Die Disziplin war ein System, das dazu diente, Fehler nachzuweisen. Man mußte immer irgendwo anwesend sein. Wurde man krank, erschien der Name auf der Krankenliste; wurde man zu einer Arbeit abkommandiert, bekam der vorgesetzte Sergeant einen Bescheid. Ich kannte nur einen einzigen Rekruten, der das System sechs Wochen erfolgreich unterlief. Es war ein junger Mann, der von einer Einheit zu einer anderen versetzt worden war. Als er zu der neuen Einheit kam, stellte er fest, daß sein Name nicht auf der Liste stand – man hatte vergessen, ihn zu übertragen. Von diesem Augenblick an erschien er nicht mehr zum Appell. Jeden Morgen verließ er das Lager mit Koppel und Stock und mit einem großen Umschlag in der Hand, auf dem O.H.M.S. (On His Majesty's Service) stand. Als die Sache schließlich herauskam, geschah ihm nichts, denn die Unteroffiziere, die vergessen hatten, seinen Namen auf die Liste zu setzen, wußten, daß sie «dran» gewesen wären, wenn sie ihn gemeldet hätten.

Meine Füße bereiteten mir Höllenqualen. Jeden Abend machte ich kalte Fußbäder, und jeden Morgen seifte ich meine Socken ein, aber die Blasen kamen immer wieder. Ich humpelte beim Kasernenhofdrill, als eines Tages ein Major vorbeikam. Er befahl mir, aus Reih und Glied zu treten, und fragte mich, was los sei. Ich erzählte es ihm. Als er sagte, ich sollte mich krank melden, antwortete ich, das sei sinnlos, man werde mich doch wieder zum Dienst zurückschicken. Darauf befahl er mir, meine Stiefel auszuziehen und ihm meine Füße zu zeigen. «Sie gehen jetzt in Ihre Baracke und ruhen sich aus», sagte er. «Übrigens – was sind Sie eigentlich im Zivilleben?»

Zwei Abende später, als ich in der Baracke saß und mich wie üblich um meine Füße kümmerte, kam der Sergeant vom Dienst herein.

«Neill hier? Sofort zum Kompaniechef.»

Ich zitterte. Wenn man zum Kompaniechef gerufen wurde, bedeutete das gewöhnlich, daß man eins ausgewischt bekommen sollte. Ich dachte an alle meine Verbrechen – daß ich jeden Sonntag den Gottesdienst schwänzte, meine Ausgangszeit überschritt . . . es gab Vergehen genug – und meldete mich zaghaft. Der Major, der angeordnet hatte, ich sollte mich ausruhen, saß schreibend an einem Tisch. Ich salutierte und wartete. In diesem Augenblick war ich ganz sicher, daß er mir wegen meiner kranken Füße einen Posten in der Schreibstube anbieten würde. Endlich blickte er auf.

«Verstehen Sie etwas von Mathematik?» bellte er.

«Ja, Sir, ich habe ein Buch über Mathematik geschrieben.»

«Oh, Sie scheinen der richtige Mann für uns zu sein.» Er hob ein Dokument hoch. «Ich habe hier ein Schreiben vom Kriegsministerium. Es werden Männer mit mathematischen Kenntnissen als Offiziere für die Artillerie gebraucht. Ich werde Ihren Namen angeben.»

So wurde ich zum Kadettenkorps versetzt. Wir waren sechzehn und erhielten eine Spezialausbildung. Wir sollten dem Regiment zeigen, was die besten Soldaten zu leisten imstande waren, und unsere Ausbildung hatte die der Guards zum Vorbild. Wenn wir beim Gewehrpräsentieren auf die Kolben schlugen, bluteten uns fast die Hände. Wir hatten Vorlesungen in den Baracken oder draußen auf dem Berg, und dabei konnten meine Füße sich etwas erholen. Die größte Aversion hatte ich gegen Bajonettangriffe, die wir üben mußten. Man sagte uns, wir sollten die Säcke als Deutsche betrachten, die gerade unsere Schwestern vergewaltigt hätten, und mit entsprechender Wut auf sie einstechen. Ohne Erfolg sann ich auf Mittel und Wege, mich einer Form des Kampfes zu entziehen, die mir bei der Artillerie ohnehin nichts nutzen würde. Aber das Schicksal fand wieder einmal einen Weg. Ich besuchte Clunie, und dabei kam heraus, daß ihr Hauswirt unseren Sporttrainer kannte; sie waren bei den Scots Greys Kameraden gewesen. Der Hauswirt trug mir auf, ihm Grüße auszurichten.

Der Sergeant, unser Sporttrainer, machte ein abweisendes Gesicht, aber ich riß mich zusammen und ging zu ihm hin. «Nun?» fragte er. Als ich ihm zaghaft die Nachricht von seinem ehemaligen Kameraden überbrachte, taute er sofort auf und bestand darauf, daß ich auf einen Drink mit in seine Baracke kam. Er fragte, was ich tue, und ich berichtete ihm, daß ich in absehbarer Zeit mit meiner Ernennung zum Artillerieoffizier rechnete. Am nächsten Morgen, als ich gerade wieder ungeschickt auf einen «Deutschen», den Sack, einstach, tauchte er auf. «Sie da», sagte er, «das taugt nichts für Sie. Lassen Sie das sein. Sie brauchen nicht mehr zum Bajonett-Training zu kommen ... ach so, ja, und zum frühmorgendlichen p. t. (*physical training*) auch nicht.»

Ich war entzückt. Reines Glück hatte mich nicht nur von dem verhaßten Bajonett-Drill, sondern auch von der mir fast ebenso verhaßten Gymnastik befreit. Doch zog jetzt eine andere Gefahr herauf, als ich aufhörte, zum ersten Morgenappell zu erscheinen. Jeden Augenblick konnte ein Offizier mich zur Rede stellen und fragen, warum ich nicht teilnahm. Und den netten Sergeant durfte ich auf keinen Fall verraten. Außerdem büßte ich, wenn ich dabei ertappt wurde, daß ich den Appell schwänzte, möglicherweise die Chance ein, das Offizierspatent zu bekommen. Ich löste dieses Problem, indem ich mich den Funkern anschloß. Das Funken würde mir als Artillerieoffizier nützlicher sein, glaubte ich, aber was mich sehr viel mehr reizte, war der Umstand, daß Morser im allgemeinen nur wenig zu Fuß gehen mußten. Ich hatte Spaß daran, telegrafische oder Lichtmorsezeichen zu entziffern, erlangte jedoch nie die Fähigkeit, die mit Signallampen übermittelten Botschaften zu «lesen», die zwischen einzelnen Schiffen der Flotte jede Nacht in der Bucht von Clyde gewechselt wurden.

Inzwischen hatte ich mich zu einem guten Soldaten entwickelt – das heißt, ich wußte, wie ich zurechtkam, und wußte, wie ich mit meinen direkten Vorgesetzten umgehen mußte. Bestechung war zwar riskant, aber ohne Bestechung wurde ein Wochenendausgang nicht immer ohne weiteres gewährt. Es konnte sehr gefährlich sein, einem Sergeant Geld anzubieten, doch da gab es Wege und Mittel. Einmal war unser Sergeant sehr knauserig mit Wochenendurlaubsscheinen, und drei Wochen hintereinander weigerte er sich, mir einen auszustellen. Also setzte ich mich hin und schrieb an Walter Martin, den Zigarrenhändler in Piccadilly (seine Frau hatte *A Dominie's Log* bewundert, und Martin hatte mir manchmal Zigaretten geschickt): «Um Himmels willen, schicken Sie mir doch bitte eine Dose Panatellas.»

Die Zigarren kamen. Ich schlenderte hinaus und sah, daß der Sergeant sich gerade um seinen kleinen Garten kümmerte. Ich zündete mir eine Zigarre an, lehnte mich mit dem Rücken an seinen Gartenzaun und stand da, als erwartete ich jemanden. Dicke Wolken paffend, beobachtete ich aus dem Augenwinkel heraus, wie er schnupperte.

«Guten Abend, Sir», sagte ich ehrerbietig.

«Guten Abend. Die Zigarre riecht gut», sagte er.

Ich zog eine schmale Schachtel mit einigen Zigarren aus der großen Dose heraus. «Versuchen Sie eine, Sir», sagte ich.

Er lud mich zu einem Drink in seine Baracke ein, und wir tranken ein paar Whiskeys. Als ich aufbrach, sagte ich: «Was ich sagen wollte, Sir, ich habe ein Problem.»

«Wenn ich Ihnen helfen kann ...» begann er.

«Es ist nämlich so, Sir. Ein Freund hat mir eine ganze Dose Zigarren geschickt, und ich kann sie im Grunde gar nicht brauchen, weil ich mir nichts aus Zigarren mache.» Das stimmte und stimmt auch heute noch. «Ich wollte sie eigentlich den Kameraden in der Baracke schenken, aber ...»

«Unsinn», unterbrach er mich hastig, «das wäre Verschwendung.»

«Ich werde sie Ihnen vorbeibringen, Sir», sagte ich, und pflichtschuldig tat ich dies. Zwar kriegte ich danach meine Wochenendurlaubsscheine ohne Mühe, doch kam ich mir gemein und armselig vor: die anderen armen Teufel hatten keine reichen Freunde, die ihnen helfen konnten.

Kurz danach jedoch beging ich eine regelrechte Pfadfindertat. Als ich mit einem Wochenendurlaubsschein nach Glasgow fuhr, traf ich im Zugabteil Pat, einen Iren mit dem Grad C3, dessen Aufgabe es war, Latrinen zu säubern. Er hatte die Armee so satt, daß er desertieren wollte.

«Aber Pat», sagte ich, «auf dem Bahnhof in Glasgow überprüft die Militärpolizei alle Passierscheine, und wenn du keinen hast, wird man dir ganz schön zusetzen.» Er sah mich niedergeschlagen an, aber ich munterte ihn auf, indem ich sagte, ich glaubte einen Ausweg zu wissen. Als wir am Hauptbahnhof ausstiegen, sah ich zwei *redcaps* auf uns zukommen. Ich starrte sie erschrocken an und rannte dann so schnell ich konnte den Bahnsteig entlang, ohne auf ihre Rufe, ich sollte stehenbleiben, zu achten. Als sie mich an der Sperre einholten, zeigte ich ihnen meinen Urlaubsschein vor und versuchte ihnen zu erklären, daß ich es deshalb so eilig hätte, weil ich den Zug zur Buchanan Street noch erreichen wollte. Ich blickte mich um und stellte fest, daß Pat sicher entkommen war. Er muß wohl nach Irland zurückgekehrt sein, jedenfalls hörte ich nie, daß man ihn ergriffen hätte.

Eines Tages kam mit den Anordnungen für die Kompanie eine Order, daß sich «32 703 Private Neill» an der Trowbridge-Kadettenschule in Wiltshire zu melden hätte.

Nach Fort Matilda kam mir Trowbridge wie der Himmel auf Erden vor. Es herrschte eine lässige Disziplin, und polierte Knöpfe waren ziemlich uninteressant. Die gesamte Abteilung sowie der verantwortliche Offizier brachen in Gelächter aus, als ich nach dem Muster der Guards, die Arme bis zur Schulter hochschwingend, über den Hof marschierte, und mir wurde befohlen, diese Protzerei zu unterlassen. Die ganze Abteilung lachte auch, als ich vor dem Nachmittagsappell meine Stiefel putzte. Aha, dachte ich, ein angenehmer Ort, aber um Himmels willen, was für Soldaten!

Zum erstenmal in meiner Armeekarriere interessierte mich die Arbeit. Wir lernten Kartenlesen, Mathematik, berechneten Schußlinien und hielten Schießübungen mit Sechs-Zoll-Haubitzen ab. Wir arbeiteten viel mit einem Kommandogerät, dem «Director No. 5», und verwendeten alle den prismatischen Kompaß. Das allgemeine Niveau entsprach hier mehr dem meinen als beim R.S.F. Viele der neuen Kameraden waren Angestellte oder Lehrer, und wir verbrachten viele lustige Stunden miteinander.

Manchmal unternahmen wir unsere «Studienexkursionen» auf Armeefahrrädern. Aus irgendeinem unerfindlichen Grund hatten wir immer etwa ein halbes Dutzend Räder zu wenig, so daß sechs Unglückliche zu Fuß gehen mußten, meistens etwa sechs Meilen. Die glücklichen Farradbesitzer wußten, daß die Fußgänger alles daransetzen würden, sich für den Heimweg ein Rad zu ergattern, deshalb nahmen sie vorsichtshalber die Ventile heraus und versteckten ihre Sättel und Luftpumpen; einer schraubte sogar sein Vorderrad ab und trug es den ganzen Tag mit sich herum. Einmal gehörte auch ich zu den ausgestoßenen Wanderern, aber ich schlich mich frühzeitig zu der Stelle, wo die Fahrräder standen und fand dort, wie ich erwartet hatte, ein Sortiment von ventillosen, sattellosen und lenkstangenlosen Rädern. Ich brauchte bloß verschiedene Einzelteile von verschiedenen Fahrrädern einzukassieren und damit ein vollständiges Exemplar zusammenzubasteln, und nichts war einfacher als das, da es sich um Einheitsfahrräder handelte und die Einzelteile austauschbar waren.

Eine dieser Exkursionen war zugleich unsere Prüfung im Kartenlesen. Jeder bekam eine Karte und einen kleinen Tisch, und dann wurden wir an verschiedenen Stellen placiert. Ich stand allein inmitten eines riesigen Feldes. Über meine Karte gebeugt, vernahm ich plötzlich ein Schniefen, und da ich annahm, es sei der prüfende Offizier, versuchte ich, einen möglichst emsigen Eindruck zu machen. Als ich ein zweites, lauteres Schnüffeln hörte, drehte ich mich um und blickte genau in die Visage eines riesigen Bullen mit einem Ring durch die Nase. Während ich langsam um den Tisch herumschlich, überlegte ich, ob ein kräftiger Schlag mit der Landkarte auf die Hörner das Vieh lange genug außer Gefecht setzen würde, daß ich zu dem weit entfernten Zaun rennen konnte. Mit sanfter Stimme redete ich auf den Bullen ein: ich hoffte, ihn überzeugen zu können, daß ich mir über mein Vergehen, nämlich hier in sein Revier einzudringen, völlig im klaren war. Nach einer Weile begann er friedlich, Gras zu fressen. Vermutlich dieses Vorfalls wegen entging ich der nörgelnden Kritik, die die anderen Kameraden an jenem Tag von dem Prüfungsoffizier einstecken mußten.

Ich hatte in Trowbridge ein demütigendes Erlebnis, das mit einem Major zusammenhing, der uns einen Vortrag über das sogenannte Eingabeln hielt – eine höchst komplizierte Angelegenheit, die mit Schußweiten zu tun hat. Der Major war kein guter Redner, und bei dem monotonen Klang seiner Stimme schlief ich beinahe ein. Plötzlich zuckte ich zusammen, denn er sah mich an und zitierte mich mit ärgerlicher Stimme an die Tafel, wo ich erklären sollte, was «Eingabeln» bedeute. Ich hatte nicht die leiseste Ahnung, aber das durfte ich natürlich nicht sagen. Meine völlige Unwissenheit zeigte sich daran, daß ich mit einem Stück Kreide in der Hand wie ein Esel vor der Tafel stand. Der Major wurde abwechselnd blaß und rot.

«Warum dermaßen hirnlose Idioten wie Sie auf Kadettenschulen können, geht über meinen Verstand. Ich mache Ihnen keinen Vorwurf – Sie können schließlich nichts für Ihre Dummheit. Ich rüge das System, das Leute wie Sie hierher schickt. Haben Sie denn keine Schulbildung?»

Ich ließ den Kopf hängen.

«Antworten Sie! Wo haben Sie Ihre Schulbildung genossen?»

«Universität Edinburgh», sagte ich kläglich. Ein strenger Blick des Majors brachte das Kichern ringsum zum Verstummen. Er sprach nie wieder ein Wort mit mir.

Unsere Ausbildung ging zu Ende, wir bestanden unsere Abschlußexamen, und vor uns lag Lydd – die Realität, der Albtraum, der einem angenehmen Traum folgte. Trowbridge war für uns wie eine Universität gewesen, bequem und akademisch. Aber Lydd wurde von Offizieren geleitet, die gerade von der Front zurückgekehrt waren und für Akademisches nichts übrig hatten. Die drei Wochen in Lydd waren eine ununterbrochene Schinderei, und wir mußten feststellen, daß alles, was wir in Trowbridge gelernt hatten, hier ohne jeden Wert war. Eine Schußlinie zu berechnen war nun nicht mehr eine gemächlich zu lösende Mathematikaufgabe, sondern eine Sache, die innerhalb von 10 Sekunden mit dem Rechenschieber erledigt werden mußte. Die Männer in Lydd wußten, wovon sie redeten, und machten uns ganz schön Dampf, denn Versagen bedeutete nicht nur die Schande, daß man für ein oder zwei Monate nach Trowbridge zurückgeschickt wurde, sondern auch, daß man in eine Abteilung von Neulingen gesteckt wurde. Und diese Aussichten mochten wir uns gar nicht näher ausmalen. Also schufteten wir.

Der Major, der uns in Lydd im Eingabeln unterwies, war ein furchterregender Mann, vor dem wir schon lange vor unserer Ankunft gewarnt worden waren. Als wir zum erstenmal richtige Granaten benutzten, nahm er uns einen nach dem anderen zum Beobachtungsstand mit. Dort beobachteten wir das Krepieren einer Granate und mußten im gleichen Augenblick wissen, welche Richtungswerte wir dem Schützen per Feldtelefon für den nächsten Schuß durchgeben mußten. Der Major feuerte seine Fragen auf uns ab, und wenn wir Fehler machten – und wir machten Fehler, hauptsächlich aus Angst vor ihm –, beschimpfte er uns mit allen Ausdrücken, die er kannte.

Wir bestanden jedoch alle, und man teilte uns vorschriftsmäßig mit, daß wir damit die Ernennung zum Offizier im Royal Regiment of Artillery erhalten hätten. Nach zehn Tagen Urlaub, in dem wir uns Uniformen und Ausrüstung beschaffen mußten, kam ich zu einem Offiziersverband in Aldershot. Bekümmert stellte ich fest, daß die meisten meiner Kameraden nach Farnborough kommandiert worden waren. Unser Verband bestand aus etwa sechzig Offizieren, die darauf warteten, nach Frankreich geschickt zu werden. Das Leben in Aldershot war recht angenehm. Ich erinnere mich noch deutlich an den Abend, als ich eintraf und ein Sergeant vor mir salutierte. Kaum zu glauben, daß ich nun nie mehr einen Unteroffizier fürchten brauchte. Doch hatte ich ein bitteres Gefühl, wenn ich bei dem guten Essen und dem Komfort hier daran dachte, wie man als Nichtoffizier behandelt wurde – was Essen und den Mangel an persönlicher Freiheit betraf. Gemeine Soldaten und Offiziere lebten in jeder Beziehung in verschiedenen Welten. Der alte Unterschied existierte immer noch – hier Eton, da die Slums. Die Offiziere planten, die gemeinen Soldaten sollten nicht denken, sondern nur penibel putzen und wienern.

Ich hatte einen Burschen, einen dieser freiheitsdurstigen Männer aus Lancashire. Er sei aktiver Sozialist, sagte er immer, und zur Hölle mit allem – was sei denn so ein «verdammter» Offizier anderes als ein Diener des Kapitalismus? So lag mein Bursche auf dem Bett und rauchte meine Zigaretten, während ich meine Stiefel und Gamaschen für den nächsten Morgen putzte. Wiederholt versicherte er mir, daß er keinen persönlichen Groll gegen mich hege, weil ich Offizier sei. Er war ein netter Kerl, aber ein geborener Pessimist; er schwor, daß jedes Liga-Fußballspiel Betrug sei – verkauft an denjenigen, der am meisten bot –, und er erklärte sich bereit, schriftliche Beweise dafür zu bringen, falls ich Wert darauf legte.

Aldershot bedeutete ein legeres Leben. Wir hörten Vorträge, und manchmal fanden gemütliche Übungen statt, aber wir hatten das Gefühl, daß all das nur veranstaltet wurde, damit wir uns nicht langweilten. Alle paar Tage kam eine Liste der Offiziere für den nächsten Transport, aber mein Name stand nie darauf. Statt dessen erhielt ich Befehl, mich bei einer Übungs-Artillerieeinheit zu melden, wo ich unter anderem Unterricht über Schußlinien geben sollte.

Eines Tages bemerkte ich, daß ein Schütze mir offensichtlich nicht zuhörte, als ich mehr schlecht als recht versuchte, die Berechnung von Schußlinien zu erklären.

«He, Sie», sagte ich, «Sie scheinen sich für das, was ich Ihnen hier beibringen will, nicht zu interessieren. Was sind Sie im Zivilleben?»

«Ich bin Mathematiklehrer – an einer Mittelschule», antwortete er.

Ich ergriff die Gelegenheit und drückte ihm meine Kreide in die Hand. «Dann zeigen Sie diesen Leuten in Gottes Namen, wie diese verflixte Sache funktioniert.»

Und er zeigte es ihnen.

Ich gab die Hoffnung, nach Frankreich geschickt zu werden, nicht auf. Nicht, daß ich mir wunderbarerweise mehr Mut erworben hätte. Aber da alle anderen Männer schon draußen waren oder rausgehen würden, kam ich mir zurückgesetzt vor wie der lahme Junge in der *Pied Piper*-Geschichte. Dann suchte eine Grippeepidemie das Lager heim, und mich erwischte es auch. Bei mir war es eine ziemlich heftige Attacke, die mit einer Neurasthenie endete. In Gretna Green hatte ich einmal der gleichen Krankheit wegen einen ganzen Monat nicht arbeiten können, aber diesmal kam es schlimmer – ein richtiger Nervenzusammenbruch mit Schlaflosigkeit und Albträumen, wenn ich doch endlich einschlief. Kurz, ich war ein Versager wie nur irgendwer. Der Stabsarzt machte sich Sorgen – vermutlich tippte er auf Geistesgestörtheit – und sagte, er wolle mich, sobald ich reisefähig sei, zu einem Nervenspezialisten in der Stadt schicken.

Es stellte sich heraus, daß der Spezialist Dr. William H. Rivers war, der bekannte Anthropologe. Ich wußte nichts von ihm, noch hatte ich irgendeine Ahnung von Psychologie. Ich erinnere mich, daß ich einigermaßen überrascht war, als er mich bat, ihm einen meiner Träume zu erzählen. Und noch überraschter war ich über sein offenkundiges Interesse an dem, was ich ihm berichtete. Es war ein Traum von einer Schlange, die ich getötet hatte und die immer wieder lebendig wurde. Ich hatte bis dahin nie von Freud gehört, aber Rivers wußte offenbar von ihm. Schließlich sagte er zu mir: «Wenn Sie nach Frankreich gehen, werden Sie sich dort entweder das Victoria Cross verdienen oder wegen Fahnenflucht erschossen werden. Das wollen wir lieber nicht riskieren. Ich empfehle Ihnen, Ihr Offizierspatent auf Grund Ihrer schlechten Gesundheit zurückzugeben.»

So endete meine unrühmliche Karriere als Soldat. Ich muß die Nation eine ganz schöne Menge Geld gekostet haben, von dem ich nur wenig durch Dienst und Arbeit zurückgezahlt habe. Ich weiß heute, daß der Nervenzusammenbruch bei mir ein Trick des Unterbewußtseins war, mich vor Gefahr zu bewahren. Auf einer bewußten Ebene dagegen schien ich bereit, ohne sonderliche Furcht an die Front zu gehen und zu kämpfen. Ich hatte sogar das Gefühl, daß es als Offizier leichter sei, da ich Männer führen würde, und ihnen zeigen mußte, wie man der Gefahr ins Gesicht sah.

Jahre nach dem Krieg sagte Walter Martin, mein Freund, der Zigarrenkönig, etwas ganz Unglaubliches zu mir.

«Neill, ich habe Ihnen das Leben gerettet.»

«Wieso?»

«Ich hatte Beziehungen zum Kriegsministerium und habe arrangiert, daß Sie nicht an die Front geschickt wurden.»

Ich kann dies wirklich kaum glauben, aber wenn es so gewesen sein sollte, würde es erklären, warum mein Name nie auf den Listen der an die Front kommandierten Offiziere erschien. Walter starb, bevor ich ihn bitten konnte, mir mehr darüber zu erzählen, aber ich bezweifle nach wie vor stark, daß Einfluß dieser Art einen einzelnen Soldaten vom Fronteinsatz verschonen konnte.

Nach einer langen Genesungszeit begann ich mir wieder Gedanken über eine Anstellung zu machen. Während meiner Zeit in Gretna Green hatte mir eine Dame, die viel mit der King Alfred School in Hampstead zu tun hatte, geschrieben, nachdem sie mein Buch *A Dominie's Log* gelesen hatte. Ich besuchte sie, und sie erzählte mir von Homer Lane, der das «Kleine Commonwealth»-Besserungslager für jugendliche Delinquenten gegründet hatte. Sie gab mir ein Protokoll von einer seiner Vorlesungen. Außerdem stellte sich mich John Russell, dem Rektor der King Alfred School, vor.

In der Zeit, als ich auf der Kadettenschule war, hatte ich erfahren, daß Lanes «Kleines Commonwealth» in Dorset lag, nicht sehr weit von Trowbridge entfernt. Ich schrieb ihm und fragte an, ob ich ihn besuchen dürfe, und als er mir schrieb, das könnte ich gern tun, nahm ich Wochenendurlaub. Homer Lane war die bei weitem eindrucksvollste Persönlichkeit, der ich bis dahin begegnet war. Er erzählte mir von einzelnen Fällen, und ich hörte ihm hingerissen zu. Seine Fürsorgezöglinge bezauberten mich, und ich brachte Lane so weit, daß er mir versprach, ich könnte nach Beendigung meiner Militärzeit im «Kleinen Commonwealth» mitarbeiten.

Meine erste Tat, als ich mich gesund genug fühlte, bestand darin, daß ich Lane schrieb, ich könnte kommen. Als Antwort erhielt ich die Mitteilung, das «Commonwealth» sei geschlossen worden und Lane halte sich ziemlich krank in London auf. Enttäuscht dachte ich, daß ich nun das zweitbeste versuchen sollte. So schrieb ich an John Russell, bat ihn um eine Anstellung, bekam sie und wurde Lehrer an der K.A.S.

J. R., wie wir alle Russell nannten, war ein lieber alter Mann. Ich mochte ihn vom ersten Augenblick an und er mich ebenfalls. Seit Russell vor dreißig Jahren als Pionier begonnen hatte, galt die K.A.S. als die fortschrittlichste Schule ihrer Art. Sie war vielleicht nicht die erste Schule, die Koedukation praktizierte, aber sie beeinflußte die Meinung der englischen Öffentlichkeit in Schulfragen mehr als irgendeine andere Schule. Schon lange vor meiner Zeit waren Preise, Noten und die körperliche Züchtigung abgeschafft worden.

Ich betrat diese berühmte Schule mit einigem Bangen – meines starken schottischen Akzents wegen. Mein Ruf als verrückter schottischer *dominie* war mir vorausgeeilt, und einige Schüler erzählten mir später, daß sie mich am ersten Tag angestarrt und sich überlegt hätten, ob ich wirklich verrückt sei oder nur ein Exzentriker.

Ich mochte die «Stimmung» an der Schule sofort; die freie und legere Disziplin berührte mich tief. Aber das Lehrerzimmer gefiel mir gar nicht, und ich habe mich oft gefragt, warum es kein netterer und angenehmerer Ort war. Es hatte nichts von der Atmosphäre der Klassenzimmer, und obwohl die einzelnen Lehrer sehr freundlich waren, waren sie als Kollektiv ziemlich *bloody*, wie ich sie damals bezeichnete. J. R. veranlaßte mich, Homer Lane zu bitten, daß er zu uns kam und der Lehrerschaft einiges über Psychologie erzählte. Lane saß mit einem sauren Gesicht da, und nach dem ersten Gespräch sagte er zu mir: «Mein Gott, Neill, was ist eigentlich mit diesen Lehrern los? Die machen mich völlig kribbelig. Hier herrscht so viel Haß.» In gewisser Weise war ich, glaube ich, so etwas wie das Haar in der Suppe – der junge Besserwisser, der gekommen war, um ihnen zu erzählen, wie man eine Schule betrieb. Sehr zu Recht verwiesen sie mich auf meinen Platz.

Im Grunde genommen war J. R. selbst das Problem. Er war Gott, ein liebenswerter, alter Gott, aber eben doch ein Gott – und ein Moralist von großer Kraft und Stärke. Zum erstenmal wurde mir das richtig klar, als Patrick, acht Jahre alt, Claire, sieben Jahre alt, küßte. J. R. war darüber informiert worden und verbreitete sich annähernd eine Stunde lang über den Vorfall. Danach hatte ich das Gefühl, Küssen müßte die größte Sünde wider den Heiligen Geist sein.

Irgend etwas war abgestorben in den Schülern, wirkte tot. Es fehlte ihnen die rechte Lebensfreude. Das wurde ganz deutlich offenbar bei den Treffen der «Ehemaligen», wenn die «alten Knaben» J. R. oder George Earle, einem Englisch-Lehrer, der als «zweiter Mann an Bord» diente, zu Füßen saßen und lauschten, als seien ihre früheren Lehrer im Besitz der ganzen Weisheit der Welt. Ihr Verhalten der alten Schule gegenüber erinnerte an das Verhalten ehemaliger Studenten der St. Andrews-Universität gegenüber ihrer alten Alma – ein rückwärts gewandter Blick auf ihr Elysium. Sie waren nicht ganz von dieser Welt.

Ich stellte mit gemischten Gefühlen fest, daß manche der größeren Jungens an der Schule noch nie das Wort «Scheiße» gehört hatten und auch die üblichen Schimpfwörter nicht kannten, daß aber ein oder zwei der Mädchen sie alle kannten. Ganz allmählich ging mir auf, daß ich an eine Schule geraten war, deren Einstellungen dem Leben gegenüber im wesentlichen die gleichen waren, die mein eigenes Leben in Schottland ruiniert hatten – moralische Normen, die von draußen kamen. K.A.S. war weit davon entfernt, frei zu sein, und sehr bald sah ich mich der Schulleitung gegenüber in einer Position, in der ich wider den Stachel löckte.

Ich hatte angefangen, mich von Lane analysieren zu lassen, und war oft Gast in seinem Haus. Was er über Freiheit sagte, war das Evangelium, nach dem ich gesucht hatte – eine wissenschaftliche Grundlage für das vage Sehnen, das in *A Dominie's Log* zutage tritt. So kam es, daß ich bei den Lehrerversammlungen versuchte, das K.A.S. zu «verbessern». Ich klagte darüber, daß die Schule nicht mit der Zeit ginge. Man müsse die «Selbstverwaltung» einführen. Der liebe alte J. R. breitete die Hände aus und sagte mit seinem üblichen Lächeln: «Nur zu, Neill, versuchen Sie's! Versuchen Sie's!»

Ich versuchte es. Die Klassen wechselten beim Läuten der Stundenglocke von einem Raum zum andern. Beispielsweise hatten die «Betas» in der ersten Stunde Mathematik und kamen anschließend, wenn es läutete, zum Erdkundeunterricht zu mir. Und natürlich sahen sie in der «Selbstverwaltung» eine Möglichkeit, eine Stunde lang in meiner Klasse Dampf abzulassen. Sie machten einen Höllenlärm, und die Lehrer in den Nachbarräumen regten sich auf. Bei der nächsten Lehrerversammlung sagten sie selbstverständlich alle, es sei doch augenscheinlich, daß die «Selbstverwaltung» nicht funktioniere. Sie funktionierte auch nicht, aber sie machte Spaß. Es kam der Tag, an dem J. R. sehr bestürzt und sehr traurig bei mir erschien und sagte: «Einer von uns beiden muß gehen, Neill.» Wieder einmal war ich stellungslos.

Hellerau und die Gründung von Summerhill

Während ich noch an der King Alfred School in Hampstead war, starb Clunie. Ein Telegramm von zu Hause rief mich nach Norden – sie lag mit einer Lungenentzündung. Jahrelang hatte sie an einer seltsamen Halskrankheit gelitten, und jahrelang war sie deswegen mit Bestrahlungen behandelt worden. Ich glaube, ich wußte, daß sie nicht mehr genesen würde. Ich saß stundenlang an ihrem Bett und gab mir Mühe, hoffnungsvoll und zuversichtlich zu wirken. Mein Gott, diese Woche war eine Art Hölle, wie ich sie bis dahin nicht kennengelernt hatte und seither nicht wieder erlebt habe. Nein, ich träumte nicht: jeden Morgen wachte ich mit dem Gefühl auf, ich sei im tiefsten Abgrund von Dantes Inferno gewesen – und ich sei Jahrtausende dort gewesen. Die meisten Menschen wissen, was es bedeutet, jemanden zu haben, der einen immer versteht, an den man sich in Freude oder Kummer ganz selbstverständlich wenden kann. Dieser andere war für mich Clunie: ich wußte immer genau, wie sie reagieren würde, was ich ihr auch erzählte, wußte, worüber sie lachen und was ihr weh tun würde. Und ich wußte auch, daß sie immer auf meiner Seite war: ich war ihr Held, und ich konnte nichts falsch machen. Der Peter Pan in mir liebte Clunie, weil sie mich bewunderte. Wenn irgend etwas Lustiges passierte, war mein erster Gedanke immer: «Das muß ich Clunie erzählen – die wird lachen!» Bei ihrer Beerdigung passierte etwas, irgendeine harmlose Kleinigkeit – ich habe vergessen, was es war, vielleicht daß irgendeinem würdevollen Bürger mit Trauergesicht der Zylinder vom Kopf fiel –, und prompt war mein erster Gedanke: «Clunie wird lachen, wenn ich ihr das erzähle.»

Durch Gewissensbisse, die immer einen Teil der Trauer ausmachen, wurde mein Schmerz noch quälender. Hätte ich mich doch mehr um sie gekümmert. Dies ist wohl der schmerzlichste Aufschrei, wenn man um einen Menschen trauert. Ich erinnerte mich daran, wie oft ich sie vernachlässigt hatte. Sie hatte mich gebeten, in den vergangenen Osterferien nach Hause zu kommen, aber ich war nach Dorset gefahren. In meiner Verzweiflung erschien mir das jetzt unverzeihlich. Und so erinnerte ich mich an immer mehr Versäumnisse, an die ich mich nicht erinnern wollte. Meine Mutter dagegen vergaß alles, woran sie sich nicht erinnern wollte. Als sie mit feuchten Augen dem Sarg auf dem Leichenwagen nachblickte, sagte sie: «Clunie war eine vollkommene Tochter. Zeit ihres Lebens brauchte ich nie die Hand gegen sie zu erheben.» Damals war ich darüber ziemlich betroffen, zumal es zu den Dingen gehörte, die ich gern Clunie erzählt hätte, denn Mutter hatte ihr mehr als einmal eine Tracht Prügel verabreicht. Clunie hatte oft gelacht über Mutters Fähigkeit, sich selbst zu täuschen: sie hatte die Eigenschaft extrovertierter Menschen, alles, was unangenehm war, zu vergessen, und mein Vater besaß, obwohl er introvertiert war, eine ähnliche Fähigkeit, Dinge beiseite zu schieben. «Vogel Strauß» hatten Clunie und ich einst meine Mutter und meinen Vater genannt.

Fast alle Kinder machen ein Stadium durch, in dem sie ihren Eltern gegenüber besonders kritisch sind. Das geschieht, wenn sich der psychisch bedingte Drang, sich vom Gängelband zu befreien, durchsetzt. Ich machte dieses Stadium im Alter von ungefähr achtzehn bis vierundzwanzig durch. Eine Zeitlang schämte ich mich sogar meiner Eltern. Ich genierte mich, weil mein Vater keine «Manieren» hatte: Wenn wir einen Gast zum Essen erwarteten, flehten Clunie und ich meine Mutter an, keine Suppe aufzutischen, da mein Vater sie immer so laut schlürfte. Und meiner Mutter schämte ich mich, weil sie zuviel redete und zu oft belangloses Zeug redete. Tatsächlich konnte sie sehr schlecht zuhören und versuchte ständig, sich am Gespräch zu beteiligen, auch wenn es um Dinge ging, von denen sie nichts verstand. Ich erinnere mich daran, daß ich darüber einmal richtig wütend wurde. Ein Besucher erzählte von seinen aufregenden Erlebnissen in China, und sie unterbrach ihn dauernd mit albernen Bemerkungen über ihren Bruder Sandy, der einmal jemanden kennengelernt hatte, der auch in China gewesen war. Ich war damals ein ungeduldiger, arroganter Bursche. Mein Vater dagegen hatte die Geduld eines Hiob. Jeden Morgen las er seinen *Scotsman*. Meine Mutter nahm die Zeitung immer erst zur Schlafenszeit in die Hand. «Hör dir das mal an, George», sagte sie dann und las ihm eine ganze Spalte Neuigkeiten vor, die er bereits gelesen hatte. Aber nicht ein einziges Mal wagte er zu erwidern: «Mary, das habe ich doch schon gelesen.»

Nach Clunies Tod hörte diese häßliche kritische Haltung gegenüber meinen Eltern auf. Erst damals entdeckte ich in mir zärtliche Gefühle für meinen Vater. Ich war nun nicht mehr das Aschenbrödel der Familie. In jener Zeit akzeptierte mich mein Vater endlich als jemanden, der etwas geleistet hatte, als einen Sohn, auf den man stolz sein konnte, was ihn indes nicht davon abhielt, weiter nach guten Posten für mich Ausschau zu halten. Ein alter Freund meiner Mutter kam zu Besuch aus Australien, wo er es zu etwas gebracht hatte. Mein Vater sprach mit ihm über die möglichen Aussichten, die ich dort hätte, und der Freund meiner Mutter sagte, er sei ein guter Freund des Premierministers und könne mir eine Stelle als Schulinspektor verschaffen – ich brauche nur einen Ton zu sagen. Ich sagte kein Wort und habe mich oft gefragt, was wohl aus mir geworden wäre, wenn ich damals nach Australien gegangen wäre.

Als ich die King Alfred School verlassen mußte, machte ich mir große Sorgen. Ich sah keine Zukunft vor mir. Gewiß, ich konnte vielleicht an irgendeiner Schule einen Posten als Englisch-Lehrer bekommen, aber London hatte es mir angetan und dort wollte ich leben. Mrs. Beatrice Ensor wandte sich an mich und bot mir an, gemeinsam mit ihr die *New Era* herauszugeben. Also nahm ich die Arbeit am Tavistock Square auf, wo ich ein Zimmer mit ihrem Mann teilte, einem Nichtraucher, der es haßte, daß ich den ganzen Tag bei der Arbeit rauchte. Die Ensors waren Theosophen.

Es machte Spaß, eine Zeitung herauszugeben. Mrs. Ensor ließ mir freie Hand, und ich konnte schreiben, was ich wollte. Und je heftiger ich Lehrer und Schulsysteme angriff, um so entzückter war sie, wie ich bald feststellte. Manche Leute fanden zwar, sie sei eine unmögliche Person, aber ich mochte sie und zog sie meistens auf. Sie war unter den Theosophen, denen ich begegnet bin, ungefähr die einzige, die über die Theosophie und sich selbst lachen konnte. In ein, zwei Büchern über mich steht, Beatrice und ich hätten uns über Erziehungsfragen in die Haare gekriegt, aber ich kann mich nicht an Streitigkeiten zwischen uns erinnern. Ich weiß nur, daß ich sie immer ihrer theosophischen Anschauung über das übersinnliche Leben wegen geneckt habe. Sie war der geborene Organisator, und es war ihre Anregung, daß ich nach Holland fuhr, um dort die österreichischen Kinder abzuholen, die nach dem Krieg nach England kamen.

Es war meine erste Auslandsreise, und die zehn Tage in Holland waren ungeheuer interessant für mich. Alles war so aufregend, und ich würde heute alles, was ich besitze, hingeben, wenn ich noch einmal jenes Gefühl von Abenteuer empfinden könnte, das mich auf meiner ersten Reise ins Ausland begleitete. Später reiste ich ungern ins Ausland. Ich hasse es, beim Zoll zu warten, hasse die Paßkontrollen, die Eintönigkeit der Hotels und Portiers, und das Schlimmste sind für mich die langen Bahnfahrten. Damals war das anders, aber solche Erlebnisse sind immer etwas Einmaliges: sie können nicht wieder aufleben. Ich fahre heute automatisch Auto, aber als ich das Autofahren lernte, verschaffte mir jede zurückgelegte Meile das köstliche Gefühl, eine Schwierigkeit bewältigt zu haben. Es klingt wie eine Platitüde, doch wenn ich darüber nachdenke, scheint mir, daß das Überwinden von Schwierigkeiten das Schönste am Leben ist.

Die *New Era* war für mich keine bleibende Statt: ich wußte, daß ich weiterziehen mußte. Ich erhielt eine Einladung, an der Tagung einer Gesellschaft für neue Erziehung in Calais teilzunehmen, und eine weitere nach Salzburg, wo ich gleich anschließend auf einer internationalen Frauenkonferenz einen Vortrag halten sollte.

Salzburg überwältigte mich. Die Schönheit und Wärme der Stadt beeindruckten mich so sehr, daß ich mir damals wünschte, ich könnte bis an mein Ende dort bleiben. Noch heute spüre ich eine leise Sehnsucht dorthin zurückzukehren, aber ich weiß, daß ich es nie tun werde.

Von Salzburg aus fuhr ich nach Hellerau, einem Vorort von Dresden, wo ich mich bei Dr. Otto Neustätter und der «Frau Doktor», die später meine erste Frau wurde, aufhielt. Ihre Schwester Henrietta war die brillante australische Schriftstellerin, die unter dem Pseudonym Henry Handel Richardson die Romane *Maurice Guest* und *The Fortunes of Richard Mahoney* schrieb. Zusammen mit Karl Baer, einem Architekten, und Christine, seiner amerikanischen Frau, gründeten wir die Internationale Schule in Hellerau. Otto war der gute alte Mann, den ich in meinem Buch *A Dominie Abroad* beschrieben habe.

Das Leben in Deutschland gab mir vieles, was ich zu Hause nicht haben konnte. Zum einen lebte ich annähernd drei Jahre lang in einer von Rhythmus und Tanz, von Opern und Konzerten geprägten Atmosphäre. Nur das deutsche Erziehungssystem konnte mich nichts Neues lehren. Es kam mir unfruchtbar und kahl vor: es war Pedanterie in der Maske des Fortschritts. Das gleiche geht mir durch den Kopf, wenn ich an die «Meistersinger» mit ihren Regeln und Versmaßen denke, die den jungen Walther mit seinem *Preislied* von der Freiheit haßten und fürchteten. In Wirklichkeit wollten die Deutschen gar keine Freiheit: sie hatten Angst davor, und die ehrlichen und aufgeschlosseneren Lehrer gaben das auch zu.

Mein Aufenthalt in Hellerau war die aufregendste Zeit meines Lebens. Zum erstenmal kam ich mit den verschiedenen Nationalitäten des Kontinents in Berührung. Ich sprach kein Wort Deutsch. Als ich meinen ersten englischen Schüler herüberholte, den achtjährigen Derrick, versuchte ich gerade mit Hilfe von *Hugo's Tutor* Deutsch zu lernen. Nach drei Wochen sprach Derrick nicht nur Deutsch: er sprach Sächsisch. (Ich muß dazu sagen, daß meine deutschen Schüler heute innerhalb weniger Wochen Englisch sprechen, und wenn ich einen von ihnen auf deutsch anspreche, antwortet er mir auf englisch.)

Unsere Internationale Schule hatte drei Abteilungen – Eurhythmie, meine Ausländerabteilung und die deutsche Schule, die teils Externat, teils Internat war. Ich habe in früheren Büchern von meinen Streitigkeiten mit deutschen Lehrern über Erziehungsfragen erzählt. Sie waren gutwillige «Charakterbildner», und ich war das Gegenteil. Meine Zeit in Hellerau vermittelte mir eine «Weltanschauung» – und in gewisser Weise tötete sie in mir jegliche Neigung zum Nationalismus. Und sie machte mich bescheiden. Da saß ich mit meinem akademischen Grad in Anglistik und konnte mich nur still verhalten, wenn von Kunst, Musik oder Philosophie die Rede war. Ich kam mir ungebildet vor, und dieses Gefühl habe ich heute noch, denn meine Unkenntnis auf manchen Gebieten ist grenzenlos; was zeigt, daß eine spezialisierte Universitätsausbildung noch lange keine Bildung bedeutet.

Wie blind ich war, wie blind wir alle waren! Wir sahen nicht, daß Deutschlands schreckliche Armut zu Hitler führen würde. Ich nehme an, daß die Valuta mich blasiert machte, denn ich lebte wie ein Millionär. Für eine halbe Krone fuhr ich erster Klasse von München nach Wien, und ich besaß einen Vorrat an Benediktiner, Curaçao, Brandy etc., denn keine Flasche kostete mich mehr als 8 Pence. Einmal tauschte ich in Dresden 10 englische Pfund in Mark um und bekam gleich darauf ein Telegramm, das mich nach Wien rief. Ich nahm das deutsche Geld mit, und zehn Tage später, nach meiner Rückkehr, reichte es nicht einmal mehr aus, die Straßenbahn nach Hellerau hinaus zu bezahlen.

Ich hielt den Mädchen von der Eurhythmieabteilung Vorträge über Psychologie. Eines Tages kam eine junge Russin von ihnen in mein Büro, warf die Arme um mich und sagte: «Herr Neill, ich liebe Sie.» Ich wußte nicht einmal ihren Namen und war etwas entsetzt, eine Liebeserklärung von jemandem zu bekommen, den ich persönlich gar nicht kannte. Mein Entsetzen schlug in Panik um, als sie fortfuhr: «Ich habe es meinem Mann geschrieben, und er wird am Samstag kommen, um sich mit Ihnen zu schießen.» Als ich zwei Tage später morgens zur Schule hinüberging, sah ich sie mit ihrem Mann, der aussah, als ob er zwei Meter groß sei, herankommen. Sie stellte uns einander vor, und er schüttelte mir herzlich, wenn auch schmerzhaft, die Hand. Das arme Kind hatte eine Übertragungsbeziehung zu mir entwickelt und ein ganzes Phantasiegebäude um mich errichtet.

Es ist seltsam, daß ich, wenn ich an jene Tage zurückdenke, bei dem verweile, was trivial ist oder «unbedeutend», um es mit einem hier genau zutreffenden deutschen Wort zu sagen. Ein anderer Zwischenfall, der mit Furcht verknüpft war, kommt mir in den Sinn. Die Franzosen hatten schwarze Soldaten ins Ruhrgebiet geschickt, und die Deutschen tobten. Eines Tages, als ich in der Straßenbahn saß, stiegen vier unangenehm aussehende Jugendliche ein. Ich merkte, daß sie mich beobachteten, und hörte einen von ihnen das Wort «Franzose» sagen. Sie kamen auf mich zu, und ich zog hastig meinen Paß heraus. «Ach, Engländer?» – «Nee», sagte ich, «Schotte.» Sie bestanden darauf, daß ich an der nächsten Station mit ausstieg und einen mit ihnen trank, und dabei stellte ich fest, daß sie voller Mitleid für mich waren, da sie Schottland für einen von den Engländern unterdrückten Sklavenstamm hielten.

Ich bin nie ein tapferer Mann gewesen, und was ich über meine calvinistische Jugend sagte, mag erklären, warum ich keine Courage besaß. Ich habe schon erzählt, daß mein Vater und mein Großvater vor der Dunkelheit Angst hatten. Auch ich fürchtete mich im Dunkeln, aber ich wurde besser damit fertig als mein Vater ... ich trotzte der Angst. Aber ich kann mich nur an eine Gelegenheit in meinem

Leben erinnern, bei der ich wirklich einigen Mut aufbrachte. Um 1936 mußte ich einmal in Hannover zwei Stunden auf einen Zug warten. Es war ein herrlicher Sonntagmorgen, und ich machte einen Spaziergang durch die Stadt. Plötzlich hörte ich die Klänge einer Kapelle, und ein Trupp SS-Männer kam die Straße heruntermarschiert. Alle Leute auf dem Bürgersteig blieben stehen und hoben den Arm zum «Heil Hitler»-Gruß. Ich brachte es nicht über mich, die Hand zu heben. Zwei Berittene kamen auf mich zu, und ich zitterte, denn nicht lange zuvor hatte mein Freund Geoffrey Cox, heute Sir Geoffrey, in Berlin ein ähnliches Erlebnis gehabt und sein Paß hatte ihn nicht davor bewahrt, zusammengeschlagen zu werden. Hastig zeigte ich den beiden Berittenen meinen Paß. Sie zögerten und zogen dann weiter. Ich flüchtete mich sofort in den sicheren Bahnhofswartesaal.

Ich hatte vom Ministerium nicht die Erlaubnis erhalten, Deutsche zu unterrichten, und meine Abteilung setzte sich aus Engländern, Norwegern, Belgiern und Jugoslawen zusammen. Ich durfte in der deutschen Abteilung nicht einmal Englisch-Unterricht geben, da ich keinen akademischen Grad einer deutschen Universität besaß. Ich mußte eine Deutsche einstellen, deren Aussprache entsetzlich war. Ständig diskutierte sie mit mir über Akzente, und als einmal ein Ire zu Besuch kam, dessen irischer Akzent so stark war, daß man ihn mit dem Messer hätte schneiden können, schrie sie verzückt auf: «Wunderbar, das ist der richtige Oxford-Akzent!»

Die Lehrerschaft war ein zusammengewürfelter Haufen. Einige waren Kommunisten und forderten, daß die Schule gemeinschaftlich geleitet werden sollte. Ich hatte mir für etwa eine Million Mark – 15 Shilling in englischem Geld – ein Fahrrad gekauft. Aber es war nie da, wenn ich es brauchte. «Es sollte dem ganzen Kollegium gemeinsam gehören!» Wie ernst diese Deutschen waren! Ich schenkte der ganzen Schule einen Filmprojektor, und es wurde ein Programmausschuß gewählt, der die Filme aussuchen sollte. Als ich besonders dringend Charlie Chaplin empfahl, waren sie schockiert ... «Aber das hat doch keinen erzieherischen Wert.» So mußten die Kinder dasitzen und sich langweilige Filme über Reisen und Schalentiere ansehen. Ein Film ohne eine pädagogische Aussage galt als nutzlos. Der Leiter der deutschen Abteilung begann seine Ansprache an die Eltern mit den Worten: «Hier arbeiten wir.» Er reagierte verärgert, als ich ihn fragte, warum er seine Rede nicht mit den Worten: «Hier haben wir Spaß» begonnen hätte. Er und ich waren für das Schulheim verantwortlich. Ich hatte das obere Stockwerk, er das untere. Manchmal kam es vor, daß meine Gruppe abends nach Grammophonplatten tanzte, während er unten Goethe oder Nietzsche vorlas. Etliche seiner Schüler schlichen nacheinander die Hintertreppe hinauf, um mitzutanzen. Das führte zu Verstimmungen.

Viele unserer Schüler waren Juden, und ich bin überzeugt, daß sie alle in Belsen oder Auschwitz endeten. Schon 1921 hatten Läden in Dresden Schilder mit dem Hinweis, daß Juden hier nicht bedient würden. Einem dieser Läden, einer Buchhandlung, spielte ich einen freilich zwecklosen Streich. Ich fragte nach Ausgaben von Ibsen, Strindberg und Nietzsche, und bald war der Ladentisch mit lauter schönen Bänden bedeckt. Das Personal wieselte um den reichen «Engländer» herum. Ich sagte, im Fenster sei ein Buch, das ich auch gern noch ansehen wollte. Ich ging hinaus, und als ich wieder hereinkam, sagte ich: «Ich sehe gerade, daß Sie keine Juden bedienen.»

«Aber mein Herr, Sie sind doch kein Jude.»

«Nein», sagte ich, «ich bin kein Jude, aber in meinem Land sperren wir Juden nicht aus den Läden aus.»

Ich hatte gar nicht die Absicht gehabt, irgend etwas zu kaufen. Später sah ich ein, daß ich auf solche Weise höchstens zusätzlich zu dem Antisemitismus noch Anglophobie erzeugte.

Zu den Freuden jener Zeit zählte die Nähe von Edwin und Willa Muir. Willa gehörte unserem Lehrerkollegium an, und Edwin schrieb seine Gedichte und seine Prosa. Ich kann hier nicht auf all die Diskussionen und Schwierigkeiten, die wir hatten, eingehen, auf unsere Kämpfe mit den staatlichen Behörden und unsere internen sachbezogenen Meinungsverschiedenheiten. Ich machte auch Bekanntschaft mit der deutschen Gründlichkeit. Wir druckten ein Lehrprogramm, und ich wurde gebeten, den Text ins Englische zu übersetzen, damit wir englische und amerikanische Schüler bekommen. Der Text umfaßte ungefähr zehn Seiten; meine Übersetzung war eine Seite lang. Die anderen waren verärgert. «Aber», sagte ich, «es steht doch alles drin, was Sie gesagt haben.» Kürze gehört nicht zu den Merkmalen der deutschen Schriftsprache.

Wir hatten das Schulgebäude gepachtet. Nun hielt zu jener Zeit

Gurdjieff Ausschau nach einem Haus für seine Schule des philosophischen Denkens. Er verliebte sich in unsere «Anstalt» und überredete Harold Dohrn, den Eigentümer, sie ihm zu überlassen. Als wir erklärten, wir wollten die Sache vor Gericht ausfechten, wechselte Dohrn plötzlich auf unsere Seite über. Später hörte ich, Gurdjieff habe prozessiert und Dohrn habe vor Gericht ausgesagt, Gurdjieff hätte ihn hypnotisiert. Gurdjieff verlor den Prozeß und ließ sich später mit Ouspensky in Fontainebleau nieder. Nach diesem Vorfall konnte ich nie wieder irgend etwas von Gurdjieff lesen. Ich bin über seinen Ausspruch: «Die zählen doch nicht – meine Arbeit ist von unendlich viel größerer Bedeutung» nicht hinweggekommen.

Er und alle, mit denen ich in Hellerau zusammenarbeitete, sind schon lange tot. Christine Baer starb an Krebs. Karl Baer wurde in Wien von den Russen erschossen, als er versuchte, seine Haushälterin vor Vergewaltigung zu beschützen. Harold Dohrn, der selbst Russe war, wurde ebenfalls von den Russen erschossen. Ich sollte hier anmerken, daß ich in diesem Buch nur selten noch lebende Personen erwähne. Angenommen, einer meiner Brüder hätte im Gefängnis gesessen oder eine meiner Schwestern wäre eine Prostituierte, dann dürfte ich ihrer Kinder wegen, die wahrscheinlich noch am Leben wären, in einem Buch nichts darüber berichten.

1923 brach in Sachsen die Revolution aus. In den Straßen von Dresden wurde geschossen. Unsere Schule wurde immer leerer. Die Eurhythmieabteilung siedelte nach Schloß Laxenberg in der Nähe von Wien über, und ich nahm meine Abteilung auf einen Berggipfel am Rande Tirols mit, vier Bahnstunden von Wien entfernt. Wir quartierten uns in einem alten Kloster ein, und gleich daneben stand eine Wallfahrtskirche. Einer alten Geschichte nach verminderte eine Wallfahrt dorthin die Zeit, die man im Fegefeuer verbringen mußte, um vierhundert Jahre.

Rund um die Kirche standen steinerne Heiligenfiguren, und wenn eine der Pilgergruppen aus dem gesamten katholischen Europa dort oben ankam, verliehen unsere englischen Schüler den Statuen durch Spiegelreflexe Heiligenscheine. Sie stießen oft mit den Besuchern zusammen, und als der Trick der Kinder herauskam, wunderte ich mich, daß wir nicht gelyncht wurden, denn die einheimischen Bauern waren die abscheulichsten Menschen, denen ich je begegnete. Nur wenige hatten schon einmal einen Ausländer gesehen, und die Tatsache, daß wir Heiden waren, genügte, ihren Haß auf uns zu entfachen. Einmal sonnte sich ein neunjähriges deutsches Mädchen im Badeanzug. Prompt erschien am nächsten Tag ein Polizist bei uns und erklärte, das ganze Dorf sei empört und wütend. Es kam so weit, daß Bauern und ihre Frauen Flaschenscherben in den Teich warfen, in dem wir badeten. Der Höhepunkt war erreicht, als ich zum Erziehungsministerium in Wien zitiert wurde.

«Herr Neill, geben Sie Religionsunterricht?»

«Nein.»

Der Beamte nahm einen umfangreichen Band zur Hand und las die Bestimmung vor: In jeder österreichischen Schule muß Religionsunterricht erteilt werden. Ich erklärte ihm, daß ich keine österreichischen Schüler hätte, doch das war keine Entschuldigung; dem Gesetz müßte Genüge getan werden. So kam es, daß ich gegen Ende 1924 mit meiner kleinen Gruppe nach England ging.

Aber wir hatten in Sonntagberg auch Spaß. Als wir dort ankamen, lag tiefer Schnee, und wir mußten uns Skier kaufen. (Wir sprachen das Wort auf die deutsche und norwegische Art aus – Schier.) Unser Briefträger brauchte fast eine Stunde, um zu uns den Berg heraufzuklettern, aber für den Rückweg nur etwa zehn Minuten. Keiner von uns erreichte diese Fertigkeit im Skifahren. Wir tanzten viel, Foxtrott und Tango, und ich tanzte sehr gern. Heute tanze ich nicht mehr, nicht wegen meines Alters – einen Tango könnte ich immer noch tanzen –, sondern weil die neuen Rhythmen mir zu schnell sind und weil das Tanzen in meinen Augen nichts mehr mit Können zu tun hat, jedenfalls sehe ich nichts dergleichen darin, wenn man mit Knien und Hintern wackelt.

Ich fühlte mich von allem Österreichischen angezogen. Das erste deutsche Buch, das ich las, war *Das Tagebuch eines halbwüchsigen Mädchens*, das später als *A Young Girl's Diary* in englischer Übersetzung erschien. Es war das Tagebuch eines Mädchens aus dem Mittelstand, geschrieben im Alter von elf bis vierzehn, und zwar in einer kindlichen Sprache, so daß ich es leicht lesen konnte. Ich lernte dadurch sogar eine Anzahl wienerischer Wörter, die viele Deutsche nicht kennen. Freud hatte zu diesem Buch ein kurzes Vorwort geschrieben und es ein Juwel genannt. In gewisser Art erklärt es vieles von der Freudschen Sexualtheorie; es ist unmöglich, daß Freud sich der Beeinflussung durch die unwissende Repression des Sexuellen in den späten neunziger Jahren ganz entziehen konnte. Tatsächlich hätte er seine Sexualphilosophie auf diesem Buch aufbauen können. Es ist eine wunderbare Geschichte über die sexuelle Unterdrückung und die sexuelle Unwissenheit eines jungen Menschen. Cyril Burt meinte, das Buch sei ein Schwindel, die Geschichte sei von einem Erwachsenen verfaßt, aber ich bin davon überzeugt, daß er unrecht hat. Kein Erwachsener hätte das Elend und den Wechsel von Leid und Freude im Leben eines jungen Mädchens so darstellen können.

Das Buch vermittelte mir daneben ein bezauberndes, wahrhaft romantisches Bild der Wiener Gesellschaft mit ihrem Nachglanz aus den Tagen der Straußschen Walzer und des *Rosenkavaliers*. Da war etwas von der Fröhlichkeit der Stadt mit ihrer «Gemütlichkeit», ihrem Kaffee mit «Schlagobers», ihren «Wiener Schnitzeln». Ich liebte Österreich, und jahrelang träumte ich davon, mich einst, wenn ich zu arbeiten aufhörte, in Salzburg niederzulassen, obwohl es dort soviel regnete.

Ende 1924, nach unserer Ankunft in England, mietete ich ein Haus in Lyme Regis in der Grafschaft Dorset. Das Haus wurde Summerhill genannt und stand auf dem Hügel, der nach Charmouth führt. Lyme war und ist noch heute ein hauptsächlich von Pensionären bewohnter Ort, eine klassenbewußte Kleinstadt. Wir waren Außenseiter, und die feinen Leute rümpften die Nase über unsere frechen Lausbuben – bis eines Tages ein Rolls-Royce, der mit einem Wappen verziert war, zu uns heraufgefahren kam. Der Earl of Sandwich, einer der Gründer des «Little Commonwealth», wollte uns auf ein paar Tage besuchen. Von da an zogen die Leute vor uns den Hut. Das erinnert mich an eine Episode, die Bertrand Russell in seiner Autobiographie erzählt. Bei einer Antikriegsdemonstration wurde er einmal von einem Polizisten hart angefaßt. Eine Frau rief: «Das ist Bertrand Russell, der Schriftsteller und Philosoph.» Der Polizist überhörte sie und setzte Russell weiter zu. «Er ist der Bruder von einem Earl», schrie die Frau. «Was?» Die Rangelei hörte auf. Guter alter englischer Snobismus.

Wir hatten damals nur fünf Schüler – drei, die den halben Satz bezahlten, und zwei, die gar nichts bezahlten. Es kam vor, daß meine erste Frau und ich (ich hatte inzwischen «Frau Doktor Neustätter» geheiratet) beispielsweise vor dem Schaufenster eines Eisenwarenhändlers standen und uns überlegten, ob wir uns wohl einen Spaten leisten könnten. Da Lyme ein Ferienort war, verwandelten wir die Schule während der Ferien in eine Pension und konnten uns so über Wasser halten. Damals, wie auch heute noch, bekamen wir zu viele Problemkinder, Sonderlinge, die von anderen Schulen abgewiesen worden waren. Heute, nach fünfzig Jahren, haben wir, wie gesagt, immer noch das gleiche Problem. Ein amerikanischer Vater schreibt mir zum Beispiel: «Mein Sohn ist ein ganz normales Kind, aber er haßt den Unterricht.» Der Junge kommt an, und sein Gesicht drückt nur Haß aus; er tyrannisiert, stiehlt, zerstört. Offenkundig ist dem Vater bewußt, daß er uns die Folgen seines eigenen Versagens aufbürdet. Es ist tatsächlich so, daß das ganze Leben an der Schule immer wieder durch eine zu große Anzahl von Problemkindern beeinträchtigt wurde. Unter unseren erfolgreichen Akademikern, unseren Professoren, Ärzten, Richtern und Naturwissenschaftlern ist nicht einer, der als Problemkind zu uns gekommen ist.

Bertrand Russell hatte vor, zusammen mit seiner Frau Dora eine eigene Schule zu gründen. Er kam und verbrachte eine Woche bei uns, und wir alle mochten ihn; er war so gescheit und hatte soviel Humor. In einer sternklaren Nacht machten er und ich einen Spaziergang. «Russell», sagte ich, «der Unterschied zwischen uns beiden ist der: hätten wir jetzt einen Jungen dabei, dann würden Sie ihm gern etwas über die Sterne erzählen, und ich würde ihn seinen eigenen Gedanken überlassen.» Russell lachte, als ich hinzufügte: «Ich sage das vielleicht nur, weil ich schon so verdammt viel über die Sterne weiß.»

Ich war nicht glücklich in Lyme. Die Luft war so lau, daß es eine Anstrengung bedeutete, die hügeligen Straßen hinaufzugehen. Als wir nach Suffolk übersiedelten, verdoppelte sich plötzlich der Appetit der Kinder. Unser Lehrerstab war klein: George Corkhill unterrichtete in den naturwissenschaftlichen Fächern, ‹Jonesie›, der in Österreich zu uns gestoßen war, in Mathematik, und meine Frau war die Hausmutter. Es war eine aufregende Zeit, und unsere Problemkinder waren so interessant, daß sie uns mehr Freude als Kummer machten. Ein Mädchen, das später Golfmeisterin von etwa sechs Ländern wurde, hatte es sich angewöhnt, ihre Eltern und Lehrer durch ihre Widerspenstigkeit in Wut zu versetzen. Sie entschloß sich, es auch bei mir zu versuchen. Eine ganze Stunde lang triezte sie mich, doch obwohl es mich hart ankam, reagierte ich nicht darauf. Schließlich brach sie in Tränen aus, und es war wohl eine harte Lehre für sie, daß ihre Versuche, Erwachsene zur Raserei zu bringen, nicht immer von Erfolg gekrönt waren.

Ich war damals ein ausgemachter Narr. Ich meinte, daß Psychologie, außer einem gebrochenen Bein, alles heilen könnte. Ich nahm Kinder auf, die von Geburt aus beeinträchtigt waren, Kinder, die an Schlafkrankheit litten, und geistig behinderte Jungen und Mädchen. Natürlich mußte ich bald feststellen, daß ich ihnen nicht helfen konnte.

Als unser Dreijahresmietvertrag ablief, hatten wir 27 Schüler und keine Bleibe für sie. Ich kaufte einen alten Morris und fuhr auf der Suche nach einem Haus die Südküste entlang. Ich sah einige wunderschöne Häuser, aber sie kosteten 50 000 Pfund. Dann fuhr ich die Ostküste hinauf, und das letzte Haus auf meiner Liste war Newhaven in der kleinen Stadt Leiston in Suffolk. Es kostete nur 3250 Pfund. Diesen Betrag hatte ich zwar auch nicht zur Verfügung, aber mit Hilfe einer Hypothek kaufte ich das Haus. Den Namen Summerhill nahm ich mit – und in den 45 Jahren seither hat mich noch kein einziger Besucher nach dem Grund des Namens gefragt, obwohl die Umgebung doch völlig eben ist.

Als der Zweite Weltkrieg ausbrach, blieben wir während der ersten «ruhigen» Kriegsmonate in Summerhill, aber nach Dünkirchen, als wir mit einer Invasion rechneten, mußten wir umziehen. In Festiniog in Nord-Wales fanden wir ein großes Haus; es war verfallen, und die Jungens aus der Umgebung hatten die Waschräume und die meisten Fenster zertrümmert. Hier blieben wir fünf Jahre lang – die längsten Jahre meines Lebens. Es regnete ununterbrochen. Ich mußte meinen Wagen verkaufen und nach dem Bus Schlange stehen. Alle Leute um uns herum sprachen walisisch; viele von den Alten konnten überhaupt kein Englisch. Ich war in die Atmosphäre meines schottischen Heimatdorfes zurückgekehrt. Kirchen und Choräle, überall – mit der dazugehörenden Scheinheiligkeit. Ein Ladenbesitzer sagte einmal zu mir: «Ich glaube an keinen Gott, aber wenn ich nicht jeden Sonntag in die verdammte Kirche ginge, hätte ich keinen einzigen Kunden.» Die Dorfbewohner waren empört über unser heidnisches Benehmen, aber mit der Zeit kamen sie, einer nach dem andern, zu unseren sonntäglichen Tanzabenden geschlichen. Kurz nach unserer Ankunft dort verunglückte einer von unseren aufgewecktesten Jungen und ertrank. Später erlitt meine Frau einen Schlaganfall. Sie konnte nicht mehr sprechen und ihr Geist verwirrte sich. Sie starb 1944 in einem Hospital. Kein Wunder, daß die Jahre in Festiniog für mich eine Leidenszeit waren.

Wir lebten in einer herrlichen Landschaft, genau wie damals auf unserem Berg in Österreich, aber nach einer Woche schon nahm ich sie nicht mehr wahr. Ich bin nie ein guter Beobachter gewesen. Als Student hauste ich vier Jahre lang in derselben Bude, und als mich meine Mutter am Ende meiner Studienzeit nach der Farbe der Wände meines Zimmers fragte, hatte ich nicht die leiseste Ahnung. Genauso ergeht es mir mit Menschen: ich kann mich nie erinnern, was sie anhaben. Das ist zuweilen peinlich. Als ich zum Beispiel einmal den neuen Hut meiner Mutter bewunderte, antwortete sie entrüstet: «Ich trage ihn bereits seit vier Jahren.»

Wales war die Hölle für mich, und ich habe nur noch wenige Erinnerungen an die Zeit damals. Ich kann mich nicht einmal mehr an die einzelnen Räume in dem Haus erinnern. Auch die Namen der meisten unserer damaligen Lehrer sind mir entfallen. Was, wie ich annehme, die Freudsche Theorie bestätigt, daß wir vergessen, was wir vergessen wollen.

In den Ferien mußten die Kinder eine lange, beschwerliche Bahnreise von Wales nach London hinter sich bringen. Wir hatten Glück: kein einziger unserer Schüler fiel den deutschen Bombenangriffen zum Opfer. Aber die Schule war kein richtiges Summerhill. Es gab Eltern, die uns ihre Kinder schickten, nicht damit sie in Freiheit aufwuchsen, sondern damit sie in Sicherheit waren, und als der Krieg aufhörte, holten diese Eltern ihre Kinder wieder zurück. Die Schule war überfüllt. Die Lebensmittel waren rationiert, und es war schwierig, Tabak zu bekommen. Die Pubs schlossen abends um neun, statt wie sonst in England um halb elf. Unsere Jungens befanden sich in einem ständigen Krieg mit den Dorfjungens, die äußerst aggressiv waren, obwohl oder gerade weil sie dauernd zur Kirche gingen.

Auch waren mir wieder die Freuden des schottischen Sabbats beschieden. Man wagte es nicht, sonntags den Garten umzugraben. Als einmal nach heftigen Regenfällen, die das Korn flachgedrückt hatten, ein strahlender, windiger Sonntag folgte, ging kein einziger Bauer aufs Feld.

Aber Wales hatte auch seine guten Seiten. Ich entdeckte bei den Leuten eine tiefe Abneigung gegen England und seine Kriegsgesetze. Die Schule war für Brennstoff, der streng rationiert war, bei einem bestimmten Kohlenhändler registriert. Ein anderer Kohlenhändler kam eines Tages zu mir und fragte, ob ich Kohlen brauchte. Ich sagte, ich brauchte zwar welche, aber ich dürfte sie nicht bei ihm kaufen, da ich bei den Brüdern Jones registriert sei.

Er lachte. «Das geht schon in Ordnung», sagte er. «Wieviel Tonnen wollen Sie haben?»

«Und wie steht es mit dem Gesetz?» fragte ich.

«Ich pfeife auf das Gesetz», sagte er. «Außerdem habe ich gerade zwei Tonnen Koks an den Leiter der Justizbehörde geliefert, und der ist auch bei den Brüdern Jones registriert.»

Von da an litten wir niemals mehr Mangel an Kohlen.

Obwohl wir fünf Jahre lang Walisisch hörten, lernten wir nie auch nur einen einzigen Satz. Zusammengenommen habe ich bestimmt ein Jahr in Norwegen verbracht und trotzdem nie ein Wort Norwegisch gelernt. In beiden Fällen lag kein Grund vor, die Sprache zu erlernen; der Aufenthalt war zeitlich begrenzt.

Teil II

Über Autobiographie, Ruhm und Selbstanalyse

Ich schrieb meine Autobiographie 1939 in Norwegen. Meine damaligen Verleger glaubten nicht, daß sie sich verkaufen ließe, und so packte ich das Manuskript in eine Schublade und vergaß es, bis mein guter Freund und Übersetzer Shimoda bei mir anfragte, ob er es ins Japanische übersetzen könnte. Er tat es. Ich sehe den Band in meinem Bücherregal stehen, aber für mich könnte es ebensogut die *Lady Chatterley* sein. Erst als mir mein amerikanischer Verleger vorschlug, ich sollte ein Buch über mein Leben schreiben, erinnerte ich mich wieder an die in der Schublade versteckten Seiten. Und damit tauchten auch schon die Schwierigkeiten auf. Konnte ich zu der Phase meines Lebens zurückkehren, die ich 1939 hinter mir gelassen hatte? Hier lag ein echtes Problem vor; ich merkte, daß ich im Grunde an mir und meinem Leben gar nicht interessiert war und fand es langweilig, zurückzublikken. Diese Einstellung mochte zu einem Teil aus den Jahren meiner Analyse herrühren, als ich viele Stunden damit verbrachte, über mich und meine Probleme zu sprechen. Es bedeutete, daß ich genug davon hatte, mich als Privatmann gegenüber meiner Person als Berufstätiger und als Schriftsteller zu sehen. Deshalb ist der Rest meines Buches nicht eine chronologische Darstellung meines späteren Lebens, sondern vielmehr eine Reihe von Reflexionen über mein Leben und meine Ansichten, die ich in Abständen in den letzten Jahren niedergeschrieben habe.

Jede Autobiographie ist wenn nicht eine Lüge, so doch ein Umgehen der Wahrheit. Ja, ich frage mich, welchen Wert eine Autobiographie hat. Zu wissen, daß J. M. Barrie, Ruskin und Carlyle impotent waren, daß Freud, wenn er mit dem Zug fahren wollte, immer eine Stunde vorher am Bahnhof sein mußte (Erich Fromm), daß Reich über die Maßen eifersüchtig und Wilde homosexuell war: ich sehe nicht ein, wie derartige Kenntnisse das Urteil über ihr Werk beeinflussen sollten. Glücklicherweise wissen wir so gut wie nichts über Shakespeare, Wagner war ein unangenehmer Patron, schäbig gegenüber seinen Freunden, schäbig, wenn es um Geld ging, aber dieses Wissen mindert nicht im geringsten mein Entzücken, wenn ich *Die Meistersinger* oder *Tristan und Isolde* höre.

Das einzige gute, was eine Lebensbeschreibung vermag, ist, zu erklären, oder doch der Versuch, zu erklären, was einen Menschen bewog, den Weg zu wählen, den er einschlug; allerdings weiß ich nicht recht, wie weit dies anderen wirklich hilft. Nehmen wir die Ernest Jones' Theorie über Hamlet und seinen Ödipuskomplex, seinen unbewußten Wunsch, seinen Vater zu ermorden und seine Mutter zu heiraten. In Wirklichkeit hatte das sein bösartiger Onkel vollbracht. Hamlets Unentschlossenheit wäre also seiner Zwiespältigkeit zuzuschreiben ... Der Onkel hat getan, was ich unbewußt selbst tun wollte – wie kann ich ihn da verdammen? Angenommen, Shakespeare hätte sein eigenes Leben beschrieben und erzählt, wie in seiner Jugend sein strenger Vater ihn und seine Mutter tyrannisiert hatte. Würde dieses Wissen unsere Freude an dem Stück auch nur um eine Spur beeinträchtigen? Ibsen war, wie ich auch, ein Feigling, aber sieht man sein Stück *Ein Volksfeind*, sehnt man sich keineswegs nach dem «großen, starken Mann», wenn der im moralischen Sinne tapfere Arzt die Niederträchtigkeit der bürgerlichen Gesellschaft der Stadt anprangert. Das, worüber jemand schreibt, ist nicht unbedingt er selbst. Dickens war weder David Copperfield noch Mr. Pickwick.

Nicht mein Leben, sondern nur das, was ich getan habe, scheint mir wichtig, und was habe ich schon geleistet? Die großen Männer wie Freud, wie Einstein, sie haben neue Entdeckungen gemacht. Ich habe nichts entdeckt. Die neue dynamische Psychologie zeigt, daß die Emotionen, nicht der Intellekt, die treibenden Kräfte im Leben sind, und so gründete ich eine Schule, in der die Emotionen an erster Stelle stehen. Jahrelang habe ich darüber nachgedacht, warum Millionen Lehrer die einfache Wahrheit nicht begreifen und Kinder nicht ihrer eigenen Art und ihrem eigenen Tempo gemäß aufwachsen lassen. Vielleicht waren sie dazu nicht imstande, weil sie ihre eigene Persönlichkeit bei ihrer Arbeit ins Spiel bringen mußten.

Wenn ich ein ausgeprägtes Talent besitze, dann ist es die Fähigkeit, mich im Hintergrund zu halten. Oft sitze ich die Versammlungen unseres Schulparlaments ab, ohne ein Wort zu sagen. Meine Vorschläge werden mindestens in der Hälfte der Fälle von der Mehrheit abgelehnt. Ohne prahlen zu wollen, glaube ich, daß ich damit besser fahre als Homer Lane, dessen starke Persönlichkeit auf das «Little Commonwealth» abfärbte. Ich war nie ein «starker Mann», und ich mag keine «starken Männer», die eine Volksmasse, eine Familie oder eine Schulklasse beherrschen. Wenn ich mir im Fernsehen einen Boxkampf ansehe, bin ich immer auf der Seite des Schwächeren – allerdings gebe ich zu, daß ich von dieser Regel abweiche, wenn ich Muhammad Ali sehe, dessen Stil geradezu poetisch ist. Ich weiß, daß viele Leute das Boxen als einen grausamen Sport verurteilen. Ich verabscheue Sportarten wie den Stierkampf, wo das arme Tier keine Chance hat, aber wenn zwei Männer sich gegenseitig im Ring verdreschen wollen, so habe ich nichts dagegen einzuwenden, was daran liegen mag, daß ich mit einem Studenten zusammen wohnte, der Boxmeister war und für den ich als Sparringspartner herhalten mußte. (Psychologisch interessant ist der Umstand, daß ich ihn zu seinen Boxkämpfen begleiten und anschließend nach Hause bringen mußte, da er sich fürchtete, nachts allein durch die Straßen Londons zu gehen. Ebenso könnte Muhammad Ali Angst vor Mäusen haben. In einem Fernsehinterview bekannte er, daß er Angst vor dem Fliegen hat.)

Ich stelle selbst die Frage: Was für einer bin ich eigentlich? Manche Leute sagen, ich sei liebenswürdig, und das mag schon sein, denn ich bin ziemlich gerecht und friedfertig und fahre nie aus der Haut, wie Reich das zu tun pflegte. Damit will ich nicht sagen, daß ich ein Pharisäer bin und Gott dafür danke, daß ich nicht bin wie andere Menschen – und doch, sind wir es nicht auf die eine oder andere Weise zu Zeiten alle? Wenn ich sage, daß Smith ein langweiliger Dummkopf ist, sage ich damit, daß ich sehr viel besser, sehr viel gescheiter bin als er. Jede Kritik ist pharisäisch.

Ich habe keine Ahnung, wie ich aussehe. Ich kann mich nicht erinnern, in einen Spiegel geblickt zu haben, seit ich vor etlichen Jahren auf einen elektrischen Rasierapparat umgestiegen bin. Es dauert lange, bis man begreift, daß es keinen Deut darauf ankommt, wie man aussieht. Der vor Liebe schmachtende Zwanzigjährige glaubt wirklich, es werde seiner Angebeteten imponieren, daß er Socken und eine Krawatte hat, die in Farbe und Muster zusammenpassen, so wie ein einfacher Bursche meint, wenn ein Mädchen schön sei, müsse es auch eine schöne Seele besitzen. Ich habe oft darüber nachgedacht, warum das Schöne im Gesicht eines Mädchens so wichtig ist, warum ein anmutiger Gang oder eine hübsche Figur erst an zweiter Stelle kommen. Die meisten Fragen im Leben werden niemals beantwortet. H. G. Wells hat es ungefähr so gesagt: «Da fängt man gerade an, ein bißchen vom Leben zu verstehen, und schon kommt der Sensenmann daher und sagt: ‹So, mein Kleiner, und nun leg deine Spielsachen weg, es ist Zeit, zu Bett zu gehen.›» Mit 89 Jahren verstehe ich, was er meinte.

Ich habe Ruhm erlangt, oder vielleicht sollte ich besser sagen: Publicity – bei zweitausend Summerhill-Besuchern im Jahr. Daß ich viel Post von Verehrern kriege, freut mich, obwohl es bedeutet, daß ich stundenlang Leuten antworten muß, die ich nicht kenne. Es verschafft eine gewisse Befriedigung, im Fernsehen aufzutreten, allerdings auch eine Menge Ärger, denn es kommt mir so vor, als hätten die populären Sprecher im Fernsehen nichts zu sagen, während ich mich in dem Glauben wiege, daß ich verdammt viel zu sagen habe. So ist es schon immer gewesen. Millionen Menschen, die Bob Hope kennen, haben noch nie von Freud oder Milton oder Summerhill gehört.

In meinem Fall hat der Ruhm allerdings auch eine negative Reaktion hervorgerufen. Ich erwarte nie, daß ich auf der Straße erkannt werde, und wäre überrascht und ohne Zweifel erfreut, wenn ein Fremder mich fragen würde, ob ich A. S. Neill sei. Und das ist keine falsche Bescheidenheit. Es mag das Resultat von Erfahrungen sein, die ich in meiner Kindheit als der Dummkopf der Familie machte: «Mary, der Bub wird es zu nichts bringen», sagte mein Vater mehr als einmal zu meiner Mutter. Vielleicht habe ich es zum Ausgleich für meine damalige Minderwertigkeit doch ‹zu etwas gebracht›.

Mit dieser Bescheidenheit geht das Gegenteil einher. Wenn man alt ist, ist jedes Lob zwar süß, doch Vorwürfe machen einem keinen sonderlichen Eindruck mehr. Ein vor nicht langer Zeit in einer Sonntagszeitung erschienener, ziemlich gehässiger Artikel über die Party, die anläßlich des 50. Geburtstags von Summerhill in London stattfand, ärgerte mich weder noch berührte er mich. Vielleicht weil ich Feindseligkeiten nicht gewohnt bin. Ich kenne niemanden, der mein Feind ist, obwohl es ein paar tausend Eltern in den USA, in Deutschland, in Brasilien etc. geben muß, die mich von Herzen hassen. Von einigen weiß ich es durch ihre Kinder ... «Wenn ich aus deinem Summerhill-Buch zitiere, gehen meine Eltern in die Luft. Daddy hat mir verboten, es zu lesen.»

Es ist ebensogut möglich, daß ich zu alt bin, um noch einmal in die USA zu gehen und Vorträge in diesem christlichen Land zu halten, wo jeder ein Schießeisen mit sich herumtragen kann.

Man spricht oft von mir als dem Mann, der Kinder liebt. Liebe ist kaum das Wort, das ich benutzen würde, wenn zum Beispiel ein Problemkind die Fenster meiner Schule einschmeißt. Man kann nicht Massen lieben, sondern nur einzelne Menschen, und nicht jeder einzelne ist liebenswert. Nein, das Wort Liebe weise ich zurück. Ich ziehe Homer Lanes Auf-der-Seite-des-Kindes-Sein vor; das bedeutet Anerkennung, Zuneigung, Freundlichkeit und dazu das Fehlen jeglicher Erwachsenenautorität. Es ist mehr wert, Kinder zu verstehen, als sie zu lieben. Wirklich, wenn an jeder Schule die Lehrer für die Schüler Charlie und Maggie wären, dann würden, glaube ich, viele Schwierigkeiten, die mit Disziplin zu tun haben, verschwinden.

Ich habe kürzlich gelesen, Feiglinge seien immer introvertierte, also einsame Menschen. Der Held sei tapfer, weil er einer Gruppe zugehöre und unbewußt fühle, daß er die Stärke und den Mut der Gruppe hinter sich habe – sei es eine Regierung oder eine Partei usw. Eine interessante Theorie. Es mag sein, daß so, wie der couragierte Extrovertierte physisch tapfer ist, der mutige Introvertierte geistig tapfer ist. Aber von wem kann man sagen, er sei gänzlich introvertiert oder gänzlich extrovertiert? Wir alle sind eine Kombination aus beidem, doch ich meine, die meisten Menschen neigen stärker zu der extrovertierten Seite. Es sind diejenigen, die sich durch die öffentliche Meinung, durch Reden und durch Fernsehreklamen beeinflussen lassen. Wenn ich in eine Drogerie gehe, um mir Rasierseife zu kaufen, und dort neben einer Anzahl bekannter Marken eine mit einem unscheinbaren Namen sehe, dann kaufe ich bestimmt diese. Es mag sein, daß Ibsen übertrieb, als er sagte, die Mehrheit sei immer im Unrecht, aber der Introvertierte ist immer überzeugt, er sei im Recht. Wenn es eine Frage der Emotionen ist, Stellung zu beziehen oder Partei zu ergreifen, warum wünsche ich mir als Schotte dann nicht automatisch, daß, wenn ein Schotte gegen einen Engländer boxt, der Schotte den Kampf gewinnt? Wahrscheinlich könnte ein richtiger Freudianer das alles sehr einfach erklären. Der Extrovertierte, heißt es, sei derjenige, der seinen Vater akzeptiert und zum Vorbild nimmt, während der Introvertierte gegen seinen Vater rebelliert, und daran muß schon allerlei Wahres sein. Ich habe meinen Vater abgelehnt, weil er mich in meiner Kindheit ablehnte, mir Furcht und das Gefühl der Minderwertigkeit einflößte und mich zu striktem Gehorsam erziehen wollte. Allerdings kann ich nicht sagen, warum meine Brüder anders reagierten als ich. Einer von ihnen fürchtete meinen Vater noch mehr als ich, und doch lehnte er sich später nie gegen irgend etwas auf. Auch meine Schwestern lehnten sich nie auf; sie akzeptierten unser Zuhause, die Art und die Ansichten meiner Eltern, und nur Clunie war ein Rebell.

Doch hier erheben sich schon wieder Zweifel. Clunie und ich wuchsen in derselben gegen das Leben gerichteten calvinistischen Umgebung auf. Ich wurde später als sie Atheist, und ich bezweifle doch sehr, daß ich auf dem Sterbebett die alten Gebete von einst murmeln werde. Es ist schwer zu sagen, ob hinter einem Glauben beides, Intellekt und Gefühl, steht. Demonstriert der Linksradikale mit seiner roten Fahne, weil er die Armen liebt oder weil er die Reichen haßt? Ach, nach Beweggründen zu forschen ist so sinnlos wie nach einem Lebensplan zu suchen.

Ich habe einen starken Gerechtigkeitssinn, und Kinder, die frei aufwachsen, haben diesen Sinn für Gerechtigkeit auch. Ich habe an meiner Schule nie so etwas wie Günstlingswirtschaft aufkommen lassen. Nicht daß ich nicht manche Kinder lieber gemocht hätte als andere, doch ich hoffe, daß ich mich nie einer Bevorzugung schuldig gemacht habe. Einmal hörte ich, wie sich einige Schüler über die Lehrer und deren besondere Lieblinge unterhielten. Ein Mädchen fragte: «Wer sind Neills Favoriten?» Zwei Namen fielen – die Namen der beiden Schüler, die ich persönlich am wenigsten mochte. Ich hätte Schauspieler werden sollen.

Ruhm ist ein Trugbild. Ein paar Millionen Menschen, hauptsächlich in den USA und in Deutschland, haben ein oder zwei von meinen Büchern gelesen, und viele Schulen in den USA haben sich von Summerhill anregen lassen. Doch ich weiß, daß ich – nach ein paar Nachrufen – schnell vergessen sein werde, so wie Bertrand Russell wenige Monate nach seinem Tod vergessen war.

Ich weiß noch, wie ich als Student einmal mit einem Kommilitonen im *Who's Who* blätterte. «Wäre es nicht wunderbar, wenn man ins

Who's Who käme?» sagte ich. Nun, mein Name hat jetzt schon lange Zeit dringestanden, aber wenn er für die nächste Ausgabe herausgenommen würde – es würde mir nicht das geringste ausmachen. Genauso ist es mit akademischen Auszeichnungen. Wie aufregend, einen Titel zu erwerben! Aber wenn man ihn dann bekommt, ist der Glanz nach all dem mühevollen Lernen dahin.

Und doch ist es traurig, daß Keats seinen Ruhm, von dem er meinte, er sei vergänglich, nicht mehr klar erkannt hat. George Douglas Brown starb kurz nach Erscheinen seines großartigen Romans *The House with the Green Shutters*, ohne zu wissen, daß er ein Meisterwerk geschrieben hatte. Vielleicht ist es besser, vorher zu sterben.

Das Wort ‹Ruhm› kann, ebenso wie das Wort ‹Genie›, alles und nichts bedeuten. Wagner ist berühmt, aber Elvis Presley ist es, wenn man an seine Beliebtheit denkt, ebenso. Erst die Nachwelt entscheidet. Nur kleine Geister haben den Mut, sich für berühmt zu halten. Ich bin sicher, daß weder Freud noch Einstein das Gefühl hatten, sie seien berühmt. In unseren Träumen sollten wir erkennen, wie unbedeutend wir sind. Im Tagtraum haben wir die Kontrolle und träumen von Erfolg, Courage, Sieg; aber unsere nächtlichen Träume sind unserer Kontrolle entzogen. Ich bin mir nicht sicher, ob Freuds Behauptung, jeder Traum drücke einen Wunsch aus, wie kompliziert die Traumsymbole auch seien, richtig ist. Nachdem Hunderte meiner Träume therapeutisch analysiert worden sind, und ich selbst Hunderte von Kinderträumen analysiert habe, kann ich nicht daran glauben, daß alle Träume Wunscherfüllungen sind. Im übrigen könnte ich nicht sagen, daß die Analyse irgendeiner meiner Träume mir auch nur ein bißchen geholfen hat.

Ich spreche von Träumen, weil sie hinter das Bild, das sich ein Mensch von sich selbst macht, vordringen, hinter das, was Reich seinen Panzer nannte. Starke Persönlichkeiten sehen sich in ihren Träumen nicht selten als schwache Menschen. Ich kannte einen Geistlichen von der High Church, der oft träumte, er stünde nackt auf seiner Kanzel. Ich selbst habe geträumt, ich säße in einem überfüllten Ballsaal auf dem Topf und schisse . . . eine seltsame Art von Wunschdenken. Wir alle tun in unseren Träumen verrückte, infantile und idiotische Dinge, aber – meiner Erfahrung nach – niemals etwas Grausames, was die These von der ursprünglichen Rechtschaffenheit des Menschen stützt.

Damit will ich nicht sagen, daß jeder Mensch eine Mischung von Dr. Jekyll und Mr. Hyde ist; nein, er ist vielmehr die Kombination von einem Erwachsenen und einem Baby. Die Irrationalität des Traums ist die eines Kindes, und seine Bilder sind die des Kinderzimmers und der Kinderbücher. Auch ein Professor kann von fliegenden Elefanten träumen. Vielleicht ist das Motiv des Traums das Bedürfnis, die Seifenblase der Eitelkeit platzen zu lassen, sich selbst zu zeigen, daß man emotional ist, primitiv, unfertig.

Meine eigenen Träume kann ich nicht analysieren. Sie haben nichts mit Menschen, die ich kenne, zu tun. Ich träume niemals von meiner Familie, meiner Schule, meinen früheren Jahren. Das tat ich, als ich noch jünger war. Nach dem Tod meiner Schwester Clunie und nach Homer Lanes Tod habe ich jahrelang immer wieder von ihnen geträumt. Es waren keine schönen Träume; nie schien in ihnen die Sonne. Irgendwie wußte ich, daß sie tot waren, und es waren keine glücklichen Begegnungen. Zweimal, seit Reich starb, habe ich im Traum mit ihm gesprochen, ebenfalls ohne ein Glücksgefühl zu empfinden. In diesen Fällen war die Wunscherfüllung nicht durch Symbole verschleiert. Träume hängen natürlich auch von den Drüsen ab. Achtzigjährige haben keine sexuellen oder heroischen Träume – sie machen keine Autorennen mit, fahren keine schnellen Wagen. Meine Angstträume haben im Laufe der Jahre aufgehört. Ich träumte meist, ich stünde vor einem großen Publikum, unfähig, auch nur ein Wort hervorzubringen. Ich hatte quälende Reiseträume. Der Zug setzte sich in Bewegung, aber meine Füße wollten mich nicht die Stufen hinauftragen. Viele Jahre lang träumte ich, ich reiste zum Haus meiner Kindheit in Schottland zurück. Meine Eltern erwarteten mich an einem bestimmten Tag mit einem bestimmten Zug. Aber ich kam nie dort an. Alles war gegen mich ... Das Taxi fuhr zu langsam oder der Zug hatte Verspätung, oder ich konnte die Reise nicht antreten, weil mir einfiel, daß ich einen Vortrag zu halten hatte. Es war eine einzige frustrierende Misere. Ich muß meinen Eltern gegenüber, obwohl ich sie bewußt nie vernachlässigte, ein sehr schlechtes Gewissen gehabt haben. Ich schrieb ihnen regelmäßig, jede Woche, auch wenn es mir zugegebenermaßen schwerfiel, da ihre und meine Interessen zu verschieden waren. Es waren Briefe über das Wetter, nichtssagende Briefe. Zu meiner Zeit war die Kluft zwischen Eltern und Kindern sehr tief und breit. Ein Gespräch über wirklich wichtige und persönliche Dinge war unmöglich.

Ich versuche hier, etwas unsicher, zu sagen, daß ich eine gespaltene Persönlichkeit bin. Ich bin der Erziehungspionier, und gleichzeitig bin ich ein Kind, das emotional noch an seine Eltern, an die Umgebung seiner Kindheit, gebunden ist. Ich habe mir Bilder gemacht, die ich nie zerstören konnte. In meinen Träumen verwandelte sich zum Beispiel Newport, wo ich zum erstenmal an einer Schule mit lässig gehandhabter Disziplin unterrichtete und wo ich mich in Margaret verliebte, in ein Himmelreich, in das ich immer wieder zurückkehrte. Möglicherweise gleicht meine Situation der von Millionen anderen Menschen: tagsüber ein bewußtes, geschäftiges Leben und nachts eine Regression in eine von der Phantasie verklärte Vergangenheit. Viele Männer und Frauen tragen eine lange verlorene Liebe mit sich herum, die, ohne daß es ihnen bewußt wurde, weitergelebt hat, und es ist sehr wahrscheinlich, daß schon so manche Ehe durch diese romantische Fixierung an die Vergangenheit zerbrochen ist.

Wenn jemand über sein Leben schreibt, welche Seite seiner Persönlichkeit beschreibt er dann? Gewöhnlich die bewußte Seite, und allzuoft die des mit Namen um sich werfenden Snobs, wie wir es häufig bei Schauspielern erlebt haben: «Dinierte gestern abend mit der Herzogin von Theberton.» Und weder können wir über diese Art von Snobismus die Nase rümpfen noch sind wir erhaben darüber. Ich habe irgendwo über «meinen guten alten Freund Bertrand Russell» geschrieben, dabei habe ich ihn, nachdem er vor annähernd fünfzig Jahren eine Woche in Summerhill verbrachte, nur noch ein einziges Mal wiedergesehen (wenn wir auch miteinander korrespondierten).

Eine Selbstanalyse ist ein Ding der Unmöglichkeit. Man kann sich nicht selbst analysieren, weil man nicht imstande ist, sich den Dingen zu stellen, die das Bild, das man von seinem eigenen Ich hat, zerstören würden. Ein mutiger Mensch wäre der, der offen erklärte, daß sich hinter seinem äußeren Image, das ihn als einen aufrechten Bürger erscheinen läßt, ein niedriger Charakter verbirgt – mißgünstig, kleinkariert, grausam.

Homer Lane und Wilhelm Reich

Homer Lane war Amerikaner, aber sein Werk ist in England weitaus bekannter als in Amerika. Nachdem er in der «George Junior Republic» gearbeitet hatte, baten ihn einige bekannte englische Sozialreformer – darunter der Earl of Sandwich und Lord Lytton –, in Dorset ein Heim für straffällig gewordene Jugendliche aufzubauen. So kam es zu jenem bemerkenswerten Experiment, bei dem ich nach meiner Entlassung aus der Armee eigentlich hatte mitarbeiten wollen: das «Little Commonwealth». Homer Lane hatte nie ein Buch geschrieben, aber nach seinem Tod im Jahre 1925 erlaubten seine Schüler, die Aufzeichnungen von seinen Vorlesungen hatten, einem Verleger, ein Buch daraus zu machen: *Talks to Parents and Teachers.* Vor einigen Jahren erschien eine amerikanische Ausgabe dieses Buches, zu der ich das Vorwort schrieb. David Wills verfaßte Homer Lanes Biographie, und die Hausmutter des «Little Commonwealth» schrieb ein Buch, das unter dem Titel *The Little Commonwealth* erschien.

Es ist hier nicht der geeignete Ort, Lanes Erziehungsphilosophie zu beschreiben. Ich möchte nur erzählen, was Lane für mich getan hat, denn nichts hat mein Leben so stark beeinflußt wie er. Nach der Schließung des «Little Commonwealth» ließ sich Lane als Analytiker in London nieder. Ich wußte damals noch nichts über Psychoanalyse und hatte kaum von Freud gehört: ich hatte niemals daran gedacht, mich analysieren zu lassen, bis Lane eines Tages zu mir sagte, seiner Meinung nach sollte eigentlich jeder Lehrer eine Analyse durchmachen. Er bot mir an, mich unentgeltlich anzunehmen. Ich hatte täglich eine Sitzung. Es war kein Freudscher Analysestil; ich lag nicht auf einer Couch; wir saßen zusammen und unterhielten uns. An meine Emotionen allerdings rührte diese Analyse – wie auch eine spätere bei Stekel – nicht, und ich frage mich, ob überhaupt irgend etwas Positives für mich dabei heraussprang. Etwas Negatives freilich kam dabei heraus. Eines Tages deutete Lane einen meiner Träume und sagte: «Das weist auf eine Höhenangst hin.» Und ich lachte.

«Mein Gott, Lane, in meiner Studentenzeit bin ich oft auf einen Turm geklettert und habe da mit baumelnden Beinen auf der Brüstung gesessen und gelesen.»

Lane ließ sich nicht beirren. «Träume lügen nicht», sagte er.

«Schon gut, Lane, ich werde Ihnen beweisen, daß Sie unrecht haben.» Und am nächsten Tag bestieg ich das Wren Monument. Ich blickte nach unten und war entsetzt. Gewöhnlich wird Höhenphobie als ein unbewußter Wunsch, sich in die Tiefe zu stürzen, ausgelegt. Diese Erklärung mag zutreffen. Was mich verstörte war der Umstand, daß ich sonst ohne weiteres in die Tiefe hinunterblicken konnte. Nur einmal, auf einem Berggipfel in Bayern, hatte ich eine plötzliche Angstattacke gehabt; doch damals hatte ich nicht die Versuchung gespürt, hinabzuspringen, weil sich unter mir ein sanft abfallender Hang hinzog. Jedenfalls heilte mich Lane nicht von meinen Komplexen, sondern fügte ihnen noch einen weiteren hinzu. Seine Aufgabe lag darin, sich mit aus der Bahn geworfenen Kindern zu beschäftigen, nicht mit neurotischen Erwachsenen. Seine Praxis ruinierte ihn letzten Endes, als er törichterweise Geldgeschenke von einer Patientin annahm und Verwandte von ihr die Polizei auf ihn hetzten.

Was ich Lane an Positivem verdanke, ergab sich nicht aus der Analyse, sondern aus der Art seines Umgangs mit Kindern. Sein Grundsatz war: «Man muß auf der Seite des Kindes sein.»

Sein Humor gefiel mir. Einmal griff er ein Wort aus einem meiner Träume auf – *lime* (Kalk).

«*Lime*, das Zeug das bindet. Das bin ich. Ich helfe Ihnen, sich wiederaufzubauen: *Lime* – Lane, sehen Sie die Verbindung?»

«Aber Lane, ich sagte *line* (Linie) – ich habe von einer Eisenbahnlinie geträumt.»

Er brach in Gelächter aus. Seine Traumanalysen waren ein Spiel für ihn, eine Art Kreuzworträtsel, ehe die Kreuzworträtsel in Mode kamen.

Er war ein charmanter Mann, immer makellos gekleidet, genial ... und ein sagenhafter Phantast. Er erzählte uns die wildesten Geschichten über seine Jugend – wie er von zu Hause durchgebrannt und zu den Indianern gegangen sei und wie er einen Gangsterboss ausgeknockt und dessen Position übernommen habe. David Wills, sein Biograph, fand heraus, daß nichts davon stimmte. Lane war ein großer Bewunderer von Barrie, und er haßte Shaw. Er liebte *Peter Pan* und *Dear Brutus*; wie Barrie wurde er nie richtig erwachsen, und alle Dummheiten, die er sich in seinem Leben leistete, hatten etwas Infantiles. Aber gerade dieser Peter-Panismus brachte ihn dazu, einen neuen Weg für den Umgang mit kranken Menschen zu finden. Als er einmal mit seinen Jungen vom «Little Commonwealth» eine Mauer baute, und der von ihm gebaute Abschnitt im Gegensatz zu den von den Jungens gemauerten Teilen tadellos war, machten sich die Jungens daran, seinen Teil niederzureißen. Lane beteiligte sich daran. Er begründete sein Handeln damit, er habe ihnen klarmachen müssen, daß Kinder wichtiger seien als Ziegelsteine, aber ich habe den Verdacht, daß er das Zerstörungswerk genoß, weil auch er ein mutwilliger kleiner Junge war.

Während meiner «Analyse» aß ich jeden Sonntag mit seiner Familie, seiner Frau, seinen Kindern, und einigen Ex-Delinquenten vom «Little Commonwealth» zu Abend. Oft war Lane die muntere Seele der Gesellschaft, aber oft saß er auch schweigend in tiefer Schwermut da.

Sein Einfluß war begrenzt. Seit seinem Tod im Jahre 1925 haben die für Problemkinder zuständigen staatlichen Institutionen keinerlei Veränderung mehr zugunsten von Freiheit und Verständnis erfahren. Man behandelt straffällig gewordene Jugendliche nach genau der gleichen schlechten Methode, die sie zu Delinquenten gemacht hat – Bestrafung, Gehorsam, strenge Disziplin, moralische Sprüche. Ich möchte wissen, wie viele Lehrer in England Lanes Namen kennen. Für mich war er eine Offenbarung. Ich erinnere mich an meinen ersten Besuch im «Little Commonwealth»: ich platzte mitten in eine stürmische Selbstverwaltungsdebatte hinein. Danach saßen Lane und ich bis in den frühen Morgen hinein zusammen und sprachen miteinander ... nein, er sprach, und ich hörte ihm zu. Ich hatte bis dahin nie von Kinderpsychologie oder von dynamischer Psychologie irgendeiner Art gehört. Ich hatte, ehe ich Lane kennenlernte, zwei Bücher geschrieben – tastende Versuche auf der Suche nach der Freiheit. Lane wies mir den Weg, und ich habe das immer dankbar anerkannt. Es ist, glaube ich, nicht überheblich, wenn ich sage, daß es viele Menschen gibt, die von Summerhill angeregt worden sind, es in ihren Büchern oder Artikeln aber *nicht* zugegeben haben. Das ist immer so. Vor einiger Zeit veröffentlichte ein englischer Arzt einen Aufsatz über die Zusammenhänge zwischen Neurose und Muskelversteifung, eine Entdeckung Wilhelm

Reichs, aber in dem ganzen Aufsatz wird Reich mit keinem Wort erwähnt. Sicher, sachlich spielt das weiter keine Rolle, aber ich finde, man sollte so ehrlich sein, Quellen offen anzugeben.

Für uns, seine Jünger, war Lane das Orakel. Wir stellten seine Aussprüche nie in Frage. Er konnte behaupten, jeder Fußballer habe einen Kastrationskomplex, und wir nickten zustimmend mit unseren Köpfen. Nie kam es vor, daß wir ihn fragten, wie er zu diesem oder jenem Schluß gelangt sei; dabei waren wir doch alle keine unmündigen Dummköpfe. Zu seiner Gruppe gehörten Lord Lytton, der später Vizekönig von Indien wurde, der Rugbytrainer Dr. David, der Bischof von Liverpool wurde, Ärzte, Lehrer und Studenten. David Wills sagt in seiner Biographie, von allen Jüngern Lanes sei Neill der einzige gewesen, der ihn später objektiv beurteilen konnte. Das mag daran liegen, daß ich ein dickköpfiger Schotte bin oder, was wahrscheinlicher ist, daran, daß die Übertragung bei mir nicht so stark war, daß die Zeit sie nicht hätte abschwächen können.

Mitten während meiner Analyse hatte ich einen Streit mit ihm. Er warf mir vor, ich stellte seine Ideen in meinen Vorträgen falsch dar. Wir hatten einen heftigen Wortwechsel, und ich erschien nicht mehr zu seinen Sitzungen. Ein paar Monate lang ging ich zu einem Arzt, der damals der führende Schüler Jungs in London war. Wieder blieb jede emotionale Reaktion bei mir aus: Ich habe keine Erinnerungen mehr an diese Analyse; ich weiß nur noch, daß der Analytiker, als ich von einem schwarzen Hund geträumt hatte, meinte, das weise auf eine freischwebende Libido hin – was immer das bedeuten sollte.

Eines Sonntagabends fragte mich Lane nach dem Fortgang meiner Analyse, und ich berichtete ihm. «Kommen Sie lieber zu mir zurück», sagte er, und so ging ich wieder zu ihm und lauschte seinen kunstvollen Analysen meiner Träume.

Ich glaubte nie an die Geschichte, daß er straffällig gewordene Mädchen im «Little Commonwealth» verführt habe. Als er später der Verführung von Patientinnen auf der Analytikercouch angeklagt wurde, hatte ich zwar meine Zweifel, war jedoch in keiner Weise entsetzt. Vielleicht profitierten manche Patientinnen von einer Verführung mehr, als ich von seinen Analysen meiner Träume profitierte. Von der Sache her ist es natürlich falsch, denn wenn eine Frau die Geliebte ihres Analytikers wird, ist es mit der Analyse aus und vorbei.

Mein alter Freund, der verstorbene Professor J. C. Flugel, ein bekannter Freudianer, erzählte mir, als er einmal in den Staaten gewesen sei, habe ein New Yorker Analytiker zu ihm gesagt: «Flugel, ich bin nicht einer von diesen Analytikern, die *jede* Patientin ficken.» Jack war einer von den wenigen Analytikern, denen ich begegnet bin, die über sich selbst und andere lachen konnten.

Das Tragische an Lanes Leben war, daß sein Name mit dem gesellschaftlichen Skandal und nicht mit seinen großartigen Leistungen für Problemkinder assoziiert wurde. In meiner frühen Jugend wußten wir von Oscar Wilde nur, daß er ein «Schwuler», nicht aber, daß er ein geistreicher Mann und Dramatiker war. Ein Skandal kann das Werk eines Menschen zwar nicht für immer töten, aber doch für die Dauer seines Lebens.

Ich habe Lane einen Phantasten genannt, und ich nahm mit Vorbehalt eine Geschichte auf, die er von einer Dinnerparty, bei der er neben Barrie saß, erzählte: «Ich fragte Barrie, ob er sich über die Peter Pan-Symbole im klaren sei. Er sah mich beunruhigt an. ‹Guter Gott, nein›, sagte er, wandte sich der Dame zu, die an seiner anderen Seite saß, und sprach nie wieder mit mir.»

Als ich in der Zeitung von Lanes Tod las, ertappte ich mich dabei, daß ich lächelte. Ich hielt es zuerst für Gefühllosigkeit, aber später fand ich, glaube ich, die richtige Erklärung dafür: Ich war nun endlich frei. Bis dahin hatte ich mich immer auf ihn verlassen ... was wird Homer dazu sagen? Nun mußte ich auf meinen eigenen Füßen stehen.

Später, in Wien, wurde ich Patient von Dr. Wilhelm Stekel, einem Freud-Schüler, der wie Jung und Adler mit Freud gebrochen hatte. Ich hatte ein Buch von ihm besprochen, in dem er die Ansicht vertrat, die Analysen seien zu teuer und zu langwierig. Stekel meinte, eine Analyse dürfe nicht länger als drei Monate dauern, eine Feststellung, die meiner schottischen Sparsamkeit zusagte. Stekel war ein brillanter Symboliker. Er fragte kaum je nach einer Assoziation zu einem Traum. «Ach, Neill, dieser Traum zeigt, daß Sie immer noch in Ihre Schwester verliebt sind.» Ich erinnere mich nicht an irgendeine emotionale Reaktion auf irgend etwas, das Stekel sagte; es berührte meinen Kopf, aber nie meine Gefühle. Ich glaube nicht, daß es bei mir je zu einer Übertragung auf ihn kam. Vielleicht weil er in mancher Beziehung kindisch war.

«Neill, Ihr Traum zeigt, daß Sie in meine Frau verliebt sind.»

«Aber Stekel, ich mag Ihre Frau, aber sie besitzt für mich keine sexuelle Anziehungskraft.»

Er brauste verärgert auf.

«Was, Sie bewundern meine Frau nicht? Das ist eine Beleidigung für sie. Alle Männer bewundern sie.»

Ein andermal fragte ich, ob ich mal auf sein WC gehen könnte. Als ich zurückkam, blickte er mich schalkhaft an und zeigte mit dem Finger auf mich.

«Ach so, der Neill möchte Wilhelm Stekel sein, der König; er möchte auf seinem Thron sitzen! Ungezogener Neill.»

Meine Erklärung, ich hätte Durchfall, wischte er mit Gelächter beiseite. Einer seiner Lieblingssprüche über Freud lautete: «Ein Zwerg, der auf der Schulter eines großgewachsenen Mannes sitzt, sieht weiter als er» – eine zweifelhafte Behauptung.

Ich habe nicht die Absicht, Reichs Werk darzustellen, sondern will hier nur berichten, wie er auf mich eingewirkt und mich beeinflußt hat. Ich begegnete ihm zum erstenmal im Jahre 1937. Ich hielt eine Vorlesung an der Osloer Universität, und danach sagte der Professor zu mir: «Heute abend war ein berühmter Mann unter Ihren Zuhörern, Wilhelm Reich.»

«Mein Gott», sagte ich, «ich habe gerade auf dem Schiff seine *Massenpsychologie des Faschismus* gelesen.»

Ich rief Reich an, und er lud mich zum Essen ein. Wir unterhielten uns bis spät in die Nacht hinein, und ich war fasziniert.

«Reich», sagte ich, «Sie sind der Mann, nach dem ich jahrelang gesucht habe, der Mann, der Soma und Psyche miteinander verknüpft. Kann ich kommen und bei Ihnen studieren?»

So fuhr ich zwei Jahre lang in den drei Urlauben, die ich jedes Jahr hatte, nach Oslo. Er sagte, ich könnte nur etwas lernen, wenn ich mich seiner vegetativen Therapie unterzöge, was bedeutete, daß ich nackt auf einem Sofa lag, während er meine steifen Muskeln bearbeitete. Er lehnte es ab, sich mit Träumen zu befassen. Es war eine anstrengende und oft auch schmerzhafte Therapie, aber innerhalb weniger Wochen fand ich mehr emotionale Befreiung, als ich je bei Lane, Maurice Nicoll oder Stekel gefunden hatte. Es schien für mich die beste Art der

Therapie, und ich denke das nach wie vor, obwohl ich Patienten gesehen habe, die auch nach einer Reichschen Therapie offensichtlich neurotisch geblieben sind. Reich sagte oft: «Krümmt man einen Baum, solange er ein Schößling ist, wird er auch noch gekrümmt sein, wenn er ausgewachsen ist.» Ich zweifle, ob irgendeine Therapie je zu den Wurzeln der Neurosen vordringen wird. In den frühen zwanziger Jahren forschten wir alle nach dem berühmten, die Krankheit verursachenden Trauma. Wir fanden es nie, weil kein Trauma existierte, wohl aber eine Überfülle traumatischer Erlebnisse vom Augenblick der Geburt an. Reich erkannte, daß nicht Therapie die Antwort war, sondern nur Prophylaxe war, und er hielt an seiner therapeutischen Praxis hauptsächlich deswegen fest, um das Geld für seine wissenschaftlichen Forschungen zusammenzubringen.

Als 1939 der Krieg kam, zitterte ich um ihn, denn er war Jude und stand auf der Vernichtungsliste der Nazis. Ein amerikanischer Patient, Dr. Theodore Wolfe, der später seine Bücher übersetzte, schaffte es, ihn in die USA zu holen. Seine Geschichte dort bis zu seinem Tod im Gefängnis ist bekannt. Das von Ilse Ollendorf-Reich, seiner Witwe, verfaßte Buch *Wilhelm Reich: A Personal Biography* ist eine mutige und aufrichtige Beschreibung eines brillanten und komplizierten Mannes.

Wilhelm Reich mangelte es, wie Ilse darlegt, an Humor, und meine Freundschaft mit ihm krankte daran, daß wir nicht über dieselben Dinge lachen konnten. Niemand hätte es gewagt, in seiner Gegenwart eine Sexgeschichte zu erzählen. Das Wort *fuck* versetzte ihn in Wut... «Der krankhafte Sexprotz, der aggressive Mann fickt, aber Frauen ficken nicht. Das richtige Wort ist *embrace* – umarmen.»

Er hatte nichts übrig für die üblichen Plaudereien über Autos oder Bücher, und Klatsch war ihm ein Greuel. Wenn er sprach, ging es immer um seine Arbeit, und nur einmal sah ich ihn entspannt – bei einer seiner wöchentlichen Fahrten zum Kino in Rangeley im Staat Maine, in der Nähe seiner Klinik in den USA, wo ich ihn nach dem Krieg besuchte. Wenn es um Filme ging, war er völlig unkritisch. Als ich einmal von einem Film sagte, er sei Kitsch gewesen, war er wütend auf mich: «Ich habe jede Minute genossen.»

Ich stand in einer besonderen Beziehung zu Reich. Er war umgeben von seinen Jüngern und seinen Assistenten, und alles war sehr formell. Ich war der einzige, der ihn mit «Reich» anredete. Gewiß, auch ich war Patient von ihm gewesen, war von ihm ausgebildet worden, aber irgendwie, vielleicht meines Alters wegen, rangierte ich, zusammen mit Dr. Ola Raknes aus Oslo, in einer besonderen Kategorie. Wir besuchten Seminare. Reich füllte die Tafel mit Hieroglyphen, Gleichungen, die mir nichts sagten, und ich zweifle, ob die anderen Anwesenden etwas damit anfangen konnten.

Ich konnte Reichs Theorie von der Energie «Orgon» weder akzeptieren noch verstehen. Sie mag existieren, aber was können wir damit tun? Reich sagte, das sei offensichtlich, aber ich war auf diesem Auge anscheinend blind. Er hatte einen kleinen Motor, der durch einen orgonischen Akkumulator aufgeladen wurde. Er lief nur langsam, aber wenn er durch Volts aus einer Batterie angefeuert wurde, schien er mit großer Geschwindigkeit zu rotieren. Reich war in Ekstase: «Die bewegende Kraft der Zukunft!» rief er. Ich habe nie gehört, daß er weiterentwickelt worden wäre. Ich wußte nicht genug über sein Regenmachen, um mir eine Meinung darüber zu bilden. Und ich kann mir auch nicht vorstellen, in welcher Art und Weise das, was man psychische orgonische Energie nennen mag, nutzbar gemacht werden könnte. Ich muß hier jedoch auf meine Unwissenheit in naturwissenschaftlichen Dingen hinweisen. Reichs spätere Arbeiten haben mich nie interessiert. Für mich war er der bedeutende Mann seiner früheren Bücher, *Die sexuelle Revolution, Charakteranalyse, Die Funktion des Orgasmus* und *Die Massenpsychologie des Faschismus* – ein Buch, von dem ich immer noch glaube, daß es ein Meisterwerk der Massenanalyse ist.

Ich wünschte, unsere Gespräche in Maine hätten auf Tonband aufgenommen werden können. Wir redeten und redeten und konsumierten eine Menge Scotch und Rye und hatten seltsamerweise doch nie einen Kater. Normalerweise war Reich nie gelöst, aber sein Unterkiefer saß so locker, daß er wie ein gut geölter Maschinenteil arbeitete. Seine Muskeln waren entspannt, aber sein Gehirn nie. Oft versuchte er mich zu überreden, Summerhill nach Maine in die USA zu verlegen.

«Nein, Reich, ich habe einmal meine Schule im Ausland gehabt – nie wieder. Ich kenne die Gewohnheiten und Gepflogenheiten in den USA nicht, und im übrigen würde meine Schule als eine Schule Wilhelm Reichs angesehen werden, und das würde ich nicht gern wollen.»

Es war unmöglich, mit Reich zusammenzuarbeiten. Er war ein Mann, der alles oder nichts wollte. Man mußte seinen Weg gehen, und jeder Andersdenkende wurde rausgeworfen. Ich wußte, ich würde nie mit ihm zusammenarbeiten können. Ich hatte das Gefühl, daß er nicht ängstlich war, jedenfalls nicht um sein Leben besorgt, aber wenn er bei jemandem im Auto mitfuhr, war er gereizt und kribbelig, so wie ich es bin, wenn ein schlechter Fahrer am Steuer sitzt. Ängstlich besorgt war er um andere. Wenn Ilse den kleinen Sohn Peter zur Schule fuhr, hieß es: «Sei vorsichtig, Ilse. Fahr nicht zu schnell.» Als sein Observatorium gebaut wurde, kletterte ich eine hohe Leiter hinauf, um von oben einen Ausblick zu haben. Er stand höchst besorgt am Fuß der Leiter. «Neill, sei vorsichtig. Paß auf. Komm runter.»

Wir mochten uns sehr, Reich und ich. Als ich 1948 das letzte Mal in Maine von ihm Abschied nahm, warf er die Arme um mich. «Neill, ich wünschte, du könntest hierbleiben. Du bist der einzige, mit dem ich reden kann. Die anderen sind entweder Patienten oder Jünger.» Da wurde mir klar, wie einsam er war.

Einmal sagte ich zu ihm: «Warum bist du so formell? Warum redest du Wolfe mit Dr. Wolfe an? Warum bist du nicht einfach ‹Reich› für sie alle?»

«Weil sie die Vertrautheit mißbrauchen und mich zerstören würden, wie sie es in Norwegen getan haben, als ich für alle Willy war.»

«Aber Reich, ich bin für meine Lehrer, meine Schüler und die Hausangestellten Neill, und keiner nützt die Vertrautheit je aus.»

«Ja, aber du gehst auch nicht mit Dynamit um wie ich», war seine mysteriöse Antwort.

Reich übte keinen Einfluß auf meine Schule aus. Ich hatte sie bereits 26 Jahre geleitet, als ich ihn kennenlernte. Aber auf mich persönlich übte er eine starke Wirkung aus. Er erweiterte meinen Gesichtskreis und vertiefte meine Selbsterkenntnis; er merzte die Überbleibsel schottisch-calvinistischer Anschauungen über Sex bei mir aus, indem er mir zeigte, daß meine Bejahung sexueller Spiele unter Kindern eine nur vom Verstand und nicht vom Gefühl bestimmte Bejahung gewesen war.

Aus Ilses Buch geht deutlich hervor, daß sich am Ende Reichs Geist verwirrte. Der Gedanke daran hat mich nie gequält; viele große Männer sind verrückt geworden – Swift, Nietzsche, Schumann, Ruskin und noch eine ganze Menge mehr. (Ich weiß, daß ich kein Genie bin, weil ich nicht verrückt geworden bin.) Aber es ist eine traurige Welt, in der ein Wilhelm Reich verrückt ist, während ein Reagan, ein Nixon oder ein Franco als geistig normal gelten. Ich beobachtete Symptome einer Paranoia bei Reich. In jeder Hütte auf seinem Besitz hatte er ein geladenes Gewehr. «Ich habe viele Feinde. Es kann sein, daß der Ku-Klux-Klan hier eines Nachts auftaucht.» Er war ein ausgezeichneter Schütze, und wir beide machten oft Schießübungen mit dem Revolver. Er schoß viel besser als ich. Ich weiß noch, wie er eines Tages plötzlich mit einem geladenen Gewehr in der Hand vor mir stand. Sein Blick erschreckte mich.

«Neill, bin ich verrückt?»

«Ein verrücktes Huhn bist du», sagte ich, und er lachte.

Ilse hat von seiner Eifersucht, seinen Launen berichtet. Ich habe diese Launen oft erlebt, wenn er über Dinge aus dem Häuschen geriet, die in meinen Augen Kinkerlitzchen waren. Eines Morgens am Frühstückstisch, er hatte gerade Ilse angeschnauzt, wandte er sich mir zu. «Neill, warum mache ich das?»

«Wegen der Versöhnung», sagte ich, «du wünschst dir zweite Flitterwochen.»

Er brach in Gelächter aus und rief: «Das ist eine profunde und zutreffende Erklärung.»

Ich wünschte, ich könnte mir alle seine Aussprüche ins Gedächtnis zurückrufen. An einen erinnere ich mich. «Der Haken an der Psychoanalyse ist, daß sie sich mit Worten befaßt, während aller Schaden einem Kind zugefügt wird, bevor es sprechen kann.»

Wir korrespondierten von der Zeit an, als er nach Amerika ging, bis er ins Gefängnis kam. Ilse berichtet von der Zeit, als Reich nichts mehr von mir wissen wollte. Als er vor Gericht gestellt wurde, war ich gerade in Oslo. Ola Raknes, ein paar alte Freunde von Reich und ich schickten ihm ein Sympathietelegramm. Die Antwort kam und lautete: «Traut Neill nicht.»

Ich wußte, was dahintersteckt. Peter, sein Sohn, hatte mich in Summerhill besucht, und jedesmal, wenn amerikanische Flugzeuge über uns hinwegflogen, sagte er, sie seien geschickt worden, ihn zu beschützen. Ich wußte, daß er das von seinem Vater hatte. Ich sagte ihm, das sei Unsinn, und als er zurückkam, muß er es Reich erzählt haben. Aber Reich und ich legten die Sache bei, und es entstand kein Bruch in unserer Freundschaft.

Er gab mir das deutsche Manuskript von seinem *Listen, Little Man* zu lesen und fragte, was ich davon hielte, es in Englisch zu veröffentlichen.

«Nein, Reich. Deine Feinde werden dann nur schreien, daß du ein eingebildeter Kerl bist und alle anderen als minderwertig oder krank betrachtest.»

Er stimmte mir zu, aber schon kurz darauf, als eine Frau einen giftigen Artikel über ihn schrieb, ließ er das Buch in aller Eile drucken – als Gegenschlag. Ich habe ihm oft gesagt, er mache sich lächerlich, wenn er auf jeden Angriff eines ahnungslosen oder gehässigen Journalisten reagiere. «Ignoriere sie wie ich.» Aber nein, er mußte kämpfen.

Wie alle Menschen hatte auch Reich seine Schwächen, aber im Gegensatz zu den meisten Menschen war er sich dieser Schwächen bewußt. Nicht daß er über sich selbst lachen konnte; dazu hatte er nicht genug Humor, aber ich bin überzeugt, daß er sich über seine extreme Eifersucht und sein Mißtrauen im klaren war. Doch er hatte, wie Ilse sagt, keine Menschenkenntnis. Mehr als einmal erlebte ich, daß er sich mit Leuten einließ, die ich für Schwindler hielt. Sein Instinkt riet ihm, Menschen zu vertrauen, und wenn sich dieses Vertrauen als ungerechtfertigt erwies, war seine Wut schrecklich.

Ich bin überzeugt, daß er unbewußt das Martyrium suchte. Sein *Murder of Christ* ist fast autobiographisch. Immer wieder sagte er zu mir: «Sie werden mich töten.» Er war schon Märtyrer gewesen, ehe ich ihn kennenlernte. Er floh vor Hitler, wurde erst aus Dänemark und dann aus Schweden herausgeworfen, und schließlich schmiedeten seine Feinde ein Komplott, um ihn aus Norwegen herauszuwerfen.

Ilse erzählt von der erschütternden Sache, die Reich widerfuhr, als er noch ein Junge war. Er entdeckte seine Mutter mit seinem Hauslehrer im Bett und erzählte es seinem Vater. Seine Mutter brachte sich um. Dieser Vorfall erklärt seine lebenslange Eifersucht, sein Mißtrauen allen Frauen gegenüber, sie würden ihn täuschen.

Sein Tod berührte mich noch schmerzlicher als Homer Lanes Tod.

Ein strahlendes Licht war erloschen; ein großer Mann war in schändlicher Gefangenschaft gestorben. Ich nehme an, daß Reich frühestens von der übernächsten Generation als das Genie, das er war, anerkannt werden wird. Ich hatte das große Glück, ihn zu kennen, von ihm zu lernen und ihn zu lieben.

Über Summerhill

Die Schule

Vielleicht war der froheste Tag in meinem Leben der, an dem ich 1945 nach dem verhängnisvollen Zwischenspiel in Wales nach Leiston zurückkehrte. Die Schule war in einem schlimmen Zustand. Die Armee hatte sie fünf Jahre lang gehabt und in dieser Zeit mehr Schaden angerichtet, als die Kinder in 25 Jahren angerichtet hätten, aber das alles machte nichts aus. Wir waren wieder daheim, im geliebten alten Summerhill. Glücklich saßen und schliefen wir auf Matratzen auf dem Fußboden, bis etwa zehn Tage später nach und nach unser Mobiliar aus Wales eintraf. Während des Krieges hatte ich einmal in jedem Jahr nach unserem Heim geschaut, und es ist immer recht verdrießlich gewesen, in jedem Fenster Soldaten zu sehen und von jungen Offizieren angepfiffen zu werden.

«Sir, was suchen Sie hier auf staatlichem Besitz? Wer sind Sie überhaupt?»

«Oh, niemand besonderes, nur zufällig der Eigentümer des Hauses.»

«Können Sie das beweisen?»

«Oh», sagte ich mißmutig, «nehmen Sie mich doch fest, führen Sie mich auf die Straße hinaus und fragen Sie den ersten, der vorbeikommt, wer ich bin.»

Einmal jedoch okkupierten die Scottish Fusiliers die Schule, und als ich ihnen erzählte, das sei mein altes Regiment, durfte ich mich überall frei bewegen. Nur einmal hatte ich den Mut, zu einem großschnäuzigen, sich aufspielenden Subalternen zu sagen: «Geben Sie mir bitte Ihren Namen, ich möchte mich wegen Ihrer maßlosen Unverschämtheit bei Ihrem Kommandanten beschweren.» Aber als er daraufhin klein beigab, hatte ich Mitleid mit ihm.

Ich habe schon so viel über Summerhill geschrieben und will es hier nicht noch einmal beschreiben. In England ist Summerhill bis heute nicht sehr bekannt. Oft sagen Amerikaner zu mir: «Wir haben mit Leuten in London über Summerhill gesprochen, und sie hatten noch nie davon gehört, während in New York oder Los Angeles viele darüber Bescheid wissen.» Warum das so ist, kann ich nicht sagen. Ich bin kein Prophet, deshalb zögere ich, die Bibel zu zitieren, die sagt, daß ein Prophet nirgends weniger gelte als in seinem Vaterland. Es ist möglich, daß die Erklärung in dem alten britischen Klassensystem zu suchen ist. Der Adel mußte zu einem großen Teil seine alten Schlösser und Herrensitze verkaufen, nicht zuletzt weil kaum noch Bedienstete zu bekommen sind, aber die alten, auf den Adel zurückgehenden Traditionen – Eton und Harrow für die Oberschicht, Grammar Schools für den Mittelstand und Elementarschulen für diejenigen, die nie mit weißem Kragen arbeiten werden – haben sich erhalten. Allerdings glaube ich, daß dieses System in allen Ländern noch zu finden ist, auch in kommunistischen Ländern.

Summerhill hat von der «Elite» nie Unterstützung erfahren – weder von den Reichen noch von den Prominenten oder Fernsehleuten. Ich weiß nicht, ob Prinzessin Anne vielleicht zu uns gepaßt hätte, aber bestimmt hätte sie nach ihren ersten Schulferien, wenn man im Buckingham-Palast einige unanständige Wörter von ihr gelernt haben würde, nicht wieder zu uns kommen dürfen. Die bekannte Schriftstellerin Ethel Mannin schickte ihre Tochter zu uns, Professor Bernal* seine zwei Söhne, aber im allgemeinen haben bekannte und berühmte Leute uns gemieden. Wir haben viele amerikanische Schüler, aber von ihren Vätern ist, soweit ich weiß, keiner berühmt, höchstens, daß einige berüchtigt sind. Keine Namen, keine Last. Vor etwa drei Jahren lernte ich in New York eine Dame kennen, die eine Schule (ohne Internat) leitet und für jeden Schüler 3000 Dollar Schulgeld im Jahr verlangt, aber ich bin überzeugt, daß von den Eltern ihrer Schüler niemand seine Kinder auf eine Schule wie Summerhill schicken würde.

Interessant ist, daß Klassendenken Kindern völlig fremd ist. Wäre einer unserer Schüler in einem Rolls-Royce zur Schule gebracht worden, hätten die anderen in keiner Weise darauf reagiert. Genauso ist es mit der Hautfarbe. Wenn wir farbige Schüler bekommen, nimmt selbst das kleinste Kind bei uns den Unterschied nicht zur Kenntnis. Wir haben jüdische Schüler und keiner weiß es oder kümmert sich darum – freilich, mit Kindern strenggläubiger Eltern wäre es vielleicht

* John Desmond Bernal, englischer Physiker, langjähriger Vorsitzender des Präsidiums des Weltfriedensrates, erforschte u.a. die Verflechtungen von Gesellschaft und Wissenschaft. Sein berühmtes Werk *Science in History* erschien unter dem Titel *Wissenschaft* im Rowohlt Taschenbuch Verlag, Reinbek, 1970. (Anm. d. Übers.)

anders. Vor vierzig Jahren hatten wir so einen Schüler. Er mußte jeden Morgen irgendwelche Gebete verrichten, und eines Tages schrieb er nach Hause, er habe sie vergessen. Sein Vater kam mit Chauffeur in einem Rolls vorgefahren, sagte kein Wort zu mir, sondern packte nur seinen Sohn beim Kragen, schleppte ihn zum Wagen und brauste davon. Ich regte mich nicht weiter auf – immerhin hatte er das Schulgeld bezahlt.

Ähnlich erging es mir mit einem katholischen Jungen, den ich aufgenommen hatte. Ich mußte ihn nach Hause schicken, denn der arme Kerl lebte in einer Schule, die nicht an Sünden glaubte, und in den Ferien mußte er immer zu einem Priester gehen und seine Sünden beichten. Der Konflikt war zu groß, als daß man ihn einem Kind hätte zumuten dürfen.

Ich habe es nie bereut, daß ich nach Leiston gekommen bin. Das Klima ist erfrischend, und unsere elf Morgen Land sind für die Kinder ein Paradies. Ich werde oft gefragt, wie man in der Stadt über uns denkt, und ich weiß nie eine Antwort darauf. Meine Mitarbeiter und ich gehen gelegentlich in die Pubs von Leiston, aber ich habe dort nie einen der staatlich angestellten Lehrer gesehen, und übrigens auch nie einen Arzt oder Rechtsanwalt. Nun, in Summerhill gibt es keine gesellschaftliche Klasse, und es gehört deshalb zu allen Klassen. Ich glaube nicht, daß man in der Stadt versteht, worum es uns geht, aber die Menschen sind freundlich zu uns. Eine Zeitlang lungerte ein Halbwüchsiger von etwa siebzehn Jahren häufig vor unserem Tor herum. Als ich ihn eines Tages fragte, was er wolle, antwortete er: «Einen kostenlosen Fick.» Ich sage nicht, daß er typisch für die Einwohner Leistons gewesen wäre.

Ich bin «Neill», ohne Mister, und das ebenso für einige der Arbeiter wie für die Lehrer, die Hausangestellten und die Schüler. Niemand zieht den Hut vor mir, und manche Leute in der Stadt fragen sich vielleicht, was die Scharen von Besuchern aus aller Welt hier sehen wollen. Ich war 25 Jahre lang Mitglied des lokalen Golfclubs, und ich glaube, nur eines der anderen Mitglieder wußte, wer ich war ... mein Schularzt.

Ich habe immer über mich selbst lachen können, auch dann, wenn mir ein Ehrentitel verliehen wurde. Vor Jahren bat mich einmal ein Freund um ein Exemplar meines ersten Buches, das ich 1915 geschrieben hatte. Ich ging in eine Buchhandlung in Ipswich.

«Haben Sie zufällig mal von einem Buch mit dem Titel *A Dominie's Log* von A. S. Neill gehört?»

«Gehört? Wieso? Ich habe es am Lager, ich hab es neulich gerade irgendwo im Regal gesehen.»

Er konnte es nicht finden.

«Das ist das Schlimmste mit diesen unbedeutenden Schriftstellern, daß man ihre Bücher nicht wiederfindet. Wenn Sie Ihren Namen und Ihre Adresse geben würden ...»

«Vielen Dank, ich schaue mal wieder rein.»

Vor ein paar Jahren machte ich einmal einen Spaziergang oberhalb von Oslo. Ich verirrte mich. Schließlich sah ich einen Mann zwischen den Bäumen näher kommen, und da ich kein Norwegisch kann, zeigte ich mit dem Finger in eine Richtung und fragte: «Oslo?»

«Verdammte Unzucht, wenn ich das wüßte», antwortete er auf englisch, mit schottischem Akzent. Wir plauderten ein bißchen über Schottland.

«Da wir uns schon getroffen haben», meinte er, «können wir uns auch unsere Namen sagen. Ich heiße McDonald.»

«Mein Name ist Neill.»

Er musterte mich. «Sie sind doch nicht etwa *der* Neill?»

Ich machte eine entsprechende bescheidene Gebärde.

«Wen meinen Sie mit *der* Neill?»

«Bobby Neill, den Fußballer.»

Ich glaube, die Wurzel allen Übels bei Stalin und bei Hitler war, daß sie nicht über sich selbst lachen konnten, und vielleicht ist das auch der Fehler unserer Kabinettsminister. Das erste Gebot für jeden Menschen ist, daß er seine Schwächen erkennt und darüber zu lachen vermag.

Summerhill-Lehrer

Manchmal glaube ich, daß ich mit Lehrern mehr Ärger gehabt habe als mit Schülern. Ich hatte so manchen seltsamen Unglücksraben darunter. Da war zum Beispiel der Naturwissenschaftler, der einen Jungen von acht Jahren mit einer Flasche Cyanid herumhantieren ließ und ein gleichaltriges Mädchen aufforderte, dampfende Salpetersäure in ein Reagenzglas zu gießen, wobei sie sich dann auch prompt Verbrennungen zuzog.

Viele Lehrer reagierten auf Freiheit in der gleichen Art und Weise, wie unfreie Kinder es tun. Unsere Lehrer haben keine anderen Pflichten, als zur Unterrichtszeit in ihren Klassen zu sein. Die neurotischen haben meist den ganzen Vormittag ihre Klassen unterrichtet und dann den Rest des Tages geschlafen oder gelesen. Die wirklich guten Lehrer haben immer ihre freie Zeit genützt, indem sie sich unter die Kinder mischten.

Summerhill zieht Neurotische an, und ich höre, daß die modernen Schulen in Amerika die gleiche Erfahrung machen wie wir. Es ist wirklich nicht leicht, ein gutes Lehrerkollegium zusammenzubringen, und trotz Summerhills Ruf ist es schwer für mich, überhaupt neue Lehrer zu bekommen. Wenn ich inseriere, kriege ich Briefe dieser Art: «Ich bin zwar kein Lehrer, sondern Bankangestellter (oder Buchhändler oder was auch immer), aber ich weiß, daß ich lehren kann.» Viele Leute glauben anscheinend, unterrichten könne jeder, auch ohne entsprechende Ausbildung. Warum sich so wenige richtige Lehrer bewerben, weiß ich nicht. Es mag eine Frage des Geldes sein, obwohl wir die Gehälter den staatlichen Tarifen soweit wie wir können angleichen. Heute (1972) beträgt das Gehalt 800 Pfund im Jahr; dazu kommen freie Unterkunft und Verpflegung und das Besorgen der Wäsche. Es mag aber auch sein, daß manche Lehrer Angst haben, an einer Schule zu unterrichten, wo die Teilnahme am Unterricht freiwillig ist. Man muß schon ein guter Lehrer sein, andernfalls kommen die Kinder nicht zum Unterricht, und das Schlimmste ist für mich, einem Lehrer sagen zu müssen: «Die Kinder sagen, die Stunden bei Ihnen sind so langweilig, daß sie nicht hingehen wollen; Sie werden uns verlassen müssen.» Wenn sich ein ähnliches System an staatlichen Schulen durchsetzte, würde es in den Straßen unserer Städte nur so wimmeln von arbeitslosen Lehrern.

Ich bin gesetzlich verpflichtet, qualifizierte Lehrer an der Schule zu haben. Nicht daß die Ausbildung viel besagt – ich habe ausgebildete und nicht ausgebildete Lehrer gehabt, und unter den einen wie unter den anderen waren gute und schlechte. Das Lehren ist eine Kunst, keine Wissenschaft. Aber das Gesetz existiert nun einmal, ein Mann wie Picasso konnte in England keine Anstellung als Kunstlehrer bekommen, weil er nicht als Kunstlehrer ausgebildet war. Natürlich möchte ich, daß meine Lehrer und Lehrerinnen mit einigem Erfolg ihren Unterricht geben, aber es ist nicht das, worauf es in Summerhill am meisten ankommt. Ich wünsche mir Lehrer mit einigem Humor, die nicht an ihre Würde denken; sie dürfen keine Furcht einflößen und sollen keine Moralisten sein. Ich neige dazu, eher introvertierte als extrovertierte Lehrer zu nehmen, aber ich möchte keine «kernigen Männer» mit «starker» Persönlichkeit an der Schule haben. Meine Schüler lehnen solche Lehrer ab. Als wir einmal einen ehemaligen schottischen Schulmeister hatten, der den Kindern auf diese Tour kommen wollte – «Ran, Burschen, jetzt bauen wir ein Boot» –, kehrten sie ihm verächtlich den Rücken. Freie Kinder folgen keinem suggestive Sprüche machenden Anführer.

Ein Phänomen tauchte immer wieder auf – der Lehrer, der sich anzubiedern versucht, indem er sich ohne Überzeugung auf die Seite des Kindes stellt. Kinder haben eine solche Haltung bald durchschaut. Allzu viel neue Lehrer und Hausmütter haben Schwierigkeiten, zwischen Freiheit und Zügellosigkeit zu unterscheiden. Eine Hausmutter ließ es zu, daß ihre Gruppe einen Haufen Möbel zertrümmerte: «Ich dachte, ich solle nie nein sagen.» Aber da waren auch einige ausgezeichnete Lehrer – nein, nicht Lehrer, sondern Menschen mit Gemeinschaftssinn: George Corkhill (Corkie), der annähernd dreißig Jahre lang in den naturwissenschaftlichen Fächern unterrichtete – der gute, gelassene alte George, der sich nie aus der Fassung bringen ließ und immer Mittelpunkt einer Gruppe von Kleinen war, für die Chemie darin bestand, Limonade oder Feuerwerkskörper herzustellen. George ging auf ihre Interessen ein. Es war ein großer Verlust für die Schule, als er sich zur Ruhe setzte. Er starb in diesem Jahr.

Da dieses Buch von mir handelt, muß ich beschreiben, wie ich auf die Lehrer und wie die Lehrer auf mich eingewirkt haben. Nicht ein einziges Mal habe ich einem Lehrer vorgeschrieben, was er tun, wie er unterrichten sollte – ein oder zwei beklagten sich, ich käme nicht oft genug in ihre Klassen. Das Schwierigste war für mich, wenn einmal zwischen einem Lehrer und einem Schüler eine ernste Meinungsverschiedenheit bestand. Einmal wollte ein Junge ein Banjo bauen. Der Werklehrer sagte: das sei zu schwierig, und erlaubte es ihm nicht. Sie kamen zu mir: ich sollte den Schiedsrichter spielen. Ich sagte: «Wenn er ein Banjo bauen will, so ist das seine Sache, sein Wunsch; wenn es schiefgeht, ist es seine Sache. Geben Sie ihm das Holz.» Der Lehrer war wütend. Er warf mir vor, ich hätte mich zusammen mit einem Schüler gegen das Lehrerkollegium gestellt. Er kündigte auf der Stelle. Zu spät dachte ich daran, daß das eine Sache war, die auf der Vollversammlung hätte entschieden werden sollen.

Ich habe eine fast krankhafte Furcht, irgendwo den Boss zu spielen. Ich hasse es, jemandem zu befehlen, was er zu tun hat, vielleicht weil mir die Vernunft sagt, daß es, wenn er es nur tut, weil ich es ihm sage, nicht echt genug ist. Ich will kein Gott sein, und wenn ich ein Kind wegschicken muß, weil es vielleicht die Kleineren terrorisiert, bin ich immer todunglücklich und fühle mich irgendwie schuldig. Aber ich fühle mich nie schuldig, wenn ich einem erfolglosen Lehrer sage, er solle gehen; es macht mich nur verlegen.

Es ist möglich, daß ich von meinen Mitarbeitern zu viel verlange. Ich meine, in meinen Gedanken. Ich möchte gern fröhliche Leute um mich haben, die lebenslustig und im Schulleben aktiv sind, ausgeglichene Menschen. Ich habe einige solche Mitarbeiter, aber nicht so viele, wie ich gern hätte.

Einmal rissen ein paar Kinder einen großen Stein aus einer Mauer. Er lag auf dem Weg. Ich bückte mich und wollte ihn aufheben, aber dann hielt ich inne . . . Laß ihn liegen, dachte ich, mal sehen, was passiert. Lehrer und Schüler machten sechs Wochen lang einen Bogen um ihn, bis ich ihn schließlich doch aufhob und wieder an seinen Platz tat. Aber hier spielt etwas anderes mit. Ich habe ein Besitzgefühl, was das Haus und das Grundstück betrifft. Sie sind mein Eigentum. Meine Mitarbeiter haben nicht dieses Gefühl, daß es ihr Grund und Boden ist. Und ich kann sie verstehen.

Im ganzen gesehen herrschte unter den Summerhill-Lehrern Zufriedenheit, abgesehen von dem gelegentlichen Hickhack und den Eifersüchteleien, denen man in Lehrerzimmern oft begegnet: «Jones hat sechs Unterrichtsstunden für Englisch und ich für Mathe nur vier.» Hin und wieder haben wir aber auch schlechte Stimmung im Lehrerkollegium gehabt. Einmal glaubte ein junger Mann, er könnte die Schule besser leiten als ich. Er agitierte unter den Lehrern und gewann einige Anhänger. Es war so dicke Luft, daß man sie mit dem Messer hätte schneiden können. Ich sollte als Boss das Handtuch werfen; das Kollegium sollte alles in die Hand nehmen, die Finanzen, die Aufnahme der Schüler, die Festsetzung der Gehälter. Natürlich warf ich die Rebellen so bald wie möglich hinaus, wenn auch widerstrebend, da es gute Lehrer waren. Ich nehme an, daß sie, statt sich mit vierzehn gegen ihre Väter aufzulehnen, die Auflehnung hinausgeschoben hatten, bis sie einen Vaterersatz fanden – wenn auch einen nicht-autoritären.

Auf Ena, meine zweite Frau, entlädt sich weit mehr Haß als auf mich, da sie die Mutterfigur ist. In der Zeit, als ich noch meine Spieltheorie anwandte, brachte ich unsere Handarbeitslehrerin dazu, mir Puppen dafür zu basteln: Vater, Mutter, Sohn und Tochter, alle natürlich mit Geschlechtsorganen. Ich ließ sie auf dem Boden herumliegen, und Kinder bis zu zwölf Jahren spielten mit ihnen. Innerhalb von sechs Wochen war die Mutter in Stücke gerissen. Der Vater dagegen blieb unangetastet. Ich fragte mich daraufhin, ob Freuds Ödipuskomplex wirklich ganz falsch sei. Der Vater ist den ganzen Tag über nicht zu Hause; die Mutter muß bei den Kindern sein, sie füttern und versorgen, ihnen dieses und jenes verbieten; sie ist die «reale» Autorität im Haus, und deshalb ist der Groll gegen die Mutter größer als der Groll gegen den Vater. Der Haß tritt am deutlichsten zutage, wenn Ena Essen austeilt und das Erst-Ich-Element sich gewaltsam ins Spiel drängt. Vielleicht hätte Freud das Essen zur Haupttriebkraft im Leben erklären sollen und nicht den Sex.

Die Männer in meinem Lehrerkollegium und ich ernten offenbar weniger Haß von seiten seelisch gestörter Kinder als die Lehrerinnen. In meinem Fall liegt die Erklärung dafür auf der Hand . . . meine Neutralität. Der Englisch-Lehrer kann sich auf einer Vollversammlung über die Wildheit eines Problemkindes beklagen, aber ich wage es nicht, denn für den Fall, daß eine PL nötig ist (eine «Privatlektion», die heutzutage selten gegeben wird), kann ich nicht zugleich Ankläger und Therapeut sein. Hier spiele ich, maßvoll und gedämpft, meinen natürlichen Charme aus.

Schade, daß ehemalige Schüler nicht Lehrer werden und als Mitglieder des Kollegiums zurückkommen. Wohl aber haben wir Hausmütter gehabt, die früher als Schülerinnen bei uns waren, und sie machten ihre Sache sehr gut – zum Teil auch deswegen, weil sie nicht erst eine Zeitspanne brauchten, um ihre Komplexe auszuleben, wenn sie in eine nicht-autoritäre Atmosphäre kamen. Als ich einmal einer Neunzehnjährigen einen Job als Hausmutter anbot, sagte sie: «Liebend gern, aber nein, ich würde das Gefühl haben, daß ich Summerhill zu meinem Unterschlupf mache, statt mich der Außenwelt zu stellen.»

Meine Schulinspektoren

England ist das freieste Land in der Welt. In keinem anderen Land hätte ich Summerhill gründen können. Aber alle Schulen unterstehen der Kontrolle des Erziehungsministeriums (heute Ministerium für Erziehung und Wissenschaft genannt), und alle Schulen, öffentliche und private, werden regelmäßig inspiziert. Unsere erste große Inspektion fand 1939 statt. Ich druckte den Bericht in meinem Buch *Summerhill** ab. Dann, nach einer Pause von zehn Jahren, gab es wieder eine Inspektion und wieder einen Bericht.

Ich bin durch das Ministerium und die Inspektoren nie belästigt worden; die Beamten waren immer höflich und freundlich und auf ihre Weise hilfsbereit, wenn diese Art auch nicht der meinen entsprach. Ihre Hauptaufgabe war es, sich über schulische Dinge und den Unterricht zu informieren. Zu unserem ersten Inspektor, John Blackie, einem liberalen Mann, sagte ich einmal, er könne sich zwar über die Fortschritte der Kinder in Mathematik und Französisch ein Bild machen, nicht aber über Zufriedenheit und Glück, Aufrichtigkeit, Ausgeglichenheit und Toleranz. «Ich werde einen Versuch machen», sagte John, und er machte seine Sache gut. Zu einem anderen Inspektor sagte ich: «Ihr Kriterium ist, wie die Kinder lernen, aber unser Kriterium ist, wie sie leben. Sie nehmen alles flüchtig in Augenschein . . . sind beunruhigt, weil Willie mit zwölf Jahren immer noch nicht lesen kann . . . aber wir prüfen lange und gründlich. Ich weiß nur von einem einzigen ehemaligen Schüler, der sich in keiner Stellung halten kann.» Die Antwort lautete: «Das mag schon sein, aber ich sehe die anderen ja nicht, nicht wahr?»

Das Ministerium ist das Establishment und muß es wohl sein. Es repräsentiert eine Erziehung, wie sie gemeinhin von der Mehrheit der Eltern und Lehrer für richtig gehalten wird. Wenn ein Erziehungsminister ein Gesetz erlassen wollte, das körperliche Züchtigung verbietet, würde der Aufschrei von Eltern und Lehrern dieses Verbot

* Deutsch unter dem Titel: *Theorie und Praxis der antiautoritären Erziehung. Das Beispiel Summerhill.* Rowohlt Taschenbuch Verlag, Reinbek, 1969. (Anm. d. Übers.)

A. S. Neill im Alter von 54 Jahren

A. S. Neill und seine Tochter Zoë, 1950

Der Weltruhm im hohen Alter: Neill erhält körbeweise Briefe aus aller Welt

Ena

Die Presseberichte über seine Person, seine Bücher und seine Schule findet Neill meist wenig treffend, trotzdem interessieren sie ihn stark

Der fast neunzigjährige Neill an seinem Schreibtisch in Summerhill

Neill am Haupteingang der Summerhill School, 1971

Neill und Biscuit

unmöglich machen. Wenn er anordnete, daß an Schulen kein Religionsunterricht mehr erteilt wird, würde es im ganzen Land zu Protestversammlungen kommen, an denen, wie ich glaube, hauptsächlich Bürger teilnähmen, die gar nicht den Versuch machen, wie Christen zu leben. Das Ministerium steht Schulen wie Summerhill tolerant gegenüber, könnte sie aber nicht öffentlich gutheißen.

In England ist jede Privatschule registriert, aber um als «leistungsfähig anerkannt» zu werden, muß sie die staatliche Anerkennung beantragen, die erst nach einer Inspektion gewährt oder auch nicht gewährt wird. Ich habe nie einen solchen Antrag gestellt, teils deshalb, weil Anerkennung für mich so etwas ist wie ein Geschenk. Außerdem war mir ziemlich klar, daß Summerhill für eine solche Anerkennung nicht in Frage kam, weil wir, soweit es um Buchwissen geht, nicht den üblichen Standard erreichen. Der Umstand, daß jeder neue Schüler, wenn man ihm sagt, daß die Teilnahme am Unterricht freiwillig ist, sofort alle Schulfächer außer den kreativen wie Kunst und Werken fallenläßt, beweist mir vielmehr, daß im allgemeinen der Schulunterricht den Kindern entgegen allen ihren natürlichen Wünschen aufgezwungen wird. So kommt es, daß Summerhill-Schüler, vom Standpunkt des Lernens aus gesehen, oft erst spät aufblühen. Ein ehemaliger Schüler, der heute Ingenieur ist, erschien nur selten zu irgendwelchen Unterrichtsstunden. Heute besitzt er ein halbes Dutzend akademischer Titel und Auszeichnungen. Ein visitierender Inspektor hätte diesen Jungen wahrscheinlich als Versager eingestuft.

Die meisten Menschen halten Spielen für Zeitverschwendung. Ein Ministerium, das der Arbeit nicht mehr Wichtigkeit beimißt als dem Spiel der Kinder, wäre undenkbar.

Ich habe schon von meinem Vater erzählt und dem Elend, das es für ihn bedeutete, wenn ein Schulrat seine Dorfschule besuchte, und ich habe erwähnt, wie ich dieses Elend, diese Furcht mitempfand. Tatsächlich habe ich bis zum heutigen Tage einen Komplex gegenüber den Inspektoren. Schon die Bezeichnung «Inspektor» ist eine Kränkung. Der Mann, der im Bus die Fahrkarten kontrolliert, repräsentiert die Einstellung, daß die Menschheit von Natur aus unehrlich ist, daß jeder Schaffner versucht ist, das Geld der Fahrgäste in die eigene Tasche zu stecken. Im Schulwesen würde das Wort «Berater» besser passen, und genau das ist ein Schulinspektor heutzutage, auch wenn sein Rat sich auf irrelevante Dinge wie Lehrmethoden beschränkt. Ich habe es viele Male gesagt und sage es hier noch einmal, daß man nichts wirklich Wichtiges lehren kann. Mathematik, Englisch, Französisch ja, aber nicht Güte, Liebe, Aufrichtigkeit.

Die Inspektoren machen Summerhill unaufrichtig. Die Kinder räumen auf, radieren Wörter wie *SHIT* und *FUCK* an den Wänden aus; sie sind plötzlich befangen und unglücklich. Vor einiger Zeit wurde ein Inspektor, der die Schule besuchte, geradezu feindselig aufgenommen, und war sehr traurig darüber, und ich war es auch. Ich wußte, was dahintersteckte. Ein Sensationsblatt hatte einen Artikel gebracht, in dem behauptet wurde, das Ministerium habe die Absicht, gegen Summerhill vorzugehen, und die Kinder betrachteten den harmlosen Inspektor als einen gefährlichen Spion, der womöglich die Schule schließen wollte. Das Ministerium kann natürlich eine unabhängige Schule schließen, aber ich möchte annehmen, daß dies selten passiert, es sei denn, daß ein Schulleiter sich homosexuell oder auch heterosexuell (mit Schülerinnen) betätigt. In der heutigen Zeitung fand ich ein ausgezeichnetes Beispiel für den scheinheiligen Puritanismus des englischen Establishments. In einer Lehrerbildungsanstalt wurde ein Mädchen in ihrem Zimmer mit einem Mann erwischt. Sie wurde rausgeschmissen. Sie ging vor Gericht; ihrem Einspruch wurde nicht stattgegeben, und der 72 Jahre alte Richter, der den Vorsitz führte, hielt ihr eine Strafpredigt, die darauf hinauslief, daß sie nicht geeignet sei, Kinder zu unterrichten. Ihr Vergehen bestand darin, daß sie das elfte Gebot gebrochen hatte ... «Du darfst dich nicht ertappen lassen.» Wie ungerecht ist solch ein Urteil, wo jeder weiß, daß Tausende von Studentinnen, die nicht in einen beaufsichtigten staatlichen Studentenheim wohnen, ihr Geschlechtsleben haben.

Was ich einfach nicht einsehe ist, warum ausgerechnet die Lehrerschaft sich mit Inspektoren abfinden soll. Die Ärzte und die Richter mit ihren mächtigen Vereinigungen würden so etwas nie dulden. Gewiß, sie sind keine Staatsdiener wie die Lehrer der öffentlichen Schulen, aber seit der staatliche Gesundheitsdienst in England existiert, werden die meisten Ärzte vom Staat bezahlt, und ich bin fest davon überzeugt, daß sie sich gegen jeden Versuch einer Inspektion im medizinischen Bereich zur Wehr setzen würden. Ich gehöre einem Berufsstand ohne Zivilcourage an. Ich bin selbst nicht couragiert; ich müßte mich allen Inspektionen widersetzen; ich müßte sie zurückweisen mit der Begründung, daß meine ehemaligen Schüler es fast alle im Leben zu etwas gebracht haben; ich müßte dem Ministerium gegenüber erklären: «Fünfzig Jahre lang haben nun gebildete und intelligente Eltern ihre Kinder nach Summerhill geschickt; sie glaubten an unser System und sind mit den Resultaten zufrieden. Warum soll ich zulassen, daß meine Schule nach offiziellen Maßstäben beurteilt wird, die nicht die meinen sind? Summerhill ist in der Hauptsache ein Ort, wo gelebt werden soll, und wir wehren uns dagegen, es von Leuten beurteilen zu lassen, die nur Lernen und Lehrmethoden und Disziplin im Auge haben. Sie sollen Vorschriften über die Anzahl von WCs und Waschräumen und Feuerlöschern erlassen. Summerhill hält sich an solche Bestimmungen.»

Leider bin ich nicht mutig genug, den Mächtigen zu trotzen. So schließe ich Kompromisse. Ich beschäftige für sechzig Kinder acht Lehrer, von denen manche, von meinem Standpunkt aus betrachtet, die falschen Lehrer sind – diejenigen, die in den Prüfungsfächern unterrichten. Ich stelle immer wieder fest, daß die meisten Schüler diese Fächer als notwendige lästige Paukerei ansehen. Nicht daß die Kinder alle Examensfächer hassen. Viele mögen Englisch, lehnen aber Mathematik und Geschichte ab.

England ist das Land der unabhängigen Schulen. Auf dem Kontinent gibt es nur wenige, und ehe in den USA die *New school*-Begeisterung ausbrach, waren dort, glaube ich, die Privatschulen meist so etwas wie Militärakademien. In Schottland hat es die Tradition privater Lehranstalten nie gegeben; es existieren dort vier Privatschulen, aber das sind englische Schulen mit den englischen Traditionen von Eton und Harrow und, wie ich auf gut Glück hinzufügen sollte, mit Englisch als Schulsprache. John M. Aitkenheads Kilquhanity ist die einzige freie Internatsschule, die ich in Schottland kenne. Und auch dort hat man Ärger mit den Inspektionen.

Oh, aber ich darf mich nicht beklagen. Das Ministerium hat mir viel Freiheit gelassen und das wird so bleiben, bis ich sterbe. Was dann geschehen wird, weiß ich nicht. Irgendein Minister könnte sagen: «Wir haben diese Schule geduldet, bis der alte Mann starb, aber wir können nicht länger eine Schule akzeptieren, wo Kinder den ganzen Tag lang spielen können, ohne am Unterricht teilzunehmen.»

Finanzen

Als ich 1924 nach England zurückkehrte, war ich so gut wie pleite, und unser Aufenthalt in Lyme Regis war ein einziger finanzieller Kampf. Aber einmal hatten wir dort auch großes Glück. Ein Australier, der Cooper hieß, übersandte mir einen Scheck, zahlbar an die New Education Fellowship, der ich auch angehörte. Ich schrieb ihm, ich sei der falsche Mann, und fragte an, ob ich den Scheck an die Gesellschaft für Neue Erziehung weiterschicken sollte. Nein, antwortete er, behalten Sie ihn. Das war damals ein Gottesgeschenk und hat uns wahrscheinlich vor dem Bankrott gerettet.

Jahrelang erhielten wir keine Zuwendungen. 1950 verpflichtete sich William K. Elmhirst von Dartington Hall in einem feierlichen Vertrag, mir sieben Jahre lang 1000 Pfund im Jahr zukommen zu lassen. Bill war ein zurückhaltender, bescheidener Kerl. Ich hatte das Gefühl, er wollte nicht, daß seine Großzügigkeit sich herumsprach, und so bewahrte ich über seine Gabe Stillschweigen. Vor ein paar Jahren schickte mir eine Rechtsanwaltskanzlei 1000 Pfund von einem Spender, der ungenannt bleiben wollte. Wieder etwas später, vor nicht langer Zeit, gab Joan Baez in London ein Konzert zugunsten von Summerhill und überreichte mir den Erlös, 1400 Pfund. Und vor kurzem schickte sie, nachdem sie bei einem Popkonzert auf der Isle of Wight gesungen hatte, 2000 Pfund.

Als die Inspektoren Ihrer Majestät uns rieten, einige Gebäude abzureißen, für deren Wiederaufbau wir nicht das Geld hatten, schickte ich, was mir sehr gegen den Strich ging, einen Appell hinaus. Von dem Geld, das wir bekamen, benutzten wir jeden Penny zur Errichtung neuer Unterrichtsbaracken und Wohnheime. Viele Jahre lang hatte ich alle Honorare für meine Bücher und Artikel in die Schule gesteckt, um sie über Wasser zu halten. Eine private Schule kann keinen Profit machen; allzuoft ist Summerhill in den roten Zahlen gewesen, hauptsächlich wegen der Außenstände. Wären alle Außenstände während der vergangenen fünfzig Jahre voll bezahlt worden, hätte ich mir einen Rolls-Royce samt Chauffeur leisten können. (Aber nein, das hätte bedeutet, daß ich einen Schlips hätte tragen müssen.)

Es ist eine abgedroschene Phrase, daß Geld nicht glücklich macht. Immerhin kann man sich damit einen gewissen Komfort erkaufen, der angenehm ist; zur Oper mit einem Privatwagen zu fahren und einen Platz im Parkett zu haben, ist angenehm. Zwei Stunden im Theater hinten auf der Galerie zu stehen, ist dagegen, um das Mindeste zu sagen, unbequem. Gewiß, mit Geld läßt sich mehr erreichen als Bequemlichkeit. Es kann eine schöpferische Tätigkeit, eine sinnvolle Arbeit, eine Universitätskarriere ermöglichen. Seiner schlechten Finanzierung wegen war Summerhill nicht in der Lage, alle seine Pläne zu verwirklichen. Wir haben zwar Lehrer für Kunst- und Werkunterricht, können uns aber keine für Musik oder Tanzkunst leisten, obwohl mir das sehr viel wichtiger erschiene, als Mathematik- oder Geschichtslehrer zu haben. Wir sehnen uns danach, eine stattliche Bibliothek, ein gut ausgestattetes Physik- und Chemielabor und eine Kochabteilung zu haben. Staatliche Schulen können sich all dies leisten – Dinge, die von manchen Eltern und Lehrern zwar als Luxus, von uns aber, die wir sie uns nicht leisten können, als Notwendigkeiten angesehen werden.

In früheren Zeiten habe ich oft davon geträumt, einem Millionär zu begegnen, der bereit wäre, meine Schule zu finanzieren. Zweimal bin ich tatsächlich Männern begegnet, die Summerhill finanzieren wollten. Und zweimal stellte ich die Frage: «Sie würden doch sicher ein Mitspracherecht in Fragen der Schulleitung haben wollen, nicht wahr?» Und beide Male bekam ich die Antwort: «Selbstverständlich.» Worauf ich sagte: «Dann geht es nicht.» Es war eine andere Situation, wenn Geld von Henry Miller, Joan Baez und vielen anderen uns wohlgesonnenen Amerikanern kam, weil daran keine Bedingungen geknüpft waren.

Die ehemaligen Summerhill-Schüler scheinen nicht daran interessiert, viel Geld zu verdienen, vielleicht weil man, um «Geld zu machen», ein Wettbewerbsdenken entwickeln muß, wie es in Summerhill, außer bei Spielen und Wettkämpfen natürlich, unbekannt ist. Ein ehemaliger Schüler hat der Schule eine Menge Geld für Reparatur-, Ausbesserungs-, Mal- und Renovierungsarbeiten geschickt. Wie alle wirklich großzügigen Menschen möchte er ungenannt bleiben ... Er sei gesegnet ... mit einem heidnischen Segen, versteht sich.

Unser Schulgeld verändert sich mit den Lebenshaltungskosten.

Heute (1972) beträgt es 600 Pfund im Jahr für Schüler unter zwölf und 750 Pfund im Jahr für die über zwölf; dazu kommen 10.50 Pfund für Waschen und Bügeln in jedem Trimester, also dreimal im Jahr. Daß wir nicht in der Lage sind, arme Kinder aufzunehmen, bedrückt uns seit fünfzig Jahren.

Ehemalige Schüler

Man hat mich zuweilen gefragt, ob ich auf die erfolgreichen Akademiker unter den ehemaligen Summerhill-Schülern stolzer sei als auf Schüler, die Künstler oder Handwerker geworden sind. Die Antwort ist: nein, obwohl ich von «unseren Gelehrten» oft gesprochen habe: zwei Professoren, zwei Universitätsdozenten, ziemlich viele Ärzte, darunter ein Lungenspezialist und ein Chirurg, zwei Rechtsanwälte – aber keine Lehrer. Ich hatte nur ein einziges Mal eine Schülerin, die Lehrerin werden wollte, und die war geistesgestört. Ich erwähne die Akademiker nur immer wieder, da die übliche Kritik an Summerhill lautet, daß Kinder, denen es freistehe, zu den Unterrichtsstunden zu erscheinen oder wegzubleiben, später nicht in der Lage seien, Universitätsexamen zu absolvieren. Aber ich bin ebenso stolz auf «unseren» Möbeltischler, «unseren» Töpfer, «unsere» Künstler, die in der Bond Street ausstellen, und den alten Schüler, der auf dem Wege ist, sich mit seinen illustrierten Kinderbüchern einen Namen zu machen. Ein anderer unserer früheren Schüler, der mit sechzehn noch nicht lesen konnte, hat jetzt eine für Diabetiker geeignete schmerzfreie Nadel für subkutane Spritzen erfunden; im übrigen ist er ein gescheiter Ingenieur.

Ich bin primär gar nicht daran interessiert, ob sie Professoren oder Maurer sind; mich interessiert ihr Charakter, ihre Aufrichtigkeit, ihre Toleranz. Ich stelle mir gern vor, daß sie eine bessere Chance haben, das Leben zu bejahen, als disziplinierte und geformte Kinder.

Summerhill ist auch deswegen oft kritisiert worden, weil unsere ehemaligen Schüler offenbar keinen Kreuzzug unternehmen, um diese kranke Welt zu verbessern. Ich wüßte auch nicht, wie sie das tun sollten. Sie wissen, daß es Zeit- und Energieverschwendung ist, sich im Hyde Park auf eine Seifenkiste zu stellen und Frieden zu predigen; sie wissen auch, daß sich nichts dadurch ändert, wenn man Fahnen schwenkend den Piccadilly hinuntermarschiert. Ein früherer Schüler drückte es so aus: «Alles, was ich tun kann, ist, meine Kinder in Freiheit zu erziehen und zu hoffen, daß mein Beispiel vielleicht meine Freunde und Nachbarn beeinflußt.» Ich selbst sehe auch keinen anderen Weg. Ich bin überzeugt, daß die meisten meiner alten Schüler der Politik und Politikern gegenüber, denen es anscheinend unmöglich ist, ehrenhaft zu handeln, das gleiche Mißtrauen empfinden wie ich.

Ja, im großen und ganzen bin ich glücklich über meine alten Schüler. Viele sind großartige Männer und Frauen, die hart arbeiten, tolerant sind und das Leben bejahen. Nur ganz wenige haben mich enttäuscht. Ihnen hat sich Summerhill nicht tief genug eingeprägt. Ich glaube, daß die meisten meiner Schüler ihre eigenen Kinder frei aufwachsen lassen. Eine Mutter, die mit einem früheren Summerhill-Schüler verheiratet ist, sagte einmal, das Gute, das Summerhill bewirke, komme erst bei der zweiten Generation richtig zum Vorschein, eine sehr interessante und kluge Bemerkung.

Halb im Spaß habe ich einmal geschrieben, wenn ein Summerhill-Kind im Leben Erfolg habe, dann sei das der Schule zu verdanken, aber wenn es versage, dann sei das Versagen den Eltern zuzuschreiben. Das ist nicht ganz, aber doch beinahe wahr. Unsere erfolgreichen ehemaligen Schüler kamen meist aus Elternhäusern, in denen eine gewisse Freiheit und gegenseitige Zuneigung unter den Familienmitgliedern herrschten. Unsere, sagen wir: nur halb erfolgreichen früheren Schüler kamen dagegen meist aus entzweiten, unglücklichen Familien. Mehr als einmal habe ich gesagt, daß auch Freiheit ein Kind nicht heilen kann, das als Baby und Kleinkind nicht genug Liebe empfangen hat; sie kann solchen Kindern zu einer besseren seelischen Verfassung verhelfen, aber in nur allzu vielen Fällen bleibt die Aggressivität. Mein Traum von einem Summerhill voller Kinder aus unabhängigen Elternhäusern bleibt ein Luftschloß.

Ich habe an Universitäten und Schulen oft kritisiert, daß sie über die Förderung des Intellekts die Emotionen vernachlässigen. Es ist behauptet worden, daß Summerhill das Gegenteil praktiziere, und in manchen Fällen mag das zutreffen, nämlich da, wo ein Kind die Freiheit emotional begreift, aber nicht die geistige Fähigkeit besitzt, Kopf und Herz zu vereinigen. Ich bin überzeugt, daß die meisten ehemaligen Schüler mühelos und ganz selbstverständlich eine Synthese vollzogen haben. Ich wüßte selbst immer noch nicht klar zu sagen, ob Summerhills Freiheit den aufgeweckten Kindern auf die Dauer besser bekommt als den weniger intelligenten. Bill, der heute Arzt ist, liest die literarischen Wochenendjournale. Paul, der Farmer geworden ist, liest die Illustrierten mit all ihrem Kitsch. Nun, wenn sie beide glücklich sind, was soll's?

Eines muß ich hier noch festhalten: die aufrichtige und herzerwärmende Treue aller ehemaligen Schüler ihrer alten Schule gegenüber. Als wir unlängst das fünfzigjährige Bestehen der Schule feierten, waren die Begeisterung und die Herzlichkeit der alten Schüler einfach überwältigend.

Über das Lehren

Ich weiß, daß meine Fähigkeit als Lehrer von der Beobachtung der Methoden meines Vaters herrührte. In jenen fernen Tagen war der Dorflehrer als der einzige gebildete Mann im Dorf neben dem Pfarrer die höchste Instanz. Da unser Dorf, Kingsmuir, so klein war, daß es keine eigene Kirche besaß, war mein Vater der Ratgeber in materiellen und geistigen Fragen. Wie der Schulmeister in dem epischen Gedicht *Das verlassene Dorf* von Oliver Goldsmith hatte mein Vater einen großen Wissensschatz.

«Und alle war'n verblüfft und staunten arg,
Was dieser eine Kopf an Wissen barg.»

Obwohl er, soweit es seine Familie betraf, nicht gerade ein Mann von guter Urteilskraft war, schien er den Leuten im Dorf doch die besten Ratschläge zu geben. Sicher, es waren einfache Angelegenheiten, in denen er gefragt wurde, nicht aber für diejenigen, die ihn fragten. «Soll ich Willie auf die Akademie schicken oder ihn als Knecht auf der Farm arbeiten lassen?» Manchmal kamen ehemalige Schüler, die jetzt auf eine höhere Schule gingen mit verzwickten Aufgaben, die er lösen sollte, zu ihm, Aufgaben wie der, wo ein Mann mit einer Geschwindigkeit von drei Meilen in der Stunde flußaufwärts rudert, gegen eine Strömung, die eine Geschwindigkeit von einer Meile pro Stunde hat; er macht eine halbe Stunde Mittagspause, und als er weiterrudert, hat sich inzwischen die Strömung geändert ... schreckliche Rechenaufgaben, die ich nie lösen konnte, aber mein Vater versagte nicht ein einziges Mal.

Mein Vater verstand sich ohne Zweifel darauf, seine Schüler aus der Reserve herauszulocken. Lange ehe moderne Methoden im Erdkundeunterricht aufkamen, brachte er seine Schüler dazu, immer nach dem Warum zu fragen ... Warum liegt Glasgow da, wo es liegt? Warum London? Warum regnet es an der Westküste Schottlands mehr als an der Ostküste? Er hatte keine Ahnung von der Aussprache ausländischer geographischer Namen. Die Hauptstadt von Island war für ihn Rieky-a-viek, Bukarest war Buu-karest, Arkansas sprach er mit dem «s» am Ende aus. Er hatte überhaupt seine eigene Aussprache: *pencil* war *pincil*, *lantern* wurde zu *lantren*, *physician* zu *physeecian*. Doch er kannte die Bedeutung auch der ungewöhnlichsten Wörter. Bestimmt wäre er ein Meister im Lösen der Kreuzworträtsel gewesen, hätte es die zu seiner Zeit schon gegeben.

Er hielt regelmäßig eine Unterrichtsstunde ab, die er «Intelligenz» nannte. Wir bildeten einen Halbkreis, und wenn derjenige unter den Jungen und Mädchen, der den ersten Platz innehatte, nicht die richtige Antwort wußte, rückte derjenige, der sie wußte, auf den ersten Platz auf. Einmal kam auch ich auf den ersten Platz. Es ging um das Wort «evident», und ich sagte, es heiße «leicht zu sehen». Aber hinterher hatte ich ein schlechtes Gewissen. Ich kannte das Wort aus einer Redensart meines Bruders Willie, die ich kurz zuvor aufgeschnappt hatte: «Das ist evident, sagte der Affe, als er auf das Tischtuch schiß.» Und ich hatte das unbestimmte, beängstigende Gefühl, das stehe in irgendeinem Zusammenhang mit dem Wort «Scheiß», und mein Vater wisse das.

Seine Methode verhalf uns ohne Zweifel zu einem größeren Wortschatz. Ebenso schulte mein Vater unser Gehör für Grammatik, so daß es mir noch heute einen gelinden Schock versetzt, wenn jemand sagt: *«He spoke to Jimand I»* Oder: *«These sort of things are useless.»* Im Lateinunterricht zeigte er uns, wie uns das Lateinische bei der Rechtschreibung helfen konnte. Wir lernten, daß man *committee* mit Doppel-m schrieb, da das Wort von *con* (mit) und *mitti* (ich sende) abstammt. Das war alles, was ich von meinen Lateinkenntnissen hatte, denn als ich gerade Vergils Versen Geschmack abzugewinnen begann, bestand ich eine Prüfung, und danach öffnete ich nie wieder ein Lateinbuch.

Und eben das ist das Absurde, wenn man die alten Sprachen lernt. Man verbringt trostlose Jahre über der Grammatik, und dann entschwindet alles dem Gedächtnis, es sei denn, man studiert klassische Philologie.

Der Erdkundeunterricht meines Vaters bestand hauptsächlich aus einer Unmenge von Namen. Ich konnte alle Flüsse Englands aufzählen, die Zentren der Baumwoll-, der Keramik- und der Eisenindustrie, die Städte. Einzelne Bruchstücke sind hängengeblieben ... Hexham, berühmt für Hüte und Handschuhe, Redditch für Nadeln, Axminster für Teppiche. Doch, wie gesagt, vor allem hielt er uns an, nach dem Warum zu fragen. Und noch heute habe ich, wenn ich mit dem Wagen nach Schottland fahre, das Gefühl, ich führe aufwärts – weil es oben auf der Wandkarte lag.

Ich weiß, daß ich in vielen Fächern ein Dummkopf war, nicht aber in Englisch. Ich hatte eine scheußliche Klaue; mein «Schönschreiben» war eine Schande, aber eines Tages schrieb ich das Wort *farmer*, und es sah wie gestochen aus. Von diesem Augenblick an entwickelte ich mich zum Schönschreiber, und trotz meines Alters kann ich, wenn ich will, immer noch sehr schön schreiben, nur daß ich mit den modernen Kugelschreibern den dünnen Anstrich und den breiten Abstrich nicht richtig machen kann. Wie alle Schulmeister hatte mein Vater eine wunderschöne Handschrift, auch noch im hohen Alter. Kein Zittern ist darin, und in der meinen auch nicht – trotz meiner 89 Jahre.

In meinen jungen Jahren gab es in der Schule keinerlei Werkunterricht, auch nicht auf der höheren Schule. Ich machte einmal der Schule in Newport, Fife, an der ich einst unterrichtet hatte, einen kurzen Besuch. Sie war inzwischen modernisiert worden, und der Schulleiter zeigte mir stolz sein neues Labor und seine neuen Unterrichtsräume.

«Darf ich auch mal die Werkstatt sehen?» fragte ich.

Er sah mich verblüfft an.

«Was hat eine Werkstatt mit Erziehung zu tun?»

Ich kann mich nicht erinnern, daß wir in Kingsmuir Zeichenunterricht gehabt hätten. Wir hatten ein paar Schreibhefte, und wir hatten Schiefertafeln mit hölzernem Rahmen, die nie lange hielten. Ich höre noch das Scheppern, mit dem sie auf den Boden fielen, wenn wir sie aufstapelten, um zu sehen, wer eine Rechenaufgabe als erster gelöst hatte. Später wurden sie als unhygienisch verdammt, weil wir sie sauber leckten, aber ich kann mich nicht erinnern, daß sich je irgend jemand dadurch eine Krankheit zugezogen hätte.

Mein Vater hatte wenig Humor, aber einige Vorstellungskraft. Er machte Geschichte für uns lebendig. Die Gedichte jedoch, die er sich aussuchte, dürften nicht unwesentlich dazu beigetragen haben, daß ich an Lyrik nie Gefallen zu finden vermochte. Sentimentale Balladen ... *Little Jim, Lucy Gray, Mary, go and call the cattle home* ... Alle diese Gedichte schienen nur von frühem Tod und Familienkummer zu handeln. Aber er brachte uns *Das verlassene Dorf* nahe, und ohne Zweifel identifizierten wir ihn mit der Gestalt des Schulmeisters darin: «Er war ein Mann, gar finster anzusehen ...»

Ich habe mich später manchmal gewundert, warum er uns nicht die hübschen englisch-schottischen Volksballaden zu lesen gab. Jahre später, als ich Leiter einer Schule in Gretna Green war, kam ich oft im Unterricht auf die Balladen zurück. Besonders beliebt bei den Kindern war *Helen von Kirkconnel*: «Ich wünscht, ich läg', wo Helen liegt ...» Kirkconnel Lea war nur ein paar Meilen von unserer Schule entfernt, und ich machte mit den Kindern einen Ausflug zu Helens Grab. Als ein Rivale ihren Liebsten erschießen wollte, warf sich Helen vor ihn und starb. «Ich sprang vom Pferd, mein Schwert zu zieh'n, zu hau'n in tausend Stücke ihn.»

Au, au, ich war genauso schlimm wie mein Vater und wählte Gedichte über den Tod aus! Zum Ausgleich las ich ihnen *Young Lochinvar* vor und wie er scherzhaft seine zukünftige Braut entführte. Sein Esk River war auch in der Nähe der Schule.

Ich glaube, daß man zum Lehrer geboren sein muß und daß sonst alle Ausbildung an allen Hochschulen keinen guten Lehrer aus einem macht. Ich habe Franzosen und Deutsche im Lehrerkollegium gehabt, und dummerweise habe ich sie ihre Sprache unterrichten lassen. Nur wenige waren dazu in der Lage, den meisten fehlte die Gabe, ihren Stoff zu übermitteln. Ohne mich rühmen zu wollen, sage ich, daß ich ein guter Lehrer war, wenn auch, vom Examensstandpunkt aus gesehen, nicht der ideale. Ich legte in meinem Unterricht zu viel Nachdruck auf Vorstellungskraft. Wenn ich einen Aufsatz schreiben ließ, lautete das Thema nicht: «Wie ich meine Ferien verbrachte», sondern: «Wie mir mein falsches Gebiß auf den Teller fiel» oder: «Bericht einer Schnecke über ihre Reise von der Haustür zum Schultor.» Vor annähernd fünfzig Jahren sagte ich zu einer Klasse: «Ich gebe euch jetzt den ersten Satz von einem Aufsatz oder einer Erzählung oder was auch immer. Also: ‹Himmel, Arsch und Zwirn! sagte der Bischof.› Und nun macht weiter.»

Ein Dreizehnjähriger schrieb: «Der Bischof beugte sich über seine Kanzel. ‹Liebe Brüder›, sagte er feierlich, ‹als ich heute morgen die Kathedrale betrat, hörte ich einen unter euch diese schrecklichen Worte aussprechen. Ich werde sie als meinen nächsten Predigttext verwenden.›» Dieses hohe Niveau hätte ich sicherlich nicht erreicht; ich hätte den Bischof einen dummen Fehler beim Golf machen lassen.

Ich mußte es aufgeben, die älteren Schüler zu unterrichten, da sie protestierten, meine Methode helfe ihnen nicht, die externen Examen zu bestehen; eine stichhaltige Kritik, die jedoch nicht mich verdammte, sondern die Toten, die für die Erfindung der englischen Schulaufsätze verantwortlich waren. Ich brauchte, um den Stand eines Kindes in Englisch zu beurteilen, nur eine halbe Stunde mit ihm zu sprechen, ihm dann ein leeres Heft zu geben, in das es alles hineinschreiben konnte, was es wollte, und mir das Ergebnis anzusehen.

Es gibt Fertigkeiten, die gelehrt werden müssen – daher die guten alten Lehrjahre, selbst wenn das erste oft mit Besorgungen und Teeaufbrühen für die Gesellen hinging. Doch behaupte ich, daß man sich bei den Prüfungen an den Schulen im großen und ganzen mit unwesentlichen Dingen befaßt. Die Lehrer werden ebenso engstirnig, wie ihre Fächer eng umrissen sind. Vielleicht habe ich deshalb so oft den Eindruck gehabt, Universitätsprofessoren und Dozenten seien ziemlich langweilige Menschen. Wenn Bacon heute lebte, würde er vielleicht sagen, daß die Spezialisierung den Menschen einengt. Das gilt nicht nur für Lehrer, sondern auch für Ärzte; ich bin selten einem Arzt begegnet, der ein weites Interessengebiet hatte oder mit dem man sich über viele Themen unterhalten konnte.

Mehrere Bücherschreiber haben versucht, meine Arbeit zu beurteilen, und gingen dabei nur zu oft von der Annahme aus, daß ich Lehrer sei. Man kritisiert an mir, daß ich nichts tue, um den Lehrern praktische Hilfe zu leisten, daß ich keine Lösung parat habe für das Problem der überfüllten und oft brodelnden Schulen, daß ich mich weder für Organisationsfragen noch für Prüfungen, noch für Lehrmethoden interessiere. All diese Kritik wäre gerechtfertigt, wenn ich Lehrer wäre, das heißt ein Vermittler von Wissen, ein Charakterbildner, einer, der die Jugend lenkt. Ich lehne es ab, mich als Lehrer einstufen zu lassen. Ich selbst würde mich vielleicht definieren als einen Mann, der nicht einer Religion anhängt, aber fest an Menschlichkeit glaubt. Meine Botschaft lautete: Die Gefühle eines Kindes sind unendlich viel wichtiger als seine intellektuellen Fortschritte. Ich habe versucht, wie ich fürchte mit wenig Erfolg, zu zeigen, daß Schulen, indem sie die Emotionen ignorieren, diese den von außen kommenden Einflüssen preisgeben, wie der Presse, dem Kitsch in Radio und Fernsehen, der kommerziellen Fernsehwerbung und einer Unzahl von Magazinen, die sich der Mentalität von Zehnjährigen anpassen. Lehrer können vor lauter Bäumen den Wald nicht sehen, den Wald, der Leben in Hülle und Fülle bedeutet, Freiheit von jeder Art des Charakterbildens. Der Lehrer mit dem Rohrstock ist nicht der einzige, der das Problem am verkehrten Ende anpackt.

Meine Botschaft an die Lehrer lautete: Vergeßt die törichten Schulfächer und richtet den Blick auf das Kind, aber objektiv; versucht nie, es zu formen. Ich weiß, unsere Kritiker haben oft argumentiert, wir in Summerhill formten das Kind durch unsere Umgebung dadurch, daß jeder Schüler sich unbewußt mit mir identifiziert. Ich räume ein, daß man allein durch seine Gegenwart unbewußt andere formt, wenn ich auch nicht weiß, in welchem Maße. Ich weiß nur, daß ich nie eine Auseinandersetzung erlebt habe, bei der eine der beiden Seiten bekehrt oder umgeformt worden wäre; man stelle sich ein Streitgespräch zwischen einem Bischof und einem Atheisten vor, selbst wenn der letztere Gott dafür dankt, daß er ein Ungläubiger ist. Das Wort formen ist nicht das richtige Wort: das Wort Einfluß trifft es besser. Ich würde zugeben, daß wir unsere Schüler beeinflussen; selbst bei einem Gespräch in einer Dorfkneipe prägt sich unserem Gegenüber unsere Persönlichkeit ein.

Ich habe, ebenfalls mit wenig Erfolg, versucht, die lächerliche Schranke zwischen Lehrer und Schüler niederzureißen, die «Sir»-Schranke, die «Herr»-Schranke, die (einseitige) Schranke des Gehorsams. Ich kam über die Psychologie zur freien Erziehung, nicht über die großen Pädagogen, die meist doch mit einem Fuß im Lern- und Lehrlager standen – Rousseau, Fröbel, Pestalozzi, Maria Montessori und John Dewey. Ich selber wurde beeinflußt nicht nur durch Homer Lane, sondern auch durch Freud, Wilhelm Reich und Stekel, nicht jedoch durch Jung, Adler oder Melanie Klein. Vieles, was ich von den Psychoanalytikern gelernt zu haben glaubte, ist mit der Zeit verschwunden, aber niemals bin ich von meiner Überzeugung abgewichen, daß die Psychologie des Kindes der Ausgangspunkt aller Erziehung sein muß.

Ich sagte, daß ich wenig Erfolg gehabt habe – trotz der Tatsache, daß die Zustände sich ändern. Wir haben unsere neuen Grundschulen, wo man fröhliche Gesichter sieht und fröhliches Geschnatter hört, Schulen, wo Raum für individuelle Interessen ist. Sehr schön, aber nicht ganz befriedigend für mich, da der Spieltrieb immer noch nicht voll anerkannt wird. Das Kind muß etwas tun; es soll lernen, indem es etwas tut, aber eben doch lernen, während wirkliches Spielen von jedem bewußten Element des Lernens frei ist und frei sein sollte. Wir beobachten das Sprießen neuer freier Schulen in den USA; wir haben die «Schafft die Schule ab»-Bewegung. Amerikaner wie John Holt, Paul Goodman, Ivan Illich, George Dennison und andere haben mutig die amerikanischen Schulen beeinflußt. Freundliche Seelen behaupten, daß viele Reformen auf meinen Einfluß zurückzuführen sind, aber ich meine, so kann man das nicht sagen. Ich hatte das große Glück, eine Schule zu leiten und Bücher schreiben zu können, und wenn andere Pioniere weniger bekannt sind, so deshalb, weil sie die Ergebnisse ihrer Arbeit nicht verbreiteten – E. F. O'Neill, Bill Curry, Kenneth Barnes (der aber auch ein paar Bücher schrieb). Es ist keine falsche Bescheidenheit, wenn ich feststelle, daß der *Zeitgeist** weitaus wichtiger war als ich oder schließlich auch irgendein anderer einzelner.

Manche haben gesagt, meine Arbeit sei negativ, erfolglos gewesen, aber ich werte das als Kompliment, denn die andere Seite ist zu verdammt erfolgreich mit ihrer Disziplin und ihrer Charakterformerei. Wenn man nicht genau weiß, wie ein Kind sein sollte, ist man zwangsläufig erfolglos, ein Zuschauer sein, und eben dies will und kann das Establishment nicht. Das Establishment weiß, wie ein Kind sein sollte. Maria Montessori und Rudolf Steiner wußten es auch, aber Homer Lane wußte es nicht. Und ich weiß es auch nicht; andererseits habe ich nie den Mut verloren, wenn ein Kind jahrelang in seiner Entwicklung stehenzubleiben schien. Eines von diesen Kindern, ein Junge, der in Summerhill nie zu einer Unterrichtsstunde ging, war, als er die Schule verließ, kaum imstande zu lesen. Heute ist er ein aufgeweckter junger Mann, der in der ganzen Welt herumgereist ist. Er hat für die Hungernden in Bangla Desch gearbeitet und will jetzt nach Südostafrika, um zu sehen, was er tun kann, um den Eingeborenen zu helfen. Freilich ist er in Rechtschreibung nicht gut und hat nie vom Langen Parlament

* Deutsch im Original. (Anm. d. Übers.)

gehört, und damit taucht wieder einmal die leidige Frage auf: Was ist Erziehung? Ich sage, Erziehung ist, unter anderem, Charakterformung von innen her – im Gegensatz zu der Charakterdiktatur, wie sie in Eton, Harrow und an den höheren Schulen ausgeübt wird.

Ich mag Lehrer sein in dem weiten Sinne, in dem jeder, der Gedanken zu verbreiten versucht, ein Lehrer ist, aber das, was ich tue, läßt sich nicht mit dem Unterricht an einer Schule vergleichen. Meine Leser können ja oder nein dazu sagen, aber ein Kind, das unter der Fuchtel eines strengen Lehrers steht, wagt es aus Angst vor dem Lehrer nicht, nein zu sagen. Welcher Dreizehnjährige kann zu einem Lehrer, der zum Rohrstock greift, sagen: «Warum schlagen Sie nicht wen, der genauso groß ist wie Sie?» Kinder müssen alles schlucken, weil sie schwach, verschüchtert und gefügig sind, aber Erwachsene können sehr wohl über eine Idee urteilen, ohne äußere Ängste auszustehen ... oder etwa nicht? Meine Bücher können weder Bischöfe noch unbewußt geile Puritaner, die nach Büchern mit obszönen Ausdrücken schnüffeln, verändern. Mein Publikum ist eine Minderheit. Ich wende mich an die wenigen, die sich ihren Vätern und deren Autorität widersetzt haben. Übrigens frage ich mich angesichts dieser Tatsache, warum ich in den USA und in Deutschland ein «Bestseller» bin. Möglicherweise deshalb, weil sich so viele Angehörige der neuen Generation gegen den weltweiten Paternalismus auflehnen.

Ich bin oft beschuldigt worden, Eltern gegenüber eine Anti-Haltung einzunehmen. Ich glaube nicht, daß unter den Eltern meiner gegenwärtigen Schüler irgend jemand dem zustimmen würde. Ich bin nur gegen Eltern, die nicht lernen können oder wollen, wie sie sich verhalten müssen, um ihre Kinder nicht emotional zugrunde zu richten. Freiheit verwandelt sie in gute Bürger, aber wenn das Elternhaus sich nicht auch gleichzeitig ändert, dauert die Heilbehandlung sehr lange und es kommt zu vielen Rückfällen.

Ich weiß einfach nicht, wie weit meine eigene Erfahrung mit meinen Eltern meine Haltung gegenüber anderer Leute Eltern beeinflußt, denn je länger ich lebe, um so klarer erkenne ich, daß es unmöglich ist, von der frühen Konditionierung loszukommen. Es kann sein, daß die Wurzeln meines angeblichen Anti-Intellektualismus in meinem Unvermögen liegen, dem hohen Ideal meines Vaters von Gelehrsamkeit zu entsprechen.

Wo also stehe ich? Ich bin in meinen Augen kein Lehrer, kein berühmter Erzieher und weit davon entfernt, ein gescheiter Philosoph zu sein. Ich sehe mich gern als einen einfachen Zeitgenossen, der wenig buchgelehrt und von grenzenloser Unkenntnis des Lebens und der Dinge ist, der aber eine gewisse Begabung darin hat, Wesentliches zu erkennen, die Wurzeln des Lebens, und der so sehr an das Leben glaubt, daß für ihn, für mich jeder Versuch, es durch moralische Grundsätze, durch Regeln und Disziplin zu verändern, ein Verbrechen gegen die Natur des Kindes ist.

Über Bücher
und über das Schreiben

Meine früheren Bücher

Die Bücher, die ich seit 1915 geschrieben habe, sind Meilensteine einer Reise. Sie handeln von Dingen, die vergangen sind, die ich hinter mir ließ. Darum kann ich meine eigenen Bücher nicht lesen und habe wenig Ahnung, was in ihnen steht – mit einer Ausnahme, und das ist die Kindergeschichte *The Last Man Alive**, die ich 1937 ein paar Schülern erzählte. Sie bringt mich immer noch zum Lachen. Es war das einzige Buch, in das ich Humor und Spaß hineinpacken konnte, außerdem war es eine erfundene Geschichte, während viele der anderen Bücher voller Ansichten waren, von denen sich manche mit der Zeit und mit zunehmender Erfahrung als falsch erwiesen.

Ich weiß, daß es Angst ist, was mich abhält, meine früheren Sachen zu lesen... «Du lieber Himmel, habe ich wirklich dieses Zeug geschrieben?» Angst oder Scham? Einige meiner Bücher sind in Dänemark und Deutschland neu veröffentlicht worden, aber ich wäre leicht betreten, wenn sie in England wieder aufgelegt würden. Alle diese Bücher waren tastende Versuche, auch die neueren.

Vor langer Zeit schrieb ich einen Roman, *Carroty Broon*, im Grunde eine erzählerisch gestaltete Darstellung meiner eigenen Kindheit. Ich denke immer noch, daß es gar nicht so ein schlechtes Buch war. Ein anderer Versuch war *The Booming of Bunkie*, eine absurde Erzählung von einem jungen Mann, der auszieht, um für eine Stadt in Ostschottland Reklame zu machen. Ein Buch voller fauler Witze, in manchen Partien ganz gut. Die Dorfkapelle konnte nur eine Melodie spielen, und da die Musikanten sie stehend spielten, wußten die Einheimischen, daß es die Nationalhymne war. Und es gab da auch einen verrückten Golfplatz, so klein, daß man keinen *driver* benutzen konnte. Zum letzten Grün mußte man den Ball steil über das Clubhaus hinwegschlagen. Der Vater eines unserer Kinder war Musiker und wollte daraus ein Musical machen, aber nachdem er den ersten Akt geschrieben hatte, kam er bei einem Verkehrsunfall ums Leben.

Rückblickend denke ich, daß der Humor in dem Buch einigerma-

* Deutsch unter dem Titel: *Die grüne Wolke*. Rowohlt Verlag, Reinbek bei Hamburg, 1971.

ßen schwachsinnig war, ähnlich dem Witz von den beiden Männern, die sich in einem Pub begegnen: «Habe ich Sie nicht letztes Jahr in Brighton gesehen?» – «Nein, das kann nicht sein, ich bin noch nie in Brighton gewesen.» – «Ich auch noch nie. Dann müssen es wohl zwei andere Personen gewesen sein.» Ich hoffe, mein Humor ist mit den Jahren etwas reifer geworden.

Ich glaube, daß man im Leben nur eine Sache wirklich gut machen kann. Ich habe Stücke geschrieben. Ich bilde mir gern ein, daß die Dialoge geistreich waren, aber ich bin kein Dramatiker, noch war ich imstande, einen einigermaßen bedeutenden Roman zu schreiben. Ich habe keinen literarischen Stil, und Wortmalerei und glänzende Metaphern liegen mir nicht.

Meine Versuche als Dramatiker scheiterten hauptsächlich daran, daß ich immer die Handlung erklären und die Psychologie dahinter deutlich machen wollte. Ibsen und Shakespeare erklären nichts; bei ihnen enthüllen sich die Gestalten durch ihr Handeln.

Hier gibt es eine Grenze. Es wird erzählt, daß J. M. Barrie, als er sich die Probe zu einem seiner Stücke ansah, einen Schauspieler aufforderte, seine Rolle durch Aktion zu interpretieren, und erklärte, nur durch Aktion könne man einer Rolle Leben verleihen.

«Schön und gut», meinte der Schauspieler, «aber wie kann ich durch Aktion deutlich machen, daß ich in New York eine Tante habe, die an einer scheußlichen Erkältung leidet?»

Autor zu sein ist in einer Weise frustrierend ... Man weiß nie, welchen Einfluß man auf Leser ausgeübt hat. Bescheiden denke ich immer, bekannte Leute lesen meine Bücher nicht, und es versetzt mir einen leichten Schock, als ich in Asquiths *Letters* einen an eine junge Frau im Krankenhaus gerichteten Brief las, indem er schreibt, er schicke ihr ein Buch zur Aufmunterung – *A Dominie's Log*. Damals war Asquith Premierminister (1908–16), und hätte ich von seiner Buchwahl erfahren – wer weiß, vielleicht hätte ich einen Grafentitel ergattert. Doch kann ich, glaube ich, ohne Risiko eine Wette eingehen, daß meine Bücher nicht in der Bibliothek des Weißen Hauses stehen.

In den fünfzig Jahren, die ich jetzt schreibe, habe ich selten Widerspruch erfahren und selten rüde Briefe erhalten. Meine Bücher sind in keinem Land verboten worden, nicht einmal im stockkatholischen

Irland oder im Rassenhaß praktizierenden Südafrika. Ich las einmal, daß die Öffentliche Bücherei von Sydney in Australien eines verboten hätte, aber ich weiß nicht mehr, welches es war. Ich war kein so großer Mann, daß ich zum Martyrium verdammt gewesen wäre. «Die Welt kreuzigt ihre Heiligen.» Dieser Kategorie habe ich nie angehört.

Ich weiß nicht, welches Publikum ich durch meine Bücher erreiche. Unlängst war ich auf dem Fernsehschirm zu sehen. Eine junge Dame schrieb daraufhin: «Ihre Sendung hat mir sehr gefallen. Sagen Sie mir eines, halten Sie etwas von körperlicher Züchtigung?» Die Antwort darauf würde genauso schwierig sein wie die Antwort auf die Frage, die mir einmal gestellt wurde: «Glauben Sie, daß Freud ein guter Psychologe war?» Leichter erfährt man etwas über die Reaktionen, wenn man im Rundfunk spricht. Vor einigen Jahren sprach ich im Radio zu Müttern und erklärte, wenn man ein Kind verprügele, hasse man es. Ich bat die Leute von der BBC, mir keine Zuschriften auf die Sendung zuzuschicken, hörte aber, daß eine Flut zorniger Briefe von Müttern einging.

Ich habe keine Ahnung, wie Künstler zu ihren früheren Büchern stehen, wobei ich mit Künstlern Romanschriftsteller und Verfasser von Theaterstücken meine. Es wäre interessant, zu wissen, ob Hardy seine Romane *Tess von d'Urbervilles* oder *Juda, der Unberühmte* mochte, oder ob Lawrence seine *Lady Chatterley* mochte. Ich bin ganz sicher, daß Tennyson seine Maienkönigin nicht mehr recht gutheißen würde. Auch wäre es reizvoll, zu wissen, wie viele Autoren ihre eigenen Bücher, insbesondere ihre frühen Werke, lesen können, oder wie viele Bildhauer die von ihnen geschaffenen Köpfe und Torsos betrachten können. Als ich einmal Schälchen und Schalen aus Messing oder Kupfer herstellte, fand ich sie, als sie fertig waren, wertlos. Sie sagten nichts aus und waren nichts. Ich nehme an, mein deutscher Freund Karl Waas, der Silberschmied und Fachmann, hat zu den schönen Arbeiten, die er geschaffen hat, eine andere Einstellung.

Meine Bücher sind in gewisser Weise schöpferische Arbeiten, aber keine Kunstwerke – nur Tagebücher, Chroniken, Aufzeichnungen, die schnell veralten. Freud ist bereits überholt; möglicherweise wird Einstein bald überholt sein. Ich bin kein Schöpfer; meine Bücher werden sterben und in Vergessenheit geraten. Ich bin zufrieden bei dem Gedanken, daß ich etliche Millionen Leser erreicht habe – mit positivem Erfolg, hoffe ich. Und ich bin zufrieden bei dem Gedanken, daß meine Bücher Eltern geholfen haben und dazu beitragen, daß viele es sich gründlich überlegen, bevor sie den Charakter ihrer Kinder formen.

Mein Scheitern als Dramatiker

Ich schrieb einmal ein Theaterstück, dem ich den Titel *One of the Family* gab. Hier eine Zusammenfassung. Die Familie (Mittelstand) von Dr. Hanick: Frau, Sohn, Tochter, ein konservativer Bruder, der Rechtsanwalt ist. Jenny, das Hausmädchen, stiehlt die Brosche der Frau. Der Richter will die Polizei rufen. Hanick hat Jenny aus bestimmten Gründen zu dem Diebstahl ermutigt. Bruder: «Alles sehr schön, solange es ein nettes Mädchen ist, aber was würdest du tun, wenn ein Einbrecher ins Haus eindränge?» Selbstverständlich dringt der besagte Einbrecher in das Haus ein. Der Bruder nimmt den Telefonhörer ab. Der Arzt: «Nein, George, ich habe eine bessere Idee. (Zu dem Eindringling:) Mr. Smith, wollen Sie für einen Monat mein Gast sein?» Die Frau: «Bist du verrückt geworden, John?» Der Bruder: «Du hast nicht alle Tassen im Schrank!» Die Tochter: «Toll!»

Es stellt sich heraus, daß der Einbrecher, der einen Revolver bei sich hat, der vernachlässigte Sohn des Rechtsanwalts ist, der seinen Vater erschießen wollte, sich aber nicht sicher war, welcher der beiden Brüder sein Vater war. Ein armseliges Stück, zu unglaubwürdig, zu sehr mit Hanicks psychologischen Erklärungen vollgestopft. Aber ich glaube, die Charakterisierung war gar nicht so schlecht, und ich meine, daß einige der Dialoge recht gut waren.

Dr. Hanick fragt am Morgen danach den Eindringling aus:

DR. H.: Haben Sie etwas gegen eine gemütliche Plauderei?

SMITH: Worüber, übers Wetter? Ein schweres Tief soll . . .

DR. H.: Das fällt mir schon nicht aufs Gemüt. Warum reden wir nicht über Sie?

SMITH: Gut, dann will ich mal versuchen, das Versuchskaninchen zu spielen.

DR. H.: Ich will nicht in Ihr Seelenleben eindringen, und Sie wollen sicherlich auch nicht, daß ich das tue. Haben Sie die gleiche Einstellung auch, was Ihren Beruf betrifft?

SMITH: Beruf?

DR. H.: Es muß ein ziemlich faszinierendes Leben sein! Sie müssen doch so manchen interessanten Leuten begegnen, oder vielleicht sollte ich besser sagen: ausweichen. Sagen Sie, Smith, braucht man eigentlich irgendeine spezielle Begabung? Oder wird man zum Einbrecher geboren? Und nicht dazu gemacht?

SMITH: Nur weiter, mir macht es nichts aus, wenn Sie sich über mich lustig machen.

DR. H.: Ich mache mich nie über jemanden lustig, außer über mich selbst. Nein, es interessiert mich wirklich. Was für ein Gefühl haben Sie, wenn Sie in ein fremdes Haus eindringen? Vielleicht so ein Gefühl, wie wenn man Autofahren lernt? Die ersten paar Male ist es ein herrliches Abenteuer, aber danach nur noch eine mechanische und langweilige Angelegenheit. Sagen Sie, geht es einem mit dem Einbrechen auch so?

SMITH: Das weiß ich nicht. Ich habe es vorher noch nie versucht.

DR. H.: Also wirklich, das ist ja äußerst interessant. Mit anderen Worten, Sie haben sich auf ein neues Branchengebiet begeben? Sagen Sie, gibt es bei Verbrechern bestimmte Rangstufen? Beginnt ein Gauner damit, Milchflaschen zu stehlen, und arbeitet sich dann langsam hoch, über Taschendiebstahl und Fälschereien, bis er die höheren Weihen empfängt und einen Ehrennamen erhält?

SMITH: Nur weiter, ich kann viel vertragen.

DR. H.: Ich bin so ahnungslos in allen diesen Sachen. Nehmen wir die gesellschaftliche Seite. Fühlt sich die Frau eines, sagen wir, Fassadenkletterers der Frau eines Taschendiebs überlegen?

Himmel, ich wünschte, ich hätte die Gabe, Dramen zu schreiben. In meinen Büchern habe ich meine fröhliche, meine humorvolle Seite weitgehend im Verborgenen gelassen. Nun, der Komödiant sehnt sich oft danach, den Hamlet zu spielen, und ich, der Erzieher, möchte der Komödiant sein.

In meinem Stück weigert sich der strenge Rechtsanwalt, mit Smith zu sprechen. Drei Wochen später fragt Evelyn, die Tochter, Smith danach.

EVELYN: Hat mein Onkel schon mit Ihnen gesprochen?

SMITH: Ja.

EVELYN: War er freundlich?

SMITH: Ich weiß nicht recht. Er hat nur gesagt, gib mir das Salz.

Natürlich war Dr. Hanick mit seinen psychologischen Tricks niemand anders als ich selber. Nein, es war kein gutes Stück, aber mehrere Leute, die es lasen, sagten hinterher, es sei gut zu lesen, wenn man es einfach als Roman betrachte. Was zeigte, daß ein Schuster bei seinen Leisten bleiben sollte.

Mein Interesse für Theaterstücke erwachte, als ich zum erstenmal Ibsen las. Er ist der einzige Dramatiker, der mich je dazu verführte, hundert Meilen nach London zu fahren, um mir seine Stücke anzusehen: *Hedda Gabler* mit Peggy Ashcroft und *Die Wildente* mit Dorothy Tutin, beides hervorragende Aufführungen. Für Ibsen selbst konnte ich mich nie sonderlich interessieren. Freunde von mir in Norwegen fuhren mehrmals mit mir nach Skien, seinem Geburtsort. Beim Anblick seines Zimmers, wo er als Kind eigene Theaterstücke aufgeführt haben soll, konnte ich nichts empfinden. Und alles, was ich über ihn las, gab mir das Gefühl, daß ich ihn nicht gemocht hätte, diesen mürrischen, entrückten Mann, der so gesellschaftskritisch und zugleich so erfreut war, die Auszeichnungen und Ehrungen der Gesellschaft zu empfangen. Aber was für ein großer Dramatiker war er! Seine Technik ist über jede Kritik erhaben. (F. L. Lucas weist allerdings in seinem ausgezeichneten Buch über Ibsen und Strindberg auf den unwahrscheinlichen Schluß von *Hedda Gabler* hin: nachdem sie sich erschossen hat, setzt sich ihr Mann mit Mrs. Elvsted zusammen, um das Manuskript des Genies Lövborg zu retten, den Hedda in den Tod getrieben hat.)

Strindberg reizte mich weniger als Ibsen. Noch ehe ich Deutsch konnte, wurde ich in ein Berliner Theater mitgenommen, wo ich seinen *Totentanz* sah. Zwar verstand ich kein Wort, aber durch die starke Intensität der Gefühle zog mich das Stück in seinen Bann.

In meiner Studentenzeit hatte ich mit dem Gedanken gespielt, Schauspieler zu werden. Ich wußte, daß ich wenig Aussicht auf Erfolg hatte: unter anderem wäre ich nie meinen schottischen Akzent losgeworden, und in der Welt des Theaters werden nur wenige Schotten gebraucht. Ich weiß, daß ich eine gewisse Begabung besaß, aber nicht genug, um an die Stars heranzureichen; auch bin ich überzeugt, daß ich störrisch geworden wäre, wenn mir ein Regisseur Vorschriften gemacht hätte. Mein Gesicht war nicht von der Sorte, die Gelächter erntet, und Komödiant zu werden kam nicht in Frage. Wenn ich heute, nach all den Jahren, zurückblicke, kommt es mir so vor, als hätte ich das Gefühl gehabt, daß die Schauspielerei nicht kreativ genug war – sie war wie das Lösen einer geometrischen Aufgabe, die jemand anderes gestellt hatte, wie Klavierspielen, ohne die Musik zu komponieren. Chopin wird weiterleben, wenn die Pianisten – Pachmann, Solomon, Rubinstein – längst vergessen und ihre Platten zerkratzt und abgenutzt sind. Merkwürdigerweise wird die Gestalt eines Virtuosen in einem erzählerischen Werk möglicherweise die realen Virtuosen überleben. In Dorothy Bakers *Der Jazztrompeter*, dem sehr lebendigen Charakterbild eines Trompeters – es hieß, die Beschreibung seines Lebens basiere auf dem Leben von Bix Beiderbecke –, stellt die Autorin ihren Protagonisten so real vor uns hin, daß wir ihn geradezu sein Instrument blasen hören. Ich habe das Buch viermal gelesen.

Was immer der Grund war, ich gab meine Ambitionen, zur Bühne zu gehen, auf und habe es nie bedauert. In gewisser Weise wurde ich ja dennoch Schauspieler, nämlich indem ich zu Tausenden von Studenten, Eltern und Lehrern sprach. Beim erstenmal hatte ich Lampenfieber und eine regelrechte Phobie, ich würde steckenbleiben und nicht mehr weitersprechen können; daher machte ich mir immer Notizen, habe sie aber viele Jahre lang nie gebraucht. Ich habe eine ganz besondere Aversion gegen Leute, die ihre Vorträge ablesen. Vorträge zu halten ist eine Kunst, ein Trick, wenn man so will. Ich hatte ein unheimliches Gespür für das Publikum bei Vorträgen; wenn ich auf das Podium stieg, wußte ich, ob ich bei den Zuhörern Zustimmung finden würde oder nicht. Die Kunst besteht darin, das Publikum bei der Stange zu halten. Einer meiner Tricks war, eine lustige Geschichte zu erzählen, sobald die Leute gelangweilte Gesichter machten oder mit Papier raschelten. Einmal, in Schottland, stand ich einer grimmigen Menge mit starren Gesichtern gegenüber.

«Was ist denn mit euch los», sagte ich, «ihr seht ja alle wie tot aus, daraus muß ich wohl schließen, daß ihr alle Lehrer seid.» Gelächter, und schon hatte ich sie gewonnen. Bei einer anderen Gelegenheit begann ich: «Ich fühle mich schuldig. Als ich hörte, daß ich vor lauter ehrbaren Lehrern sprechen sollte, habe ich etwas Feiges getan – ich habe mir einen Schlips umgebunden.» Damit band ich mir den Schlips ab, und wieder war das Eis gebrochen. So wurde ich eben doch Schauspieler.

Ich habe zu meiner Zeit seltsame Veranstaltungsleiter erlebt. In Schottland war es einmal der Rektor des Gymnasiums der Stadt. Als ich mich nach meinem Vortrag hinsetzte, stand er auf.

«Der Vortragende wird jetzt gern Fragen beantworten, aber ich warne alle hier anwesenden Mitglieder meines Kollegiums: ich wünsche nicht, daß Sie den Versuch machen, die Ideen dieses Mannes in meiner Schule einzuführen.» Es gab keine Fragen. 1936 in Johannesburg war der Professor, der mich einführte, bekannt dafür, daß er bei jeder öffentlichen Veranstaltung einschlief. Nicht zuletzt deshalb, weil er während meines ganzen Vortrags wach blieb, wurde ich in Südafrika wie ein VIP (*very important person*) behandelt. (Heutzutage wäre das anders.) Einmal wußte ein Veranstaltungsleiter meinen Namen nicht genau. «Sicherlich darf ich auch in Ihrem Namen den berühmten Pädagogen, Mr.... hm... Mr. O'Neill willkommen heißen.»

Der beste Veranstaltungsleiter, nein, Gastgeber, den ich je erlebte, war ein reicher Mann in einer Stadt in York. Er sagte zu mir: «Ich interessiere mich nicht für Erziehung und will mir auch nicht Ihren Vortrag anhören, und bin sicher schon zu Bett gegangen, wenn Sie zurückkommen. Sie finden alles, was Sie brauchen, an Ihrem Bett.» Und so war es, ich fand Whiskey, Brandy und Bier.

Am meisten gefiel mir bei meinen Vorträgen in Südafrika, daß in jeder Stadt der Einladende der Bürgermeister war und daß sich in jeder Stadthalle hinter dem Podium sein Zimmer befand und darin eine Bar mit Reihen von Flaschen. Was mich am meisten störte, war das Rassenproblem; schwarzen Lehrern war es nicht erlaubt, meine Vorträge zu besuchen, bis auf einmal, in Brakpan, einem Vorort von Johannesburg mit einem liberalen Bürgermeister.

Einmal, in Stockholm, faßte die Halle nicht die Hälfte derer, die mich hören wollten. Deshalb fragte man bei der Kirche gegenüber an, ob ich dort sprechen könne. Ja, aber unter der Bedingung, daß ich weder religiöse noch sexuelle Fragen behandelte. Selbstverständlich war ich dadurch gehandikapt. Es war ein seltsames Gefühl, auf einer Kanzel zu stehen, mit einer großen Bibel vor mir auf dem Pult. Den schlechtesten Vortrag hielt ich in Oslo, wo jeder Satz sofort übersetzt werden mußte. Natürlich verlor ich ständig den Faden meiner Abhandlung.

Ich hatte nie das Talent, aus dem Stegreif zu sprechen. Auch heute noch würde es mir einen Schrecken einjagen, wenn man mich bei einer Dinnerparty bäte, einen Toast auf die Damen auszubringen. Mein Vater konnte aufstehen und ohne weiteres über irgend etwas eine Rede halten, aber in dieser Beziehung habe ich seine Begabung nicht geerbt. Ich kann nur Vorträge halten über etwas, worüber ich Bescheid weiß – über meine Arbeit.

Ich kann mich nicht erinnern, je einem Zwischenrufer eine geistreiche Antwort gegeben zu haben. Ich war nicht so schlagfertig wie jene Suffragette, die auf den spöttischen Zuruf: «Würden Sie gern ein Mann sein?» mit einem sanften: «Würden *Sie* es gern sein?» antwortete. Einmal habe ich eine Antwort, die ich auf eine Frage gab, hinterher bereut. Ich glaube, es war in Kimberley. Eine Frau fragte: «Soll ich meinem Kind erzählen, wer sein Vater ist?» – «Ja – falls Sie es wissen», sagte ich und hätte mich im gleichen Augenblick für meine Grausamkeit dieser armen Frau gegenüber ohrfeigen können. Von dieser Ausnahme abgesehen habe ich Fragen immer höflich beantwortet.

Schreiben und Kritik

Eines meiner größten Vergnügen ist das Schreiben oder vielmehr das Tippen. Im großen und ganzen schreibe ich, wie ich spreche, ohne brillante Wendungen, ohne einen verwickelten Prosastil. Wie weit ich darin von George Saintsbury und seiner Aversion gegen überladenen Stil und beschönigende Ausdrücke beeinflußt wurde, kann ich nicht sagen. Sein eigener Stil war schlecht, voller Parenthesen und Abschweifungen – ein Fehler, den ich auch mache, aber nicht von ihm übernommen habe.

Stil kann man nicht durch Unterricht lernen: der eigene Stil ist so wie man selbst. Gewiß, man kann Interpunktion und Grammatik lernen, aber nichts, was man kreatives Schreiben nennen könnte. Mit der Rechtschreibung hatte ich nie irgendwelche Schwierigkeiten. Sie ist meiner Überzeugung nach hauptsächlich eine visuelle Angelegenheit. Wenn ich nicht sicher bin, wie man *niece* schreibt, schreibe ich *neice* daneben und sehe sofort, welches die richtige Schreibweise ist. Aber die Theorie stimmt nicht immer. Wir haben einen Jungen von fünfzehn, der den ganzen Tag über und bis spät in die Nacht hinein liest. Er kann nicht eine einzige Zeile fehlerlos schreiben. Meine amerikanischen Schüler haben wegen der Rechtschreibung Schwierigkeiten bei den Prüfungen in England. Möglicherweise wissen manche Prüfer nicht, daß in den USA *traveller* nur mit einem «l» geschrieben wird; *humour* ist *humor*, und so weiter. Übrigens dauert es in Summerhill ungefähr zwei Jahre, bis ein amerikanischer Schüler sagt: *«I am going to take a bawth»* statt *«beth»*, aber kein Amerikaner geht von seinem: *«I have bin»* zu unserem *«been»* über.

Dabei fällt mir wieder eine freundliche Auseinandersetzung mit meinem amerikanischen Verleger ein, der meine Infinitive gesplittet hatte. Ist das üblich in den USA? Für mich hört sich *«He tried to correctly speak»* barbarisch an; ebenso zuwider ist mir die neue Art der Aussprache: *conTROversy*, *forMIDable*, *desPICable*. Zugleich muß ich jedoch zugeben, daß auf meiner Seite ein etwas pedantischer Konservatismus vorliegt, denn es gibt keinen Grund, die altehrwürdige Tradition des reinen Infinitivs beizubehalten. Das lateinische *amare*, englisch *to love*, kann man nicht splitten.

Pedanterie macht sich auch bei der Zeichensetzung bemerkbar. Ich setze vor Zitaten immer einen Doppelpunkt. Alle meine bisherigen Verleger haben den Doppelpunkt in ein Komma verwandelt. Der einzige Schriftsteller, der seine eigene Zeichensetzung durchsetzen konnte, war Shaw: er weigerte sich, ein Apostroph zu setzen; er schrieb *dont* und nicht *don't*.

Warum schreibe ich? Warum schreibt überhaupt irgendwer? Als einmal ein Bergsteiger gefragt wurde, warum er den Mount Everest besteigen wolle, antwortete er: «Weil er nun einmal da ist.» Vielleicht schreibe ich nur, weil meine Schreibmaschine nun einmal da ist, obwohl das natürlich keine ausreichende Antwort ist. Ich schreibe, weil ich glaube, daß ich etwas zu sagen habe, etwas, das andere vielleicht interessant finden; weil ich glaube, daß ich eine Botschaft habe. Ein Romanschriftsteller oder ein Dramatiker schreibt aus anderen, aus künstlerischen Gründen.

Einige Autoren nehmen ihren Verlegern gegenüber eine feindliche Haltung ein. Ich habe das nie getan. 1915 schrieb ich eine Artikelreihe für die *Scottish Educational News*. Ich schickte die Artikel einem bekannten Londoner Verlag und bekam eine Antwort von Herbert Jenkins. Er meinte, das Buch sei für seine hochgeachtete Firma zu radikal, aber er habe vor, eine eigene Firma zu gründen und sei gern bereit, mein Buch *A Dominie's Log* zu verlegen. Jahrelang veröffentlichte Jenkins meine Bücher. Sein berühmtester Klient war P. G. Wodehouse, dessen Bücher die Hauptstützen seines Unternehmens gewesen sein dürften.

Ich hatte einen großen Streit mit Jenkins. Er wollte meinen Stil ändern. Wenn ich schrieb: «Ich bin müde, sagte Mary», verwandelte er es in: «Ich bin müde», sagte Mary *mißmutig* oder *bitter* oder was auch immer. Er starb verhältnismäßig jung an Krebs. Er machte sich fast nie Bewegung – er saß sieben Tage die Woche in seinem Büro.

Der Name von Harold Hart, meinem amerikanischen Verleger, sollte lebendig bleiben, und wenn nur, weil er Summerhill rettete. Als er 1960 mein Buch *Summerhill* veröffentlichte, waren wir auf 25 Schüler abgesunken und wußten nicht mehr, wie wir weitermachen sollten. Das Erscheinen des Buches bescherte uns eine Invasion amerikanischer Schüler, und elf Jahre später bescherte uns die deutsche Übersetzung die teutonische Invasion. In seinem Wort zu *Summerhill: For and*

*Against** erzählt er von seinem Kampf, das Buch auch auf den Markt zu bringen; er investierte ein paar tausend Dollar in die Werbung, weil er an das Buch glaubte und bereit war, das Risiko auf sich zu nehmen.

Ich weiß nicht, was andere Autoren mit ihren Originalmanuskripten machen. Ich habe nie einen Verleger gebeten, sie mir zurückzuschicken, möglicherweise, weil ich mir sagte, daß sie für die Nachwelt keinerlei Wert haben werden. Hätte ich all die Zeitungsausschnitte mit Kritiken aus den vergangenen 25 Jahren aufbewahrt, es wären genug, einen großen Raum damit zu füllen. Ich las sie und warf sie dann weg, einerlei, ob man mich darin ein Genie nannte oder einen Verführer der Jugend.

Eine der unangenehmsten Arbeiten ist mir immer das Korrekturlesen gewesen. Der Autor sollte die Fahnen seiner eigenen Bücher nicht korrigieren; er übersieht leicht alle möglichen Kleinigkeiten – Fehler in der Rechtschreibung und Interpunktion und so weiter. In einem Redaktionsbüro in Schottland hörte ich einmal eine Diskussion darüber. Dabei sagte jemand, ein Schriftsetzer arbeite so mechanisch, daß er keine Ahnung habe, *was* er setze. Der Mann behauptete, er hätte das geprüft, indem er einen Setzer seine eigene Todesanzeige habe setzen lassen: der Setzer hätte es nicht bemerkt. Ich bin der Meinung, mein Informant war ein Lügner; kein Mensch würde seinen eigenen Namen übersehen.

Korrekturlesen muß der langweiligste Job auf Erden sein. Nur wenige Korrektoren werden je Kostbarkeiten wie diese zu Gesicht bekommen: «*Queen Victoria pissed over Waterloo Bridge on her way to Westminster.*» 1913, als ich dem Herausgeber eines Wochenblättchens für Waschfrauen beim Korrekturlesen einer Kurzgeschichte half, mußten wir einen Satz herausnehmen. Mary, die von ihrem untreuen Liebhaber verlassene Heldin, wollte sich das Leben nehmen, weil sie wußte, sie würde nie wieder Glück finden, «*until the sod covered her*»**.

* Deutsch unter dem Titel: *Summerhill: Pro und Contra. 15 Ansichten zu A. S. Neills Theorie und Praxis.* Rowohlt Taschenbuch Verlag, Reinbek, 1971.

** Deutsch: «bis der Rasen sie bedeckte». *Sod* heißt aber auch *Saukerl*, und *cover* auch *decken, bespringen.*

In der Zeit, als ich meine Universitätszeitschrift herausgab, ist mir durch praktische Erfahrung klargeworden, welchen Kostenaufwand es für Verleger bedeutet, wenn in den Fahnen noch geändert werden muß. Die Änderungen müssen im Manuskript vorgenommen werden; wenn das Buch erst einmal gesetzt ist und die Korrekturfahnen abgezogen sind, ist es sehr teuer, Änderungen vorzunehmen, und der Verlag hat das Recht, den Autor dafür zahlen zu lassen.

Hier noch ein kleiner Ratschlag für junge Schreiber. Hebt euch immer eine Kopie auf. Ich glaube, es war eine Hausgehilfin von Ruskin, die das Manuskript von Carlyles Werk *Die Französische Revolution* in den Papierkorb warf. Man stelle sich die Qual vor, ein Buch neu schreiben zu müssen. Wenn ich das Kohlepapier verkehrt herum einlege und die Seite noch einmal tippen muß, bin ich wütend.

Mir kommt plötzlich der Gedanke, daß ich das Schreiben vielleicht benutze, um zu denken. An der alten Redensart «Was man schwarz auf weiß besitzt...» ist schon etwas Wahres. Ohne Zweifel denke ich klarer, wenn ich an der Maschine sitze und tippe. Warum das so ist, kann ich nicht sagen. Mag sein, daß das Gedruckte an sich eine besondere Macht hat, und das würde auch erklären, warum Millionen von Babbitts, von Spießern, die Meinungen ihrer Tageszeitung annehmen. Ich lese Sinclair Lewis' *Babbitt* gerade zum viertenmal; Babbitt ist der typische Vertreter all der einfältigen, vom Geld geprägten Angehörigen des amerikanischen Mittelstands. Seine Zeit liegt ungefähr fünfzig Jahre zurück, aber er lebt immer noch. Auf meinen zwei Vortragsreisen begegnete ich ihm immer wieder, in Bussen, Zügen und Flugzeugen, diesem jovialen, seelenlosen Spießer, der meint, eine Waldlichtung oder ein See seien Platzverschwendung, man könne dort Garagen, Restaurants und Villen bauen. Babbitt wußte nie, was er von einer Sache halten sollte, ehe er den Leitartikel in seiner Zeitung gelesen hatte, und ich nehme an, das trifft für die meisten Wähler in unserer Scheindemokratie zu. Vielleicht denke ich, wenn ich mir ansehe, was ich getippt habe, unbewußt, es sei von Wichtigkeit, weil es getippt ist oder weil es gedruckt wird. Das Schreiben mit der Hand ist der jüngere, der weniger bedeutende Bruder und wird nur bei weniger wichtigen Schreibversuchen wie Briefe an Verwandte oder Kohlebestellungen angewandt. In fünfzig Jahren werden die Kinder auf der Schule alle mit der Schreibmaschine schreiben, und die Fertigkeit des Schreibens mit der Hand wird aussterben. Ich würde das sehr schade finden. Ich weiß, daß heutzutage die Handschrift nicht mehr wichtig genommen wird. Wenn ich mit meiner gestochenen Handschrift angebe, lächeln meine Schüler überlegen. Diese verdammte neue Generation, sie läßt uns Alten aber auch wirklich keine Gelegenheit, in Stolz zu schwelgen.

Bacon hat gesagt, das Schreiben mache aus einem einen richtigen Mann. Es mag so sein, aber ich sehe wenig, was das bewiese. Zu viele sagen mit zu vielen Wörtern zu wenig. Als ich an diesem einen Band der Enzyklopädie mitarbeitete, fand ich heraus, daß Schriftsteller die Neigung haben, sich sehr breit auszudrücken. Wenn ich beispielsweise einen prominenten Historiker um zweihundert Wörter über Cromwell bat, konnte es sein, daß sein Manuskript über tausend Wörter umfaßte. Meine Aufgabe bestand dann darin, es entsprechend zu kürzen, eine ausgezeichnete Übung, wie ich zugeben muß, die sich, wie ich hoffe, später in meinen eigenen Schriften bewährt hat. Mir gefällt die Geschichte von dem schottischen Boxer, der seiner Frau verspricht, ihr ein Telegramm zu schicken über den Ausgang seines Kampfes ... Das knappe «OKKO» sparte ihm einen Sixpence. Ich ziehe ein kurzes «Er ging wütend weg» einem Satz wie «In einer Anwandlung beträchtlichen Ärgers machte er sich auf den Weg» vor. Ob in der Kürze die Würze liegt oder nicht, jedenfalls hält sie den Leser bei der Stange.

1913 schrieb ich für T. C. & E. C. Jacks' *Self Education* die Abschnitte über Mathematik und Englisch. Seit der Veröffentlichung des Buches habe ich nie gewagt, darin zu lesen, bis ich es neulich zur Hand nahm, um zu sehen, was für ein eingebildeter, unwissender Dummkopf ich damals war. Einiges ist gar nicht so übel. In einer Passage über geschwollenen Stil gebe ich folgendes Beispiel: «Vergebens sehnte sich Lucy nach dem Traumreich des Morpheus, rief doch das unheilverkündende Wehklagen umherwandernder Katzen sie immer wieder in die grausame Wirklichkeit einer grimmigen Welt zurück.» Mein Kommentar dazu: «Dies ist nur eine blumige Umschreibung für: ‹Wegen des Katzenkonzerts auf dem Dach konnte Lucy nicht einschlafen.›» Ferner schrieb ich, wenn der Gärtner den Rasen mähen solle, sage man ja auch nicht: «Lieber Mr. Jones, bitte kommen Sie mit

Ihrer scharf geschliffenen Sense und sehen Sie zu, daß Sie das üppig sprießende Gras scheren.»

Zu meiner Zeit lernte man, daß Wortwiederholungen schlechter Stil seien. Deshalb verwendeten die Reporter, wenn sie vom Besuch des Königs in Balmoral berichteten, in einem Absatz von vier Zeilen die Worte König, Seine Majestät und Königliche Hoheit.

Auch heute noch glaube ich, daß ich allerlei Vernünftiges über das Handwerk des Schreibens geschrieben habe. Der Teil, dessen ich mich schäme, ist der über Autoren. Ich bin sicher, daß wenig davon meine eigenen Gedanken waren, aber nach all den vielen Jahren habe ich keinen blassen Schimmer mehr, aus welchen Quellen ich schöpfte. Shakespeare: «Er ist kein Erneuerer ... ein konventioneller Bürger mit dem seinesgleichen ureigenen konventionellen bürgerlichen Snobismus; sein großer Ehrgeiz ist es, in Stratford-on-Avon den Landjunker zu spielen; für Demokratie hat er nichts übrig; er macht sich über Volkshelden wie Jack Cade lustig; fast stereotyp stellt er Gestalten der Arbeiterklasse als Schurken oder Dummköpfe dar. Er beugt das Knie vor Pomp und Rang ... Shakespeare scheint keine klare Vorstellung vom Leben zu haben ... ‹Aus und vorbei, ein kurzes Kerzenlicht ...› usw. ... seine Anschauung ist die eines Hedonisten.»

Über Robert Burns: «Es gibt unter seinen Gedichten kaum eines, das einfach ist, ohne zugleich Gemeinplatz zu sein ... Seine Vorstellungen von Freiheit sind flach; ein Mann, der sich rühmte, ein Jakobit zu sein, war kein Demokrat. Er war kein tiefer Denker; er wurde vom Herzen regiert, nicht vom Intellekt ... Gestehen wir uns ein, daß er zwar ein Genie, künstlerisch jedoch kaum mehr als unartikuliert war.»

*Mein Gott!** Jahre später, bei einem Essen zu Ehren Burns in Edinburgh, erklärte ich, daß Robbie in Schottland berühmt sei und gefeiert werde, und zwar nicht wegen seiner Gedichte, die nur wenige gelesen hätten, sondern weil er das Symbol für das Unbewußte Schottlands sei. Er werde gefeiert, weil er alles getan habe, was das unterdrückte calvinistische Schottland sehnlichst gern tun würde, aber nicht zu tun wage, worunter an erster Stelle das Huren zu nennen sei. Die Zuhörer applaudierten mir nicht.

* Deutsch im Original. (Anm. d. Übers.)

Wenn ich diese Seiten wiederlese, kann ich mich nur wundern über meine damalige Gelehrsamkeit oder vielmehr die Fähigkeit, anderer Leute Gedanken zu übernehmen und als meine eigenen auszugeben. Ich erinnere mich dunkel, daß ich tagelang in der Bibliothek des British Museum hockte, Stapel von Büchern neben mir. Nichts kann aus erster Hand gewesen sein. Ich schrieb über Donne, Herbert, Vaughan und Crashaw und bin sicher, daß ich keine einzige Zeile von ihnen gelesen hatte. Ich bewegte mich auf festerem Grund, als ich Spenser und Milton behandelte, da ich viel von ihnen gelesen hatte. Wäre ich Millionär, so würde ich meinen durch die Zeit alles andere als ehrwürdig gewordenen Abschnitt über die englische Literatur neu drucken lassen als warnendes Beispiel für die jungen Leute, die so stürmisch, wie es ihrer Natur entspricht, in Gebiete eindringen, die selbst Fachleute nur zögernd betreten. Es mag sein, daß mein Beitrag zur Literatur jeden Wunsch, ein Gelehrter zu werden, in mir tötete, und ich bin überzeugt, ich wäre ein erbärmlicher Gelehrter geworden. Ich erinnere mich, daß ich 1913 von einer Abendzeitung aufgefordert wurde, mich um den Posten eines Theaterkritikers zu bewerben. Da es mir an Urteilskraft fehlte, hätte ich nie einen guten Kritiker abgegeben. Ich bekam von der Redaktion ausgezeichnete Karten für eine Revue und für ein Stück von Sardou: *Diplomacy*. Ich habe es im *Self Educator* erwähnt. «In *Diplomacy* steckt eine oberflächliche Pseudo-Kriminalstory über die Untreue einer lasterhaften Frau. Die Gestalten sagen nichts, was von Wichtigkeit wäre. Was sie reden, sind billige Platitüden ... Einen intelligenten Theaterbesucher muß das Stück langweilen.» Ich fuhr dann fort, indem ich es mit *A Doll's House* verglich, einem Stück, in dem jede Gestalt lebe. Ich nehme an, die Rezension, die ich einsandte, ähnelte dem, was ich später schrieb. Ich pries die Revue und den Star, Ethel Levy. Ich bekam den Job nicht. Ich fragte nach dem Grund. «Unsere Leser wollen keine Analysen von Stücken oder Rollen. Sie wollen wissen, ob das Stück eine gute Geschichte mit vielen spannenden Höhepunkten ist.»

Nein. Das hätte ich nie bieten können. Ich habe in meinem Leben mehrere Hamlets gesehen ... Forbes-Robertson, Martin Harvey, John Gielgud und, kürzlich erst, Richard Chamberlain. Ich könnte mich unmöglich entscheiden, zu sagen, wer von ihnen gut war, was hauptsächlich daran liegt, daß ich mir nie klar darüber geworden bin, was für ein Mensch Hamlet eigentlich sein soll. Dabei fällt mir ein, daß das ja auch sonst niemand weiß. Seine Ansicht über sich selbst – «Oh, welch ein Schurk' und niedrer Sklav' bin ich» – hilft mir da nicht weiter.

Aber langsam. Ich hätte auch damals Theaterstücke in der Luft zerreißen können. Die artifiziellen Stücke von Pinero, T. W. Robertson, H. J. Byron und Henry Arthur Jones; denn damals war ich völlig von Ibsen besessen. Man sagt, ein Theaterkritiker sei ein gescheiterter Dramatiker, und daran mag etwas Wahres sein. «Wer's kann, tut's, wer's nicht kann, lehrt's», um wieder einmal Shaw zu zitieren. Wie viele Englisch-Lehrer schreiben je ein gutes Buch? Wie viele Kunsterzieher stellen je eigene Bilder in anerkannten Galerien aus?

Ich hätte kein Wissenschaftler werden können, weil der Literaturwissenschaftler sich notwendigerweise mit der Geschichte befaßt, mit anderen, meist toten Schriftstellern. Mein Wunsch aber war es, mich mit den lebenden Menschen, den heranwachsenden, den Kindern von Morgen zu beschäftigen. Der Gelehrte, wie die Karikaturisten ihn sehen, ist ein gebeugter alter Mann, der mit totem, starrem Gesicht in einer Bibliothek über toten Büchern sitzt. Derjenige, der den Begriff Bücherwurm prägte, muß sich einer beachtlichen Wahrnehmungsgabe erfreut haben. Wenn Gelehrsamkeit so wichtig ist, warum wählen dann die Bürger nicht Lehrer und Professoren in die Regierung? Homer Lane war kein Gelehrter, aber ich nehme an, das, was er für Problemkinder getan hat, ist unendlich viel wichtiger als Dutzende von Gelehrten geschriebene Bücher.

Trauben, die zu sauer sind. Ich habe das unangenehme Gefühl, daß ich den Bus der Gelehrsamkeit einfach verpaßte.

Prosa und Lyrik

Ich habe nie gern Lyrik gelesen – ich könnte nicht sagen warum. Einige Gedichte haben mich angezogen, so Thomas Grays *Elegy*, *The Ancient Mariner*, *Kubla Khan*, *The Hound of Heaven*, *La Belle Dame*, *Sohrab and Rustum*, Merediths *Love in the Valley*, die Verse von Omar Chaijam, Shakespeares Sonette, Michael Draytons *Since There's Not Help, Come Let Us Kiss and Part.* Für Robert Burns habe ich nie etwas übrig gehabt, und die moderne Lyrik läßt mich kalt; vieles davon könnte in Prosa geschrieben sein. Ich freute mich an Wortmalereien, so an Shakespeares «Vom Schlaf noch schwer, streift sich der Osten schon mit lichtem Grau, vor Phöbus Rädern zieht der Tag einher» oder «Doch seht, der Morgen, angetan mit Purpur, betritt den Tau des hohen Hügels dort». Und ich mag Oscar Wildes Verse in *The Harlot's House*:

And down the long and silent street
The dawn with silver-sandalled feet,
Crept like a frightened girl.

Ich zitierte diese Zeilen einem amerikanischen Literaturprofessor, der mich besuchte. Er nannte sie gekünstelt, aber ich weiß nicht warum.

Meine Vorliebe hat immer der Prosa gegolten. Ich bin begeistert von George Douglas Browns Beschreibungen in *The House with the Green Shutters*: «Er war ein großartiger Kerl, mein Freund Will; der Daumenabdruck seines Schöpfers war noch feucht in seinem Ton.» Gourlay hatte einen Brustkasten «vergleichbar der Dehnung eines Hügels». Sein Zorn «traf das Leben wie strenger Frost». Mir gefällt der Stil von Mary Johnson in ihrem Roman *My Order of the Company*, einer Geschichte aus der Zeit James' I. und der Kolonisation Amerikas. Sie erfaßte die bildhafte Sprache jener Zeit. Kein Mensch würde heutzutage schreiben: «Der Tod kann nicht stiller sein, als in diesem Virginischen zu der Stunde, da die Sonne hinabgesunken und es dunkel geworden ist unter den Bäumen und die Sterne gemächlich und sanft, einer nach dem andern, am Himmel erglänzen.»

Ein Satz, den ein Student der St. Andrews-Universität vor über sechzig Jahren geschrieben hat, ist mir immer im Gedächtnis geblieben: «Zuweilen bin ich ein grau vermummter Mönch, der dieser Welt entsagt hat, ihrer Liebe und Musik und all ihren Eitelkeiten – bis dann eines Tages der Duft von Rosen mir ins Gesicht weht und ich merke, daß ich weine» (R. L. Mackie). Es muß wohl an meiner calvinistischen Herkunft liegen, daß mir diese Worte ein Leben lang in Erinnerung blieben; schreckliche religiöse Vorstellungen sorgten dafür, daß kein Duft von Rosen uns anwehte.

Nicht ausstehen konnte ich Gilberts Witzeleien in den komischen Opern von Gilbert und Sullivan. Mir war das alles zu seicht und zynisch. Im *Self Educator* schrieb ich: «Gilberts Witz beruht auf einer oberflächlichen Betrachtung der Gesellschaft ... während Shaw dagegen die Gesellschaft für bis ins Mark verrottet hält.»

Ich zitiere das nicht, weil ich Gilbert irgendwelche Bedeutung beimesse, sondern weil es mich daran erinnert, daß ich mit 29 Jahren immerhin anfing, mir Werturteile über das, was im Leben zählte, zu bilden. Gilbert machte sich über die Gesellschaft lustig – und wurde von ihr gebilligt; Shaw wurde von der Gesellschaft verurteilt, und ich war auf Shaws Seite. Das mag der Anfang meiner Herausforderung dem Leben gegenüber gewesen sein. Damals waren Shaw und Wells meine bevorzugten Schriftsteller; möglicherweise haben sie meine berufliche Entwicklung mehr beeinflußt als all die späteren Psychologen. Und doch, am Ende enttäuschte Wells immer. Er wälzte ein Thema endlos aus, und ich wartete immer auf die Lösung, die jedoch nie kam. Und wenn eine Lösung auftauchte, war es keine Lösung – so zum Beispiel in *The Shape of Things to Come*, wo die Welt nach einem schrecklichen Krieg von einer Handvoll Wissenschaftler gerettet wird. Ich möchte wissen, was Wells wohl zu den heutigen Wissenschaftlern sagen würde, zu ihrer Umweltverschmutzung, ihren Wasserstoffbomben und der Zerstörung des natürlichen Lebens, der Pflanzen- und Tierwelt.

Auch Shaw hatte keine Lösung. Seine brillante Analyse der Gesellschaft leitete nicht zu einer Aussicht auf eine neue Gesellschaft hin. Daran, daß Shaw und Wells ihre Analyse ohne Synthese machten, muß es wohl gelegen haben, daß ich schließlich das Interesse an beiden verlor. Sie überlebten sich selbst. Die dynamische Psychologie Freuds akzeptierten sie beide nicht. Ich schreibe dies in dem Bewußtsein, daß auch ich mich überlebt habe. Ich kann die Psychologie von Skinner, von Pawlow oder von Watson nicht akzeptieren. Die Scientologie ist mir etwas Unverständliches, und ich habe den Verdacht, irgend etwas ist nicht echt daran. Ich habe keine Ahnung, was das Wort Existentialismus bedeuten soll. Jeder Mensch überlebt sich zwangsläufig. Ich stelle mir gern vor, daß ich mich in Fragen der Erziehung nicht überlebt habe.

Über mein Leben

Veränderungen, die ich erlebt habe

«Zeit, du unsteter Mann,
Verweile doch,
Halt deinen Wagen an,
Ach, bleibe noch.»
Ralph Hodgson

Es ist der Wunsch eines jeden, glaube ich, zu längst vergangenen Freuden zurückzukehren. Ich habe diesen Wunsch nie sonderlich stark empfunden. Nostalgie gehört nicht zu meinen Tugenden oder Lastern; so kann ich ohne Emotionen an die Stätten meiner Kindheit und Jugend zurückkehren. Eine ähnliche Einstellung habe ich gegenüber der Zukunft; ich verspüre kein freudiges Erbeben bei dem Gedanken, daß eines Tages in meiner Heimatstadt Farfor der Stadtrat an dem Haus Nr. 16, in der East High Street, wo ich geboren wurde, eine Gedenktafel anbringen lassen könnte. (Was ziemlich unwahrscheinlich ist, da vermutlich nur sehr wenige Einwohner Forfars je von mir gehört haben.) Die Nachwelt bedeutet mir nichts. Ich halte es da mit Sam Golwyn; er oder vielleicht auch ein Spaßvogel, der seinen Witz dem armen Sam anhängte, sagte: «Was hat die Nachwelt für mich getan?»

Aber kehren wir zu jenem Wagen und der Weigerung der Zeit, zu verweilen, zurück: ich habe in meinem langen Leben viele Veränderungen miterlebt, nicht nur in materiellen Dingen – ich denke an den Motor, den Film, das Radio und das Fernsehen –, sondern in dem, was man kulturelle Dinge nennen könnte, Veränderungen in den Anschauungen der Menschen. In meiner Jugend mußten wir lange Badekostüme tragen, und Sex und Flüche waren tabu. Als Shaws Stück *Pygmalion* aufgeführt wurde, in dem Eliza Doolittle den Ausspruch *«Not bloody likely»* von sich gibt, wurde das anstößige Wort in den Zeitungen mit *b....y* wiedergegeben. Heute stehen selbst in hochgestochenen Zeitungen Wörter wie Scheiße, Furz oder ficken. Aber warum gute alte angelsächsische Wörter je als obszön angesehen wurden, ist mir rätselhaft. Heutzutage ist oft von der «duldsamen» Gesellschaft die Rede – das Adjektiv ist widerwärtig; es deutet an, daß die Autorität einer fordernden Jugend gegenüber, die nach niemandes Erlaubnis fragt, nachsichtig ist.

Ich habe schließlich auch die große sexuelle Befreiung der Frauen miterlebt. In meinen jungen Jahren galt es als ausgemacht, daß eine Frau keine Freude am Sex hat – ein Glaube, der von vielen Frauen unterstützt wurde, die aus Unwissenheit oder infolge der Selbstsucht ihrer Männer nie ein orgastisches Erlebnis hatten. Heute vertreten die Frauen offen ihre Forderung nach ebensoviel Freiheit in sexuellen Dingen, wie sie die Männer haben. Die Jungfräulichkeit hat ihren Heiligenschein verloren. Es war keine Frau, die den Satz «Ein Schicksal, schlimmer als der Tod» geprägt hat.

Im Laufe meines Lebens ist die Welt düsterer, gefährlicher geworden, und ich denke hier nicht an den Haß und Eroberungskriege. Ich denke vielmehr an die kleiner werdende Macht des Volkes und die wachsende Macht des *big business*, der Interessenverbände, an die Entmenschlichung des Lebens durch die Industrie. Zu Beginn des Jahrhunderts waren die meisten Firmen kleine Unternehmen. Der Chef war Bill Smith, der seine Gehilfen und deren Familien persönlich kannte. Heutzutage haben die Arbeiter keinen Bill Smith, an den sie sich, wenn sie irgendwelche Schwierigkeiten haben, wenden können; sie haben es mit einer großen, bürokratischen, unpersönlichen Firma zu tun.

In Leiston kann ich zu einer kleinen Fabrik gehen und nach dem Direktor fragen, aber welcher Amerikaner kann Mr. Sears, Mr. Roebuck oder Mr. Henry Ford zu einem persönlichen Gespräch aufsuchen? Der Klassenkampf wurde zentralisiert, und man hat die Arbeiter gegen die großen internationalen Konzerne ausgespielt, die aus dem Kampf als Sieger hervorgehen. Sie ernten den Ruhm, während die Arbeiter die Vorwürfe einstecken müssen. Vor nicht langer Zeit regte sich ganz England über den Post- und Elektrizitätsstreik auf. Bis 1984 sind es nur noch ein paar Jahre!

Die Veränderungen auf dem Gebiet der Erziehung sind mir zu langsam gegangen. Im übrigen habe ich alles, was ich über Erziehung zu sagen habe, bereits gesagt und werde keine neuen Entdeckungen über Kinder und ihre Psychologie machen.

Ich glaube, daß wir in Summerhill nicht die übliche «Lücke» zwischen den Generationen haben. Besucher fragen: «Wer sind die Lehrer und wer sind die Schüler?» Allerdings würde es zwangsläufig zu einer Kluft kommen, wenn Drogen in der Schule auftauchten. Der Gebrauch von Drogen ist eine Flucht vor einem unglücklichen Leben, und es ist der einfache Weg. Ich habe Angst, daß die Jugend, statt durch natürliche Lebensformen Freiheit zu suchen, die schnelle Methode des Trips benutzen wird – und wir können uns kein moralisches Urteil darüber anmaßen.

Die Freiheit an den Schulen hat zugenommen, aber nicht so schnell wie der Glaube an Buchwissen und Prüfungen; die alte patriarchalische Forderung nach Gehorsam und Disziplin ist in allen staatlichen Einrichtungen so unerbittlich wie eh und je.

Meine heutigen Schüler scheinen mir weniger gemeinschaftlich gesonnen, weniger imstande, Selbstbestimmung zu begreifen und zu praktizieren, als die Schüler früherer Jahrgänge. Manche bekommen von ihren Eltern zu viel Geld, und für schlechte Tage zu sparen ist etwas, das sie nicht kennen. Soweit ich sehe, sparen die Jugendlichen heutzutage nicht, auch nicht diejenigen, die über zwanzig sind. Sie haben Löcher in den Taschen. Das mag zum Teil an der Unsicherheit des modernen Lebens, den Kriegen und Verbrechen, dem Haß und der Drohung einer endgültigen nuklearen Zerstörung liegen. Vieles in der Diplomatie stammt noch aus dem 18. Jahrhundert; darum könnte ein Krieg zwischen Israel und Ägypten, unterstützt durch Rußland und die USA, leicht in einen großen Krieg ausarten, der mit der Vernichtung der Menschheit und allem Leben enden würde. Die Politiker und die Staatsmänner sind, wie wir alle, in ihrem Verhalten eher irrational als rational. Die Veränderung bei der Jugend muß hauptsächlich dadurch zustande kommen, daß sie den Glauben an die Alten, an Autorität und Macht ablegt, und was das betrifft, kann ich der neuen Generation ein Hurra zurufen.

Miterlebt habe ich auch – ich will nicht sagen: den Tod Gottes, denn es gibt immer noch Millionen von Moslems und Katholiken – den Niedergang der protestantischen Religion. Die Kirchen in England sind nicht voll; die Jugend steht der organisierten Religion weitgehend gleichgültig gegenüber. Sie glaubt nicht an Sünde und nicht an Himmel und Hölle. Ihre Götter sind mehr oder weniger harmlos – Popstars, Discjockeys, Fußballhelden –, doch diese neue Religion hat mit der alten ein Merkmal gemeinsam: der Haß und die Gewalttätigkeit zwischen den Anhängern der Fußballmannschaften ist vergleichbar mit dem Haß und der Gewalttätigkeit im religiösen Ulster zwischen den römischen Katholiken und den Protestanten, die sich gegenseitig ermorden wollen.

Es ist eine bekannte Tatsache, daß man mit zunehmendem Alter zum Konservativismus neigt. Leute, die mit zwanzig rot waren, sind oft mit fünfzig schwarz. Ohne mir selbst auf die Schulter klopfen zu wollen, glaube ich, daß ich der Gefahr, konservativ zu werden, entgangen bin. Das heißt nicht, daß ich mir die Umgangsformen und den Geschmack der jungen Leute zueigen gemacht hätte; ihre Popmusik und ihr wildes Tanzen langweilen mich, ihr Jazz ist etwas anderes als mein Jazz der Bix Beiderbecke-Zeit. Und der Geschmack der Jugend an Literatur ist nicht der meine.

Trennende Unterschiede zwischen den Generationen sind unvermeidbar. Wenn Konservativismus bedeutet, Vergangenes zu bewahren, dann bin ich zum Beispiel konservativ, was, sagen wir, Stummfilme betrifft. Aber es ist nicht das, was es für mich bedeutet; für mich bedeutet konservativ, neue Tatsachen und Umstände abzulehnen, in die väterlichen Fußstapfen zu treten, an reaktionären Gewohnheiten und Maßstäben festzuhalten. In England wimmelt es von Konservativen, gleichviel, ob sie sich ‹Tories›, ‹Liberale› oder ‹Labour-Leute› nennen. Für mich ist der Konservative einer, der die Diktatur der Väter, und damit alles, was autoritär ist, bejaht, und meiner Meinung nach fallen auch die jungen Radikalen später oft zurück und folgen der alten Ödipustradition. Ich habe das vermieden. Ich habe in Sachen, die ich für grundlegend hielt, niemals Kompromisse geschlossen. Wenn ich Vorträge vor Studenten halte, habe ich oft das Gefühl, ich sei der jüngste Kerl im Saal, und ich gebe mich keiner Selbsttäuschung hin. Man schließt Kompromisse, man wird konservativ, wenn man nicht genügend glaubt an das, was man tut oder denkt, wenn es einem an Aufrichtigkeit und Integrität fehlt.

In meiner Kleidung und in meinem Verhalten bin ich immer unkonventionell gewesen. So wurde ich 1936, auf einer Seereise nach Kapstadt, aus dem Speisesaal geworfen, als ich in der Höhe des Äquators einmal ohne Jackett zum Lunch erschien. «Order des Kapitäns, Sir.» Später las ich von einer Kreuzfahrt, bei der zwei Passagiere, die vom Kapitän verbannt worden waren, eine Versammlung einberiefen und von der Mehrheit unterstützt wurden. Der Kapitän gab nach. Aber die beiden Männer waren Lords. Ich war Mister.

Meine Abneigung gegen alles, wofür der Konservativismus eintritt, treibt mich vielleicht manchmal zu weit. Ich hasse es, in einer Gesellschaft zu sein, wo auf gute Manieren Wert gelegt wird, wo ich jedesmal aufstehen muß, wenn eine Frau sich von ihrem Stuhl erhebt. Man kann nicht gleichzeitig Demokrat und Gentleman sein, jedenfalls nicht ein Gentleman im Sinne der High Society. Die Männer, denen ich bei uns in den Pubs begegne, haben bessere Manieren als all die Leute, die ich im *Ritz* oder im *Savoy* gesehen habe. Ich hasse Unaufrichtigkeit in Sprache oder Manieren, und unser Hutziehen oder Türaufhalten und dergleichen ist etwas Unaufrichtiges. Kaum ein Chef hält seiner Sekretärin die Tür auf.

Ich mag keine Männer mit langen Haaren und auch keine Männer mit Bart. Darin bin ich konservativ. Dagegen gefällt mir die Ungezwungenheit der Jugend, was Kleidung und Sprache betrifft. Für das Make-up der Mädchen habe ich nie etwas übrig gehabt. Ich bin auf dem Land aufgewachsen, wo die Schönheit eines Milchmädchens etwas Reales und Natürliches war, und ich bin darum nie imstande gewesen, in einem geschminkten Gesicht Schönheit zu entdecken. Ältere Frauen, die versuchen, die Spuren der Zeit zu verwischen, indem sie ihre Lippen und Wangen röten, sind für mich ein trauriger Anblick. Kein Mensch läßt sich dadurch täuschen. Andererseits weiß ich, daß es nicht fair ist, das Milchmädchen mit den Frauen im Büro zu vergleichen, die ständig verschmutzte Luft atmen und nur selten in der Sonne sind.

Unwissenheit, Schwächen und Abneigungen

Ich habe keine Ahnung, wie Fensterscheiben, Rasierklingen oder Uhren hergestellt werden. Wie dreht man die Schrauben einer Armbanduhr ein? Meine Unkenntnis, was Bücher betrifft, besonders ausländische, ist abgrundtief. Ich weiß mehr über Werkzeug, obwohl ich, vielleicht wegen meiner Ungeduld, kein guter Handwerker bin. Bei den Buchstaben BA denke ich nicht an einen Universitätstitel (Bachelor of Arts), sondern an das Signet der British Association auf ihren Radios. Obwohl ich bei meiner Abschlußprüfung in Geschichte an der Universität eine gute Note bekam, weiß ich so gut wie nichts auf diesem Gebiet. Meine akademischen Grade in Anglistik haben keinerlei Bedeutung; meine Ansichten über Keats oder Milton sind keinen Pfifferling wert. In politischen Dingen und in Finanzangelegenheiten bin ich ebenfalls unwissend. Mit Statistiken kann man mich jagen. Als ich in den USA Vorträge hielt, war immer irgendein tiefernster Fragesteller da: «Mr. Neill, wie hoch ist der Prozentsatz von Kindern unter zehn, die sich für Mathematik interessieren?»

Ich weiß auch nicht viel von Psychologie. Wo liegt die Wahrheit? Bei Freud, Jung, Reich, Marcuse, Fromm, Rogers? Ist die Repression des Sexuellen die Hauptursache für die Schlechtigkeit der Welt? Wenn Adlers These vom Machtstreben als Hauptantrieb richtig ist, warum haben dann die Massen keine Macht und nicht den Wunsch, sie zu erlangen? Wenn es eine Erbsünde gibt, warum sind wir dann nicht alle Verbrecher und Mörder? Fünfzig Jahre lang habe ich meine Schule geleitet, immer in der Annahme, die Umgebung sei der Hauptfaktor bei der Konditionierung des menschlichen Verhaltens, aber ich habe zwei Brüder, von denen der eine sozial, der andere antisozial eingestellt ist. Die Umgebung ist also nicht das gleiche für beide; sie wirkt nicht dem Mißtrauen in einer Familie entgegen. Daraus muß ich schließen, daß Umgebung nicht alles ist, und traurig finde ich mich damit ab, daß niemand etwas gegen Vererbung tun kann.

Es hängt vielleicht mit meiner Unwissenheit zusammen, daß ich gern Leute nach ihrem Beruf frage. Ich kann aufmerksam einem Bar-

keeper, einem Farmer oder einem Forscher zuhören, nicht aber einem Lehrer. Einem Forscher würde ich gern eine Frage stellen, die mir mehr als einmal von Kindern gestellt wurde – wie verrichtet man sein Geschäft in der Arktis? Läßt man in der eisigen Kälte die Hose runter? Einem Historiker würde ich gern die Frage anderer Kinder stellen – was benutzten die Leute auf der Toilette vor der Erfindung des Papiers? Geschichte – das ist für Kinder die Beantwortung der interessantesten Fragen.

Zu den Versäumnissen meines Lebens, die ich bedaure, gehört, daß ich nie Französisch gelernt habe. In Büchern sind die französischen Stellen meist nicht übersetzt; die deutschen sind es, aber darauf bin ich nicht angewiesen, denn Deutsch lesen kann ich. In meiner Jugend lernte ich ein bißchen Latein und weniger als ein bißchen Griechisch, aber beides ist längst vergessen. Deutsch lernte ich nur, weil mein Aufenthalt in Deutschland mich dazu zwang. Sprechen kann ich es nicht gut, da ich nie mit den Artikeln – der, die und das – zurechtkomme. Viele Jahre lang unterrichtete ich in Mathematik, habe aber heute keine Ahnung, was moderne Mathematik bedeutet. Die Wahrheit ist, daß ich nicht gebildet bin.

Philosophie kann ich nicht verstehen. Ich habe auch nicht sehr viel gelesen, von Goethe nur ein einziges Buch und auch von Nietzsche nur eines. Die klassischen Philosophen – Sokrates, Platon, Aristoteles, Kant oder David Homer – kenne ich nicht. Mit der Kunst und der Musik ergeht es mir ähnlich. Ich verstehe nicht, warum van Goghs *Gelber Stuhl* oder Cézannes *Äpfel* Kunstwerke sind. Ich habe keine Ahnung, was der Kontrapunkt ist.

Ist Unwissenheit etwas Schlimmes? Es heißt, Mathematik schule den Verstand, aber ich möchte das Lehrerzimmer sehen, wo Lehrer den Mathematiker bestürmen, um sich Rat zu holen. Die meisten von uns verstehen nichts von Zoologie, Botanik, Astronomie, Mathematik, Physik und Philosophie. Charlie Chaplin brauchte nichts über die Rosenkriege zu wissen; und ich bin sicher, daß Leute wie Jack Nicklaus nicht einmal eine einfache Gleichung lösen könnten. Ich nehme an, daß die fabelhaften Helden vieler Hollywood-Filme (übrigens meist Faschisten) nicht wüßten, wer *Die göttliche Komödie* oder *Gespenster* geschrieben hat. Es ist ein Trugschluß, daß Wissen Macht bedeute. Ich kannte Männer, die einfach alles wußten und nichts ver-

standen. Wobei mir Wildes Ausspruch einfällt: «Ein Zyniker ist einer, der von allem den Preis und von nichts den Wert weiß.» Ich will damit nicht sagen, daß Wissen wertlos sei. Mein ehemaliger Schüler Professor Gordon Leff schreibt dicke Bücher über die Geschichte des Mittelalters und forscht zahllose Stunden an Orten wie der Bibliothek des Vatikans. Es ist seine Aufgabe, zu wissen und wissend zu verstehen.

Menschen, die das Wissen überbewerten, sollten Berichte über Prozesse lesen, in denen wissenschaftliche Gutachten gegensätzliche Ansichten vertraten. «Darüber sind sich die Gelehrten noch nicht einig», sagt man im Scherz, aber wenn Wissen auf Tatsachen beruhte, träten solche Meinungsverschiedenheiten nicht auf. Wissen wird immer durch Emotionen bestimmt. Meine Kenntnisse von Südafrika sind spärlich; sie basieren auf meiner Vortragsreise im Jahre 1936, als dort überall Apartheid herrschte. In meinen Augen war sie ein Verbrechen gegen die Menschlichkeit, aber einige der Professoren und Lehrer, denen ich dort begegnete, hielten die Apartheid für ein geeignetes und notwendiges System. Es ist nicht Wissen, sondern das Gefühl, was viele amerikanische Bürger veranlaßt, im Vietnam-Krieg ein barbarisches, durch den Vertrag mit Südvietnam verschleiertes Verbrechen zu sehen. Unter den Antisemiten trifft man oft intelligente Menschen, die ihr Wissen mißbrauchen, um ihren Haß rational zu begründen. Kein Wunder, daß die Massen den Intellektuellen mißtrauen; die Gewerkschaften der USA sind gegen die Studenten.

Nein, es geht nicht allein darum, zu wissen; es geht darum, zu fühlen, und alle akademischen Titel der Welt können einem nicht helfen, etwas zu fühlen. Ideal wäre es, gleichzeitig zu wissen *und* zu fühlen. In meinem Fall sind es nicht meine psychologischen Kenntnisse, was mir erlaubt, einem Kind zu helfen; es ist meine Fähigkeit, selbst wieder Kind zu sein und seinen Standpunkt zu sehen. «Genie – das ist die Gabe, wieder ein Junge zu sein, wenn man will», sagt Barrie. Nicht Genie – das kann alles bedeuten –, sondern einfach Fähigkeit, Talent, wenn man so will.

So kommt es, daß ich meine Fülle an Unwissenheit nicht bedaure. Ich weiß genug, um meinen Beruf ausüben zu können. Einstein zu verstehen, würde mir kein bißchen helfen, wenn Peter in unserer Speisekammer klaut. Ich will damit nicht sagen, daß Unwissenheit eine Wonne sei, aber sie ist kein Unglück und bedeutet nicht, daß wir alle

Trottel sind. Manche Leute können das Kreuzworträtsel in der Londoner *Times* innerhalb von sieben Minuten lösen. Ich brauche schon für eine einzige Frage mindestens zehn Minuten. Jene anderen sind wandelnde Enzyklopädien mit einem phänomenalen Gedächtnis, aber ich frage mich, wie viele von ihnen selbständig denken können oder in ihrer Arbeit kreativ sind. Und leider symbolisieren sie unser Erziehungssystem: lernen, immer nur lernen, und hauptsächlich Dinge, die im Leben nicht wichtig sind.

Philosophie bedeutet Erforschung dessen, was wichtig ist im Leben, und da wir alle verschiedene Interessen haben, ist die Zahl unserer philosophischen Systeme Legion. Was zu einem allgemeinen Mißverstehen beiträgt. Wo wäre ein Berührungspunkt zwischen meiner Lebensphilosophie und der von – sagen wir – Gouverneur Reagan oder Ted Heath oder irgendeinem Rassisten? Hat man eine nationale Lebensanschauung wie in Rußland, hört das Individuum auf zu existieren, und insofern sollten wir vielleicht ganz zufrieden sein, daß wir alle unsere individuellen Philosophien haben, selbst wenn und obwohl sie zu Klassenmord führen können wie an der Universität Kent. Ich würde sagen, meine eigene Philosophie besteht im großen und ganzen darin, Menschen auf ihre Art leben zu lassen, und das ist es im Grunde, was Summerhill ausmacht. Ich habe immer wieder geschrieben, daß kein Mensch gut und weise genug ist, um anderen sagen zu können, wie sie leben sollen, aber ich weiß natürlich, daß ich, wenn ich eine Schule leite, wo die Kinder Freiheit haben, und dann darüber schreibe, damit selber indirekt versuche, meinen Lesern zu sagen, wie sie leben sollen; mit anderen Worten, ich bin mir bewußt, daß ich ein Schwindler bin.

Ich habe einen heimlichen Fehler – eine Formulierung, die ich von einem Dramatiker der Restaurationszeit, vielleicht von William Congreve, habe, bei dem ein Lord seinem Gast gegenüber von dem hübschen Mädchen, das den Wein einschenkt, sagt: «Sie hat einen heimlichen Fehler, sie furzt im Schlaf.» Eine reizende Art, seine Beziehung zu dem Mädchen zu offenbaren. Ich habe einen heimlichen Fehler. Ich hasse es, bekämpft zu werden, und das wird gewöhnlich als Machtkomplex bezeichnet, als das Bedürfnis, ein kleiner Gott zu sein. Bei meinen Vorträgen konnte ich den weisen Kerl, der sich erhob und mir widersprach, einfach nicht ausstehen, wenn ich das Gefühl hatte, er sei im Recht. Kleine Götter machen keine Fehler oder gestehen sie zumindest nicht ein.

Ich glaube, ich habe zu viel Einbildungskraft. Mehr als einmal geriet ich dadurch in Panik. Ich hatte einen kurzen Briefwechsel mit einem bekannten Schriftsteller und bezeichnete ihn in einem meiner Briefe als einen lebensfeindlichen, unglücklichen Mann. Dann dachte ich: «Oh, ist das verleumderisch?» Ich sah mich schon vor Gericht stehen, von einem cleveren Rechtsanwalt ins Kreuzverhör genommen. Ich überlegte, auf wieviel tausend Pfund sich wohl der Schadenersatz belaufen würde. Ich bin sicher, daß hier meine Einbildungskraft zutage trat, die meine Kindheit so mit Furcht erfüllt hatte. Der Bauernjunge spazierte durch die Dunkelheit und dachte vielleicht an Kühe und Getreidefelder, während für mich alle möglichen bösen Menschen in der Dunkelheit lauerten. Meine Mutter war furchtlos, aber sie hatte auch keine Phantasie. Meine Furcht vor Polizisten habe ich seit langem überwunden, aber wenn ein Polyp zu unserer Schule kommt, bekomme ich Herzklopfen ... Was haben meine Kinder bloß angestellt? In neun von zehn Fällen will er nur einem ausländischen Kind den Paß zurückbringen.

Ich habe Angst, in etwas hineingezogen zu werden. Der Titel der deutschen Ausgabe von *Summerhill* ist *Theorie und Praxis der antiautoritären Erziehung.* Es ist der Titel des Verlages, nicht der meine. Verschiedene junge Deutsche versuchen, das Buch in ihrem Kampf für Kommunismus oder Sozialdemokratie oder was auch immer zu verwenden. Ich sage ihnen, daß das Buch nichts mit Politik zu tun hat. Politik bedeutet Demokratie. Demokratie: die Stimmen der schon in der Wiege kastrierten Massen. Ohne diese Kastration könnten wir vielleicht eine Politik haben, die aufrichtig und für das Leben wäre. Ich habe niemals irgendwelche Massenemotionen teilen können. Ich konnte nie eine Fahne schwingen, nie eine Parole schreien, und ich bin nie in einer Partei politisch oder auf andere Weise aktiv geworden. Ich war immer ein Erzindividualist, der sich mit einem Haufen Kinder beschäftigte.

Ich kenne keine Würde in meinem Beruf, aber so etwas wie Würde taucht bisweilen auf, wenn ich zum Beispiel von einem Polizisten rüde angeschnauzt werde, weil ich falsch geparkt habe, oder wenn ich mit meinem Hund im Wald spazierengehe und ein aufgebrachter Wildhüter mich anbrüllt. In solchen Fällen fühle ich meine Würde verletzt – hauptsächlich weil ich im Unrecht bin. Bei solchen Gelegenheiten kann ich nicht über mich selbst lachen.

Ich gehöre nicht zu denen, die dann mutig dröhnen: «Wissen Sie überhaupt, wer ich bin?» Außerdem würde mich kein Polizist kennen. Aber ich mag diese Gekränktheit an mir nicht; sie gehört zu dem «kleinen Mann» in mir. Mein Verdruß mag damit zusammenhängen, daß ich Uniformen verabscheue, weil ich sie mit staatlicher Macht assoziiere, auch wenn es nur die Uniform eines unschuldigen Postbeamten ist. Hunde übrigens hassen Menschen in Uniform ... Fragen Sie mal Ihren Briefträger. In Deutschland machten mir Hitlers im Paradeschritt marschierenden Truppen Angst. Ich nehme an, wenn ich in den USA lebte, wäre mein Uniformkomplex noch ausgeprägter. 1948 wartete ich einmal auf einem New Yorker Parkplatz auf einen Freund. Er verspätete sich. Ich lief umher und sah mir die Autos an. Eine Hand packte mich an der Schulter. Ein Polyp mit seinem Schlagstock. «Was treiben Sie hier?»

«Ich sehe mir die Autos an.»

«Ach, tatsächlich?» Sein Ton war gehässig, und ich bekam Angst, er würde mich als verdächtiges Subjekt mitnehmen.

«Sie sind größer als unsere Wagen», sagte ich leichthin, «... in England.»

Er wurde höflich. «Ach so, Sie sind Engländer.»

Ich mißbillige die New Yorker Polizisten mit ihren Pistolen am Gürtel und ihren Knüppeln in der Hand. Ich mißbillige die arrogante Gleichgültigkeit, die sie an den Tag legen, wenn man sie nach dem Weg fragt. Es klingt sicher nationalistisch, aber ich würde sagen, daß der Londoner Bobby ein weitaus freundlicherer und hilfsbereiterer Polizist ist als sein Gegenstück in New York. Allerdings würden ein paar tausend Farbige in London dieses freundliche Bild der Londoner Polizei vielleicht verändern. Kürzlich las ich in einer Zeitschrift, daß man, wenn man eine Uniform anzieht, automatisch zum Faschisten wird – sicherlich eine Übertreibung, aber es ist etwas Wahres daran.

Wie viele Menschen habe ich immer wegen meines Namens Komplexe gehabt. Alexander wurde zu Alec zusammengezogen, aber Clunie konnte, als sie klein war, nicht Alec sagen und nannte mich Allie, was mir peinlich war, weil ein Mädchen in meiner Klasse, das Allison hieß, auch Allie genannt wurde. «Oh, du hast ja einen Mädchennamen.» Mehr als einmal habe ich verheiratete Frauen kennengelernt, die bedauerten, daß sie ihren Mädchennamen eingebüßt hatten, und schon früh im Leben entdeckte ich, daß sich manches Mädchen freute, wenn ich es Mary oder Susan nannte. Trotz Shakespeare ist schon etwas an einem Namen.

Ich kenne keine Würde in Fragen der Kleidung. Ich bin nie gut angezogen und hasse es, bei einer Abschlußfeier Anzug und Schlips tragen zu müssen. Bei einer Party bin ich lieber der einzige ohne Abendanzug als der einzige mit Abendanzug. Um das Wechseln meiner Hemden und meiner Unterwäsche mache ich mir nicht viele Gedanken, und ich möchte wissen, ob die Nazis die schwarzen Hemden wählten, damit sie wochenlang getragen werden konnten, ohne schmutzig zu wirken. Ich nehme seit sechzig Jahren morgens ein kaltes Bad und denke so, daß meine Wäsche nicht zu schmuddelig wird. Die Würde der Londoner Geschäftsmänner mit ihren Bowlerhüten und ihren gestreiften Hosen amüsiert mich. Arme Teufel, es ist für so einen Mann die einzige Möglichkeit, wie ein Gentleman auszusehen, während die Künstler und Filmregisseure diese äußerliche Würde nicht brauchen.

Ich bin mir keiner mit der Rasse zusammenhängenden Gefühle gegenüber Negern, Juden oder meinetwegen auch Schotten bewußt. Und ich habe keinerlei bewußte Achtung vor Titeln, Königen, Präsidenten oder Politikern. Ich halte es mit Robert Burns, für den «ein Mensch ein Mensch um seiner selbst willen» ist.

Aber Rang und Titel haben auch ihre Vorteile. In meinem Paß gebe ich mich als Schriftsteller und nicht als Lehrer aus und erreiche damit, daß die Paßbeamten sich vor mir verbeugen. Ein Lehrer ist kein Gentleman.

Da ich nicht zum Gentleman erzogen wurde, gibt es für mich Schwierigkeiten im gesellschaftlichen Leben – nicht nur meine Unerfahrenheit in Tischmanieren und Salonkonversation, sondern auch in Dingen wie dem Verteilen von Trinkgeldern. Bis heute stört und verwirrt es mich, Trinkgelder zu geben. In Restaurants ist es leicht, ein Zehntel des Rechnungsbetrages, nicht wahr? Manche Kellner sehen ihr Zehntel etwas schief an. Ebenso ist es mit Taxis; einen Prozentsatz kann man ausrechnen. Aber was ist mit dem Träger, der einem das

Gepäck schleppt? Als ich vor fünfzig Jahren in Deutschland lebte, hatten die Bahnhofsträger feste Sätze: jeder Koffer soundsoviel Mark. Damals waren es eine halbe Million Mark pro Koffer. In jener Zeit gewann ich einmal bei einer staatlichen Lotterie den zweiten Preis und sollte mir meinen Gewinn in Berlin abholen. Da der Preis für die Bahnfahrt von Dresden nach Berlin meinen Gewinn überstieg, holte ich ihn nicht ab. Ich glaube, es waren ungefähr zwei Millionen Mark.

Gegen Hotels habe ich immer eine Abneigung gehabt, teils deswegen, weil ich nie wußte, wem ich ein Trinkgeld zu geben hatte. Das ganze Trinkgeldsystem ist erniedrigend – für den Geber wie für den Empfänger. Ich weiß nicht, was an dem Gerücht wahr ist, wonach der Oberkellner eines Hotels im Londoner West End der Hotelleitung für den Job eine beachtliche Summe zahlt. Es könnte stimmen. Bestimmt spart dieses System den Hotelbesitzern eine Menge Lohngelder. Wie alle, die sich nicht als Gentleman bezeichnen können, gebe ich, glaube ich, zu viel Trinkgeld, um mein Selbstbewußtsein zu bewahren, doch oft lege ich es unter den Teller, wenn ich weiß, daß ich die Serviererin nie wiedersehen werde. Man sagt, daß die Adligen kleinere Trinkgelder geben als die Bürgerlichen. Ich sah einmal, wie ein Lord auf dem Bahnhof von Forfar einem Träger, der ihm seine vielen Koffer getragen hatte, eine Zwei-Penny-Münze gab, und der Träger schien sogar damit zufrieden.

Einmal habe ich selbst ein Trinkgeld bekommen. Als gemeiner Soldat bei den Scottish Fusiliers erhielt ich von einem Colonel die Order, seiner Lady einen Brief zu überbringen. Sie rügte mich zwar, daß ich nicht an der Hintertür geklingelt hatte, gab mir aber einen Sixpence.

Ich bin nicht geizig mit Geld, nur vorsichtig, da ich in meiner Jugend so wenig hatte. Die Schotten haben tatsächlich einen Geldkomplex. Wie ich selbst geben viele zu viel Trinkgeld – eine Überkompensation wegen des angeblichen schottischen Geizes. Ich glaube die Geschichte nicht, daß Sir Harry Lauder, wenn er erster Klasse nach Amerika fuhr, dem Steward im Speisesaal einen Sixpence als Trinkgeld gab. Noch glaube ich die Geschichte, die von dem schottisch-amerikanischen Millionär Andrew Carnegie erzählt wird. Andrew saß in einem kleinen, von einer Kerze beleuchteten Zimmer, als ein junger Mann eintrat und ihn fragte, wie man reich werde.

«Oh», sagte Andrew, «das können wir doch auch im Dunkeln besprechen, nicht wahr?» Und blies die Kerze aus.

In gewissen Dingen bin ich selbstsüchtig. Ich mag nicht, wenn jemand anders meinen Wagen fährt; ich verleihe nie meine Schreibmaschine, und mein Werkzeug in meiner Werkstatt ist ein Teil meiner selbst. Ich bin recht gut dran, aber wenn ich eine Aufforderung erhalte, Geld für ein Heim für arme Kinder zu spenden, zeichne ich keinen Beitrag und begründe das damit, daß ich alles Geld für meine Schule brauche. Ich gehe an einem Bettler in der Oxford Street vorbei, und zwei Minuten später betrete ich einen Laden und kaufe mir Tabak, der über 8 Shilling die Unze kostet. Gestern abend hörten wir im Fernsehen, daß in den letzten drei Jahren eine dreiviertel Million Menschen im Sudankrieg getötet wurden. Ich konnte nichts dabei empfinden. Die Entfernung tötet die Gefühle. Wenn in Suffolk tausend Leute getötet würden, würde ich sehr viel empfinden, weil die persönliche Komponente eine große Rolle spielt... Mein Gott, das könnte ich gewesen sein!

Gewiß, ich schreibe hier in erster Linie über das Materielle, besonders über Gegenstände, aber wie selbstsüchtig bin ich in anderen Dingen? Ich finde es fast unmöglich, jemanden zu verdammen, aber das ist hauptsächlich auf meine lange Erfahrung mit Psychologie und Motivationen zurückzuführen: man sieht hinter jedem Verbrechen den kranken Menschen, der seine Triebe nicht kontrollieren kann. Trotzdem, angenommen, einer meiner kleinen Schüler würde von einem Triebverbrecher entführt und ermordet, ich glaube, es wäre schwer für mich, dann objektiv zu sein.

Mit meiner Zeit indes gehe ich uneigennützig um. Ich habe Tausende von Besuchern empfangen und ihnen zugehört, obwohl sie mir in der Regel nichts zu sagen hatten; sie kamen, um etwas von mir zu erhalten, und ich nahm es geduldig und, wie ich meine, ohne tiefen Ärger hin, wie sie mich auspumpten. Und trotzdem, auch hier, was steckt hinter meiner Geduld? Ist sie meine Waffe, meine Fassade? Neill kann sein Image – den netten Kerl, der auch den unverschämtesten Besucher nicht beleidigt – nicht zerstören. Ist es das? Mag sein. Erinnern Sie sich, was ich von Selbstanalyse halte? Auch wenn wir unsere Fehler klar erkennen, begehen wir die meisten dennoch auf eine masochistische Art und Weise.

Mit dem Gelde …

Meine größte Aversion gilt der römisch-katholischen Kirche. Ich hasse sie genauso leidenschaftlich, wie H. G. Wells sie haßte. In meinen Augen ist sie lebensfeindlich. Sie ist Paternalismus in Reinkultur. Es würde komisch sein, wenn es nicht tragisch wäre, daß ein Papst, der nie ein Geschlechtsleben gehabt hat, Millionen Frauen die Weisung erteilt, nicht die Pille zu nehmen. Ich kann die römisch-katholische Kirche nicht mit Christentum assoziieren. Die wilden Prügel, die in katholischen Schulen, zum Beispiel in Irland, verabreicht werden, müssen Ausdruck unterdrückter Sexualität sein, die sich als Sadismus Bahn bricht. Christus sagte nicht: «Laßt die Kindlein zu mir kommen, damit sie eine Tracht Prügel kriegen.» Ich ahne nicht, wie organisierte Religion in Haß gegen das Leben entarten konnte. Ich weiß jedoch, daß Nietzsche recht hatte, als er sagte, der erste und letzte Christ sei am Kreuz gestorben.

Es ist eine Entstellung, wenn Freud behauptet, eine leidenschaftliche Abneigung gegen etwas oder jemanden verrate ein unbewußtes Verlangen nach dieser Sache oder diesem Menschen. Völliger Blödsinn. Die logische Folgerung wäre, daß ein Jack Nicklaus, der nur für den Golfsport lebt, das verdammte Spiel unbewußt haßt. Eine hirnverbrannte Analyse, wie Freud es hingestellt hat. Daher kann ich nicht glauben, daß mein Haß gegen den Katholizismus hinweist auf ein unbewußtes Verlangen, mich in die Arme der Mutter Kirche zu flüchten. Es kann sein, daß die Welt weder Glück noch Zufriedenheit finden wird, ehe die letzte Religion tot ist, und zu den Religionen zähle ich auch die niederträchtigen Schwestern K – Kapitalismus und Kommunismus. Aber dann kann ich nie irgend etwas allein durch Glauben akzeptieren.

Wie Wilhelm Reich verabscheue ich gebildetes Geschwätz und Klatsch, und das ist einer der Gründe, warum die neuen Küchenausgußdramen mich kalt lassen. Die Gestalten reden und sagen doch nichts. *Warten auf Godot* langweilte mich: zwei Tramps, die reden und reden. Ein Drama sollte Bewegung sein. Ich gebe zu, daß bei Ibsen vieles Konversation ist, aber Konversation ist dort immer Charakterdarstellung. In gewisser Weise sagen die Tramps in *Godot* nichts weiter, als daß die Welt sehr schlecht, sehr krank ist, jedenfalls kann ich mich nicht erinnern, irgendeinen Vorschlag, etwas dagegen zu tun, vernommen zu haben. Der Arzt in *Der Volksfeind* sagt der kleinen norwegischen Welt auch, daß sie krank ist, aber er handelt; er tut etwas dagegen. Da so viele Fernsehspiele einfach nur via Dialekt beschreiben und diagnostizieren, finde ich sie langweilig, aber angeödet bin ich auch von den vielen berühmten Komikern, die sich ihre Witze von anderen schreiben lassen. Immer heimsen die falschen Leute den Ruhm ein. Der Mann, der seinen Rennwagen mit dreihundert Meilen die Stunde fährt, gilt als Held, aber niemand weiß den Namen des Mannes, der den Wagen konstruiert hat.

Die meisten Komiker mag ich einfach nicht. Chaplin, Buster Keaton – nicht Harold Lloyd, der war nur Akrobat – bleiben für mich der Maßstab für gute Clownerien und Späße. Ich wüßte niemanden auf der Leinwand oder auf der Bühne, der ihnen gleichkäme.

Nicht ausstehen kann ich die trillernden Stimmen der Sängerinnen, die in jeder Fernsehshow auftreten müssen. Dagegen höre ich gern Opernsänger – ob Männer oder Frauen –, deren Stimmen so viel besser sind als die der durchschnittlichen Alleinunterhalter.

Eine Aversion habe ich auch gegen die Fernsehwerbung. Die Sendung wird unterbrochen, und Waschpulverreklame verdirbt einem die ganze Illusion. Der einzige Vorteil der Fernsehwerbung besteht darin, daß sie einem Gelegenheit gibt, auf die Toilette zu gehen.

Kartenspiele habe ich immer gehaßt. In meiner Jugend wurde erwartet, daß man Whist spielte, und später galt das gleiche für Bridge. Viele Partner müssen mich zutiefst gehaßt haben, denn ich konnte mich nie konzentrieren, da ich mehr an den Spielern als am Spiel interessiert war. Das Wetten hat mich nie gereizt, und Pferderennen ermüden mich; nur Sprungturniere sehe ich mir mit Interesse an. Ich verabscheue Vorführungen mit Tieren und denke dabei immer, welche grausamen Methoden wohl beim Training angewandt werden. Vor Jahren flößte mir Jack Londons *Michael, Jerrys Bruder* einen lebenslangen Haß gegen das Abrichten von Tieren ein. Ich kann nicht glauben, daß ein Löwe auf einem Seil balanciert, nur weil sein Dompteur nett zu ihm ist. Der Gedanke, daß führende aristokratische Mitglieder der Königlichen Gesellschaft für die Verhinderung von Grausamkeiten gegenüber Tieren in England Füchse jagen und Rehe schießen, macht mich krank. Ich war froh, als ich sah, daß Reich überall auf seinem Grundstück in Maine Schilder angebracht hatte, auf denen stand, daß jede Form der Jagd verboten sei. Amerika muß mit seinen

Millionen Schrotflinten unendliche Qual in den ländlichen Gegenden verbreiten.

Ich kenne die übliche Antwort der Tiermörder: «Sie essen doch Fleisch, oder? Sie lassen also andere für sich töten.» Das ist wahr. Selbst Bernard Shaw bekam das Leder für seine Schuhe nicht von Tieren, die eines natürlichen Todes gestorben waren. Es ist eine richtige und gerechte Entgegnung. Die Gegenantwort, daß «unsere» Tiere plötzlich und schmerzlos getötet werden, ist sicher eine Art moralisches Mäntelchen, so daß ich mit meinem Protest gegen die Jagd ein bißchen wie ein Heuchler dastehe. Möglicherweise stört mich vor allem die Vorstellung, das Töten könnte mit sadistischem Vergnügen verbunden sein. Wie Macaulay sagte: «Die Puritaner haßten die Stierhatz – nicht weil sie dem Stier Qualen bereitete, sondern weil sie den Zuschauern Vergnügen bereitete.» Ich mag ein Heuchler sein, aber ich weiß, daß ich einen spanischen Stierkampf abstoßend und empörend finden würde.

Seltsam ist, daß die Engländer, trotz ihres Vergnügens am Jagen und Töten, zum großen Teil tierlieb sind und daß für den Tierschutz mehr Geld zusammenkommt als für den Schutz der Kinder. Kürzlich tötete ein Schäferhund beinahe ein Kind, und ein Polizist erschoß ihn. Die Eltern erhielten eine Unzahl von Briefen, in denen sie beschuldigt wurden, nicht genügend auf ihr Kind aufgepaßt und dadurch den Tod des Hundes verursacht zu haben. In England scheint das Leben eines Hundes mehr zu gelten als das eines Kindes.

Ich habe niemals viel für Ballspiele übrig gehabt, weder als Spieler noch als Zuschauer. Ich hatte kaum je ein Fußballspiel gesehen, bis die Spiele um die Weltmeisterschaft im Fernsehen gezeigt wurden. Von da an begann ich die Geschicklichkeit von Männern wie Pelé und Bobby Charlton zu bewundern. Kricket blieb mir immer ein Rätsel; es ist ein englisches und kein schottisches Spiel. Mit Golf fing ich als Student an: die Eisen waren rostig, der Schaft meist aus Hickoryholz, und die Bälle waren nicht fest genug. Ich war nie gut im Golf, und es war mir einerlei, ob ich meinen Partner schlug oder nicht.

Eine meiner ganz speziellen Aversionen gilt Leuten, ob Mann oder Frau, die schriftlich anfragen, ob sie Summerhill besichtigen dürfen, und kein Rückporto beilegen. Jede Antwort kostet mich drei neue Pence, früher sieben Pence. Kurz vor seinem Tod bat ich Bertrand

Russell um einige Auskünfte, und obwohl ich ihn seit über vierzig Jahren kannte, fügte ich einen frankierten Briefumschlag bei. Die amerikanischen Briefeschreiber sind oft reizend: viele legen Rückumschläge mit amerikanischen Briefmarken darauf bei – ja, sogar Professoren und Doktoren. Vielleicht haben sie wirklich die Vorstellung, daß amerikanische Briefmarken rund um den Erdball gültig sind oder es doch sein sollten, da die USA die Supermacht sind.

Ich mag keine Politiker, und ich frage mich, wie ein Politiker ehrlich sein kann. Wenn ich Abgeordneter wäre und meine Wählerschaft sich hauptsächlich aus Katholiken oder Baptisten zusammensetzte, könnte ich es nicht wagen, einen Gesetzesvorschlag zur Legalisierung der Homosexualität oder der Abtreibung zu unterstützen. Wäre ich Premierminister von England und hielte den Vietnam-Krieg für ein Verbrechen gegen die Menschlichkeit, müßte ich die USA dennoch offiziell unterstützen, sei es ihrer Waffen oder ihrer Dollars wegen oder warum auch immer. Die Antwort: «Ich will mich nicht festlegen; ich spreche für die Menschen, die mich gewählt haben» läßt mich auf einen Mann schließen, der weder Prinzipien noch Rückgrat hat. Wenn einer meiner ehemaligen Schüler Premierminister würde, hätte ich das Gefühl, Summerhill habe versagt. Politik bedeutet, Kompromisse zu schließen, und freie Menschen sind sehr schlechte Kompromißler.

Politik und Pionierarbeit

Ursprünglich waren meine politischen Ansichten mit Emotionen vermischt. Als ich die Tomate auf Winston Churchill warf (und ihn verfehlte), hatte ich mich von der hübschen Tochter des örtlichen Tory-Vorsitzenden anstiften lassen. Churchill war damals Kandidat der Liberalen. 1913, als ich zum erstenmal nach London ging, trat ich der Labour Party bei und redete im Hyde Park eine Menge Unsinn.

Nach der russischen Revolution, als von der neuen Freiheit an den Schulen und der neuen sexuellen Freiheit berichtet wurde, stellte ich mir in törichtem Optimismus vor, Utopia sei nun plötzlich Wirklichkeit geworden, trat aber als vorsichtiger Schotte nicht in die Partei ein. Jahrelang hatte ich einen blinden Fleck. Ich wollte die Geschichten von Stalins Massenmord, daß er nämlich Millionen Bauern oder mehr, die nicht in seinen staatlichen Landwirtschaftsplan paßten, verhungern ließ, einfach nicht glauben. Aber ich fragte mich, warum Bolschewiki der alten Brigade Verbrechen gestanden, die sie nie begangen hatten, und dafür den Genickschuß erhielten. Die Wahrheit ist, daß ich an die neue Ordnung glauben *wollte*; ich wollte glauben, daß die neue Erziehung in Rußland wunderbar sei; deshalb war ich auf einem Auge blind. Es dauerte viele Jahre, bis ich desillusioniert war.

1937 wollte ich nach Rußland fahren und beantragte ein Visum. Der Antrag wurde ohne Begründung abgelehnt. Inzwischen hatte ich die Hoffnung, der Kommunismus sei ein Heilmittel gegen die Krankheit der Welt, aufgegeben. Ich hörte auf, mich mit Politik, welcher Art auch immer, zu beschäftigen, wählte aber stets die Labour Party, in der Überzeugung, sie sei mehr «für das Leben» als die Konservative Partei, und an dieser Überzeugung halte ich, trotz meiner Enttäuschung über die Labour-Regierung, nach wie vor fest.

Ein Teil der Krankheit unserer Welt rührt von unserem Hang zum Unwesentlichen, zum Trivialen her – man sehe sich nur eine beliebige Fernsehshow an. Die Menschen wagen es nicht, sich oder das Leben ernst zu nehmen, weil das so erschreckend wäre, daß sie es nicht ertragen könnten. Die Millionen, die zum Fußball gehen oder vor dem Fernsehgerät sitzen, sind nicht imstande, über irgend etwas Wesentliches nachzudenken – man sehe sich nur unsere Tageszeitungen an.

Unsere Intellektuellen lesen gute Zeitungen, sehen sich gute Stücke an, und da auch meine Leser zu dieser Klasse gehören, muß ich berücksichtigen, was solche Leute über mich oder irgendwen, der im Blickpunkt der Öffentlichkeit steht, wissen wollen. Ein Haken ist es, daß sie größtenteils liberal sind. Lateinisch: *liber* = frei. Hier möchte ich ganz unverblümt sagen, daß zu viele Liberale nur in ihren Köpfen frei sind, aber nicht den entsprechenden Mumm haben. Ein Tory wird über Summerhill sagen: «Alles falsch»; ein Liberaler dagegen wird immer sagen: «Ich stimme in allem voll zu, aber ...» Politisch sind in England die Tories und die Liberalen ein Herz und eine Seele, wenn es darum geht, das kapitalistische System zu unterstützen, aber ich benutze das Wort liberal in einem weiteren Sinne. Man muß zugeben, daß die meisten unserer Reformen von liberalen Gesetzgebern gekommen sind – die Abschaffung der Sklaverei, die Abschaffung der Todesstrafe in England; unsere neuen britischen Gesetze über Abtreibung und Homosexualität wurden von Liberalen, oder vielleicht sollte ich sagen, vom linken Flügel der Liberalen, gefördert. Ich fürchte, daß liberal oft neutral bedeutet – Mitte, da Liberalismus mit dem Mittelstand verbunden ist. Mir wurde erzählt, daß viele Neger in den USA den Liberalen unter ihren weißen Unterstützern sehr mißtrauen.

Es mag sein, daß der Begriff liberal gemeinhin mit den Intellektuellen verbunden wird, mit denen, die eine Menge denken und an Praktischem wenig tun. Erzieher wie Carl Rogers, John Holt und George Dennison mögen als liberal eingestuft werden, aber sie tun etwas für das, woran sie glauben.

Ich habe keine politische Überzeugung, aber ich wähle die Labour Party – teils vom Gefühl her, teils weil sie gegen Klassenunterscheidungen ist. Eigentlich müßte ich die Tories wählen, weil die Tories niemals ihre privaten, unabhängigen Public Schools aufgeben werden, und solange Eton und Harrow existieren, besteht für meine Schule keine Gefahr. Es lebe das schöne alte freie Unternehmertum!

Ich habe das Gefühl, daß die Labour-Abgeordneten größtenteils menschlicher sind. Aber in England sind die Labour-Leute keine Sozialisten. Zumindest können sie nicht den Sozialismus in einem Land einführen, das ihn nicht will; daher die Begrenzung einer Labour-Regierung.

Man hat mich oft einen Anarchisten genannt, der eine anarchistische Schule leite. Das verwundert mich, denn eine Schule, an der Selbstverwaltung praktiziert wird, eine Schule, die sich ihre eigenen Gesetze gibt, paßt nicht in die Definition von Anarchismus. *Chambers' Dictionary* definiert Anarchismus als «Mangel jeglicher Regierung in einem Staat». Was bin ich also? Einfach ein Rebell, ein Protestler? Nein, ich protestiere nicht: ich versuche, praktische Lösungen zu finden. Mehr als einmal habe ich zugegeben, daß ich kein Intellektueller, kein großer Denker bin. Wenn ich nach einem Grund für etwas, das ich getan habe, forsche, gebe ich mit großer Wahrscheinlichkeit den falschen an. Als die Kinder sich beklagten, daß Naomi stinke, und ich ihr sagte, ihr Gesicht sei wirklich *zu* sauber, stieg sie in die Badewanne; aber auch heute, vierzig Jahre später, habe ich keine Ahnung, warum ich so handelte oder warum sie auf meine Kritik so reagierte. Intuition? Aber was ist das schon?

Ich dachte nicht viel über Politik nach, bis ich 1950 bei der amerikanischen Botschaft ein Visum beantragte. Ich hatte schon 1947 und 1948 Vorträge in den USA gehalten und die Vortragsreise, die ich 1950 machen wollte, war von Reich arrangiert worden. Man ließ mich eine Stunde warten, und ich vermutete, daß etwas nicht stimmte. Dann wurde ich einem Beamten vorgeführt.

«Sind Sie Kommunist?»

«Nein, das bin ich nicht.»

«Haben Sie jemals etwas zugunsten des Kommunismus geschrieben?»

Da wußte ich, daß er im Innenministerium angerufen und sich nach meinem Dossier erkundigt hatte.

«Ich habe über achtzehn Bücher geschrieben, aber ich habe sie nie wieder gelesen und habe keine Ahnung, was in ihnen steht; ich habe nur eine vage Vermutung, daß ich die russische Erziehung, so wie sie nach der Revolution war, gelobt habe. Damals war sie für Freiheit; heute ist sie, wie Ihre und unsere Erziehung, gegen Freiheit.»

Mein Antrag wurde abgelehnt und meine Vortragsreise gestrichen. Das war natürlich in der McCarthy-Zeit.

Ich weiß noch, daß ich zu dem Konsul sagte: «Ich bin Kommunist in der Weise, wie Jesus Christus einer war, ein Kommunist mit einem kleinen ‹k›.» Er sah mich schockiert an, und ich vermutete, er sei Katholik. Was sich später bestätigte. Die Fortsetzung folgte, als Orson

Bean mich im Dezember 1969 nach Amerika einlud; ich sollte bei der Johnny Carson-Fernsehshow mitmachen. Wieder ging ich zur Botschaft.

«Es dauert höchstens zwanzig Minuten, Mr. Neill. Würden Sie bitte dieses Formular ausfüllen?»

Frage: Ist Ihnen jemals ein Visum durch die amerikanische Regierung verweigert worden? Seufzend schrieb ich: ja, 1950; was bedeutete, daß aus den zwanzig Minuten wohl zwei Stunden werden würden. Ich wurde gebeten, das Formular vollständig auszufüllen, und danach mußte ich zwischen längeren Wartepausen mehrere Verhöre über mich ergehen lassen. Schließlich bekam ich ein Visum für vier Jahre, und das verdrießlichste war, daß der Konsul sagte: «Wir haben keine Akte darüber, daß Ihnen jemals ein Visum verweigert wurde.» Ich hätte mich wegen meiner sinnlosen Ehrlichkeit ohrfeigen können.

Aber das ist Klatsch, hat nichts mit Politik zu tun. Ich weiß, daß es Menschen geben muß, die sich mit der Regierung, den Finanzen und der Außenpolitik beschäftigen. Ich weiß, daß Demokratie ein Schwindel ist; bei unseren letzten Wahlen in England erhielten die Tories eine Mehrheit, aber die Labour Party und die Liberalen hatten zusammen mehr Stimmen bekommen als die Tories. Doch da die Alternative zur Demokratie die Diktatur ist, können wir die Demokratie nicht aufgeben. Es ist alles so düster. Wenn ich im Fernsehen die Vorwahlen in den USA mit ihren albernen Paraden und Musikkapellen und Fahnen verfolge, bin ich deprimiert und hoffnungslos. Ich sehe hinter allem die selbstsüchtigen Lobbyisten, die hektische Aktivität des Kapitalismus. Und wenn ein Präsident zu irgendeiner Geste bereit ist, wenn zum Beispiel Nixon nach China fährt, wer weiß, was das Motiv ist? Manche Amerikaner sagen, er denke dabei nur an die nächsten Präsidentschaftswahlen. Manche in England sagen, die Regierung sei mit der Unterstützung Israels deshalb so zurückhaltend, weil sie an die Auswirkungen unter den arabischen Öllieferanten denke. Internationale Politik ist ein schmutziges Spiel, und Innenpolitik kann das ebenso sein.

Die Tory-Regierung gibt Industrien frei, die von der vorhergegangenen Labour-Regierung verstaatlicht wurden. Ein Kuhhandel.

Ein alter Spruch lautete, daß die Wirtschaft der Fahne folge. Es ist aber genau umgekehrt; oft scheint die Wirtschaft die Politik zu kontrollieren. Die drei politischen Parteien in England sind gegen die Apartheid, aber wenn eine der drei Parteien versuchte, die Beziehungen zur Südafrikanischen Union abzubrechen, würden die Lobbyisten der Wirtschaft jeden Gesetzesentwurf darüber zu Fall bringen. Vor einigen Jahren schrieb ein amerikanischer Schriftsteller – ich glaube, es war Wright –, wenn der Vietnam-Krieg plötzlich beendet würde, dann würden 40 Prozent der amerikanischen Industrie zusammenbrechen. England und die USA verkaufen Waffen sowohl an die Israelis als auch an die Araber.

Nein, ich kann in der Politik oder bei den Politikern nicht viel Rechtschaffenheit und Ehrlichkeit entdecken. Ich frage mich, wie viele berühmte Politiker wirklich große Männer gewesen sind. Lincoln vielleicht, Churchill in den Kriegsjahren. Gladstone, Disraeli? Große Männer streben nicht nach Macht. Die «kleinen Männer», das sind die Hitlers, die Mussolinis, die Stalins; die großen sind Schöpfer: die Bachs, die Rembrandts, die Shakespeares, die Einsteins, die Freuds. Keiner von ihnen suchte die Macht. Der Lord Mayor von London ist niemals ein Arbeiter; er ist immer ein reicher Geschäftsmann. Ich zweifle, ob ein Klempner seine Werkzeuge beiseite legen und die Aufgaben des Präsidenten im Weißen Haus übernehmen könnte. Solange wir Reiche und Arme haben, kann es eine wahre Demokratie nicht geben.

Meine politische Aktivität beschränkt sich auf unsere Schuldemokratie, die einer wahren Demokratie so nahe wie möglich kommt. Wir treffen uns in einem großen Raum und stimmen durch Handzeichen über unsere Gesetze ab. Ich weiß, daß sich dieses System bei der Masse Wähler in unserem Land nicht anwenden ließe. Doch eine Demokratie, in der *ein* Mann die Meinungen von dreißigtausend Menschen vertreten soll, ist für mich eine Scheindemokratie. Ich bin mir darüber im klaren, daß viele Politiker gute Arbeit leisten. Ich gebe zu, daß viele Politiker menschliche Gesetze geschaffen haben. Was mich gegen die Politik einnimmt, ist die Gleichgültigkeit der führenden Männer, einerlei welcher Partei sie angehören.

Unser Gefängnissystem in England ist eine Schande. Die Menschen werden unmenschlich behandelt. Man beraubt sie aller Dinge, die das Leben lebenswert machen: es gibt für sie weder Sex noch Kultur. Dieses barbarische System wird nicht nur von Politikern, sondern auch von Geistlichen, Ärzten, Richtern, ja, von den Leuten ganz allgemein akzeptiert. Ein wohlgenährter Richter kann einen Mann wegen eines Raubüberfalls auf einen Zug zu 30 Jahren verurteilen, und kein einziger Politiker protestiert im Parlament. Ein anderer Richter wird vielleicht einen Mörder zu lebenslänglicher Haft verurteilen, was in der Praxis neun oder zehn Jahre bedeutet.

Da die Politik sich nicht mit den schreienden Ungerechtigkeiten befaßt, kann ich keine Begeisterung für sie entwickeln. In den Schulen werden Kinder geschlagen, und die Politiker machen die Augen zu, auch wenn sie es mißbilligen. Die Politik befaßt sich mit materiellen Dingen – mit der Wirtschaft, dem Bau von Wohnungen, Schulen und Krankenhäusern. Sie beschäftigt sich nicht mit den Menschen als menschlichen Wesen. Die Regierung baut zum Beispiel eine neue Schule mit allen modernen Einrichtungen und überläßt sie dann irgendeinem Direktor, der sie möglicherweise mit dem Rohrstock leitet, falls er zu dieser Sorte von Verbrechern gehört. Wenn Eltern sich darüber beschweren, daß ihre Kinder in der Schule geschlagen werden, steht die Schulbehörde in den meisten Fällen auf der Seite des prügelnden Lehrers.

Ich gab die Politik auf, weil sie den Dingen nicht auf den Grund geht. Denn selbst in einer sozialistischen Regierung wird die Politik vom Establishment bestimmt, von den Verteidigern des Status quo. Die Politiker erzählen uns, daß die Gesetze, die sie machen, für alle gelten, einerlei welcher Klasse sie angehören. Ja, das ist wahr; ein Tramp darf auf einer Bank am Themseufer schlafen, und ein Adliger darf das auch.

Mir wird gerade bewußt, daß ich ziemlich stolz darauf bin, daß mir von der UdSSR und den USA ein Visum verweigert wurde. Vielleicht mein Anspruch auf Unsterblichkeit.

Ich bin ein Pionier genannt worden, und wenn ein Pionier einer ist, der Urteile und Wertbegriffe der Massen nicht akzeptiert, dann bin ich wahrscheinlich einer. Der Pionier steht immer allein da und wird meist von den Leuten seines Berufes gehaßt. So erging es zum Beispiel: Galilei, Darwin, Simpson, Freud, Reich, die natürlich alle eine Kategorie über mir rangieren. «Der stärkste Mann ist der, der immer allein dasteht», heißt es, aber ich glaube, ich habe Ibsen in meinen Büchern schon zu oft zitiert. Neue Ideen kommen von einzelnen; Marx war bedeutender als die sozialistische Gesellschaft der Fabier; Simpson war bedeutender als die sturen Ärzte, die sein Chloroform ablehnten. Die Stimme des Propheten ertönt immer in der Wüste. Und das macht mich pessimistisch, wenn ich an die Menschheit denke. Denn der Mensch ist ein Herdentier, und Herden suchen sich Führer – Gott, Hitler, Franco, Billy Graham, selbst einen Superschwindler wie Horatio Bottomley. Die Menschen sind wie Wölfe, Rudeltiere. Sind auch wie Schafe und Rinder, aber nur Hunderudel folgen Menschen als Rudelführern. Für meinen Hund Biscuit war ich der Rudelführer. Ging ich fort, lag er auf meinem Bett und wollte nicht fressen; meine Katzen haben mich dagegen nie vermißt. Da ich kein Zoologe bin, weiß ich nicht, warum andere Herdentiere nicht auch Menschen zu ihren Ersatzleittieren machen. Schafe, Pferde und Katzen tun es jedenfalls nicht. Vielleicht ist es eine Frage des Gripses.

Man könnte sagen, die Welt sei so übel, weil der Mensch ein Herdentier ist. Es ist bezeichnend, daß der Hauptartikel in Zeitungen «*Leit*artikel» genannt wird. Es ist Herdeninstinkt, was in uns das Verlangen auslöst, von unseresgleichen anerkannt zu werden. «Ich habe einen Farbfernseher, die Jones haben keinen.» Es ist Herdenprotz, was Frauen veranlaßt, Billionen zu vergeuden, um Juwelen und elegante Kleider vorzeigen zu können, und Männer sind mit ihren Jaguars und Rolls-Royces nicht besser. Das Wort Wettbewerb meint den Versuch, etwas besser zu machen als die anderen im menschlichen Rudel, und das gleiche gilt für die Prüfungen an den Schulen.

Die Mächtigen beuten unseren Herdeninstinkt geschickt aus. Es ist heute schon ein Gemeinplatz, wenn man sagt, daß sie die Kinder kastrieren, indem sie ihnen Angst vor Autorität einflößen und ihnen Schuldgefühle in religiösen und sexuellen Dingen verursachen, so daß sie als Erwachsene neutrale Schafe sind, ohne die Courage, sich gegen etwas aufzulehnen. Hitler kastrierte eine ganze Nation, doch unsere Mächtigen sind viel subtiler; ihr Gegenstück zum «Heil Hitler» ist der Ruf nach *law and order*, die auf die Verteidigung des Eigentums und die Erstickung des Lebens abzielt.

Die Hauptfunktion unserer Schulen besteht darin, die Lebenskraft der Kinder abzutöten. Denn wäre das nicht so, würde das Establishment seine Macht verlieren. Würden Millionen freier Menschen zulassen, daß sie für Dinge geopfert werden, die sie nicht interessieren und die sie nicht verstehen? Wie viele GI's in Vietnam könnten heute sagen, worum es in dem Krieg überhaupt geht? Wenn die Menschen in der Kindheit nicht kastriert würden, würden dann Millionen für kümmerliche Löhne arbeiten, während ihre Arbeitgeber den Wochenlohn eines Arbeiters für ein Mittagessen ausgeben oder mit Wagen für 10000 Pfund protzen? Nieder mit dem Kapitalismus! Laßt die Arbeiter die Kontrolle übernehmen! In Rußland taten sie es. Utopia war Wirklichkeit geworden. Eine Welt ohne Profit und ohne Klassen. Das war 1917. Heute, 1972, sind die Arbeiter Schafe, die von gar nicht so freundlichen Schäfern geführt werden. Das beruhigt. Bedeutet es, daß der Herdeninstinkt so tief sitzt, daß kein politisches System gegen ihn ankommt? Heißt es, daß der Mensch immer zur Schlachtbank geführt werden wird, ob es nun ein symbolischer Mord ist – niedrige Löhne – oder ein Napalmkrieg gegen andere Völker? Ist die Zukunft der Menschheit eine Welt von Sklaven, die von einer Elite mächtiger Herrscher gelenkt werden?

Aber ich bin doch auch etwas optimistischer. In den fünfzig Jahren des Umgangs mit freien Kindern habe ich nicht nur das Fehlen jeglichen Wettbewerbdenkens beobachtet, sondern auch eine völlige Gleichgültigkeit gegenüber «Führern». Man kann mit freien Kindern vernünftig reden, aber man kann sie nicht führen. Gewiß, meine Schüler lebten in ihrer eigenen Herde, aber ohne Führung.

Der Direktor einer Schule kann eine Vaterfigur darstellen, und er ist es tatsächlich, aber kein Kind kann aus der Selbstverwaltung seiner Schule eine Vaterfigur machen. Ich behaupte, daß der künftige Fortschritt der Welt aus der Zurückweisung der Väter, der Massenführer, entstehen wird. Die meisten Leute akzeptieren Vater und Mutter, was bedeutet, daß die große Mehrheit sich dem Establishment anschließt. So kommt es zu der gegen den Fortschritt und meist auch gegen das Leben eingestellten Mehrheit. Unsere Schulsysteme, ob kapitalistisch oder kommunistisch, fördern diese Formung der Massen. Die Rudelführer der Wölfe sind zäh und stark und unbarmherzig, und sie trachten vor allem danach, zu töten und sich vollzustopfen. Bei der menschlichen Herde finden wir die genaue Entsprechung. Die Kriege, die um Gold oder Öl oder was auch immer geführt werden, die großen Börsentransaktionen, die oft Tausende arbeitslos machen, das Niederknüppeln junger Leute durch sadistische Polizisten. Wenn die Menschen wirklich frei wären, könnten solche Grausamkeiten nicht mehr vorkommen. Ich weiß, daß der Mensch nicht frei sein wird, solange seine Kindheit, diese lange Zeit der Hilflosigkeit, von Erwachsenen bestimmt wird, die sich die Einstellung der Mehrheit dem Leben gegenüber zu eigen machen. Es ist gut, zu sehen, daß so viele junge Menschen im Westen sich auflehnen, aber es ist so deprimierend, in einem Fernsehfilm über China Millionen Kinder ihre kleinen roten Bücher schwenken zu sehen – Kinder, deren Individualität längst unterdrückt ist. Der Kommunismus ist der Super-Manipulator der Massenpsychologie; die Masse denkt nicht: sie fühlt. Im Laufe der Geschichte wurden wiederholt die Denkenden totgeschlagen oder mundtot gemacht. Man denke an die Intellektuellen in den Irrenanstalten in der UdSSR.

Ich weiß, daß der Herdeninstinkt niemals ausgerottet werden kann. Mir geht es darum, daß etwas getan wird, um ihn so zu modifizieren, daß er keine Gefahr mehr ist. Die Menschen suchen die Freiheit, und zugleich haben sie Angst vor ihr. Viele Sklaven im Süden der USA reagierten verängstigt auf ihre Befreiung. Alte Strafgefangene finden nach längerem Knast das Leben draußen erschreckend. Trotz allem möchte ich gern glauben, daß in tausend Jahren der Herdeninstinkt der Massen sich so weit verändert hat, daß Wettbewerb durch Kooperation ersetzt wird, Haß durch Liebe, Pornographie durch natürliches Geschlechtsleben. Dann wird es keine einsamen Wölfe mehr geben, sondern nur führerlose Rudel, die nach gemeinsamem Wohl streben.

Psychologie

Ein warnendes Wort an alle Möchtegern-Therapeuten und Amateure. Versuchen Sie nie, irgendeine Therapie an Ihren Freunden oder, was noch gefährlicher ist, an Ihrer Frau und Ihrer Familie auszuprobieren. Kunsterzieher neigen manchmal zu diesem Fehler. «Dein Bild hier zeigt, daß du deine Mutter haßt und sie umbringen möchtest.» So etwa der Kommentar zu einem Bild, auf dem ein Kind mit einer Axt einen Baum zu fällen versucht.

Geschichte, sagte Henry Ford, ist Humbug. Symbolik ist ganz gewiß Humbug. Ich zweifle, ob die Deutung eines Traumes je einem Menschen zur Genesung verhalf. Sie ist eklektisch. Der Bulle ein Vaterimage? In meiner Kindheit war er ein realer gehörnter Gegenstand der Furcht. Ich möchte annehmen, daß die meisten Therapeuten die Symbolik inzwischen fallengelassen haben. Möglicherweise auch die Traumdeutung, die nach Freud «der Königsweg» zur Entdeckung des Unbewußten ist. Als ich in den frühen zwanziger Jahren aus der psychoanalytischen Atmosphäre Wiens zurückkehrte, glaubte ich, daß Analyse *die* Lösung für die Problemkinder sei. Jahre verbrachte ich damit, die Träume solcher Kinder zu deuten und war stolz, wenn ein Junge, der in Eton wegen Diebstahls geflogen war, Summerhill eines Tages geheilt verließ. Es dauerte lange, bis ich erkannte, daß Bill und Mary, die ebenfalls wegen Diebstahls rausgeschmissen worden waren, sich aber weigerten, zu mir zur Analyse zu kommen, ebenfalls eines Tages geheilt davongingen. Ich mußte einsehen, daß es nicht meine Therapie war, was heilte, sondern die Freiheit der Kinder, sie selbst zu sein. Eine höchst befriedigende Einsicht, denn wäre eine Therapie die Lösung des Problems, müßten Millionen Kinder in aller Welt darauf verzichten.

Ich glaube, ich hatte mehr Erfolg mit einer Psychologie, wie sie nicht in Lehrbüchern steht. Als ich einen stehlenden Schüler belohnte, indem ich ihm für jeden Diebstahl einen Shilling gab, handelte ich nicht nach irgendeiner Theorie – die Theorie kam später und mag, wenn nicht falsch, so doch unzulänglich gewesen sein. Dem Dieb fehlte es an Liebe, und so stahl er sich symbolisch Liebe. Ich gab ihm ein Stück Liebe in Gestalt einer Münze. Entscheidend ist, daß die

Methode immer wieder funktionierte, aber ich weiß, die Situation ist kompliziert. Wie weit half die neugewonnene Freiheit in Summerhill, ihn zu heilen? Wie weit lag ihm daran, von seinen Mitschülern als feiner Kerl anerkannt zu werden?

Als ein neuer Schüler Fensterscheiben einschmiß und ich mich dazustellte und mitmachte, hatte ich mir das nicht vorher überlegt. Die Erklärung kam später: Bill schmiß nicht einfach Fensterscheiben ein, er protestierte gegen die Autorität der Erwachsenen, und als ich dabei mitmachte, brachte ihn das in Verlegenheit... Ein Erwachsener, der Fenster einschmeißt? Rückblickend finde ich, es war ein bißchen unfair, ihm den Spaß zu verderben. Die simple Erklärung der von mir angewandten Methoden mag die sein, daß ich zunächst oft das Falsche vorhatte, dann aber genau das Gegenteil davon tat. Stehlen, das bedeutet in konventionellen Schulen Rohrstock oder zumindest eine hochmoralische Strafpredigt. Ich reagierte auf eine nicht-moralische Art. Ein Junge war von drei Schulen durchgebrannt. Bei seiner Ankunft sagte ich zu ihm: «Hier ist deine Rückfahrkarte. Ich lege sie auf das Kaminsims; wenn du abhauen willst, komm zu mir und hol sie dir.» Er ist nie von Summerhill weggelaufen, aber lag das an meiner Haltung ihm gegenüber oder an der Freude, die er daran hatte, zum erstenmal in seinem Leben frei zu sein?

Ich habe Erfolge gehabt, aber auch Fehler gemacht. Als ich in Dresden zu einem jugoslawischen Mädchen, das eine Kiste zusammenhämmerte, sagte, sie benütze zu viele Nägel, zischte sie mich an: «Sie sind genauso rechthaberisch wie alle anderen Lehrer, die ich hatte.» Danach bekam ich nie wieder richtigen Kontakt mit ihr. Beim Taschengeldausteilen sagte ich einmal zum Spaß zu Raymond, der damals neun war: «Weil du die Eingangstür gestohlen hast, mußt du einen Sixpence Strafe zahlen.» Er brach in Tränen aus. Schon vor diesem Vorfall hätte ich erkennen müssen, daß er seelisch gestört war. Als ich den Neunjährigen eine Geschichte erzählte, in der sie selbst vorkamen und alle möglichen Abenteuer erlebten, machte ich Martin zu demjenigen, der das Gold, das wir gefunden hatten, stahl. Später kam er schluchzend zu mir. «Ich habe doch noch nie Gold gestohlen.» Von da an stellte ich in meinen Geschichten keinen von ihnen mehr als Bösewicht dar.

Gewiß, ich arbeitete unter einem schweren Handikap: ich war

gleichzeitig Therapeut und Schulleiter. Auf einer Vollversammlung sagte ich einmal: «Wer zum Teufel hat meinen Spiralbohrer genommen und draußen im Regen liegen lassen, damit er da verrostet?» Es war Willie, und bei seiner nächsten Sitzung war er verschlossen wie eine Muschel; ich war der gemeine Polizist. Ein Therapeut sollte mit seinen Patienten keinen gesellschaftlichen Umgang haben, aber wenn ein Freudianer oder Kleinianer eine Cocktailparty verläßt, weil ein Patient unter den Gästen ist, halte ich ihn für einen engstirnigen psychologischen Snob.

In den frühen Zeiten, als wir in Summerhill so viele Gauner hatten, war ich nicht immer der Sieger. Einmal bat mich einer um ein Autogramm. Ich merkte nicht, daß es ein gefalteter Bogen Papier war, bis ein Ladenbesitzer aus dem Ort es mir unter die Nase hielt. «Bitte geben Sie dem Überbringer fünfzig Players-Zigaretten – A. S. Neill.»

Wochenlang verkaufte Dick mir Briefmarken, und erst als ich eine versehentlich mit grüner Tinte beschmutzt hatte, kam ich dahinter, daß er sie aus meiner Briefmarkenschublade klaute. Ich gab ihm fünf Shilling zur Belohnung für seine Gerissenheit, um ihm so zu zeigen, daß er einen alten Mann nicht übers Ohr hauen konnte. Alt? Ich war damals in den Vierzigern.

Ich weiß nicht, ob ich den Belohnungstrick heute noch bei einem stehlenden Schüler anwenden könnte. Die neue Generation ist oft so blasiert, daß man nicht dagegen ankommt. Die veränderte Einstellung der Jugend mag von der weiten Verbreitung psychologischer Kenntnisse herrühren. Manche meiner älteren Schüler, vor allem die Amerikaner, werfen mit Begriffen wie Minderwertigkeitskomplex, Mutterfixierung etc. um sich. Wenn heute, auf einem unserer Selbstverwaltungs-Meetings, ein Junge beschuldigt würde, er habe Bücher in der Bibliothek zerstört, und ich den Vorschlag machte, ihn zum verantwortlichen Bibliotheksverwalter zu ernennen, dann würde sicherlich der Schrei ertönen: «Wieder einer von Neills psychologischen Tricks.» Vor 45 Jahren hätte das kein Kind gesagt.

Ich bin ziemlich stolz darauf, daß es in fünfzig Jahren Summerhill meines Wissens nur zweimal vorgekommen ist, daß ehemalige Schüler eine Analyse brauchten, stolz auch, daß in dieser Zeit kein Schüler vor ein Jugendgericht gestellt werden mußte, und in den ersten zwanzig

Jahren hatten wir etliche schlimme Problemfälle.

Die neuen Therapien der Verhaltensforscher – Watson, Pawlow, Skinner – beunruhigen mich: «Wir sind die weisen Kerle; wir wissen, wie man Kinder zu ihrem eigenen Nutzen konditioniert.» Squeers hat das nicht gesagt; er praktizierte es, wie es die brutalen Leiter unserer Public Schools seit Jahren praktizieren. Natürlich ist diese neue Dressur nicht hart, nicht grausam. Sie ist logisch. Ratten und Tauben kann man dressieren, warum also nicht auch Kinder? Was mich beunruhigt, ist, daß Skinners Methode begreiflicherweise auch in einem faschistischen Staat angewendet werden könnte, wo ein Summerhill nicht möglich wäre. Vor Jahren hieß es, der Herausgeber des *Daily Worker*, damals noch *The English Communist*, habe gesagt: «Wenn wir in England den Kommunismus bekommen, würden wir als erstes Summerhill schließen.» Natürlich beschuldige ich Skinner und seine Anhänger nicht, Faschisten zu sein. Ich habe nur Angst, daß der Faschismus die Technik übernehmen und für seine gegen das Leben gerichteten Ziele anwenden würde. Summerhill könnte er sich nie auf diese Art nutzbar machen.

Wo stehe ich nun also in meinem hohen Alter, in Fragen der Therapie? Ich bin dagegen, weil sie am falschen Ende anfängt. Ich leugne nicht, daß sie ihren Wert haben kann. Ein Therapeut sagte einmal zu mir: «Meine Patienten lernen, ihre Kinder sensibler zu behandeln.» Das kann sehr gut sein, wenn der Therapeut für Freiheit ist. Ich ahne nicht, welche Wirkung eine Analyse durch einen Arzt des Establishments auf Eltern ausüben würde. Ich bin sicher, Freud selbst hielt nicht viel von Freiheit für Kinder. Er blieb ein Paternalist. Erinnern wir uns daran, daß die meisten Patienten sich wegen ihrer eigenen Komplexe behandeln lassen, nicht weil sie ihre Kinder ohne Neurosen aufziehen wollen.

Ich habe oft darüber nachgedacht, wie weit mir meine Analysen wirklich geholfen haben, und sei es nur die beste, die Reichsche Vegetotherapie, wie er sie damals nannte. Die Ergebnisse lassen sich nicht klar abschätzen. Ich glaube, daß ich durch sie die Fähigkeit gewonnen habe, die Haltung anderer Menschen zu verstehen, mit anderen Worten, daß meine Nächstenliebe durch sie wuchs. Wenn ich zum Beispiel jemanden rausschmeißen muß, erwächst meine Misere vor allem daraus, daß ich mich frage, wie wäre *mir* zumute, wenn man mir sagte, ich sei nicht gut genug; aber jemand, der keine Analyse durchgemacht hat, könnte genau die gleichen Gefühle aufbringen.

Heute denke ich bei dem Wort Therapie an Hermann Görings Ausspruch: «Wenn ich das Wort Kultur höre, greife ich zum Revolver.» Ich bin in meinem Leben Dutzenden von Menschen begegnet, die von Therapeuten aller möglichen psychologischen Schulen behandelt worden waren, ohne daß irgendeine Therapie sie in aktive, schöpferische, glückliche Menschen verwandelt hatte.

Es ist eine traurige Tatsache, daß die überwiegende Mehrheit der Psychologen sich mit Privatpatienten beschäftigt und daß Therapie im großen und ganzen für sie bedeutet, neurotische Erwachsene auf der Couch zu behandeln. Wie viele Freudianer haben gesagt: «Die Wurzeln der Neurose liegen in der Kindheit. Ich werde mich mit Kindern beschäftigen und ihren Eltern sagen, wie sie es anstellen müssen, daß sie ihre Kinder nicht emotional zugrunde richten.» Ich weiß nur von wenigen, die es getan haben – Anna Freud, Susan Isaacs.

Was für Narren waren wir damals in Wien, was Therapie betrifft. Wir waren so naiv. Macht das Unbewußte bewußt, und die Welt wird ein Utopia werden, ohne Habgier und Haß, ohne Verbrechen und Krieg. So blieben wir verbohrt und bohrten in anderen. Keinen Augenblick hielten wir inne und besannen uns darauf, daß viele große Persönlichkeiten nie eine Analyse durchgemacht hatten; Freud selbst wurde niemals analysiert. Große Männer der Tat, große Denker, berühmte Künstler und Schriftsteller hatten sich keiner Therapie unterziehen können – Beethoven, Goethe, Milton, Einstein ... Tausende. Ich glaube, daß sie sich in ihrer Kunst gewissermaßen selbst analysierten, zum Beispiel Blake und van Gogh. Wenn Wagner sich einer Analyse unterzogen und erfahren hätte, was für ein übler Charakter er war mit seinem Antisemitismus und seinem Haß gegen andere – ich möchte wissen, was für eine Wirkung das auf seine Musik gehabt hätte. Wenn Kunst dem Unbewußten entspringt, frage ich mich, woher *Tristan und Isolde* kam. Ich meine also, wir befinden uns in der Steinzeit der Psychologie.

Beunruhigend finde ich auch den ständigen unerklärten Krieg zwischen den verschiedenen therapeutischen Schulen. Die Freudianer haben Wilhelm Reich größtenteils als Schwindler abgetan. Kleins Schüler finden nichts richtig an dem, was ein Schüler Adlers sagt. Sie legen sich fest, und wer sich festlegt, hört auf, sich weiterzuentwickeln. Man neigt dazu, zurückzublicken: Was sagte der Meister? Heute herrscht sehr viel Zwist und Streit unter Reichs Schülern: «Wir allein wissen, was der Meister gemeint hat.» Ich prahle nicht, wenn ich sage, daß es mir, obwohl ich mehr als einmal in meinem Leben Schüler solcher Meister war, doch stets gelungen ist, nicht in Idolatrie zu verfallen. Der Gedanke, daß Lehrer sich lange nach meinem Tod als Summerhillianer bezeichnen könnten, ist mir zuwider. Sie würden damit nur zeigen, daß sie erstarrt sind.

Sex, Repression und Pornographie

Ich halte mich für sexuell normal, obwohl ich mir einbilde, den Sex der Ambition untergeordnet zu haben. In meiner Studienzeit waren die anständigen Mädchen tabu. «Wer mich berührt, der hat mich zu heiraten.» So gabelten wir uns Verkäuferinnen auf, Mädchen der Arbeiterklasse. Ich bin nie zu einer Prostituierten gegangen – vielleicht weil so viele begeisterte Nichtberufstätige zur Hand waren. Das alles war verkehrt und erniedrigend. Einmal fing eine Verkäuferin an zu weinen, nachdem ich mit ihr geschlafen hatte. Ich fragte sie, was sie habe.

«Es ist nicht fair», schluchzte sie, «ihr Studenten geht mit uns aus, und wir mögen eure Manieren und eure gebildete Art zu reden, aber ihr heiratet uns nie. Ich muß irgendeinen Arbeiter heiraten, der nur über Fußball und Bier reden kann.»

Von da an gabelte ich keine Verkäuferinnen mehr auf.

Zweimal hätte ich beinahe geheiratet. Beide Mädchen gehörten, wie ich selbst, dem unteren Mittelstand an. Ich zögerte. Ich war verliebt, aber die Vernunft schlich sich ein. Du willst irgend etwas Großes im Leben leisten. Wird sie mit dir Schritt halten können? Törichterweise versuchte ich bei beiden Mädchen, sie zu bilden. Ich gab ihnen Bücher, erzählte ihnen von Shaw, Wells und Chesterton, von Hardy und Meredith. Ich glaube, es war der alte snobistische Komplex, den ich meiner Mutter verdankte, nur daß bei mir aus dem gesellschaftlichen ein Bildungsaufstieg geworden war. Aber auch das Ökonomische spielte eine Rolle. Ich verdiente nicht genug, um Frau und Kinder ernähren zu können. Eine Ehe hätte bedeutet, daß ich mich auf Lebenszeit als Leiter einer Landschule hätte niederlassen müssen, weit entfernt vom Stadtleben, von aller Kultur und einer literarischen Karriere. Vom Gefühl her gesehen war es falsch, aber bei meinen großartigen, wenn auch unausgegorenen Erfolgsplänen konnte ich nicht anders handeln.

Die heimlichen kleinen Affären machten mir nicht viel Spaß: das war Sex ohne Liebe, ohne Zärtlichkeit. Mein calvinistisches Gewissen muß sie mir noch mieser gemacht haben, als sie waren, und eben dieses dürfte dazu geführt haben, daß ich mehr als einmal impotent war. Ich frage mich manchmal tatsächlich, wie jemand, der katholisch oder calvinistisch erzogen worden ist, je die ihm im frühen Kindesalter aufoktroyierten Schuldgefühle loswerden kann.

In Hellerau tanzte ich mit vielen hübschen Mädchen, ohne mich jedoch zu verlieben. Ungestüme Leidenschaft lag mir nicht, und so kam es, daß ich eine Frau heiratete, die älter war als ich. Einer meiner Schüler an der King Alfred School in London war Walter Lindesay Neustätter, heute ein bekannter Psychiater. Sein Vater war der schon erwähnte Dr. Otto Neustätter und seine Mutter eine Australierin, die in Leipzig Musik studiert hatte. Ich freundete mich mit ihr an; sie hatte dieselben Ansichten über Erziehung wie ich und war eine weitgereiste und gebildete Frau. Walter und Lilly gingen nach Hellerau, zu Otto Neustätter. Lilly Neustätter war dort und in Sonntagberg Hausmutter meiner Abteilung und kam später mit nach Lyme Regis. Nach ihrer Scheidung von Otto Neustätter heirateten wir offiziell, der Schule wegen: ich mußte mich ehrbar und solide geben. Aber es gab noch einen anderen Grund: sie war Ausländerin und mußte sich deshalb bei der Polizei melden. Als Britin war sie darüber unglücklich und aufgebracht. Ich machte sie zur britischen Staatsangehörigen. Mein Leben war mit meiner Arbeit ausgefüllt, und wir kamen glänzend miteinander aus. Sie reiste gern, und wir fuhren nach Deutschland, Italien, Frankreich und machten Kreuzfahrten. Ich war immer etwas verärgert über die Kosten und hätte das Geld manchmal lieber für eine Drehbank oder eine Fräsmaschine ausgegeben, doch sicher haben diese Reisen meinen Gesichtskreis erweitert.

Sie arbeitete unermüdlich und war in der Schule genauso wichtig wie ich und genauso wichtig, wie es meine Frau Ena heute ist. Ich bin glücklich gewesen mit zwei Frauen, die beide wunderbar tüchtig und verständnisvoll waren.

Aber um zurück zum Sex zu kommen: im Verlauf meiner ersten Ehe passierte das naheliegendste. Ich verliebte mich in eine hübsche junge Österreicherin. Die ganze Kette erbärmlicher Heimlichkeiten begann. Ich mußte lügen, erfand Reisen nach London, wo ich angeblich meinen Verleger oder meinen literarischen Agenten aufsuchen wollte. Wir gingen in abgelegene Hotels, hatten Angst, jemand, den wir kannten, würde den Speisesaal betreten. Auf Spaziergängen draußen in der

Landschaft wandten wir unsere Gesichter ab, wenn Autoscheinwerfer uns anstrahlten. Wir stiegen in Hotels unter falschem Namen ab. Es war die Hölle. Hölle und Verdammnis. Dann kam meine Frau hinter unser Verhältnis. Wochen abscheulicher Diskussionen und grausamer Worte folgten. Ich dachte daran wegzugehen und mit meiner neuen Liebe zusammen zu leben. Ich tat es nicht. Wieder der Konflikt zwischen Liebe und meinem Beruf. Wäre ich zu Helga gegangen, hätte das meine Schule ruiniert. Und ich glaube heute, daß meine Leidenschaft damals – ich war fünfzig – das war, was man oft die kritische Zeit des mittleren Alters nennt, ein letzter Versuch, Jugend, Romantik und Leidenschaft zu wiederholen. Ich liebte Helga, aber nicht genug, um ihr meine Arbeit zu opfern. Sie heiratete später einen Mann ihres Alters, und ich fürchte, sie wäre auf die Dauer mit einem Vaterersatz nicht glücklich und zufrieden gewesen.

Ich habe gesagt, daß ich nicht über Menschen schreiben werde, die heute noch am Leben sind. Helgas Name war nicht Helga, und ich werde nichts über meine zweite Frau, Ena, sagen, außer daß es eine Liebesheirat war und daß Zoë, unsere ehelich geborene Tochter, ein Kind der Liebe ist. In meinem Alter ist Sex eine akademische Angelegenheit. Wie mein Bruder, der Arzt, kurz bevor er im Alter von achtzig starb, sagte: «Wir hören auf, wo wir angefangen haben. Als wir klein waren, war unser Penis nur zum Pinkeln da, und mit achtzig ist es genau dasselbe.»

In gewisser Weise war mein Eheleben einfach, verglichen mit der Ehe derer, die für sich und nicht in einer Gemeinschaft leben. Viele Ehen scheitern durch das enge Zusammenleben. Die Paare sind zuviel zusammen, und selbst in den besten Familien prallen die Charaktere aufeinander. In einer Schule ist keine Zeit für solche Zusammenstöße: die gemeinsame Arbeit verbindet. Viele Männer in England beklagen sich darüber, daß heute auch Frauen in Pubs gehen, weil die Kneipe der einzige Ort ist, wohin sich der Mann von seiner Familie zurückziehen kann. Die Heime sind voller Widersprüchlichkeiten, Liebe und Haß, aber in der Gemeinschaft sind Charakterkonflikte vergleichsweise selten.

In Summerhill ist die Sexfrage immer eine nervenaufreibende Sache gewesen. Ich befürworte schon seit vielen Jahren ein Sexualleben für Heranwachsende, für alle Paare, die weit genug dafür sind, aber ich mußte in der Schule ein *Verbot** erlassen, weil selbst Summerhill sich vom Establishment mit seiner viktorianischen Moralanschauung nicht ganz befreien kann. Ich konnte nichts anderes tun, als den Kindern offen meine Einstellung klarzumachen, und sie erkannten auch, daß ich keinen moralischen Standpunkt vertrat. Reich schrieb über das sexuelle Elend der Jugendlichen, aber ich meine, das war eine Übertreibung, zumindest was den Mittelstand betrifft, aus dem ich komme. Das äußerste, was wir in Summerhill tun konnten, war, Selbstbefriedigung als natürlichen Vorgang darzustellen und so die Schuldgefühle bei ängstlichen Kindern zu mildern. Es gelang uns, den zermürbenden Glauben zu zerstören, den viele Kinder haben, daß nämlich sie allein diese «schreckliche» Tat begingen. Irgendein amerikanischer Psychologe schrieb vor vielen Jahren: «Neunundneunzig von hundert masturbieren ... der hundertste gibt es nicht zu.»

Natürlich dürften Jugendliche in Summerhill miteinander geschlafen haben, zumal es eine Schule ist, wo abends kein Lehrer mit der Taschenlampe seinen Rundgang macht. Wie wir in all den fünfzig Jahren ohne eine Schwangerschaft davongekommen sind, weiß ich nicht. *Eine* Erklärung mag die sein, daß die Kinder am Schicksal der Schule starken Anteil nehmen. Es mag ja Schwangerschaften gegeben haben, von denen ich nie erfuhr, doch kann ich mir andererseits nicht vorstellen, daß irgendwelche Eltern die Neuigkeit vor mir geheimgehalten hätten.

In einem meiner Bücher habe ich erwähnt, daß mich einmal ein paar heranwachsende Mädchen fragten, ob sie sich ein Pessar einsetzen lassen dürften. Ich sagte ihnen, ich könne ohne die Einwilligung ihrer Mütter nichts unternehmen. Ich schrieb den Müttern. Nur zwei von sechs stimmten zu, und dabei waren alle sechs Mädchen seit ihrem siebten oder achten Lebensjahr auf meiner Schule. Die Geschichte liegt vierzig Jahre zurück, und ich frage mich nur, wie viele Mütter heutzutage zustimmen würden. Was ich vor fünfzig Jahren predigte, wird jetzt von vielen Eltern als normal akzeptiert.

The Little Red School Book, illegal von einem Londoner Beamten veröffentlicht, schlägt vor, man solle in den Schulkorridoren Präservativautomaten aufstellen. Welch ein Optimismus!

* Deutsch im Original. (Anm. d. Übers.)

Rückblickend überlege ich, ob die Schwierigkeiten in meinem Liebesleben vom Calvinismus herrührten oder von dem Umstand, daß man in meiner Jugend mit Mädchen aus bürgerlichen Familien keinen Geschlechtsverkehr haben konnte. Damals kamen die Verhütungsmittel gerade erst auf und galten als unsicher. In einer schottischen Kleinstadt war Jungfräulichkeit das höchste Gut; ein uneheliches Kind war eine ewige Schande und schloß jede Möglichkeit, geheiratet zu werden, aus. Nur die Landarbeiter und Bauernmägde trieben Unzucht und hatten, wenn sie heirateten, oft schon zwei Kinder. Als Sohn des Lehrers konnte ich nicht mit einem Milchmädchen schlafen. Die unteren Klassen hatten in sexuellen Dingen wenig Bedenken, aber in der mittleren und höheren Schicht bedeutete Sex ohne Ehe eine Sünde wider den Heiligen Geist. In meiner Geburtsstadt hurten eine ganze Reihe verheirateter Männer tüchtig herum, aber für Männer galten andere Gesetze als für Frauen. Frauen mußten rein bleiben. Ich war, wie gesagt, ein Außenseiter, und ich könnte mir denken, daß die feinen Pinkel, die ich Tennis spielen oder reiten sah, es ganz schön getrieben haben. Ich war damals ziemlich ahnungslos.

Ich habe schon davon erzählt, wie meine Schwester Clunie und ich einmal für Sexspiele Prügel bekamen. So wie bei Reich der Betrug seiner Mutter sich auf sein ganzes Leben auswirkte, so hatte, glaube ich, jene Strafe eine böse Auswirkung auf mein Sexualleben. Sie band mich psychisch an Clunie, bis sie 1919 starb, und machte überdies die Genitalien zum Zentrum der größten Verruchtheit. Ich beobachtete bei mir nie irgendwelche Anzeichen von Homosexualität, aber ich möchte wissen, ob nicht mancher Homosexuelle seine Veranlagung auf einen frühen Vorfall zurückführen könnte, durch den ein Mädchen und schließlich alle Mädchen für ihn tabu wurden.

Seltsam ist, daß ich mich bei all meinen Analysesitzungen nie erinnern konnte, wann ich eigentlich zu masturbieren begann, und bis heute habe ich auch keine Ahnung, wann ich es aufgab. Auf die Spitze getriebene Verdrängung.

Um mit der Zeit zu gehen, sollte ich kurz über das Thema des Tages schreiben: Pornographie. Es hat sie immer gegeben. Um 1900 fragten uns schäbig gekleidete Männer, ob wir obszöne Postkarten kaufen wollten. Heute tun das nur noch wenige; die wöchentlichen Sexblätter erledigen das. Ich kann zu dem Thema nur sagen, daß das einzige Heilmittel gegen Pornographie eine von allen anti-sexuellen Einflüssen freie Erziehung ist. Das äußerste Heilmittel gegen Pornographie wäre, wenn es das Klima erlaubte, eine Zivilisation, in der wir alle nackt herumliefen, in der zwischen Sexualität und Schuld keinerlei Zusammenhang mehr bestünde. Ich folgere das daraus, daß die katholische Kirche, der größte Sexunterdrücker, sich über Nacktheit entrüstet. Meine Leser hätten den Priester aus Dublin hören sollen, der im Fernsehen einen Film über Summerhill gesehen hatte, in dem Jungens und Mädchen nackt badeten. Sie hätten hören sollen, was in der Fernsehbar über mich gesagt wurde, wo man im übrigen keine Hemmungen hatte, Unmengen von Whiskey und Brandy auszuschenken. Ich sah an jenem Wochenende in den Straßen Dublins so viele Betrunkene, wie ich seit der Zeit, als in Schottland der Whiskey zwei Shilling und einen Sixpence pro Flasche kostete und Samstagabends die Stadt voller Betrunkener war, nie wieder gesehen hatte. Gott scheint das Trinken zu billigen, nicht aber Sex.

In meinen jungen Jahren war ich für Pornographisches zu haben wie jeder, und vielleicht noch etwas mehr dank meiner calvinistischen Erziehung. An der Universität wurde ich um meinen Vorrat an unanständigen Geschichten beneidet, und ich darf wohl sagen, ich war zumindest ein guter Geschichtenerzähler. Könnte ich mich heute noch an eine dieser Stories erinnern, würde ich sie sicherlich als blöd und witzlos ablehnen. Vor gut fünfzig Jahren ging durch alle Zeitungen die Geschichte von einem Behördenangestellten, der die Badeorte aufsuchte, um die Badekostüme der Frauen zu prüfen. Schon in jenen vor-Freudschen Tagen spürten wir, daß etwas Ungesundes an dieser Sucht war, und heute, in unseren nach-Freudschen Zeiten, neigen wir zu der Vermutung, daß die gegen die Pornographie zu Felde ziehenden Puritaner unbewußt eine schmutzige Einstellung zum Sex haben müssen. Der Mann, der Oscar Wilde ruinierte, Lord Alfred Douglas, schnüffelte in seinen alten Tagen nach Büchern, die er dem Staatsanwalt schicken konnte. Ich hatte das Tagebuch eines Homosexuellen rezensiert, und der Verleger bat mich, bei einem Prozeß um das Buch als Zeuge der Verteidigung auszusagen. Es war ausgerechnet ‹Bosie› Douglas, der mich ins Kreuzverhör nahm.

«Sehen Sie sich den dritten Absatz auf Seite 58 an. Ist das Ihrer Meinung nach obszön oder nicht?»

«Wenn es an der Wand einer öffentlichen Toilette stünde, ja, aber als Illustration für die Lebenseinstellung des Autors – nein!»

Natürlich gewann er den Prozeß.

Ich erinnere mich, gelesen zu haben, daß Barrie, D. H. Lawrence und James Joyce Sexgeschichten verabscheuten. Barrie schrieb ein Stück mit dem Titel *Was jede Frau weiß*, aber keine der Frauengestalten in seinen Romanen und Stücken hatte Sex oder wußte etwas darüber. Das gleiche gilt bis zu einem gewissen Grad auch für Shaw.

Das uralte Plädoyer für obszöne Geschichten lautet: Nicht das Schmutzige, sondern das Geistvolle daran gefällt mir. Selbst die plattesten Vertreterwitze werden mit diesem Argument verteidigt. Nun, gerechterweise muß man sagen, daß es tatsächlich obszöne Geschichten gibt, die Geist und Witz haben. Zum Beispiel die hier folgende, die vor zwanzig, ja vor zehn Jahren kein Verleger gedruckt hätte. Ein Geistlicher spricht zu seinen Pfarrkindern. Zum Schluß sagt er, er sei gern bereit, alle eventuellen Fragen zu beantworten. Pause. Dann fragt eine Frau mit sanfter Stimme: «Kann man im Himmel auch Babies bekommen?» Ihr Mann, der neben ihr sitzt, *sotto voce*: *«Do they fuckin' hell!»*

Der Pfarrer: «Bitte eine Frage nach der anderen.»

Für mich hat dieser kleine Witz nichts Obszönes; allerdings ist er vielleicht gar nicht witzig für jemanden, der ohne Himmel und Hölle aufgewachsen ist. Im Grunde spielt also wohl ein Element der sexuellen Verdrängung dabei eine Rolle. Ich habe diesen Witz an New Yorker Freunden ausprobiert, aber er kam nicht an; die Amerikaner kennen die Redensart *fuckin' hell* nicht, so wie sie das Wort *bloody* als Fluchwort nicht kennen.

Die moderne, freie Einstellung zum Sex wird den obszönen Witz schließlich aussterben lassen. Ich hörte, daß in der Ausgabe von *Chambers' Dictionary* alle unanständigen Wörter stehen. Nun droht die Gefahr, daß Puritaner «Exkremente» und «Geschlechtsverkehr» zu obszönen Worten ernennen werden.

Erklärt Verdrängung auch den nicht-sexuellen Witz? Welche Verdrängung werde ich los, wenn ich sehe, wie Chaplin in *Modern Times* einen Kopfsprung in eine Wasserpfütze macht? Oder wie Buster Keaton sich auf einen Rettungsgürtel verläßt, der dann prompt im Wasser versinkt? Das Bedürfnis nach Ungereimtem braucht nichts mit Verdrängung zu tun zu haben, was bedeutet, daß Humor sich einer Analyse entzieht, auch wenn Freud Humor als das Bedürfnis analysiert, die Katze aus dem Sack zu lassen. Der schottische Humor ist im allgemeinen der Ausdruck dessen, was die Engländer als Wurzel des schottischen Nationalismus ansehen – Geiz, und wahrscheinlich war es ein Engländer, der die Geschichte vom schottischen Farmer erfand, dessen zweite Tochter heiratet. «Ich weiß nicht, ob wir Konfetti kaufen sollen. Als Maggie heiratete, hat es geregnet.»

Meiner Vorstellung nach sind die schottischen Stories im allgemeinen weniger obszön als die englischen. Viele schottische Witze beruhen auf Charakterdarstellungen. Der Zug von Forfar nach Dundee ist am Markttag voller Bauern. Einer mustert einen Fremden, der ihm gegenüber sitzt.

«Sie fahren nach Dundee?»

«Nein, ich fahre nicht nach Dundee.» Pause.

«Dann fahren Sie vielleicht nach Kirkbuddo?»

«Nein, ich fahre nicht nach Kirkbuddo.»

Der Bauer beugt sich vor: «Bilden Sie sich etwa ein, es interessiert mich auch nur für einen Heller, wohin Sie fahren?»

Wieder eine Geschichte, die nichts mit Verdrängung zu tun hat.

Ich habe mich fünfzig Jahre lang mit Kindern in einer von sexueller Repression weitgehend freien Atmosphäre beschäftigt. Kein Kind würde seine Ausdrucksweise in meiner Gegenwart ändern. Ich höre sie nie Sexgeschichten erzählen. Wenn im Kino im Ort ein Nachttopf auf der Leinwand erscheint, erhebt sich brüllendes Gelächter, aber keiner meiner Schüler könnte etwas Witziges daran finden. Ich habe keinen Kontakt mit Jugendlichen außerhalb der Schule und deshalb keine Ahnung, ob Sexgeschichten bei ihnen Schuldgefühle auslösen wie bei früheren Generationen. Es mag sein, daß hier noch kein großer Fortschritt gemacht wurde, denn die sexuelle Repression spielt immer noch eine große Rolle in unserer Gesellschaft. Andererseits protestierte, als das BBC-Fernsehen unsere heranwachsenden Mädchen nackt beim Baden zeigte, keine Zeitung über den Anblick von Schamhaaren auf der Leinwand. (Wie viele Briefe die BBC bekam, weiß ich allerdings nicht.) Die Dinge bewegen sich in eine vernünftige Richtung.

Die Zensurkampagne unserer komischen Heiligen und ihrer weiblichen Gegenstücke ist sinnlos und dumm. Zensur ist nicht die Lösung des Problems. Die einzige Lösung ist, die Kinder mit einer freien, nicht moralischen Einstellung zum Sex aufwachsen zu lassen. Ich fragte einige meiner ehemaligen Schüler, ob sie sich manchmal eine Porno-Show ansehen würden, und die Antwort lautete gewöhnlich: «Zu langweilig.»

Die Nudisten behaupten oft, Nudismus befreie von sexueller Verdrängung. Ich weiß nicht. Ich fragte eine Frau, die einem Nudistenverein angehört, was geschähe, wenn ein junger Mann eine Erektion bekäme. «Das ist gerade letzte Woche passiert – wir haben ihn rausgeschmissen. Ein Mann, der sich nicht in der Gewalt hat, hat in einem Nudisten-Freizeitlager nichts zu suchen.» Nudismus scheint auch nicht die richtige Lösung zu sein.

Es heißt immer, Pornographie sei etwas für junge Leute, mit der Atrophie der Geschlechtsdrüsen schwinde beim älteren Mann das Interesse am Sex. Das hört sich ganz logisch an, aber dann erinnere ich mich an Homer Lanes Frage: «Haben Sie schon einmal bemerkt, daß bei einer Tanzshow in den vorderen Reihen fast nur kahlköpfige Männer sitzen?» Letzte Woche wurde eine Buchhandlung zu einer Geldstrafe verurteilt, weil sie verbotene Sexbücher an – wie die Zeitungen den Richter zitierten – «schmutzige alte Männer» verkauft hatte. Manche glauben, daß Frauen an Pornographie weniger interessiert sind als Männer. Das stimmt nicht; es ist eher so, daß sie mehr unter der sexuellen Repression gelitten haben. Bei Fernsehshows scheint unter den Zuschauern im Studio ein «gewagter» Witz bei Frauen besser anzukommen als bei Männern, wenn man nach den begeisterten Aufschreien urteilt.

Frauen

Ich habe die Frauen nie verstanden. Welcher Mann versteht sie schon? In gewisser Weise sind sie eine andere Art Spezies. Schon die Kleidung zeigt die Unterschiede zwischen Mann und Frau. Der Mann hat Hosentaschen – und nebenbei gesagt verrät ihr Inhalt viel über den Charakter eines Mannes. Jetzt leere ich mal meine eigenen aus – eine Schere, eine Kneifzange, ein Taschenmesser mit mehreren Klingen, ein Füllfederhalter, Tabakbeutel und Pfeife, Kleingeld. Eine Frau kann solche Sachen nicht mit sich herumtragen, auch nicht, wenn sie sich gern handwerklich betätigt; sie hat höchstens eine Tasche. Der Mann kennt die Wonnen des Sexspiels vor dem Geschlechtsverkehr, aber er hat keine Ahnung, was die Frau dabei empfindet. Ich gebe zu, wäre ich in einer sexfreundlicheren Atmosphäre aufgewachsen, so würde ich wahrscheinlich etwas mehr von der Psychologie der Frauen verstehen. So aber waren in meiner Jugend Frauen für mich besondere Wesen, geschützt durch einen undurchdringlichen, enttäuschenden Panzer. In meiner Ahnungslosigkeit dachte ich, daß der entsetzte Blick, den eine Frau mir zuwarf, wenn ich ihr sagte, sie wäre sicherlich eine wunderbare Bettgefährtin, echt sei; daß sie es im Grunde als schönes Kompliment empfand, entging mir.

In meiner Jugend wurden die Frauen auf ein Podest gehoben, und wir erkannten nicht, daß sie genau wie alle anderen Menschen waren. Ich muß ungefähr zwölf gewesen sein, als ich eines Tages las, daß eine Frau bei einem Eisenbahnunglück umgekommen war; ich konnte es nicht glauben, weil Frauen doch keine menschlichen Wesen waren wie Männer und deshalb keinerlei Schicksalsschlägen unterworfen. Und das trotz der Tatsache, daß ich vier Schwestern hatte und ihre Tugenden und Fehler sah. Daß ich Schwestern hatte, half mir kein bißchen, andere Frauen zu verstehen. Das Sex-Tabu innerhalb der Familie galt auch für die Mädchen jenseits der Gartenmauer: sie alle waren unberührbar, geheimnisvoll, unerreichbar.

Als normaler Mann versteht man nicht die enorme Wichtigkeit, die Frauen ihrem Aussehen und ihrer Kleidung beimessen. Wären alle Männer wie ich, so würden die Frauen damit nur ihre Zeit und ihr Geld verschwenden, denn ich sehe nie, was eine Frau anhat, und ich könnte jetzt hier, an meinem Schreibtisch, nicht einmal die Farben der Sachen nennen, die meine Frau und meine Tochter heute tragen. Ich achte nur auf die Gesichter, besonders auf die Augen. Ich betrachte mir nie die Knöchel, und als einmal ein freches Mädchen in meiner Schule eine Bemerkung über die dicken Knöchel einer Mitschülerin machte, stellte ich fest, daß mir diese Eigenschaft noch nie aufgefallen war – dabei war das Mädchen schon seit zehn Jahren in meiner Schule. Ich finde die Beschäftigung der Frauen mit ihrer äußeren Erscheinung etwas deprimierend.

Männer wollen wegen ihrer Taten geschätzt werden, ihrer geschäftlichen, akademischen oder künstlerischen Erfolge wegen, und sie glauben, daß sie im allgemeinen weniger oberflächlich als Frauen sind. Ihr Lohn ist dauerhafter. Während eine Frau vielleicht auf ihren neuesten Hut stolz ist, triumphiert ein Mann vielleicht über den Preis, den er bei der Gartenschau seiner Stadt für die größte Gurke gewonnen hat.

Die unterschiedlichen Wertvorstellungen haben zwangsläufig Auswirkungen auf die politische Szenerie. Eine Frau wählt unter Umständen einen gut aussehenden, an einen Filmstar erinnernden Kandidaten, doch zweifle ich, ob viele Männer einer hübschen Schauspielerin, wenn sie kandidierte, ihre Stimme geben würden. Eben diese unterschiedlichen Wertvorstellungen machen es den Männern unmöglich, eine Frau zu verstehen, oder, umgekehrt, einer Frau, einen Mann zu verstehen. Männer haben im allgemeinen nicht jene Schwäche, die Kosmetik und Kleidung für eine Frau so wichtig macht; sie kommen sich dadurch männlicher vor – der Exhibitionismus der Frauen verleiht ihnen einen Status.

Vor sechzig Jahren hatte ich in London ein Verhältnis mit einer Frau der Oberschicht. Sie war immer nach der neuesten Mode gekleidet. Wenn wir zum Abendessen in ein Restaurant gingen, bestand sie darauf, daß ich mein abgetragenes Norfolk-Jackett und meine ungebügelte Flanellhose anzog. «Die Leute sehen uns an, und dann sehen sie uns noch einmal prüfend an, weil wir äußerlich so gar nicht zusammenpassen.»

«Du meinst», sagte ich, «sie sehen dich an.»

«Natürlich», sagte sie lächelnd. Von ihr lernte ich manches über Frauen. Aber nicht genug. Wenn ich im Krankenhaus bin, ziehe ich es noch heute vor, die Bettpfanne von einer alten Schwester untergeschoben zu bekommen als von einer hübschen jungen. Ich weiß, es ist ein Komplex – hübsche Mädchen sind schockiert angesichts der rauhen Wirklichkeit –, aber er rührt von meiner frühen Kindheit her; auch wieder ein Beweis, daß die Vernunft das, was man sich einst emotional zu eigen machte, nicht aus der Welt schaffen kann.

Wie ahnungslos, wie dumm man in der Jugend ist. Mit achtzehn verliebte ich mich heftig in ein hübsches Mädchen, das auf meine Annäherungsversuche nicht reagierte – später erfuhr ich, daß sie lesbisch war. Ihre Schwester sah unattraktiv aus. Ich kümmerte mich um sie, weil ich unsinnigerweise dachte, sie würde ihrer schönen Schwester erzählen, was für ein netter Kerl ich sei. Ich war blind dafür, daß sie ihre Schwester haßte wie den Teufel. Damals glaubte ich, der Weg zum Herzen einer Frau sei mit Komplimenten gepflastert, und es dauerte lange, bis ich entdeckte, daß ein anderer ihr Herz gewann, indem er ihr sagte, was für ein garstiges Biest sie sei. Es dauerte auch viele Jahre, bis ich begriff, daß ein Mädchen ja meint, wenn es nein sagt. Max Miller, der englische Komiker, erzählte einmal bei einer Veranstaltung in einer Music Hall folgende Geschichte. Ein Mädchen geht zum Schuhmacher, um ihre Schuhe reparieren zu lassen.

«Wissen Sie, was die Schuhe so zerschleißt?» fragt er sie.

«Nein», sagt das Mädchen.

«Stimmt», antwortet der Schuhmacher.

Viele Zuhörer brachen in wieherndes Gelächter aus, aber es dauerte zwei Tage, bis ich hinter die Pointe kam: ein Mädchen fährt mit einem Mann im Auto rum; sie sagt: «Nein» – und muß zu Fuß nach Hause laufen. Noch heute, viele Jahre später, staune ich über die Fähigkeit der Leute, diese subtile Pointe so schnell zu erfassen.

Die Langsamkeit, mit der ich das Wesen der Frauen begriff, hat mich mein Leben lang begleitet. Ich frage mich, ob das Verlangen der Frauen, sich zur Schau zu stellen, etwas mit ihrem untergeordneten Status in einer patriarchalischen Gesellschaft zu tun hat. In einer Männerwelt, in der Frauen als Bürger zweiter Klasse angesehen werden, sind sie von vielen Berufen ausgeschlossen. Nur ein oder zwei Frauen sind im englischen Parlament; fast alle Geschäftsführer, Ärzte und Richter sind Männer, und die einzigen Bereiche, in denen die Frauen gleichberechtigt sind, sind die Lehr- und Pflegeberufe. Während also die Männer Brücken bauen, Autos herstellen und Kranke behandeln, können die Frauen ihre Bedeutung dadurch hervorheben, daß sie dekorativ sind. Eine der erfreulichsten Entwicklungen in unserer Zeit ist die Rebellion vieler Frauen gegen die untergeordnete Rolle, die sie spielen müssen.

Als ich zum erstenmal Shaws *Mensch und Übermensch* sah, kamen mir Zweifel an der alten Theorie, daß der Mann stets der Verführer und die Frau stets die Verführte sei. Ich begann auf die Tricks zu achten, die Frauen anwandten – ein Taschentuch fallen lassen, sich ein Buch borgen, wie zufällig die Beine übereinanderschlagen. Ich begriff nicht, daß die treibende Kraft des Sex bei Frauen ebenso zwingend und vielleicht noch zwingender war als bei Männern. Als ich mit neunzehn in einem französischen Buch las, das gesamte Interesse einer Frau gelte ihrer Vagina, war ich entsetzt, desillusioniert. Es entspricht zwar nicht der Wahrheit, aber es ist viel Wahres daran. All die Kosmetika, die modischen Hütchen und eleganten Kleider sollen zum Ausdruck bringen: Ich bin begehrenswert, sexy; weidet eure Augen an mir und nehmt mich. Trotzdem haben viele Frauen behauptet, daß sie sich anderer Frauen wegen zurechtmachen, nicht der Männer wegen. Das kann nicht stimmen.

Ich will keinen Essay über Frauen schreiben; ich versuche nur, meine Einstellungen ihnen gegenüber zu analysieren, eine, wie ich schon sagte, weitgehend weltfremde Einstellung. Es dauerte viele Jahre, bis ich entdeckte, daß eine Frau, wenn sie einen Mann anfunkelt, mit dem Fuß aufstampft und schreit: «Mach, daß du wegkommst! Ich hasse dich», damit in den meisten Fällen zu erkennen gibt, daß sie ihn liebt. Aber ich muß schon ein elementares Gefühl für Psychologie gehabt haben. Ich erinnere mich an einen Ball in den alten Zeiten, als man noch Tanzprogramme hatte und weiße Handschuhe trug; Mädchen standen herum, und die jungen Männer buchten ihre Tänze bei ihnen: jeder trug den Tanz in das Programm mit dem seidenen Band ein. Das schönste Mädchen der Universität war umlagert. Ich wurde ihr vorgestellt, bat sie aber nicht um einen Tanz. Später nahm sie meinen Arm. «Unser Tanz», sagte sie. Sie hatte einem anderen abgesagt. «Aber», meinte ich, «wir hatten doch nicht ...»

«Ich weiß. Verdammt, Sie sind der einzige, der mich nicht um einen Tanz gebeten hat.» Und so lernte ich auch von ihr etwas über Frauen.

Die Männer haben Angst vor Frauen. Jede Frau, besonders die Ehefrau, ist ein Muttterersatz – viele verheiratete Männer sprechen ihre Frau mit «Mutti» oder «Mama» an. Die Gestalt des Pantoffelhelden ist mehr als eine beliebte Witzfigur. Um seine Angst nicht einzugestehen, tut der Mann so, er gebe um des lieben Friedens willen nach. Als Junge kannte ich zwei Dorfschullehrer, die bei sich zu Hause nicht rauchen durften. An kalten Abenden rauchten sie deshalb in einem Schuppen. Nicht so mein Vater; er war Nichtraucher. Aber hätte er geraucht, so kann ich mir durchaus vorstellen, daß meine Mutter gesagt hätte: «George, dein Rauchen macht mir einen rauhen Hals.» Er gab oft um des Friedens willen klein bei.

Ich seufze wehmütig, wenn ich die modernen Mädchen sehe mit ihrer Unabhängigkeit, ihrer Offenheit in Sexdingen, ihre legere Art sich zu kleiden, Bluejeans und eine Bluse ... Ich seufze und wünschte, auch zu meiner Zeit wären die Mädchen so offen und ehrlich gewesen. Wirkliche Kameradschaft zwischen den Geschlechtern war damals so gut wie unmöglich.

Viele Männer fürchten sich vor intellektuellen Frauen, den hochgestochenen, den gelehrten Frauen. Diese Furcht teilte ich nie. Meine alte platonische Freundin Willa Muir war eine sehr gescheite Frau und ihrem Mann, dem Dichter Edwin Muir, durchaus ebenbürtig. Aber sie war nie unweiblich, und ihr Sinn für Humor bewahrte sie davor, ein intellektueller Snob zu werden. Sie war Schottin, und das bringt mich darauf, daß meiner Ansicht nach die schottischen Frauen eine schärfere Zunge haben und mehr zu bissiger Kritik neigen als ihre englischen Schwestern. Es wirkt immer so, als wollten sie den Männern einen kleinen Dämpfer aufsetzen und so die eigene Gleichberechtigung oder gar Überlegenheit geltend machen. Die angriffslustigsten Fragesteller, denen ich bei meinen Vorträgen begegnet bin, waren die Frauen in Schottland – meist Lehrerinnen, glaube ich. Daher vielleicht auch der starke Mutterkomplex in Schottland, wie er sich am besten oder am schlimmsten in der Verehrung zeigt, die Barrie, der *Peter Pan*-Autor, im Leben und in seinen Büchern seiner Mutter entgegenbrachte. Um Schottland gerecht zu werden, muß ich hinzufügen, daß es nie ein Äquivalent jener sentimentalen und kommerziellen, abscheulichen amerikanischen Einrichtung – des Muttertags – gekannt hat, die darauf hindeutet, daß die amerikanischen Männer nie über das Alter von zehn Jahren hinausgelangt sind.

Ich nehme an, es liegt an meinem eigenen Mutterkomplex, daß ich alten Frauen gegenüber immer zärtliche Gefühle gehabt habe. Ein vergleichbares Phänomen habe ich bei Homosexuellen beobachtet. Viele, die an jungen Frauen nicht interessiert sind, scheinen gern um mütterliche Gestalten herumzuschwirren, was die Theorie unterstützt, daß der männliche Homosexuelle einen unbefriedigenden Vater gehabt und zu viel Liebe seiner Mutter gegeben habe. Auf Grund des Inzest-Tabus ist seine Mutter sakrosankt, und schließlich ist für ihn jede Frau tabu. Vielleicht habe ich die alten Frauen auch deswegen gemocht, weil sie nichts mehr vorspiegelten – nicht mehr in der Defensive und deshalb ehrlich und tolerant waren.

Ich bin nicht mutig genug, die Frage aufzugreifen, ob Frauen weniger Verstand haben als Männer. Es ist richtig, daß viele zuviel über unwichtige Dinge schwatzen, über ihre Nachbarn und deren Tun und Treiben, über ihren kleinen Garten, ihre Handarbeiten, und in den vornehmeren Kreisen – nein, da kenne ich mich nicht aus, aber ich stelle mir vor, daß sie da mehr über Gesellschaftsklatsch, Pferderennen, Polo und Gartenparties sprechen als über Keats und Chesterton. Ja, es ist leicht, die Nase zu rümpfen oder jedenfalls über die Hohlheit des Weibergeschwätzes zu lächeln, doch habe ich nicht feststellen können, daß Männer eine wesentlich gehobenere Konversation pflegen. Männer reden mehr über ihre Arbeit, als Frauen das tun. Das ist ganz natürlich, da ihr Horizont nicht durch Küchenwände begrenzt ist, die Mauern des modernen Harems mit seiner einen Sklavenfrau.

Nein, die Frauen sind mir zu hoch. Ein sehr gescheiter Schauspieler kauft seiner gescheiten Frau ein Halsband, das so teuer ist, daß von dem Geld Hunderte armer Familien jahrelang leben könnten. So etwas verwirrt mich. Für Theaterleute sollte die Lebensfreude die schöpferische Kunst sein, der Applaus, den sie nach einer guten Aufführung erhalten. Wie eine Schauspielerin solchen Tand schätzen kann, ist mir unverständlich. Bestimmt braucht sie so etwas Dummes nicht als Statussymbol. Dies soll keine Kritik an einem angesehenen, zu Recht in der ganzen Welt berühmten Paar sein. Ich möchte an diesem Beispiel nur zeigen, wie wenig ich von der Tiefenpsychologie der Frau weiß. Ich kann die dumme Hollywood-Blondine verstehen, von der es heißt, sie habe in ihrem Badezimmer goldene Wasserhähne;

armes Kind, das war ihre Aschenbrödelvorstellung von Erfolg, doch ist sie in irgendeiner Weise schlechter als der Mann, der sich einen Titel oder Orden als Zeichen seines Erfolgs ersehnt? Würde mir ein Titel angeboten, so würde ich ihn ohne Zögern ablehnen, und das kann man als eine Art umgekehrten Snobismus interpretieren – ich stehe über den törichten, albernen Maßstäben für Ruhm und Erfolg. Da ich gerade von Titeln spreche: ich vermute, daß meine Ernüchterung gegenüber Barrie begann, als er Sir James wurde. Hätten Shaw oder Wells Titel angenommen, so wäre ich schockiert gewesen, genauso wie ich schockiert bin, wenn ein Gewerkschaftsführer ‹Sir› wird und damit zum Establishment gehört. Hinter den Titeln verschwindet die Persönlichkeit. Frauen tragen ihre Eitelkeit zur Schau; die Männer kaschieren sie und tun so, als wären sie frei davon.

Was verbirgt sich hinter der gegenwärtigen Mode, daß Männer ihr Haar lang tragen? Der Wunsch, etwas Feminines zu haben in einer brutal gewordenen Welt? (Man denke an Bergen-Belsen, die Folterungen in den Gefängnissen, den Militarismus.) Doch die Ritter mit ihren wallenden Locken waren männliche Männer. Oder steckt die Einsicht dahinter, die Frauen seien das stärkere Geschlecht? Sie *sind* es. Als ich ein kleiner Junge war, wohnte im Nachbarhaus ein Dentist. Damals gab es noch keine Lokalanästhesie, und wenn ein Mann hineinging, drängten wir uns vor der Tür, um seine Schmerzensschreie zu hören; ging dagegen eine Frau hinein, zogen wir meist enttäuscht davon, weil wir wußten, daß sie kaum so laut schreien würde. Müßten die Männer die Kinder zur Welt bringen, dann würde, fürchte ich, die menschliche Rasse aussterben.

Ach, ich bin alt, und die Begeisterung und die Freuden der Jugend, ihre Träume und ihr Ehrgeiz sind mir versagt. Doch noch immer freue ich mich an dem Anblick eines hübschen Mädchens. In einer schottischen Stadt findet ein junges Mädchen in der Straßenbahn keinen Sitzplatz. Ein Schafhirt sagt zu ihr: «Ich bin ein alter Mann, mein Kind, du kannst dich unbesorgt auf meine Knie setzen.» Nach ein paar Minuten schiebt er sie weg: «Ich bin doch nicht so alt, wie ich dachte, Kindchen, steh lieber auf.» Aber es ist ein trauriger Tag, wenn die Einladung, mit einem hübschen blonden Mädchen übers Wochenende wegzufahren, mit einem Seufzer abgelehnt werden muß. Ich selbst bin nicht in diese

Versuchung gekommen. Ein neuer Freud sollte ein Buch über die postklimakterische Psychologie schreiben und die Verdrängung der Nostalgie als treibenden Komplex darstellen!

Das Unglück der Frauen ist, daß sie schneller altern als der Mann. Ihre Sorge um ihre äußere Erscheinung verrät den verzweifelten Versuch, aus ihrer sexuellen Anziehungskraft das Beste zu machen, ehe die dunkle Zeit der Falten und der grauen Haare kommt. Wenn ich mir das Leben all der Hollywood-Stars vorstelle, die außer ihrer Figur und ihrem Gesicht nichts hatten, worauf sie stolz sein konnten, ist mir ganz elend zumute.

Eitelkeit

Manchmal glaube ich, die Krankheit der Welt ist hauptsächlich auf die menschliche Eitelkeit zurückzuführen. Seit Generationen schmücken sich die Frauen mit Pelzen, ohne an die Qualen der gefangenen Tiere zu denken, und für Kosmetika und Kleidung wird mehr Geld ausgegeben als für Bücher oder Musik.

Was beide Geschlechter gemeinsam haben, ist das Verlangen nach Beifall. Keine Frau würde sich noch nach der letzten Pariser Mode kleiden, wenn sie auf eine einsame Insel verschlagen worden wäre. Eine entscheidende Rolle spielt in unserem Leben der Wunsch, gesehen, gehört, anerkannt und bewundert zu werden. Die Furcht vor dem Tod ist die Furcht vor dem Ende des Ichs. Die gemeinsamen eigennützigen Interessen einer Vielzahl von Ichs führen zu Nationalismus und zum Establishment. Ich bin der Mittelpunkt des Universums, also ist es mein Land, ob recht oder unrecht, auch. Heil Hitler! Heil Nixon! Die wilde Jagd nach Geld ist im Grunde eine Jagd nach Anerkennung, und genauso verhält es sich mit dem Streben nach Macht. Reiche Leute begnügen sich nicht damit, ihr Geld auf der Bank zu haben; sie wollen – mit ihren Häusern, ihren Autos und ihrem Lebensstandard – zeigen, daß sie wohlhabend sind. Man könnte sagen, daß die Teilung der Welt in Klassen auf die Eitelkeit der wenigen und das Minderwertigkeitsgefühl der vielen zurückzuführen ist. Die Armen besitzen wenig, worauf sie mit Eitelkeit hinweisen könnten. «Unser Hans hat die Aufnahmeprüfung bestanden, aber Willi von nebenan ist durchgefallen.» – «Wir sind die einzigen im ganzen Block, die ein Farbfernsehgerät haben.» Die Eitelkeit macht uns blind für das Elend der Welt. Mit den Müllers Schritt zu halten, ist uns wichtiger als die Kriege und der Haß in der Welt. Eitelkeit erzeugt Selbstsucht.

Das Schlimme an der Eitelkeit ist, daß sie uns dahin bringt, die Welt von unserem eigenen Standpunkt aus, unter dem Gesichtspunkt unserer eigenen Interessen zu betrachten. Wir lesen in der Zeitung von Folterungen in diktatorisch regierten Ländern, und dann drehen wir die Seite um und lesen die Fußballnachrichten. Wir alle sind schuldig. Wir sehen im Fernsehen, wie die Polizisten in Chicago mit ihren Knüppeln auf Menschen eindreschen, und schalten ein anderes Programm ein, um uns einen zehn Jahre alten Film anzusehen. Wir drücken uns, weil wir in unserer Eitelkeit alle egozentrisch sind. Deshalb meine ich, daß Freud und Reich vielleicht nicht ganz recht haben, wenn sie die Krankheit der Menschheit als ein Resultat der sexuellen Repression ansehen; recht haben sie vielleicht insofern, als sexuelle Repression in einer patriarchalischen Gesellschaft bedeutet, daß die alte Generation in allem, auch in Fragen des Sex, eine Monopolstellung innehat.

Ich kann mich nicht erinnern, daß mein Vater in irgendeiner Weise eitel gewesen wäre. Angeberei lag ihm fern, und er war zufrieden damit, ein Landschullehrer zu sein. Ich nehme an, er setzte sich sonntags seinen Zylinder nur meiner Mutter wegen auf, deren Kritik er mehr fürchtete als die öffentliche Meinung. Sie war eine eitle kleine Person. Bei uns im Dorf maßen wir uns nicht mit den feineren Leuten: wir waren die feineren Leute mit unseren sauberen Kragen und Hemden. *Eine* Eitelkeit kannte die Familie Neill nicht: sie hatte nicht den Wunsch, ihren Toten pompöse Grabsteine zu setzen – im übrigen hätten wir uns das auch gar nicht leisten können. Meine Eltern und einige Schwestern liegen auf dem Friedhof von Forfar, aber kein Stein, kein Kreuz weist auf die Grabstelle hin. Die Reichen der Stadt haben ihre Gräber zu beiden Seiten des Hauptwegs; ihre Grabsteine erzählen stolz von ihrer früheren gesellschaftlichen Bedeutung und spielen gleichzeitig auf ihren Status in den himmlischen Gefilden an. Die Bibel sagt zwar, daß im Himmel keine Ehen geschlossen werden, aber die Reichen bei uns waren ziemlich sicher, daß es dort Klassen gab. Was mich betrifft, so mag meine Eitelkeit der Gedanke sein, daß nach meinem Tod meine Bücher die Erinnerung an mich lebendig halten werden – ein Gedanke, der allerdings kein Trost ist. Ich kann meiner Seele nicht die schmeichelhafte Tröstung angedeihen lassen, daß meine Bücher so viele Jahre überdauern werden wie die Grabsteine auf dem Friedhof von Forfar. Shakespeare kam Muhammad Ali zuvor mit seinem Sonett:

> Nicht Marmor, nicht das Gold an Königssäulen
> Kann überdauern dieses Reimes Macht.

Und doch, ein Atomkrieg würde die Menschheit, die die Sonette liest, töten, während die Königssäulen, die Marmorpaläste stehenbleiben würden.

Eitelkeit veranlaßte den Menschen, sich nach seinem Bilde einen Gott zu schaffen, den großen Vater.

Man sagt, im Fernen Osten sei es die schlimmste aller Schanden, das Gesicht zu verlieren. Eitelkeit, dein Name ist nicht Weib, sondern Menschheit. Eitelkeit und die Gehorsamkeit sind die schlimmsten der sieben Todsünden. Und ich lese diese Zeilen, die ich geschrieben habe, nicht mit einem Gefühl der Eitelkeit; nein, ich empfinde eher Verdruß, weil ich nicht klug genug bin, menschliche Verhaltensweisen zu analysieren.

Ich bin zu meiner Zeit Exhibitionist gewesen. Rückblickend wird mir deutlich, daß ich, wenn ich in einem Stück mitspielte – und ich soll ein guter Schauspieler gewesen sein –, mich im Grunde produzierte, und das gleiche gilt für meine ausgefallenen Tanzschritte bei Tangos und Foxtrotts damals. Das beweist der Umstand, daß mit der Zeit das Verlangen, Theater zu spielen, schwand, wahrscheinlich weil ich andere Möglichkeiten für meinen Exhibitionismus gefunden hatte – zum Beispiel, Vorträge zu halten. Trotzdem, als 1936 bei meinem Vortrag in Johannesburg fünfhundert Besucher keinen Einlaß mehr fanden, vermittelte mir der Anblick des überfüllten Saals kein Gefühl, an das ich mich erinnern könnte. Das gleiche passierte in Schweden. Doch um ehrlich zu sein, muß ich sagen, hätte das Publikum aus zwanzig statt aus Hunderten bestanden, ich wäre verdammt verärgert gewesen.

Seltsam ist auch, daß wir uns auf die Dinge, die wir nicht so gut schaffen, etwas einbilden, nicht aber auf unsere besten Leistungen. Ich bin überzeugt, daß Winston Churchill sich mehr darüber freute, wenn jemand seine Gemälde bewunderte, als wenn jemand seine Leistungen im Krieg lobte. Ich habe mir auf meine Arbeit in Summerhill nie etwas eingebildet, wohl aber beispielsweise auf meine Tanzkünste. Vor fünfzig Jahren forderte mich eine junge Dame auf, sie als Tanzpartner nach Budapest zu einem Tanzturnier zu begleiten. (Arme Nushi, sie starb in Belsen oder Dachau.) Ich bildete mir auf diese Einladung sehr viel ein, weil oder obwohl ich genau wußte, daß ich im Vergleich zu den professionellen Tänzern ein plumper Klotz war. Es war ein Glück für meine Selbstgefälligkeit, daß ich nicht mit nach Budapest fuhr. Eingebildet war ich auch auf meine Schauspielerei, obwohl ich auch hier wußte, daß ich im Vergleich zu guten Schauspielern ein Schmierenkomödiant war. Und der Brief eines Lesers, der mir schrieb, wie sehr er mein Kinderbuch *Die grüne Wolke* bewundere, machte mir mehr Freude als der Brief eines Psychologieprofessors, der meine Arbeit in der Schule lobte.

Schon Barrie sagte: «Das größte literarische Werk ist der eigene Name, wenn er gedruckt erscheint.» Wir sind auf die falschen Dinge stolz. Einstein mag auf vieles stolz gewesen sein, ich habe keine Ahnung, aber sicher hat er sich nichts auf seine Relativitätstheorie eingebildet. Schöpferische Arbeit und Eitelkeit passen nicht zusammen. Wenn einer ein Bild malt oder ein Buch schreibt, dann denkt er nicht an Ruhm, Erfolg oder Geld. Erst wenn das Werk vollendet ist, dann denkt man an Würdigung und Anerkennung, und vielleicht auch dann nicht immer. Ich kannte einen Künstler, der nie wollte, daß jemand seine Bilder sah. Hatte er eines vollendet, ließ er es trocknen und malte dann ein anderes darüber.

Ich empfinde keinen Stolz auf meine Bücher. Damit will ich nicht sagen, daß ich mich nicht freue, wenn sie gelobt werden. Aber wenn ein Max Rafferty eines in gerechtem Zorn in Stücke reißt, so reagiere ich darauf eher mit Humor als mit Groll. Kritik ist immer interessanter als Lob; deshalb beantworte ich einen feindseligen Brief immer sofort. Man braucht kein Masochist zu sein, um eine gerechtfertigte Kritik zu schätzen.

Ehrlichkeit und Selbstschutz

Ich frage mich, wie weit ich ehrlich bin. Und wenn ich ehrlich bin, ist es dann eine angeborene Tugend oder Furcht vor der Polizei? Als ich damals in Deutschland unterrichtete, haßte ich den deutschen Tabak, und jedesmal, wenn ich von zu Hause zurückkam, hatte ich die Taschen vollgestopft mit John Cotton Mixture. Und jedesmal log ich. «Haben Sie Tabak zu verzollen?» – «Nein», antwortete ich mit Unschuldsmiene. Ich war aber nicht mutig genug, die britischen Zollbeamten anzuschwindeln, noch hatte ich in meiner Jugend die Courage, ohne Fahrkarte mit der Eisenbahn zu fahren.

Ich glaube, diese Art von Ehrlichkeit ist eher Furcht, ertappt zu werden. Ein gewichtigerer Aspekt der Ehrlichkeit ist komplizierter, die Ehrlichkeit in menschlichen Beziehungen. Auch hier schleicht sich Furcht ein, die Furcht, die Gefühle anderer zu verletzen: im gesellschaftlichen Bereich sind wir alle Heuchler, verbergen wir unsere Gefühle und wahren Meinungen. Kein Gentleman kann zu einer jungen Dame sagen: «Vielen Dank fürs Vorspielen dieser Etüde. Chopin muß sich dabei im Grabe rumgedreht haben.» Das gesellschaftliche Leben veranlaßt uns immer wieder, Kompromisse zu schließen. Monarchie bedeutet mir nichts – trotzdem stehe ich wie alle anderen auf, wenn die englische Nationalhymne gespielt wird. Ich vermeide unanständige Wörter, wenn Mrs. Grundy ihr Enkelkind in der Schule besucht. Ein Leben ohne Takt, ohne Feingefühl wäre für jeden die Hölle.

Wie ehrlich kann man sich selbst gegenüber sein? Unsere Erziehung führte vor allem dazu, daß man sich schämte – wenn man die falsche Gabel benutzte, einen Fehler in der Grammatik machte, sich den Hals nicht wusch, in der Nase bohrte. Ich tue letzteres oft, wenn ich Schnupfen habe. Nicht viele würden sich öffentlich zu homosexuellen Phantasien oder Mordgedanken bekennen. Und doch behaupte ich, daß all dies im Grunde unwesentlich ist. Gewiß, jeder hat wegen seines Körpers irgendeinen Komplex. Man hat mir gesagt, daß tapfere Männer, die im Kampf Arme oder Beine verloren haben, sich ihrer Verunstaltung schämen. Die meisten Leute wären sehr entsetzt, wenn ihnen ihr Gebiß auf den Teller fiele. Ich trage ein Bruchband, wäre aber sehr verlegen, wenn ich die Kleider ablegen und damit baden müßte.

Doch es gibt Bereiche, wo Unaufrichtigkeit unmöglich ist. Ich kann einem Schulinspektor gegenüber nicht so tun, als glaubte ich, daß Unterricht und Erziehung ein und dasselbe sei. Würde mir ein Millionär testamentarisch eine Million Dollar vermachen, unter der Bedingung, daß in Summerhill Religionsunterricht erteilt werde, dann würde ich auf der Stelle ablehnen.

Eine Freundschaft kann die Ehrlichkeit jedoch auf eine harte Probe stellen. Als ein alter Freund mir erzählte, er habe 2000 Pfund in Scheinen bei sich zu Hause versteckt – Geld, das er bei der Einkommenssteuer nicht angegeben hatte –, und mich bat, ihm zu bescheinigen, daß ich dabeigewesen wäre, als er das Geld beim Pferderennen gewonnen hätte, weigerte ich mich, ihm zu helfen. Es war eher Furcht, die Sache könne herauskommen, als wirkliche Ehrlichkeit.

Ich kann mich nicht erinnern, als Kind je etwas gestohlen zu haben. Diebstahl bedeutete für mich damals Höllenfeuer. Ich bin auch nie versucht gewesen, Bücher oder Werkzeug zu stehlen, aber mehr als einmal war ich in Versuchung, mich ins Zirkuszelt zu schleichen. Der Mann, der niemals silberne Löffel stehlen würde, betrügt gewöhnlich statt dessen das Finanzamt oder die Eisenbahn – mit der Begründung: Die haben mich schon oft genug übers Ohr gehauen. Wie dem auch sei, ich sehe zumindest ehrlich aus – was mich an den Bäcker erinnert, der uns, als ich noch klein war, mit seinem Pferdewagen immer das Brot brachte. «Jim Fraser sieht so grundehrlich aus, wie die Ehrlichkeit in Person», pflegte mein Vater zu sagen, und wir alle stimmten zu. Nur habe ich vergessen, was wir sagten, als Jim ins Gefängnis kam, weil er seinen Arbeitgeber betrogen hatte. Von den schlimmsten Dieben, die ich in Summerhill hatte, sahen viele wie Engel aus. Nein, ich sollte vielleicht besser nicht sagen, daß ich ehrlich aussehe.

Aufrichtigkeit ist wichtiger als Ehrlichkeit; sie umfaßt sie. Ich würde sagen, ich bin so aufrichtig, wie der Takt es erlaubt, was bedeutet, daß kleine Unaufrichtigkeiten wie ein Lächeln, wenn man nicht zum Lächeln aufgelegt ist, harmlose Sünden sind. In einem meiner Bücher schrieb ich, eine Notlüge sei verzeihlich und menschlich, aber mit einer Lüge zu leben, sei ein Unglück.

Im Umgang mit Kindern ist man gezwungen, aufrichtig zu sein, es sei denn, man ist ein Zuchtmeister. Ich finde, Kinder haben eine natürliche Aufrichtigkeit, wenn man sie nicht zu ängstlichen, haßerfüllten Duckmäusern abrichtet. Erlauben Sie, daß ich mir selbst auf die Schulter klopfe und ungeniert feststelle: ich glaube, daß ich im Leben weitgehend aufrichtig bin. Ich könnte nie im Werbefernsehen Reklame dafür machen, daß irgendein Waschpulver weißer wäscht als andere. Nicht für ein Vermögen brächte ich so etwas fertig – mein Gewissen würde es nicht zulassen. Dagegen wäre ich imstande, sogar ohne jegliche Bezahlung für etwas Reklame zu machen, woran ich glaube, zum Beispiel für John Cotton-Tabak. Ich habe eine Zeitlang in der Fleet Street gearbeitet und kannte dort linksorientierte Journalisten, die, um sich ihren Lebensunterhalt zu verdienen, ihre Überzeugung verrieten und für eine Tory-Zeitung arbeiteten. Ich frage mich, wie viele der Leute, die im Werbefernsehen auftreten, an die Dinge glauben, die sie anpreisen.

Ich erinnere mich noch an die Frühzeit der Publicity vor über siebzig Jahren. Der Hufschmied in unserem Dorf, der weder lesen noch schreiben konnte, wurde in vielen Zeitungen zitiert. «Nachdem ich qualvolle Schmerzen wegen meiner Nierenstörung gelitten hatte, verspürte ich sofortige Besserung, als ich Kinsleys Nierenpillen nahm.» Zu seiner Ehre sei gesagt, daß er, was seine Nieren betraf, aufrichtig war.

Wie weit ist die Gesellschaft von der Unaufrichtigkeit zwischen den Menschen abhängig? Neulich bekam ich Besuch von einem Mann, der eine Siedlung gründen will, deren Bewohner sich verpflichten, absolut offen und ehrlich miteinander zu sein. Schon vor einiger Zeit gründete einer meiner Lehrer, entgegen meinem Rat, eine solche Gruppe bei uns. Nach dem ersten Treffen kam ein junges Mädchen in Tränen aufgelöst zu mir und erzählte, die anderen hätten so gemeine Sachen über ihren Charakter und ihr Verhalten gesagt. Mein Rat, diese Treffen einzustellen, wurde angenommen.

Ich möchte meinen, daß im Rahmen einer freien und legeren Gruppentherapie zwangsläufig die Fehler stärker als die positiven Eigenschaften hervorgehoben werden. Und ich für meinen Teil könnte an einem Gruppenversuch, völlig offen zu sein, nicht teilnehmen. Wenn man mir vorhielte, ich sei ein selbstgefälliger Poseur, der seine angeborene Niederträchtigkeit hinter einem Lächeln verberge, würde ich in Wut ausbrechen, und selbst wenn ich wollte, könnte ich doch nichts tun, um meinen Charakter zu ändern. Gruppenkritik mag für die Dinge geeignet sein, die nicht wesentlich sind – man könnte Jones sagen, daß er seine Suppe nicht so laut schlürfen soll. Jones würde die Kritik vielleicht übelnehmen, aber insofern darauf reagieren, als er von nun an bemerken würde, daß er ein ziemlich geräuschvoller Esser ist.

Reaktion auf Kritik in der kleinsten Gruppe, der Familie, kann offenbaren, was eine Hölle ist. Oft habe ich Ehefrauen sagen gehört: «Peter ist völlig unbrauchbar im Haushalt. Er kann nicht mal eine Sicherung auswechseln. Er hat zwei linke Hände und versteht nichts von Technik. Hat immer nur sein Kricket im Kopf . . .» Frauen machen solche Bemerkungen über ihren Partner öfter als Männer. Ich vermute, in den schlimmsten Fällen erwürgen diese Peters ihre Frauen. Und ich fürchte, Gruppenkritik würde zu oft den gleichen Haß auslösen.

Ich versuche, mir eine absolut ehrliche Welt auszumalen, wo keiner einen Schutzpanzer trüge, wo keiner etwas vorspiegelte, wo keiner private Geheimnisse hätte. Ehrlichkeit ist im Grunde eine Frage der guten Manieren: «Im Hause des Gehenkten spricht man vom Stricke nicht.»

Ich sehe durchaus, daß die Gesellschaft krank ist, und ich bin auch gewillt anzunehmen, daß sie gesünder wäre, wenn wir alle ehrlich miteinander wären und laut sagten, was wir denken. Doch ich bringe es nicht fertig, es von mir aus zu versuchen. Ich komme mir wie ein Heuchler vor, wenn ich mit einem Professor oder seiner Frau Konversation mache und über das Wetter rede. Und ähnlich ist mir zumute, wenn ich an einer Festlichkeit im Ort teilnehme, zum Beispiel an einem vom Vorsitzenden des Stadtrats gegebenen Empfang. Ich treffe da Leute, die ich nur vom Sehen kenne, Menschen, isoliert und fehl am Platze, wie ich. Und andere mit der Würde, mit der sich so viele Bürokraten kraft ihres Amtes umgeben. Ich möchte am liebsten schreien: «Wir öden einander doch nur an; wir sprechen nicht dieselbe Sprache.» Aber nein, ich bringe es nicht fertig, das laut zu sagen.

Ehe sich eine Gruppe zusammentut, die sich gegenseitiger Ehrlichkeit verschreibt, sollten die Gründer Ibsens *Wildente* lesen, damit sie sehen, wie ein Wahrheitsfanatiker eine Familie, die er glücklich machen zu können glaubt, zerstören kann. Aber Ibsen mag unrecht haben; ich kann unrecht haben; es mag schon sein, daß Ehrlichkeit überall um uns herum zu einer gesünderen und glücklicheren Welt führen könnte. Ich bin einfach nicht der Mann, auf diesem Gebiet Pionier zu sein.

Reich sprach von Panzerung, von einer äußeren Schale, die man sich zulegt und der Umwelt zeigt, um die Tiefen der eigenen Persönlichkeit zu verbergen. Wir alle panzern uns. Die Introspektion ist begrenzt, und das ist der Grund, warum man sich nicht selbst analysieren kann; wir wagen es nicht, unsere inneren Konflikte, unsere Verdrängungen klar zu sehen. Es würde für, sagen wir, einen bekannten Evangelisten nicht leicht sein, seine nackte Seele zu erblicken und festzustellen, daß er selbstsüchtig, niederträchtig, sadistisch und unbewußt ein Schürzenjäger ist – nicht nur nicht leicht, sondern ziemlich unerträglich. Ein ausgeglichener Mensch wäre darauf gefaßt, den «kleinen Mann» in sich zu entdecken, aber so gesehen ist keiner von uns ausgeglichen. Die Waage schlägt natürlich nach beiden Seiten aus; die Gestapofolterer der Juden verhätschelten ihre Kinder und ihre Hunde.

Ich möchte wissen, welcher Art mein eigener Panzer ist. Und ich frage mich, was sich hinter meinem liebenswürdigen Auftreten verbirgt. Ich erkenne durchaus, daß mein Altruismus zum Beispiel im Umgang mit Kindern ebensoviel Selbstsucht verdeckt wie der anderer, und ich kann nichts Schlimmeres darin sehen; mein Altruismus ist selbstsüchtig insofern, als er mir ein Gefühl der Selbstzufriedenheit vermittelt. Ein Pflicht-Altruismus – beispielsweise die Selbstaufopferung der unverheirateten Tochter, die den Gedanken an eine Ehe aufgibt, um für ihre alte Mutter zu sorgen – enthält keinerlei eigennützige Komponente und muß deshalb eine Fülle von Haß und Frustration in sich bergen. Ich denke da an einen Freund, der so an seine Mutter gebunden war, daß er es ablehnte, einer Einladung Folge zu leisten, wenn sie nicht auch eingeladen wurde. Er starb und hinterließ dem Tierschutzverein ein Vermögen, seiner Mutter aber nichts. Sein unbewußter Haß auf das Gängelband kam am Ende doch heraus.

Der Panzer ist bedeutungslos, wenn man ihn bewußt anwendet. Als ich zum Ehrendoktor der Universität von Essex ernannt wurde, zäumte ich mich bewußt als Gentleman auf. Ich trug sogar einen Schlips. Allerdings war ich der einzige, der ein blaues Hemd anhatte. Aufmerksam lauschte ich Gesprächen über Dinge, die mich nicht interessierten. Diese Art des Selbstschutzes praktizieren wir alle. Reich pflegte zu sagen: «Bei manchen Gelegenheiten muß man bewußt ein Heuchler sein.» Den Schaden richtet der unbewußte Panzer an. Eine junge Frau von der Heilsarmee begriff das, als sie herumging und die Leute fragte, ob sie gerettet seien. Sie kam zu einem jungen Mann, der allein dasaß.

«Sind Sie gerettet?»

«Presse», sagte der junge Mann.

«Oh, entschuldigen Sie bitte», sagte sie und ging hastig davon.

Ich bilde mir ein, daß ich nicht zu stark gepanzert bin, daß ich im allgemeinen aufrichtig spreche und handle und selten lüge, jedenfalls aber nie einem Kind gegenüber. Ich gestehe, daß ich es leicht habe: ich bin mein eigener Boss und brauche niemandem etwas vorzumachen. Man denke an die Millionen, die unter einem Vorgesetzten arbeiten, die sich verbeugen und vielleicht sogar katzbuckeln müssen, damit man nicht gefeuert wird. Zu oft kommt es so weit, daß der Panzer die ganze Persönlichkeit durchdringt. Man sieht das an der Unterwürfigkeit der Butler und Bediensteten ... eine aussterbende Rasse, gewiß. Als ich jung war, bezog ich meine besten unanständigen Witze von Pfarrern, die sich bei der Sonntagspredigt wie Heilige gebärdeten. Viele Menschen haben den Dreh heraus, zwei verschiedene Persönlichkeiten zu sein wie jener Kirchenälteste, der am Sonntag den Herrn lobte und wochentags seine Kunden beim Abwiegen des Zuckers betrog. Der beste Weg, keine Doppelpersönlichkeit zu werden, ist Unabhängigkeit – ein Glück, das nur wenigen vergönnt ist.

Vor fast vierzig Jahren lernte ich in Südafrika einen Arzt kennen, der keinerlei Panzer zu haben schien. Wenn er zu einem Essen eingeladen wurde, sagte er schlicht, er habe keine Lust. Zu mir sagte er: «Neill, ich komme heute abend nicht zu Ihrem Vortrag, weil mich das, worüber Sie sprechen, nicht interessiert.» Ein grundehrlicher Mann. Ich fürchte nur, er hatte wenig Freunde. Ich war nie so mutig. Erst jetzt, in meinem hohen Alter, bringe ich es fertig, zu sagen: «Vielen Dank für die Einladung, aber ich bleibe lieber zu Hause.»

Den populären Vorstellungen von Verdrängung zufolge verdränge ich meinen Haß, meine Verachtung und meinen Neid, wenn ich versuche, anderen gegenüber nett und freundlich zu sein. Dieser törichte Irrtum rührt von der frühen Fehlinterpretation Freuds her. Das ist alles Unsinn. Gewiß, hinter Uriah Heeps heuchlerischem Lächeln verbirgt sich eine teuflische Seele, ebenso wie hinter Jagos sanft-giftigen Andeutungen. Aber der Schriftsteller malt schwarzweiß, während wir alle grau sind.

Kurz, ich klopfe mir abermals selbst auf die Schulter und stelle fest: «Du bist in Ordnung, mein Junge. Du hegst keine unbewußten Mordgelüste und verbirgst keine Eifersucht. Du neidest niemandem seinen Erfolg.»

Verdammt sei der Schreiber jenes Artikels, den ich gerade las: er rühmt die amerikanischen Pädagogen John Holt und George Dennison und erwähnt mich nicht einmal! So ein gemeiner Schuft!

Die Ehrendoktorzeremonie bringt mich auf das Phänomen der Gruppen-Panzerung. Ich habe drei solche Zeremonien mitgemacht. Man wird verkleidet mit Barett und Talar, marschiert in feierlicher Prozession in einen überfüllten großen Saal, wo man seinen Ehrentitel bekommt. Trotz Anwesenheit einiger freundlicher Professoren habe ich mich in einer solchen Atmosphäre immer angespannt und unglücklich gefühlt, und der Grund dafür ist, glaube ich, die Unpersönlichkeit des Establishments, die Förmlichkeit. Ich wende mich dem Mann, der neben mir sitzt, zu und mache eine Bemerkung, aber die Antwort ist einsilbig. Ich kann die *Stimmung** nicht analysieren. Es ist wie in einem Gerichtssaal mit seiner Feierlichkeit. «Sie befinden sich hier nicht in einem Vergnügungslokal. Wenn nochmals gelacht wird, lasse ich den Saal räumen.» Jede offizielle Gelegenheit verhindert Gelächter, verbannt den menschlichen Zug. Als Zeuge bei einem Revisionsverfahren machte ich einmal eine heitere Bemerkung über meine Einkommensteuer. Die finsteren Blicke, die mich straften, machten mir bewußt, was Bürokratie bedeutet: Unterdrückung der emotionalen Seite des Lebens, gemeinschaftliche Panzerung, Beamtendünkel. Ich beobachte es oft bei den Beamten im Ort, den Stadträten, den städtischen Angestellten; sie errichten eine Hände-weg-von-mir-Schranke, die jegliche Vertrautheit ausschließt. Besonders ausgeprägt ist das bei der Polizei. Ein Polizist sagte einmal zu mir: «Wenn der Inspektor

* Deutsch im Original. (Anm. d. Übers.)

gehört hätte, daß Sie mich Bill nennen, wäre ich sofort in eine andere Stadt versetzt worden.» Polizist zu sein, das heißt wohl, keine Freunde zu haben.

Meine Vorstellung von der Hölle: ein Gartenfest im Buckingham-Palast oder im Weißen Haus. Massenpanzerung schützt vor der Gefahr emotionaler Kontakte, und das mag typisch sein für England. Jedenfalls spürt man in Schottland, wo die Klassenschranken nicht so hoch zu sein scheinen, weniger davon. Ich war fünfundzwanzig Jahre lang Mitglied des Golfclubs in Suffolk. Wenn ich nach einer Runde zu ein paar Mitgliedern im Clubhaus sagte: «Spielt sich gut heute, wie?», glotzten sie mich stumm an. Ehe die amerikanischen Golfer vom nahe gelegenen Flugplatz auftauchten, kam ich mit keinem Fremden ins Gespräch. In Schottland kennt man solche Steifheit nicht. Als ich das letzte Mal in Edinburgh spielte, rief mir ein Mann, der mit einer Vierergruppe vorbeikam, zu: «He, Mann, du schlägst zu hoch.» Das stimmte, und ich dankte ihm.

Irgendwie fühlte ich mich schuldig, wenn ich eine akademische Auszeichnung annehme oder verliehen bekomme, nicht wegen der Reserviertheit des Establishments, sondern weil ich die an den Universitäten vermittelte akademische Ausbildung nicht gerade hochschätze und sie in meinen Büchern oft kritisiert habe. Soweit es mir bewußt ist, bin ich auf meine akademischen Würden nicht stolz. Ich gebe meine akademischen Titel nie in meinen Schulprospekten an. Ich vermute aber, ich lege mir einen Grund zurecht, wenn ich behaupte, ihr einziger Wert für mich bestehe darin, daß sie eine Art Schutz seien. Kein Minister könnte sagen, ich wäre nicht qualifiziert, eine Schule zu leiten, und tatsächlich darf heute niemand eine Privatschule leiten, der nicht ein abgeschlossenes Universitätsstudium oder eine abgeschlossene pädagogische Ausbildung nachweisen kann. Aber ich bin bereit, der Tatsache ins Auge zu sehen, daß ich unbewußt vielleicht doch stolz wie ein König bin auf meinen MA (Master of Arts), denn in Schottland besitzt dieser Titel viel Gewicht. Und ich möchte auch nicht den Eindruck erwecken, als wüßte ich die mir verliehenen akademischen Würden nicht zu schätzen. Sie erwärmten mein Herz. Die Studenten meiner ehemaligen Universität, Edinburgh, schlugen mich für einen Ehrentitel vor. Der Senat wies den Vorschlag zurück, und es wurde berichtet, ein Professor habe gesagt, ich sei der Mann, der die Studenten zur

Rebellion ermuntere. Das war kurz nach der Wahl eines Lords zum Rektor. Ich bekam knapp dreihundert Stimmen und Kenneth Allsop über zweitausend, also muß Allsop der Verführer der Jugend gewesen sein. Um dem Senat gegenüber gerecht zu sein, füge ich hinzu, daß seine Entscheidung sicherlich weitgehend davon beeinflußt wurde, daß ich in einer schottischen Zeitschrift die Rede veröffentlicht hatte, die ich, wäre ich gewählt worden, gehalten hätte. Das muß den akademischen Seelen der Senatsmitglieder einen Schock versetzt haben.

Ich nehme an, auch Einbildung ist eine Form des Selbstschutzes, zumal wir niemals auf das eingebildet sind, was wir wirklich beherrschen.

Einbildung schützt einen davor, sich selbst einzugestehen, daß man ein Versager ist. Sie wird mit den Jahren schwächer, erlischt jedoch nie ganz. Reichs Wunsch nach einem kunstvollen Grabmal war eine Art postumer Eitelkeit; im Leben verachtete er Schaustellungen, Ehren und Prunk jeglicher Art. Ich für meinen Teil habe kein Verlangen nach Grabsteinen oder Monumenten nach meinem Tod. Alles, was ich mir wünsche, ist eine Einäscherung ohne Getue, ohne Blumen, ohne schwarze Kleider, ohne Sprüche. Ich sähe es gern, wenn meine Leiche vom Bestattungsunternehmer abgeholt würde und überhaupt keine Trauerfeier stattfände, aber ich fürchte, das würde meine Familie harter Kritik aussetzen. «Diese hartgesottenen Leute erweisen dem alten Mann nicht einmal die Ehre einer anständigen Bestattung.» Aber es wäre eine gute Lösung, die sich durchsetzen sollte, auch wenn in den USA die Leichenbestatter-Lobby bis aufs Messer um die skandalöse Ausbeutung der Hinterbliebenen kämpfen würde. Zu idiotisch, dieses Einbalsamieren und Schminken der Toten und diese Verschwendung guten Eichenholzes, das sehr viel besser verwendet werden könnte.

Aphorismus: Der Tod wird gefürchtet und gehaßt, weil er den kleinen, eingebildeten Mann in uns zerstört. Eine moderne Interpretation des Christentums könnte lauten: Der Glaube, daß der kleine Mann in uns stirbt und begraben wird, während der große Mann in die ewige Seligkeit eingehen wird. Oder konkreter: der kleine Mann, das ist der Leib des Menschen mitsamt seinem Dünkel und seinen Schwächen; der große Mann aber, das sind Geist und Seele. Alle Religionen sind Wunscherfüllungen.

Religion und Glaube

Ich habe schon davon erzählt, wie meine Eltern ihren Calvinismus zugunsten des Spiritismus aufgaben. Als meine Schwester Clunie 1919 starb, fragten sie mich, ob ich Verbindung mit einem Medium aufnehmen könne. Ich lebte damals in London. Unter erheblichen Schwierigkeiten gelang es mir, eine Unterredung mit dem Medium des britischen Physikers Oliver Lodge, einer gewissen Mrs. Leonard, zu arrangieren. Sie versetzte sich in Trance und sagte Dinge, die mich erstaunten, so zum Beispiel, daß Clunie Lehrerin gewesen und daß sie an einer Lungenkrankheit gestorben sei, was beides stimmte. Ich fragte mich schließlich, ob nicht vielleicht doch etwas daran sei am Spiritismus, und dann kam die Frage: «Möchten Sie Ihrer Schwester noch irgend welche Fragen stellen?»

«Ja, fragen Sie sie, bitte, ob sie noch manchmal an Spott denkt.»

«Sie sagt, ja, sie liebe Spott, aber sie liebe alle Tiere.»

Leider hatte ich mit meiner Frage aber das Dorf gemeint, in dem sie unterrichtet hatte – Spott. Ich erzählte meinen Eltern lieber nichts von diesem Teil des Gesprächs.

Ich habe mich nie ernsthaft für den Spiritismus interessieren können. Einmal erlebte ich, wie ein Spiritist in einer überfüllten Halle auf eine Frau deutete.

«Die Dame dort am Ende der Reihe. Sie haben kürzlich Ihren Vater verloren, nicht wahr?»

«Ja, vor sechs Wochen.»

«Und Ihre Mutter ist krank, stimmt das?»

«Ja, sehr krank.»

Nach der Veranstaltung ging ich zu ihm.

«Woher wußten Sie, daß die Dame ihren Vater verloren hat?»

«Ich wußte es nicht; mein Geist sprach mit meiner Stimme.»

Davon wurde ich auch nicht schlauer. Und bei einer anderen Gelegenheit wurde ich ebenfalls nicht klüger. Ich hatte in Stockholm einen Vortrag gehalten. Anschließend erklärte ein Mann, er sei mit vielem, was ich gesagt hätte, ganz und gar nicht einverstanden.

«So? Wo gehen unsere Meinungen denn auseinander?»

«Sie erziehen die Kinder für dieses Leben, wir aber erziehen sie für das künftige Leben.» Er war Lehrer an einer Rudolf Steiner-Schule.

Ich bezweifle, daß wir mit dem Esoterischen weiterkommen, solange wir nicht begreifen, was unsere Geistesbeschwörer tun. Drei Abende hintereinander saß ich in der vordersten Reihe des Theaters und versuchte herauszubekommen, woher der berühmte Zauberer David Devant die Dutzende von Eiern hernahm, die er aus der Luft griff. Ich habe es nie erfahren. Ein Freund von mir, der Mitglied eines magischen Zirkels ist, sagt, derartige Tricks seien ziemlich einfach, aber auf Grund des Eids, den er geleistet hat, darf er mir nicht erzählen, wie sie funktionieren. Ein anderes Mitglied mit weniger Skrupeln erklärte mir jedenfalls das Geheimnis der Levitation.

Für das Leben nach dem Tod kann ich mich einfach nicht interessieren. Meine Ansichten sind infantil: wo zum Beispiel, wo sind denn die Billionen gestorbener Menschen? Die Leute, die an die Seelenwanderung glauben, machen es sich einfach. Die Seele der Toten wird irgendwo gelagert, und wenn ein Baby geboren wird, wählt irgendeine Macht eine Seele aus und gibt sie ihm ein. Ich zweifle an allem, was man Materialisationen nennt, zum Beispiel in Geisterhäusern, bin aber verwirrt über Poltergeister, die etwa dic Möbel im Zimmer umstoßen. Die Schwester meiner ersten Frau, die unter dem Namen Henry Handel Richardson als Schriftstellerin bekannt wurde, behauptete, ihr Haus in Lyme Regis in Dorset werde von Geistern heimgesucht. Eines Abends gingen sie und ihr Mann, Professor George Robertson, ins Kino. Sie hatte vorher gestrickt. George, ein Ungläubiger, erzählte mir: «Als wir nach Hause kamen, war Etts ganze Wolle über die Bilderleiste drapiert. Ich konnte nicht so weit hinauflangen und mußte mir von nebenan eine Leiter borgen.»

Ich hörte oftmals Geklopfe in ihrem Haus, aber immer nur, wenn ein deutsches Mädchen, von dem es hieß, es sei ein Medium, anwesend war. Lange nach dem Tod von George und Henry ging ich einmal hin und fragte die neuen Bewohner: «Hören Sie manchmal Klopfgeräusche im Haus?» Die Frau starrte mich verblüfft an und sagte, nein, natürlich nicht. Der Klopfgeist hatte sich offenbar anderswohin begeben.

Als wir einmal, oh, vielleicht vor vierzig Jahren, Versuche mit Tischrücken machten, sollte angeblich Homer Lane zugegen sein. Ich sagte: «Wenn Sie mir irgend etwas erzählen können, was ich nicht weiß, wäre ich geneigt, an den Spiritismus zu glauben. Ich weiß, daß sie im amerikanischen Hospital in Paris gestorben sind, aber sagen Sie mir den Namen des Arztes oder von sonst jemanden dort.» Der Tisch klopfte die Antwort «Ich weiß es nicht». Aber Eric Dingwall, der die Untersuchung der Gruppe zur Erforschung des Übersinnlichen leitete und mit am Tisch saß, erzählte mir, er habe mehr als einmal Antworten erhalten, die keiner von denen, die am Tisch saßen, habe wissen können, und Eric war allem Übersinnlichen gegenüber skeptisch.

Ich glaube, mein mangelndes Interesse an übersinnlichen Dingen hängt mit meiner Indifferenz gegenüber dem sogenannten Geistigen im Leben zusammen. Ich stehe mit beiden Beinen auf der Erde, auch wenn mein Kopf zuweilen in den Wolken schwebt. Ich gehörte nicht zu Wordworths kleinen Kindern, die mit einem Glorienschein zur Welt kamen. Ich konnte weder an ein höheres Leben glauben noch den wunderschönen Gedanken der Theosophen folgen, mit denen ich in der *New Era* zusammenarbeitete, noch konnte ich die Weltverbesserungsideen der deutschen Lehrer in Dresden akzeptieren. Ich überlege, ob dieser Mangel am sogenannten Geistigen irgend etwas damit zu tun hat, daß ich nicht in der Lage bin, an Lyrik Gefallen zu finden. Nein, ich bin ein prosaischer Zeitgenosse, unfähig zu geistigen Höhenflügen, und ich habe auch kein Verlangen nach Flügeln.

Glaube: das Fürwahrhalten einer Offenbarungsreligion, heißt es in meinem Lexikon. Das Wort wird im allgemeinen als Synonym für Vertrauen gebraucht. Ich habe Vertrauen zu meinem Automechaniker, was bedeutet, daß ich aus Erfahrung weiß, daß er meinen Wagen reparieren kann. Der mystische Glaube übersteigt mein Begriffsvermögen. Er bedeutet, daß man etwas akzeptiert, das außerhalb der Vernunft liegt, etwas, das nicht bewiesen werden kann wie zum Beispiel die Idee eines allmächtigen Gottes, eines Himmels, einer Hölle, der Unsterblichkeit. Der Glaube daran gründet sich auf die Worte der Propheten, der Weisen, der Bibel, aber solch ein Glaube ist nicht weit entfernt von dem Glauben an den Nikolaus, an Geister oder Hexen. Eines aber verwundert mich: Warum glauben so viele gebildete, kluge Leute an so etwas wie ein persönliches ewiges Leben? Es ist ein biologisches Gesetz, daß alles einmal stirbt. Und nur der Mensch soll eine Ausnahme bilden? Nur er ist zu wichtig, um für immer zu erlöschen, weil er Verstand hat? Niemand spricht vom ewigen Leben im Zusammenhang mit einer Maus, einer Fliege oder einem Hund. Aber seit wann gibt es diese Unsterblichkeit? Würde ein Bischof einem Neandertaler ein ewiges Leben zubilligen, oder den frühen Menschen davor, die von den Bäumen herabstiegen? Der Glaube an ein Leben nach dem Tod ist Wunscherfüllung, oder etwa nicht? Shaw sagte, wenn das ewige Leben wissenschaftlich bewiesen werden könne, würde ein Geschrei der Verzweiflung von der Menschheit aufsteigen.

Glaube und Religion sind geographisch bedingt. Wäre ich in Arabien geboren, würde meine Religion mir den Alkohol verboten haben, und drei Frauen wären keine Entschädigung gewesen. In Dublin zur Welt gekommen, wäre ich vielleicht ein sadistischer Lehrer an einer katholischen Schule geworden – nein, das wohl doch nicht, denn schließlich habe ich mich, obwohl im calvinistischen Schottland geboren, von dem gegen das Leben gerichteten Calvinismus befreit. Aber im allgemeinen übernehmen und akzeptieren die Menschen die Religion ihrer Heimat. Meine Schüler leben ohne Religion, und unter den vielen ehemaligen Schülern ist nur einer, von dem ich weiß, daß er sich später dem Glauben zugewandt hat.

In meiner Jugend, vor über achtzig Jahren, war es einfach, den Glauben zu akzeptieren. Die Erde war der Mittelpunkt des Universums, und ein gütiger Gott hatte die Sonne, den Mond und die Sterne erschaffen, damit sie uns auf unseren Wegen leuchteten. Es war ein sehr persönlicher Gott; er kannte jeden einzelnen von uns, und wenn wir starben, belohnte er uns mit einer Harfe oder er bestrafte uns mit einem Feuer. Weit davon entfernt, uns Gedanken zu machen, ahnten wir nicht, daß Darwin das erste Kapitel der Genesis vernichtet hatte oder daß Freud später die Vorstellung vom Menschen als einem Wesen, das zwischen Gut und Böse wählen konnte, zerstörte. Wir ahnten nicht, daß unsere Erde nur eine Elritze in einem Ozean von Sternen und Planeten war. So wie sie für uns der Mittelpunkt des Universums war, war der Mensch für uns die Krone der Schöpfung und, wie die Sterne, unsterblich.

Ich bin mir der Grenzen des Vernunftdenkens sehr wohl bewußt. Für den Humanisten ist das Leben wie für den Gläubigen ein unlösbares Rätsel. Wie entstand das Universum? Ich sehe mir meine drei

Wochen alte Enkeltochter an und staune über ihr Dasein. Wenn sie ihr Händchen hebt, tut sie etwas, was kein Computer, kein Rolls-Royce-Motor vollbringen kann. Wir müssen das Geheimnis des Lebens hinnehmen, wissend, daß es immer ein Geheimnis bleiben wird. Einen Gott als Architekten dieses großen Entwurfs zu postulieren, kommt mir wie kindischer Aberglaube vor. Selbst wenn wir Gott den Namen kosmische Energie geben, ist damit nichts gelöst. Gott ist tot. Der Mensch hat seine Funktion übernommen und die Kraft, die Energie dazu genutzt, uns Fernsehgeräte und Umweltverscmutzung und die allmächtige H-Bombe zu bescheren. «Gott ist in seinem Himmel; auf der Erde ist alles in Ordnung.» Fragen Sie die Verwandten von sechs Millionen Juden.

Um auf den Glauben zurückzukommen: ich kann ihn nicht akzeptieren. Als Reich mir von seiner Entdeckung der Lebensenergie «Organ» berichtete, sagte ich ihm, ich könne daran nicht einfach glauben, bloß weil er sage, sie existiere. Und genauso ist es mit den Verkündigungen der Weisen und Propheten. Ich kann das, was für mich Phantasien sind, nicht glauben. Und tatsächlich bedeutet es, den schwereren Weg zu wählen. Es ist so einfach, sich mit der Hoffnung auf ein seliges ewiges Leben zu trösten. Wenn einer jedoch glaubt, wie ich es tue, daß der Tod das Ende bedeutet, so ist das, gelinde gesagt, lästig. Es tötet die Neugier. Ich wüßte zum Beispiel gern, was aus der Freiheit für Kinder wird, und werde es niemals wissen. Zwei Definitionen für den Begriff Tod. Die schreckliche Sache, die unsere Neugier tötet, oder die segensreiche Sache, die den Menschen davor bewahrt, je zu erfahren, was für einen Murks die Leute aus seiner Arbeit und seinen Ideen gemacht haben. Welch einen Schock werde ich bekommen, wenn ich auf einen Teufel stoße, der mich mit seiner Gabel erwartet: «Bitte diese Stufen hinunter, Mr. Neill.» Aber es könnte schlimmer sein. Ein Engel könnte mit einem heiligen Finger treppaufwärts deuten: «Sie werden oben Ihre Harfe finden, Mr. Neill.»

Schicksal

«Gewaltige Ereignisse hängen von einem Strohhalm ab; das Überschreiten eines Baches entscheidet die Zukunft der Welt», sagte Thomas Carlyle, und ich habe oft an dieses Zitat denken müssen. Mit der gleichen Post erhielt ich eines Morgens zwei Stellenangebote: ich konnte Leiter der Schule von Gretna Green und Englisch-Lehrer an der Oberschule in Tain werden. Ich wählte Gretna Green, weil ich dort mein eigener Boss war. Hätte ich mich für Tain entschieden, wäre mein Leben sicher völlig anders verlaufen. Ich wäre vielleicht nie Homer Lane begegnet. Und sicherlich wäre ich nie nach Deutschland und Österreich gegangen. «Der Fehler, lieber Brutus, liegt nicht in unseren Sternen, sondern in uns selbst.» Oder? Hätte ich 1912 den mir angebotenen Posten eines Schulinspektors in Australien angenommen, hätte ich dann wohl je eine bahnbrechende Schule geleitet? Mein Schicksal wäre ein bürokratischer Job gewesen – ich hätte kontrollieren müssen, wie andere ihre Schule leiteten. Ich denke an ein oder zwei kluge Burschen in meines Vaters Dorfschule. Sie hätten, laut meinem Vater, eine brillante akademische Karriere machen können. Sie wurden begriffsstutzige Bauern.

Meine Philosophie ist eher die des alten Omar Chaijam. Alles ist Zufall; es gibt keinen Plan, keine Gerechtigkeit. Nur ein paar Minuten, nachdem ich eine Gepäckaufbewahrungsstelle verlassen hatte, explodierte eine Bombe der IRA und tötete zwei Vorübergehende. Das Flugzeug, in dem der arme Leslie Howard saß, wurde abgeschossen, weil die Nazis dachten, Churchill wäre darin. Wie weit also haben wir unser Schicksal in der Hand? «Ich bin der Kapitän meiner Seele», sagte der englische Dichter William Ernest Henley – er irrte sich.

Ich male mir gern aus, was gewesen wäre, wenn . . . Hätte ich mich für Tain entschieden, wäre ich vielleicht bis zum Ende Englisch-Lehrer an einer staatlichen Schule gewesen und hätte mich mit fünfundsechzig pensionieren lassen. Aber was wäre aus dem Drang in mir geworden, der mich zur Auflehnung zwang? Oder hätte die Umgebung den Funken getötet, wie sie es auch bei den klugen Schülern meines Vaters tat? Alles Mutmaßungen. In einer anderen Umwelt wäre Hitler vielleicht zeit seines Lebens ein stummer, unbekannter Diktator in seiner Heimatstadt geblieben. Der Große Krieg machte aus Churchill, dem Mann, der so viele Fehler hatte, den Retter Englands. Durch einen Todesfall wurde Lyndon B. Johnson Präsident der USA – ich nehme an, selbst seine Feinde beten, daß niemand Nixon umbringen möge. Nein, es ist eine Welt, in der das «Schicksal mit den Menschen ihr Spielchen treibt».

Es gibt keinen logischen Grund dafür, warum ich mit meinen achtzig noch munter lebe, während so viele jung starben – Chopin, Keats, Shelley, Lipatti, Chatterton; ihre Zahl ist Legion. Es heißt, daß Lipatti, einer der brillantesten Chopin-Spieler, wußte, daß er früh sterben würde, und deshalb fieberhaft so viele Schallplattenaufnahmen wie nur möglich machte, um der Welt seine Brillanz zu zeigen. In den zwei Weltkriegen müssen viele junge potentielle Genies gestorben sein. Sie waren nicht die Kapitäne ihrer Seelen.

Das bringt mich auf die Frage der Willensfreiheit. In kleinen Dingen ist der Wille möglicherweise frei: ich kann entscheiden, ob ich mir im Pub einen Whiskey oder ein Bier bestelle. Aber in großen Dingen vermag ich keine Spur von Willensfreiheit zu entdecken. Ist es auch nur vorstellbar, daß Gouverneur Reagan seine Willensfreiheit nutzen könnte, um Kommunist zu werden? Solange die Jugend abgerichtet wird, kann es keine Willensfreiheit geben. Gewiß, eine kleine Minderheit befreit sich von Zwängen – diejenigen, die sich gegen den Status quo auflehnen –, aber die große Mehrheit, die sich willig formen läßt, hat nicht den Willen, gegen etwas zu kämpfen. Ich bin einer von denen, die sich auflehnten, und doch ist meine Wille nicht frei. Ich kann mich entscheiden, ein Pionier auf dem Gebiet der Erziehung zu sein, aber ich kann mich nicht entscheiden, Kommunist, Katholik, Fußballfan oder ein Bewunderer des Fernsehkitschs zu werden. Ich habe nicht einmal die Willensfreiheit, das Rauchen aufzugeben, wenn ich weiß, daß es für mein Herz besser wäre. Ein oder zwei Millionen Zigarettenraucher wissen, daß sie in Gefahr sind, Lungenkrebs zu bekommen, und doch geben nur wenige die Qualmerei auf oder greifen zur Pfeife. «Mir wird schon nichts passieren.»

Allein schon die Umgebung kann jeden freien Willen unwirksam machen. Ehemalige Schüler von Summerhill und Eton werden keine Gauner, aber ich gebe zu, daß Eton etliche Minister hervorgebracht hat. Bürgerliche Moral hemmt die Persönlichkeit; gleiche Kleidung, gleiches Denken, gleiches Verhalten. Und auf der anderen Seite der Skala? Welche Chancen, nach freiem Willen zu handeln, hat ein Junge, der im Slum oder im Negerghetto geboren ist? Vielleicht ist das entscheidende Ergebnis einer Therapie, daß sie den Patienten davon überzeugt, daß er keinen freien Willen hat, daß sein Verhalten von seiner Geburt an konditioniert worden ist.

Nun kommt das Dilemma. Ich wurde durch Religion, Autorität, bürgerliche Moral und gesellschaftliche Spielregeln geprägt und habe mich davon gelöst. Andere Mitglieder der Familie sind auf sehr ähnliche Weise geprägt worden und akzeptierten es. Determinismus ist also auch nicht die Antwort; sonst wäre ich ein konventioneller schottischer Dorfschullehrer geblieben und vielleicht Kirchenältester geworden. Und nun muß ich einen neuen Versuch machen, um Klarheit in die Sache zu bringen und wie üblich zu scheitern. Im Deutschen bedeutet *ich will* nicht dasselbe wie *I will*; es bedeutet: *ich möchte*. Das Wort Wille ist ein häßliches Wort; ein Mann mit einem starken Willen ist gewöhnlich ein egoistischer Tyrann, der andere Leute herumkommandiert. Ein komischer Gedanke – da übe ich, ein willensschwacher Mann, einen Beruf aus, der einen Haufen Willenskraft erfordert, ohne irgend jemanden zu drangsalieren. Ich gebe es auf – und denke noch immer, daß wir in emotionalen Angelegenheiten keinen freien Willen haben – als junger Lehrer idealisierte ich meine Schülerin Margaret nicht auf Grund einer Willensanstrengung. Vielleicht ist alles ohnehin nur eine Frage der Semantik.

Humor

Die größte Beleidigung fügt man einem Menschen zu, wenn man ihm sagt, er habe keinen Humor. Es ist fast so schlimm, wie wenn man jemandem sagt, er sei ein schlechter Fahrer. Solche Urteilssprüche werden nie verziehen. Einer der humorlosesten Männer, die ich kenne, sagt oft von anderen Männern: «Was mich an dem Kerl so stört, ist, daß er keinen Sinn für Humor hat.» Es mag ein Kriterium für gutes Autofahren geben, doch gibt es keines für guten Humor. Im übrigen ändert sich der Humor mit dem Alter. In meiner Jugend lachten wir alle über die komischen Geschichten von W. W. Jacobs und über *Drei Mann in einem Boot*, aber heute würde kein Jugendlicher mehr die Stories von Jacobs oder Jerome humoristisch finden.

Wie alle Menschen bilde auch ich mir gern ein, ich hätte viel Sinn für Humor und damit auch viel Sinn für Witz und Schlagfertigkeit. Sadistischen Humor habe ich nie gemocht. Grausamer Humor auf Kosten anderer ist barbarisch und kommt zum Glück heute selten vor.

Vielleicht mag ich Witz lieber als Humor, weil er nicht grausam ist. Wilde war niemals grausam wie etwa Whistler; am nächsten kam Oscar Wilde der Grausamkeit, als ein Mann behauptete, er sei ein alter Bekannter von ihm.

«Erkennst du mich denn nicht wieder, Oscar?»

«Nein, tut mir leid, ich habe mich sehr verändert.»

Meine Lieblingsgeschichte, was Witz betrifft, steht in der Autobiographie von Lord Beresford (falls ich den Namen richtig wiedergebe): Im Ersten Weltkrieg kam ein distinguierter Amerikaner nach England, und Lord Charles gab ihm zu Ehren eine Dinnerparty. Als auf das Wohl des Gastes angestoßen wurde, erhob sich der Amerikaner: «Gentlemen, bevor ich auf die Kriegssituation eingehe, möchte ich mich dafür entschuldigen, daß ich heute abend hier im Straßenanzug erscheine. Ich kam in Kriegsangelegenheiten herüber und rechnete nicht damit, zu einem Festessen eingeladen zu werden, deshalb brachte ich keinen Abendanzug mit. Als ich Lord Charles' Einladung erhielt, suchte ich einen Schneider in der Savile Row auf und fragte ihn, ob er mir einen Abendanzug machen könne.

‹Tut mir leid, Sir, aber ich habe kein Material, und meine Angestellten sind alle eingezogen.›

Ich versuchte es noch bei anderen Schneidern und erhielt immer die gleiche Antwort. Schließlich riet mir jemand, zu Willie Clarkson, dem Kostümverleiher, zu gehen und mir einen Anzug zu leihen. Ich ging also zu Clarkson. ‹Könnte ich für morgen abend einen Abendanzug leihen?›

Clarkson hob die Hände. ‹Es tut mir ja so leid, Sir, aber es ist nicht möglich; sie sind alle verliehen – Lord Charles Beresford gibt nämlich morgen abend eine Dinnerparty.›»

Ich erzählte diese Geschichte einem befreundeten Journalisten in Schottland, der bei einem Essen zu Ehren von Robert Burns der Hauptgast war und keine Zeit gehabt hatte, sich umzukleiden. Er erzählte die Geschichte den Versammelten und tat so, als habe er sie selbst gerade im Ort erlebt.

«O Gott», sagte er, «sie wurde mit tödlichem Schweigen quittiert, und ich mußte daraus schließen, daß jeder der Männer sich seinen Anzug geliehen hatte.»

Ich glaube, ich bin ein ganz guter Geschichtenerzähler, weil ich das Unwesentliche auslasse. Wenn meine Mutter eine Geschichte erzählte, seufzten wir immer alle – «Ein Mann, der in Glasgow lebte ... oder war es Edinburgh ...? Nein, nein, es war Glasgow, jetzt weiß ich es wieder ...» Mein Vater hatte mehr Sinn für Spaß als für Humor. Er mußte die Pointe einer Geschichte immer erklären.

Als ich 1947 zum erstenmal in den USA Vorträge hielt, stellte ich fest, daß die Amerikaner einen Humor haben, der ganz anders ist als der englische. Ich machte einen Witz, der in London Gelächter hervorgerufen hätte, aber in New York kam er nicht an, und mehr als einmal wurde gelacht, ohne daß ich begriff, warum. Jedes Land hat seine eigene Art von Humor, die darum leicht überstrapaziert wird und abgedroschen wirkt wie die Witze über den schottischen Geiz.

Eines frage ich mich schon seit Jahren – woher stammen all die komischen Geschichten? Ich bin nie jemandem begegnet, der behauptete, einen Witz erfunden zu haben. Neulich hörte ich im BBC-Fernsehen folgende Geschichte: Ein altes Weib sitzt mit ihrer Katze am Feuer. Eine Fee erscheint. «Du hast drei Wünsche frei.»

«Verwandle mich in eine schöne Prinzessin.» Die Fee schwingt den Zauberstab.

«Gib mir eine Menge Geld.» Der Zauberstab füllt den Raum mit Gold. Pause.

«Und dein dritter Wunsch?» fragt die Fee.

«Ich liebe meine Katze sehr. Verwandle sie in einen hübschen Prinzen.»

Der hübsche Prinz nimmt die Prinzessin in seine Arme: «Jetzt bereust du sicher, daß du mich zum Tierarzt geschleppt hast.»

Irgend jemand muß diese Geschichte ja erfunden haben, aber wer? Die Urheber bleiben anonym wie die Verfasser der alten Volksballaden. Wie sagte doch jene alte Dame? «Dieser Anonymus hat ja mächtig viel geschrieben.»

Was hat das alles mit meinem Leben zu tun? Hat mein Sinn für Humor mir geholfen, mich dem Leben zu stellen, oder habe ich ihn manchmal zur Flucht vor der rauhen Wirklichkeit mißbraucht? Ich weiß es nicht, aber ich weiß, daß Humor nur in bestimmten Augenblikken und Situationen gedeiht. Ein Mann auf dem Weg zum Galgen würde selbst dem besten aller Witze nichts abgewinnen können. Und doch, als der alte Oscar Wilde auf seine teure Behandlung hingewiesen wurde, machte er die Bemerkung, daß er über seine Verhältnisse sterbe. Natürlich wissen wir, daß Gelächter Befreiung bedeutet und daß Leute, die sich nicht entspannen können, auch nicht lachen können. Wer kann sich Calvin oder John Knox oder Hitler laut lachend vorstellen? Vielleicht ist das, was einem die Bibel verleidet, der Umstand, daß in ihren Seiten nirgendwo ein Scherz vorkommt; vielleicht sind Politiker Menschen, die nicht lachen können. Viele Lehrer lachen gern, wagen es aber nicht, da die Kinder sonst ja entdecken könnten, daß auch Lehrer Menschen sind. Zu oft habe ich sadistische Lehrer erlebt, deren Humor sich darin ausdrückte, daß sie verängstigte kleine Jungen quälten. Ich nehme an, daß die meisten Witze über Schülerschnitzer von Lehrern erfunden werden. Ich zweifle, ob irgendein Schuljunge je gesagt hat, der Papst lebe im Vakuum (eine unbewußt richtige Feststellung) oder daß ein Polygon ein Mann sei, der viele Frauen habe.

Ich glaube, Humor ist mir bei meiner Arbeit eine große Hilfe gewesen. Ich spreche mit jedem Kind ungezwungen und lustig, es sei denn, es sucht meine Hilfe. Gemeinsames Scherzen bedeutet für das Kind Freundlichkeit, Gleichheit, Brüderlichkeit. Wenn mich jemand fragte, wer Summerhill nach meinem Tod leiten wird, würde ich antworten: «Keine Ahnung, aber wenn derjenige oder diejenige keinen Humor hat, ist die Schule futsch.» Eine Schule, die kein lustiger Jahrmarkt ist, ist eine schlechte Schule. Leider macht die Würde mancher Lehrer den ganzen Spaß kaputt. Einer meiner Lehrer war beleidigt, weil ein Schüler ihn einen verdammten Idioten genannt hatte.

«Mann», sagte ich, «mir sind den ganzen Vormittag ein halbes Dutzend Kinder nachgelaufen, und immerzu haben sie gejohlt: ‹Neill, Neill, Birnenstiel!› Erwarten Sie, daß ich jetzt auf meine Würde poche und sauer reagiere?»

Ich glaube beinahe, daß der Erfolg von Summerhill zumindest zu einem Teil mit dieser Fähigkeit zu tun hat, ein lustiges Kind unter anderen lustigen Kindern zu sein. Spaß ist von weitaus größerer Wichtigkeit als Mathematik oder Geschichte oder all die anderen Schulfächer, die bald vergessen sein werden. Humor stirbt nie.

Aggressionen

Reich sagte oft zu mir, ich unterdrückte meine Aggressionen, meine Wut. «Du möchtest als der heilige Neill gesehen werden, der immer sanft und milde ist», fügte er einmal hinzu. Es war nach einer Sitzung, bei der er dauernd gesagt hatte: «Schlag mich, Neill.» Und ich hatte nur gelacht und gesagt, ich hätte kein Verlangen, ihn zu schlagen.

Die Freudianer machen viel von Aggressionen im Kindesalter her, aber ich glaube, sie haben die falschen Kinder studiert; jedenfalls beobachte ich bei Kindern, die über sich selbst bestimmen, weit weniger Aggressionen als bei disziplinierten Kindern. Mir fällt auf, daß die Leute, die viel Aggression bei anderen zu sehen meinen, oft ihre eigenen Aggressionen projizieren. Aber der Aggressionstrieb steckt in uns allen. Normalerweise bin ich nicht aggressiv – hier hat wohl Reich mir geholfen; auf seiner Couch wurde ich eine Menge Aggressionen los –, aber ich habe festgestellt, daß ich aggressiv bin, wenn ich Vorträge halte. Sobald irgend jemand aufsteht und mich angreift, reagiere ich mit Aggressionen oder, wenn man will, mit Haß. Wie kann es dieser Schweinehund wagen, eine Autorität wie mich anzugreifen? Andererseits kenne ich im voraus abreagierte Aggressionen, wenn ich mit Leuten zusammenkomme, über die ich mich geärgert habe. Ich kochte vor Wut über Malcolm Muggeridges wöchentliche Fernsehsendung *The Question Why*. Dann lud er mich zu einer Sendung ein, und ich ging widerwillig hin, mit dem sicheren Gefühl, ich würde mit diesem Mann, der ja einen Vogel hatte, nicht auskommen. Aber als ich ihn dann kennenlernte, gefiel er mir. Ich fand, er war ein großer Schuljunge mit einer für einen Schuljungen ungewöhnlichen Bildung, aber mit wenig Verständnis für das, was für mich die wichtigen Dinge im Leben sind. Niemand konnte Malcolm Y – wie ich ihn damals taufte, als Malcolm X von sich reden machte – ernstlich böse sein. Bei jener Sitzung merkte ich, daß ich aggressiv wurde, als der High Master von St. Pauls mich attackierte, doch als ich erkannte, daß wir verschiedene Sprachen sprachen, kühlten sich meine Aggressionen ab. Aggressionen bei einem Kind rufen gewöhnlich keine Aggressionen bei mir hervor, hauptsächlich deshalb, weil mich ihre Quelle interessiert und ich sie zu verstehen suche. Kein Therapeut sollte auf die Aggression eines

Patienten reagieren. Aber mein lieber Mann, als Stekel mich bat, seine Aussprache zu korrigieren, und ich so blöd war, das zu tun, geriet er ganz schön in Harnisch.

«Nein, Stekel, nicht *lof*, sondern *love*.»

«Aber, verdammt, das habe ich doch gesagt, *lof*.»

Wieder ein Argument gegen das Lehren.

Vielleicht habe ich auch deswegen Aggressivität vermeiden können, weil mir das Wettbewerbsdenken fremd ist. In den Zeiten, als ich Golf spielte, war es mir einerlei, ob ich ein Spiel gewann oder nicht; mich interessierten die Schläge, und ein Treibschlag über hundert Yard hin zum Grün und der Ball zehn Zoll vom Loch entfernt, das war mein Spaß. Ich beobachte immer wieder, daß freie Kinder mehr oder weniger die gleiche Einstellung zum Sport haben. Der Spaß am Spiel ist wichtiger als der Sieg. Aggression und Wettbewerb? Was kommt zuerst? Ich vermute, die Aggression.

Es mag sein, daß wir alle unser Quantum Aggressionen haben und sie nur auf verschiedene Arten ausdrücken: der Hauptfeldwebel, der herumkommandierende Manager, der Schultyrann reagieren sie offen und primitiv ab. Andere machen es subtiler. Reagiere ich meine Aggressionen ab, indem ich Vorträge halte und Bücher schreibe? «Hier, Leute, seht, was für ein wichtiger Kerl ich bin. Ich weiß mehr als ihr über Kinder, deshalb hört mir lieber gut zu.» Ich bin überzeugt, daß Shaw privat ein milder, freundlicher Gentleman war, aber in seinen Schriften ist er einer der aggressivsten Schriftsteller seiner Zeit. Ähnliches gilt für Wells, der allerdings als Persönlichkeit aggressiver war. Thomas Hardy war, glaube ich, weder im Leben noch in seinen Schriften aggressiv, genau wie der liebe Wilde. Freundliche Seelen.

Ist Aggressivität eine männliche Charaktereigenschaft? Fragen Sie irgendeinen Ehemann. Ein aggressiver Mann mag gefürchtet werden, aber eine aggressive Frau wird gehaßt. Aggressivität ist ein Privileg des Mannes – der Jäger der Urzeit. In der Schule zeigt sich die Aggressivität der Jungen in der Lust am Tyrannisieren und Zerstören, aber die der Mädchen zeigt sich daran, daß sie biestig zueinander sind. Eine Angelegenheit der Zunge, nicht der Muskeln.

Bewußt bin ich ein sanfter, freundlicher, nichtgelehrter Typ mit einem krummen Buckel. Wenn ich unbewußt ein aggressiver, haßerfüllter Tyrann bin, kann ich nichts dagegen tun. Äußere Umstände würden das Bild vielleicht verändert haben. In einem Nazi-Konzentrationslager hätte ich möglicherweise wie der Teufel gekämpft, um mir von dem kargen Essen etwas zu grapschen; andererseits weiß man, daß in Belsen und Dachau viele Menschen sich für andere aufgeopfert haben. Wir können einfach nicht sagen, wie wir in bestimmten Situationen reagieren würden. In Oslo habe ich einen Juristen kennengelernt, der verraten worden war, als er im Untergrund arbeitete. Die Nazis rissen ihm die Nägel aus, an Händen und Füßen.

«Ich fürchte, ich hätte die Namen meiner Kameraden herausgeschrien», sagte ich.

«Das fürchtete ich auch, aber dann wurde ich so wütend, daß ich ihnen keinerlei Informationen geben konnte.»

Ich fürchte, zu diesem Grad von Heldentum wäre ich nie fähig gewesen.

Im ersten Teil dieses Buches habe ich von den Tyrannen in der Dorfschule erzählt, die meistens ziemlich dumm waren und mit den Fäusten statt mit Worten argumentierten. Ich frage mich, wie weit die gleiche Art der Frustration bei unseren aggressiven Politikern, Industriemagnaten und Schuldirektoren vorliegt. Von Schuldirektoren nimmt man immer an, sie seien auch Gelehrte, aber ich habe in meinem Leben die am wenigsten aggressiven Menschen unter den wirklichen Gelehrten und Denkern angetroffen. Ich denke an Jack Flugel, Professor J. D. Bernal (Sage), Professor Ben Morris aus Bristol und viele andere, die gütig, freundlich und tolerant waren.

Die Zusammenhänge zwischen Aggression und Grausamkeit sind offenkundig. Hat je ein Diktator Folterungen und Massaker verboten und unter Strafe gestellt? Aber das Thema ist zu groß und zu kompliziert, um hier näher darauf einzugehen.

Wunschträume und Enttäuschungen

Möglicherweise sagen die Wunschträume eines Menschen mehr über seinen Charakter aus als irgend etwas sonst. Sie umfassen all das, «was hätte sein können», die unerfüllten Ambitionen, die Träumereien von Größe. Unsere Nachtträume sind außerhalb unserer Kontrolle und können Albträume sein, aber unsere Tagträume unterliegen weitgehend der Kontrolle des Bewußtseines und sind fast immer glücklich. Im Nachttraum mögen wir uns vor Räubern ängstigen, aber im Tagtraum besiegen wir sie.

Wie jeder andere habe auch ich mein ganzes Leben lang Wunschträume gehabt. In der Jugend befreite ich eingekerkerte Mädchen, rettete die Heldin aus einem Feuer, doch ging ich nie soweit, mir vorzustellen, ich sei in Wirklichkeit ein Prinz und als Baby einem Dorfschullehrer und seiner Frau in Pflege gegeben. Ich habe mehr als einen Schüler gehabt, der sich dergleichen ausmalte. Wie andere Menschen habe ich in meinen Tagträumen zugeschaut, wie Leute, die ich nicht leiden konnte, hingerichtet wurden – und das waren glückliche Träume! Ich nehme an, daß in Wunschträumen mehr Menschen getötet worden sind als in Kriegen. Ein Tagtraum in meiner Jugend bestand darin, daß ich meinem eigenen Begräbnis zuschaute; dieser Traum tauchte gewöhnlich dann auf, wenn ich von meinen Eltern bestraft worden war. «Sie werden sehr traurig sein, wenn sie mich so tot daliegen sehen.» Das Seltsame war, daß mir bei diesem Traum weder elend noch traurig zumute war. Nein, im Gegenteil, ich war erfreut, der Mittelpunkt von soviel Aufmerksamkeit zu sein. Die Leute wischten sich die Augen, wenn mein Sarg vorbeigetragen wurde. Als mein Freund sich beim Sturz von einem Baum das Genick brach, befiel mich, wie ich mich erinnere, so etwas wie Neid, als sein Sarg hinausgetragen wurde. Warum sollte er der Held des Augenblicks sein? Was darauf hindeutet, daß unsere Tagträume hauptsächlich Mittel sind, uns in unserer gottähnlichen Allmacht zu bestätigen.

Die späteren Träume sind anders. In den Zeiten, als Summerhill bitterarm war, träumte ich immer von einem Millionär, der die Schule finanzierte. Dieser Traum war keine Suche nach Selbstverherrlichung. Meine Tagträume hatten vielmehr einen gewissen Grad an

Altruismus erreicht – aber ganz selbstlos waren sie auch nicht: der reiche Mann würde mit seinem Geld meine persönlichen fabelhaften Eigenschaften belohnen!

Leider werden solche Wunschträume nur selten Wirklichkeit, und selbst dann ist das Ergebnis nicht immer ein glückliches. Oscar Wilde: «Es gibt zwei Tragödien im Leben; die eine liegt darin, daß man nicht bekommt, was man möchte, die andere darin, daß man es bekommt. Die letztere ist die größere Tragödie.» Die große Anzahl von Scheidungen scheint die Richtigkeit dieses Ausspruchs zu beweisen.

Ich habe bereits von meinem Ehrgeiz, Schriftsteller, Künstler, Dramatiker zu werden, erzählt: alles Wunschträume, die der Grundlage des Talents entbehren. Jeder von uns hat solche Träume. Ich könnte mir vorstellen, daß der bescheidene Küchenjunge im Herrenhaus davon träumte, eines Tages Butler zu werden. Irgendein Dummkopf sagte einmal, wo ein Wille sei, da sei auch ein Weg. Nun, angenommen, der arme Küchenjunge verzehrt sich in Liebe zu Lady Mary, der Tochter des Hauses, und träumt davon, mit ihr durchzubrennen – was dann?

Maria Montessori soll Wunschträume für eine Art Krankheit gehalten haben. Ein Kind, dessen Tage ausgefüllt seien, habe keine Tagträume und masturbiere auch nicht.

Seltsamerweise habe ich später fast nie mehr von Anerkennung und Ehren geträumt. In meiner Jugend war das natürlich anders. Damals eroberte ich in meinen Träumen London mit einem brillanten Theaterstück, und adelige Damen drängten sich, mich zu umarmen.

Im höheren Alter hörten die Tagträume beinahe auf. Man hat keinen Ehrgeiz mehr, kein Verlangen nach Geld – nur der Wunsch nach Anerkennung bleibt bestehen, wenn auch erheblich abgeschwächt. Wenn ich dienstags im *Guardian* den Teil über Erziehungsfragen lese, bin ich oft etwas traurig, nicht weil mein Name oder der Summerhills nicht erwähnt ist, sondern weil jeder Artikel und jeder Brief von Dingen handelt, die für mich unwesentlich sind. Wochenlang wurde in diesem Teil des *Guardian* weder das Kind noch seine Psychologie erwähnt; das Wort Freiheit wurde nicht gebraucht. Ich nehme an, ich bin verärgert, weil meine Arbeit keinen Einfluß auf die Pädagogen gehabt hat, jedenfalls nicht auf die, die in der Zeitung schreiben, was bedeutet, daß mein Wunschtraum von öffentlicher Anerkennung sich nicht erfüllt hat. Ich habe meine Botschaft in die Welt gesandt, und dies verdammte Pack hat sie ignoriert!

Aufhören zu träumen bedeutet sterben. Solange man voll Leben ist, träumt man auch. Vielleicht lebt der Wahnsinnige in einem Tagtraum, der niemals wahr werden kann. In jedem schottischen Dorf gibt es einen stummen, ruhmlosen Robbie Burns, und in vielen englischen Dörfern lebt ein großer Erfinder, der überzeugt ist, daß seine Erfindung ihn eines Tages reich und berühmt machen wird. Erfolg entspricht der Erfüllung eines Wunschtraumes, zumindest wo er die Arbeit betrifft. Ich nehme an, religiöse Menschen träumen von der Ewigkeit. Ich bin sicher, daß die ganze Erfindung von Himmel, Engeln und Harfen ihren Ursprung in irgend jemandes Tagtraum hat. Da ich kein Gläubiger bin, so bleiben meine Wunschträume auf der Erde.

Im allgemeinen neige ich zu Pessimismus. Ich würde gern von einer künftigen Welt träumen, wo Freiheit, Liebe, Gleichheit herrschen, aber ich kann es nicht, und es gibt wirklich weniges, was einen zum Optimisten bekehren könnte. Vor einigen Jahren dachte ich zusammen mit Bertrand Russell, die Explosion einer H-Bombe, das Ende, stehe nahe bevor. Das glaube ich heute nicht mehr. Ich fürchte mehr die weltweite Habgier, die ein Ende der Umweltverseuchung verhindern wird, weil es eine Profitminderung bedeuten würde.

Meine jugendlichen Wunschträume handelten, wie gesagt, von Mädchen aus den oberen Schichten, von Mädchen also, die unerreichbar für mich waren. Mein alter Hund Biscuit, der sexuell zu kurz kam wie die meisten Haustiere, pflegte im Traum zu winseln und mit dem Schwanz zu wedeln: wahrscheinlich traf er in seinem Traumland Hündinnen.

Bertrand Russell meinte, man verliere im Alter das Interesse an der eigenen Persönlichkeit und denke mehr über die Menschheit im allgemeinen nach. Ich glaube, das ist wahr. Man hört auf, einzelnen gegenüber emotional zu reagieren. Man kann nicht mehr so lieben und auch nicht mehr so hassen wie in der Jugend. Kummer und Schmerz sind nicht mehr so bitter. Anerkennung und Ehre wiegen weniger – kein Zweifel, mit zunehmendem Alter erkennt man, wie unbedeutend man ist. Daher träumen die Alten von allgemeiner Menschlichkeit und nicht von Erfolg in der Liebe oder in der Arbeit. Ein junger Mann mag von Ehren und Würden träumen; ein alter Mann träumt davon, etwas zu tun, das seinen Mitmenschen hilft. Der Tod tötet die Persönlichkeit, und es mag sein, daß das Greisenalter mit dem dazugehörenden Schwinden persönlichen Ehrgeizes das Ende eines natürlichen Prozesses ist. Mein letzter Wunschtraum, bevor ich sterbe, wäre vielleicht, Musik aus den *Meistersingern* zu hören. Walthers Lied, nicht das *Preislied*, sondern, was ich noch lieber mag, *Am stillen Herd in Winterzeit*, oder aber, gespielt von Lipatti, meinen Lieblingswalzer von Chopin.

Habe ich irgendwelche persönlichen Enttäuschungen erlebt? Nicht jetzt, vielleicht in früheren Tagen, als ich entdecken mußte, daß ich weder Künstler noch Dramatiker, noch Schriftsteller war. Man ist nur enttäuscht, wenn man auf einen Erfolg wartet, der nicht kommt. In meinem Alter erwarte ich nichts mehr. Zwar gebe ich der Jugend niemals Ratschläge, doch täte ich es, würde ich sagen: «Blickt nicht zurück, blickt nicht in die Zukunft. Stellt euch dem Heute, seinen Freuden und Kümmernissen.»

H. G. Wells soll verbittert gewesen sein, weil ihm nie der Order of Merit angeboten wurde, der einzige britische Verdienstorden. Ich habe nie Orden oder Titel begehrt; ich würde rot werden, ginge ich die Hauptstraße von Leiston entlang und würde mit *My Lord Summerhill* angeredet werden. Ich habe in meinem Leben nach Baumwipfeln gegriffen, nie nach den Sternen, und das hat mich wohl vor größeren Enttäuschungen bewahrt.

Enttäuscht bin ich, daß die Dinge so langsam in Bewegung geraten. Im heutigen *Guardian* steht ein Artikel über eine Schule in den Slums von Liverpool, die jetzt einen Versuch mit der Selbstverwaltung macht und offen zugibt, daß sie dazu von Summerhill inspiriert wurde; aber Summerhill gibt es nun schon seit fünfzig Jahren, und von den neuen freiheitlichen Grundschulen abgesehen wüßte ich keine staatliche Schule zu nennen, wo man sich von der alten Vorstellung, Schulen seien zum Lernen und nicht zum Leben da, gelöst hat.

Enttäuscht bin ich auch von den Lehrern, von denen die meisten, laut einem Zeitungsbericht, Rohrstock und Riemen beibehalten wollen. Ich seufze, wenn eine Zeitungsnotiz davon berichtet, daß ein Schuldirektor zwei Dutzend Jungens nach Hause geschickt hat, damit sie sich die Haare schneiden lassen; ich bin bekümmert, wenn eine

Direktorin ein Mädchen nach Hause schickt, weil ihr Haarband die falsche Farbe hat; die Haltung solcher Lehrer ist so kindisch, so dumm, so arrogant.

Ich habe in meinem Leben selten wirklichen Kummer ertragen müssen. Der größte war mein Schmerz, als Clunie starb. Als meine Eltern starben, war mein Schmerz nicht so groß, doch hätte ich sicherlich sehr gelitten, wenn sie in meiner Jugend gestorben wären. Als mein Freund Neil, der Arzt, mit achtzig starb, empfand ich keinen Schmerz. Wie ich schon sagte, mit dem Alter stumpfen die Emotionen ab. Man kann weder himmelhoch jauchzen noch zu Tode betrübt sein, und selten empfindet man tiefe Trauer, wenn Verwandte oder Freunde in hohem Alter sterben. Als meine guten Freunde Edwin und Willa Muir starben, vergoß ich nicht eine Träne.

Die räumliche Entfernung spielt bei der Trauer eine große Rolle. Wenn dein Bruder in deinen Armen stirbt, leidest du tiefen Schmerz, stirbt er aber in Australien, ist der Schmerz weniger stark. Daher das alte Mittel zur Heilung oder doch Linderung des Kummers – die Flucht. Reiche Leute können in ein anderes Land fliehen; die anderen müssen sich mit einer bescheideneren Art der Flucht begnügen. Nach Clunies Tod überraschte ich mich immer wieder dabei, daß ich alle möglichen Dinge tat, die ich sonst nie zu tun pflegte – ich spülte Geschirr, reparierte Stühle, alles um mein Elend zu vergessen. Und da erkannte ich das selbstsüchtige Element des Kummers und der Trauer: «Ich bin alleingelassen worden.»

Ich habe keine Ahnung, woher der Ausdruck *good grief* kommt. Vielleicht steht er in einem verborgenen Zusammenhang mit der unbewußten Erleichterung, die so oft mit einem Todesfall verbunden ist. Ich denke an die schottischen Begräbnisse mit all dem Schwarz und all den Tränen und dem anschließendem Leichenschmaus in der Diele bei Gelächter und Bier. Und ich denke an die Militärbegräbnisse mit dem Trauermarsch – und dann, auf dem Rückweg, spielt die Kapelle: *The Girls I Left Behind Me.* Ich habe den Verdacht, daß die Familien, bei denen am meisten Haß und Zwietracht herrschen, die tiefste Trauer zur Schau tragen.

Hobbies

Was treibe ich in meiner Freizeit? Jahrelang verbrachte ich sie in meiner Werkstatt, aber vor ein oder zwei Jahren habe ich plötzlich das Interesse an meinen Werkzeugen verloren und sie alle der Schulwerkstatt geschenkt. Mein Hobby waren Metallarbeiten: ich hämmerte kleine Teller und Schalen aus flachen Messing- und Kupferscheiben. Ich war nie sehr geschickt darin, aber ich verstehe eine ganze Menge von Werkzeugen, Maschinen und Arbeitsverfahren. Ich zeigte einem alten Schreiner, wie man eine große Holzschraube, die allen Versuchen mit dem Schraubenzieher standhielt, herausdrehen konnte. Ich hielt einen rotglühenden Schürhaken daran, und der alte Schreiner sagte, diesen Trick habe er in seinen fünfzig Jahren noch nie gesehen. Ich hatte auch immer eine Drehbank, aber die Arbeit daran ist ziemlich langweilig, weil man damit nur runde Sachen machen kann.

Dieses Hobbys wegen neigte ich dazu, Werkzeuge höher zu bewerten als Bücher. Lesen ist, genau wie Fernsehen oder das Zuschauen bei einem Fußballspiel, etwas Passives, Inaktives. Ich betätige mich gern, und die meisten Kinder betätigen sich auch gern, aber da in den Schulen und Elternhäusern so wenig Möglichkeit dazu besteht, kleben heute Millionen Kinder täglich stundenlang vor der Mattscheibe. In Summerhill haben wir auch Fernsehen, aber nur zu bestimmten Tageszeiten, und jeweils für begrenzte Zeit.

Ich verbringe – oder sollte ich sagen: ich verschwende? – eine Menge Zeit mit dem Fernsehen, obwohl die Programme in jedem Land, wie ich glaube, auf das geistige Niveau von Zehnjährigen zugeschnitten sind. Was ich lese? Nun, Zeitungen natürlich; ich bekomme vier Tageszeitungen und drei Sonntagszeitungen. Gern lese ich die Kritiken – Theater, Fernsehen, Bücher, besonders Bücher. Die alten Filme, die in England so oft gezeigt werden, langweilen mich zu Tode. Selbst die von der Garbo. Doch würde ich eine lange Fahrt in Kauf nehmen, um Chaplins *City Lights* und *Modern Times* noch einmal zu sehen. Es gibt da eine rätselhafte Sache mit Charlie. Ich bat im Kino bei uns im Ort, die beiden Filme kommen zu lassen, und die Filmverleiher sagten, sie seien nicht in Umlauf. So schrieb ich Charlie einen Brief in die Schweiz, in dem ich ihn nach dem Grund fragte und ihm sagte, ich fände es nicht fair der jungen Generation gegenüber, daß sie auf seine größten Filme verzichten solle und nur die alten Tritt-in-den-Hintern- und Torte-ins-Gesicht-Kurzfilme sehen könne. Ich bekam keine Antwort. Jemand, der ihn kennt, sagte mir, Charlie beantworte keine Briefe – ein Talent, das ich mir manchmal wünschte, wenn ich zwanzig Briefe mit der gleichen Post bekomme.

Vielleicht kann er, wie H. G. Wells, seine eigenen Arbeiten nicht richtig beurteilen. Wells hielt mehr von seinen späten, schwerfälligen politischen Romanen und Abhandlungen als von den früheren Romanen wie *Kipps* und *The History of Mr. Polly*. Hin und wieder wird im Fernsehen ein Buster Keaton-Film gezeigt, und ich lache mich halb tot, genau wie ich über die besten Sachen von Chaplin lache. Im allgemeinen langweilen mich Western, aber jede Woche sehe ich mir *Die Leute von der Shiloh Ranch* an, hauptsächlich, glaube ich, weil die Gestalten so lebendig sind, während bei *Perry Mason* keine einzige lebt; das sind alles Stockfische. Neulich fand ich in meiner Ablage einen netten Brief von Erle Stanley Gardner aus dem April 1927. Ich hatte ihm einen Fan-Brief geschrieben, in dem ich seine Ed Jenkins-Serie im *Black Mask Magazine* rühmte. Was bedeutet, daß ich ihn entdeckte, bevor er allgemein bekannt wurde.

Liebesdramen öden mich heute an – Liebe ist etwas für die Jungen und nicht für die Alten. Natürlich ist es richtig, daß Romantik, wie meine Generation sie kannte, verschwinden sollte, aber bestimmt werden die Jungen weiterhin Romantik suchen, wenn auch auf eine neue Art.

Selten lese ich einen Roman. Vor einiger Zeit habe ich angefangen, Biographien zu lesen. Ich wollte wissen, ob es wohl hilft, einen Schriftsteller zu verstehen. Aber ich habe noch keine Biographie gelesen, die einen Menschen in meinen Augen größer oder edler gemacht hätte.

Als studierter Anglist sollte ich Keats und Shelley und Milton lesen oder Dickens und Thackeray. Die Bücher stehen zwar in meinem Regal, aber ich werde sie niemals lesen, obwohl ich ab und zu in meinem Keats herumschnuppere. Detektivgeschichten langweilen mich. Ich kriege viele Bücher über Erziehung und Psychologie geschickt, vor allem aus den USA. Allzu viele sind in einem schwerfälligen Stil geschrieben. In gewisser Weise hat Reich jedes Interesse, das ich an Schriften über Psychologie hatte, zunichte gemacht: er ging tiefer als die meisten Schreiber. Alle die Bände über psychologische Fälle scheinen mir heute von geringer Bedeutung; sie handeln von einzelnen Menschen, und die Psychologie sollte sich mit den Massen beschäftigen. Sie sollte Prophylaxe sein.

Laster habe ich jetzt nicht mehr viele. Ich rauche Pfeife und habe mich über die Warnung der Ärzte, daß Tabak mit Latakia-Zusätzen eine Gefahr für die Herzkranzgefäße sei, stets hinweggesetzt. Immer wieder habe ich versucht, das Rauchen aufzugeben, bin aber jedesmal gescheitert, trotz aller Tricks – so ließ ich zum Beispiel meine Pfeife in meinem Cottage und meinen Tabaksbeutel im Büro im Hauptgebäude. Immerhin muß dabei doch das Hinundhermarschieren meiner Gesundheit sehr förderlich gewesen sein.

Ich trinke ganz gern mal einen, bin aber seit vielen Jahren nicht mehr betrunken gewesen. Malzwhisky ist mein Lieblingsgetränk. Mit Reich zusammen trank ich gern und oft Roggenwhisky, aber hier in England schmeckt er mir nicht. Ich mag Bier und manche Weine. Drogen habe ich nie versucht. Ich weiß nichts darüber, und ich frage mich nur, warum Haschischrauchen ein Verbrechen ist, während Zigarettenrauchen erlaubt ist, wo man doch weiß, daß wenige vom Haschischrauchen sterben, viele Tausende jedoch an Lungenkrebs. Ich habe das Trinken nie als Flucht benutzt. Ich trank aus Spaß am Trinken. Ich kann mich aus den Jahren, in denen ich trank, nur an einen Vorfall erinnern, der unerfreulich war. 1936, auf meiner Vortragsreise durch Südafrika, war ich Gast in dem berühmten Diamond Club in Kimberley. An der Bar lud mich ein Diamantenhändler zu einem Whisky ein. Sechs andere Diamantenhändler setzten sich zu uns, und ich bemerkte nicht, daß jeder mir einen doppelten bestellte. Ich saß in der Patsche. Ich hatte oft von der Gastfreundlichkeit in den Kolonien gehört und wie verletzt die Leute seien, wenn man ablehne. Also trank ich diese Unmengen, rannte anschließend auf die Toilette und steckte mir den Finger in den Hals. Ich muß an diesem Abend einen lausigen Vortrag gehalten haben. Wäre ich älter gewesen, hätte ich ihnen gedankt und sie gebeten, mich im Hinblick auf meinen Vortrag am Abend zu entschuldigen. Dabei fällt mir ein, wenn ich in meiner Studentenzeit einen in der Krone hatte, lag es meist daran, daß Freunde sich zum Beispiel zweien von uns zugesellten und jeder eine Runde schmeißen mußte. Ich habe immer Alkohol im Haus, rühre ihn aber selten an, es sei denn, ein Freund besucht mich.

Bei einem Ball 1922 in Wien setzte sich, als die Kapelle eine Pause machte, ein junger Amerikaner ans Klavier und spielte einen Foxtrott. Ich fragte ihn, ob er meinen Lieblingsfoxtrott, *The Japanese Sandman*, spielen könne. Er spielte ihn.

«Das war ausgezeichnet», sagte ich begeistert.

«Oh, ich hab ihn komponiert», sagte er. Ich habe seinen Namen vergessen, weiß aber noch, daß er jung starb.

Nein, meine musikalischen Kenntnisse erinnern mich an die Geschichte von dem König eines asiatischen Landes, der Gast Königin Victorias war. Sie ging mit ihm in ein Konzert, und als die Musiker ihre Instrumente fertig gestimmt hatten, stand er auf und klatschte.

Konversation. Leider sind die meisten meiner Unterhaltungen einseitig. Hunderte von Besuchern kommen nach Summerhill, um mir Fragen zu stellen. Da ist es eine Freude, wenn einmal ein Besucher mir ebensoviel gibt wie ich ihm.

Mein Verhältnis zur Musik ist romantisch; ich habe viele Chopin-Platten, aber keine von Bach. Ich würde fünf Meilen laufen, um *Die Meistersinger* oder *Tristan und Isolde* zu sehen und zu hören. Vielleicht identifiziere ich mich mit Walther, dem Helden der Meistersinger, der die alten, starren Regeln beiseite schob und auf eine neue Art sang, indem er sich seine eigenen Regeln machte.

Imitation

Ich weiß nicht, ob ich in meinem Leben irgend etwas Originales vollbracht habe. Willie war Geistlicher, also wollte ich auch Geistlicher werden. Willie machte Schwarzweißzeichnungen, also machte ich mit Feder und Sepia Skizzen auf Bristolkarton. Ich kopierte den Stil von Joseph Pennell und Herbert Railton, und meine Skizzen waren ein Mischmasch ihrer beider Stile. Später kopierte ich Homer Lane. Er hatte in seinem «Little Commonwealth» die Selbstverwaltung eingeführt; also wollte ich eine Schule mit Selbstverwaltung gründen. Er betrieb Therapie; also wollte auch ich Therapie betreiben. Ich weiß nicht mehr, ob ich Willie nachäffte, als ich zu schreiben begann; wahrscheinlicher ist, daß ich damals J. M. Barrie oder auch H. G. Wells imitierte. Doch muß ich, um mir selbst gegenüber gerecht zu sein, hinzufügen, daß der Wunsch zu schreiben möglicherweise inneren Quellen entsprang, die sich nicht erforschen lassen. Es gab einen bestimmenden Umstand in meinen Vorlieben. Als ich entdeckte, daß ich kein Zeichner war, gab ich das Skizzieren auf, wurde allerdings rückfällig, indem ich in den fünfziger Jahren eine Federzeichnung von Summerhill für den Schulprospekt anfertigte, wieder eine nicht originelle Zeichnung. Auch den Wunsch, Geistlicher zu werden, gab ich auf. Aber tat ich es wirklich? War meine freiheitliche Schule nicht auch eine Art des Seelenrettens – ohne die schwülstigen Reden eines Billy Graham?

Es war nicht eigentlich eine eigenständige Idee, als ich meine Schule gründete. Arbeiten über Kinderpsychologie zeigten mir, daß die treibende Kraft im Menschen die Emotionen sind. Also sagte ich mir, ich werde eine Schule eröffnen, wo die emotionale Wirkung an erster Stelle steht.

Man hat mich oft als einen Nachfolger Rousseaus bezeichnet, aber ich habe *Émile* erst gelesen, als es Summerhill schon fünfzig Jahre gab. Mir war ziemlich erbärmlich zumute bei der Entdeckung, daß ich das, was ein Mann in der Theorie vor zweihundert Jahren formuliert hatte, in Unkenntnis seiner Vorstellungen praktiziert hatte. Auch war ich etwas enttäuscht. Émile war frei, aber nur in dem festgelegten, von seinem Hauslehrer vorgeschriebenen Rahmen. Summerhill ist auch eine festgelegte Umgebung, aber hier entscheidet die Gemeinschaft, nicht der einzelne Lehrer.

Ich glaube manchmal, die Kritiker sind zu schnell bei der Hand, bestimmte Einflüsse zu unterstellen; nur der Mensch selbst kann wissen, durch wen er beeinflußt wurde. Die großen Erzieher haben jedenfalls keinerlei Einfluß auf mich gehabt. Ich fand wenig bei Dewey, und wußte nichts über Pestalozzi und Fröbel. Ich las Maria Montessori, die nur einen negativen Einfluß auf mich ausübte, da ich gegen ihre Trennung von Arbeit und Spiel und ärgerlich über ihre Verdammung der Phantasie im Leben des Kindes war. Ich sah Kinder in einer Montessori-Schule Dreiecke in Dreiecke einfügen, während sie doch lieber die Wände hätten vollmalen sollen.

Ich glaube nicht, daß ich Stekel und Reich kopierte; sie kamen später, als ich über das Imitationsstadium hinaus war. Aber bis zu einem gewissen Grad muß ich von Stekel doch beeinflußt worden sein; jedenfalls folgte ich seinem Beispiel, indem ich Patienten hatte, wenn es in meinem Fall auch jugendliche waren.

Wann hörte ich auf, andere nachzumachen? Und hört denn überhaupt jemand von uns je mit dem Nachmachen auf? Seltsamerweise habe ich einen Komplex, daß mich jemand kopieren könnte. Es verletzt mich, wenn eine neue Schule in den USA sich selbst als ein Summerhill bezeichnet. Oft hörte ich Reich sagen: «Ich will keine Jünger», und ich empfinde es wie er. Mehr als einmal habe ich Briefe an die neuen Erziehungszeitschriften in Amerika gesandt, in denen ich die Lehrer anflehte, auf eigenen Füßen zu stehen und Summerhill nicht zu kopieren. Ich freue mich, sagen zu können, daß ich neuerdings dem Wort Summerhill nur noch selten in ihren Seiten begegne. John M. Aitkenhead kopierte Summerhill, als er seine Kilquhanity School in Schottland gründete, aber vernünftigerweise ging er seinen eigenen Weg, wenn auch beide Schulen an ihrer Grundüberzeugung von der Selbstverwaltung festhielten und nach wie vor festhalten. Ich hörte von einer Schule in den USA, die von sich behauptete, sie werde nach Summerhill-Prinzipien geleitet. Es gab dort jeden Morgen eine halbe Stunde obligatorischen Religionsunterricht, und wenn ein Junge fluchte, wusch man ihm mit Seife und Wasser den Mund aus.

Ich pflegte mich nach dem Vorbild anderer zu kleiden. Mein Direktor an der King Alfred School trug graue Kordsamtanzüge. 1919 begann auch ich, Kord zu tragen, und ich habe seither kaum je etwas anderes getragen. Etwas, das ich nie kopierte, ist der englische Akzent – mich schaudert, wenn ein Schotte im Fernsehen den englischen Akzent nachahmt. In Deutschland wurde ich immer als *«ein Engländer»** bezeichnet, was ich gar nicht mochte. Dabei fällt mir eine Freudsche Fehlleistung ein. Stekel schrieb ein Buch, in dem er sich nicht nur über meinen Glauben an Freiheit für Kinder negativ äußerte, sondern mich, was noch schlimmer war, einen Engländer nannte. Das Buch war ungebunden, und da ich damals gerade in Dresden Unterricht im Buchbinden genommen hatte, machte ich mich daran, es selbst zu binden. Als ich damit fertig war, schlug ich das Buch auf. Eine Seite fiel heraus – die Seite mit Stekels Bemerkungen über mich. Es ist die erstaunlichste Freudsche Fehlleistung, von der ich weiß; wie ich es fertigbrachte, über fünfhundert Seiten zu binden und eine einzige lose zu lassen, das ist mir noch heute ein Rätsel.

Kopieren ist nicht immer eine schlechte Sache. Wir ahmen den Stil eines Schriftstellers oft unbewußt nach. Aber Nachahmung ist leider nicht genug. Ich könnte Rod Lavers Stil jahrzehntelang kopieren und würde doch nie ein Tennisspiel gewinnen. Ich wünschte, ich könnte in der bildhaften Sprache von Douglas Brown schreiben oder mit der «Musik» von Ruskin, und bin doch vernünftig genug, darüber zu lachen und mich damit abzufinden, daß es mir nicht gegeben ist. Die meisten Dichter haben eine Periode der Imitation durchgemacht, und nur die großen unter ihnen haben sie ganz überwunden. Welchen Poeten Tennyson nachahmte, als er *Die Maienkönigin* schrieb, ahne ich nicht, aber hätte MacConagall zu jener Zeit gelebt, so würde ich vermuten, er sei die Quelle der Inspiration.

Kinder haben eine besondere Begabung, alles, was nicht ursprünglich ist, zu entdecken. Ein Kind einen Nachäffer zu nennen, ist das gleiche, wie wenn man einen Erwachsenen einen üblen Burschen nennt. Es scheint, als liege da ein angeborener Widerwille gegen jede Imitation vor, doch würde es schwer sein, herauszufinden, wie Kinder ihren Maßstab erwerben. Eine einzige gigantische Nachäfferei ist die Mode. Die Beatles tragen lange Haare? Also laßt uns alle lange Haare tragen! Und kein Mensch hat gegen diese Imitation etwas einzuwen-

* Deutsch im Original. (Anm. d. Übers.)

den. Ginge Prinz Charles in einem buntkarierten Smoking und mit einer rosa Krawatte zu einem Essen, ich bin sicher, solch ein Smoking würde *die* große Mode und die Londoner Schneider würden mit Aufträgen überschwemmt. Zugegeben, Imitation ist die ehrlichste Form der Schmeichelei, aber laßt sie uns auf Hüte und Mäntel beschränken, und versuchen wir doch, uns in Kunst, Literatur und Musik unseren eigenen Geschmack zu bilden. Unser Hausmädchen in Dresden pflegte ihre freien Abende in der Oper zu verbringen und sprach sehr bewandert über Wagner. Stammte *Lohengrin* nun aus seiner Beethoven-Periode oder aus seiner Mozart-Periode? Da ich von Musik nichts verstand, saß ich mit offenem Mund da und lauschte der Autorität. Emma wurde, wie ihr geliebter Wagner, Nazi.

Manchmal ist das, was wie eine Nachahmung aussieht, eine Entdekkung, die schon früher einmal gemacht wurde. Reich fand, wie ich schon sagte, heraus, daß die mächtigen Einflüsse in Schule und Elternhaus die Kinder kastrieren: sie machen sie unterwürfig und ängstlich und flößen ihnen sexuelle Schuldgefühle ein, so daß die Kinder als Erwachsene nicht den Mut haben, sich aufzulehnen. William Godwin sagte um 1790 fast genau dasselbe. Ich bin jedoch überzeugt, daß Reich Godwin nicht gelesen hatte. Ein Amateurastronom, den ich kannte, rannte eines Morgens um drei im Pyjama die Straße entlang, um einem befreundeten Astronomen eine große Neuigkeit zu verkünden: «Ich habe *die* Entdeckung des Jahrhunderts gemacht. Das Quadrat über der Hypothenuse eines rechtwinkligen Dreiecks entspricht genau der Summe der Quadrate über den beiden anderen Seiten.» Ich erzählte Will Hay, einem anderen Sternengucker, davon, und sein leerer, verständnisloser Blick überzeugte mich davon, daß er auch noch nie von Pythagoras gehört hatte. «Es geschieht nichts Neues unter der Sonne.»

Helden

Ich bin kaum je berühmten Menschen begegnet. H. G. Wells, der Held meiner Jugend, war ein alter Mann, als ich ihn kennenlernte. Mein Traum wurde zerstört: ein kleiner Mann mit einer schnarrenden Stimme und arrogantem Benehmen. Später sandte ich ihm eines von Reichs Büchern. Seine Antwort: *«Sie haben mir ein schreckliches Gewäsch von ehrgeizigen Scharlatanen geschickt. Reich wendet jedes zweite Wort falsch an und Wolfe* [sein Übersetzer] *ist ein großer Esel. In dem ganzen Wust ist kein Funke von neuer Einsicht. Bitte senden Sie mir nicht mehr solches Zeug.»*

Meine Antwort: *«Lieber Wells, ich verstehe nicht, warum Sie deswegen so verdammt unfreundlich sind. Ich hielt Sie für den liberalsten Mann Englands, und ich wollte ehrlich nur Aufklärung über eine biologische Angelegenheit, die ich selbst nicht zu beurteilen imstande war. Ihr finsterer Brief könnte von Colonel Blimp persönlich geschrieben sein. Ich hoffte, Sie würden Ihre Meinung über Bion und Orgon kundtun, ob das eine neue Entdeckung sei oder nicht, und alles, was ich erhielt, war eine Tirade gegen Wolfes Übersetzung von Reichs Deutsch. Sie wenden das Wort Scharlatan auf einen Mann an, den Freud für brillant hielt. Ich gebe zu, ich habe es heraufbeschworen. Ich bin aufdringlich gewesen. Ich entschuldige mich, und da ich ein Schotte bin, erstatte ich Ihnen das Porto. Sie stehen in dem Ruf, ein Mann zu sein, der Narren frohgemut ertragen kann. Offenbar können Sie aber aufrichtige Forschung ebenso nicht frohgemut ertragen. Wenn eine New Yorker medizinische Akademie Bion und Orgon an Krebspatienten ausprobiert, dann klingt Ihr ‹in dem ganzen Wust ist kein Funke von Einsicht› doch recht seltsam. Aber dies ist kein Grund zum Streit, und ich will Sie weder mit Reich noch irgend jemand sonst belästigen.»*

«Lieber Neill, nein, ich nehme Ihre Briefmarken nicht an, aber diese Sache ist Scharlatanerie. Sie nennen mich einen Blimp. Ich nenne Sie einen Grünschnabel. Gehaben Sie sich wohl.»

Reich war wütend auf mich, daß ich an Wells herangetreten war. «Ich brauche Wells' Anerkennung nicht. Ich brauche niemandes Anerkennung!»

«Warum hast du mir dann ein Dutzend Exemplare von *The Function of Orgasm** geschickt, wenn du nicht wolltest, daß ich sie verteile?» fragte ich. Reich brummte nur.

Ein Held, der nicht enttäuschte, war Henry Miller. Jemand hatte ihm ein oder zwei von meinen Büchern geschickt, und Henry schrieb mir, und wir hielten einige Jahre lang einen lockeren Briefwechsel aufrecht. Dann kam er nach London, und wir aßen zusammen zu Mittag. Ich liebe Henry, er war so warmherzig, so humorvoll, so offenkundig aufrichtig. Ich habe oft geseufzt bei dem Gedanken, daß Tausende von Meilen uns trennen. Mein Urteil über ihn mag vielleicht zu einem Teil dadurch geprägt sein, daß er in einer Broschüre, die das Erscheinen meines Buches *Summerhill*** ankündigte, schrieb: «Ich kenne keinen Erzieher in der westlichen Welt, der sich mit A. S. Neill vergleichen kann. Mir scheint, er steht einzig da ... Summerhill ist ein kleiner Lichtstrahl in einer dunklen Welt ...» Doch ich liebte ihn, lange bevor er diese Worte geschrieben hatte.

Ich habe in meinem Leben berühmte Theater- und Fernsehleute kennengelernt. Man hat leicht das fast unbewußte Gefühl, Leute, die populär sind, müßten interessante Persönlichkeiten sein. Millionen wären entzückt gewesen, hätten sie, sagen wir, Gary Cooper kennengelernt, doch schätze ich, daß Gary im Privatleben einfach nur ein ganz normaler, liebenswürdiger Kerl war. Meine erste Desillusion mit Theaterleuten erlebte ich als Student. Eine Schauspielertruppe, die Ibsen spielte, kam nach Edinburgh, und ich deichselte es, daß ich eine Einladung zum Abendessen mit ihnen erhielt. Ich wurde neben die Hauptdarstellerin gesetzt, die die Nora, die Hedda Gabler und die Rebecca gespielt hatte. Es sollte der Höhepunkt meiner Theaterbesucherkarriere werden! Die Frau interessierte sich nicht im geringsten für Ibsen, und ich fragte mich, ob sie überhaupt wußte, daß er Norweger war.

J. M. Barrie bin ich nie begegnet. Er war mein Held, bis ich unter den Zauberbann von Wells geriet. Unsere Geburtsorte lagen nur acht Meilen auseinander. Er hatte die Universität Edinburgh besucht, die ich auch besuchte. Er war ein berühmter Schriftsteller, und ich würde

* *Die Funktion des Orgasmus.*

** *Theorie und Praxis der antiautoritären Erziehung.*

auch ein berühmter Schriftsteller werden. Es war ein klarer Fall von Identifizierung. Ich las seinen *Sentimental Tommy* immer wieder, ebenso seine Erzählungen vom alten Kirriemuir.

Meine Jüngerschaft fand ein jähes Ende, als ich jene ungeheure Entgegnung auf die schottische Sentimentalität, *The House with the Green Shutters* von George Douglas Brown, las. Das Buch wurde meine Bibel; ich kannte es beinahe auswendig. Ich beschloß, Browns Biographie zu schreiben, und bekam, indem ich Briefe an die Zeitungen schrieb, auch allerlei Material. Doch leider war es fast alles langweiliges, unbedeutendes Zeug. Ich konnte in seinem Leben keine Höhepunkte entdecken und gab das Projekt auf. Ich schickte mein ganzes Material an James Veitch, den schottischen Romancier, der die Biographie tatsächlich schrieb. Aber ich verdankte der Sache ein süßes Erlebnis. Ich besuchte Browns Freundin in Glasgow, damals schon eine alte, sehr schwerhörige Frau, und verliebte mich in sie. Es lag ihr sehr daran, daß ich die Biographie schriebe, und sie war enttäuscht, als es anders kam. Ein paar Jahre später wollte ich sie wieder besuchen und fand ein mit Brettern vernageltes Haus vor, das zum Verkauf stand. Ein Nachbar erzählte mir, die liebe alte Frau sei vor einem Jahr gestorben. Ich habe noch ihre Briefe an mich und will sie der Nationalbibliothek von Schottland schicken, mit der Auflage, daß sie der Öffentlichkeit erst in zwanzig Jahren zugänglich gemacht werden dürfen. Das für den Fall, daß ihre Verwandten gegen die Veröffentlichung der Briefe Einspruch erheben würden. Ich weiß, daß sie unter den Dokumenten über George Douglas Brown ihren Platz finden werden, wo auch das Manuskript des *House* liegt, in billige Schulhefte geschrieben. Ich habe jedesmal darin gelesen, wenn ich nach Edinburgh kam. Halb denke ich, die alte Dame war zu gut für den mürrischen Geordie.

Ich hielt Barrie inzwischen für einen weniger bedeutenden Schriftsteller, allerdings mit Blitzen von Einsicht und Humor. Sein *Peter Pan* sprach die Kinder an wegen der Piraten und Abenteuer; und das Buch sprach die Erwachsenen an, weil es von einem Jungen handelte, der nie groß wurde; sie hatten die Illusion, Kindheit sei eine einzige Rhapsodie der Vergnügen und Wonnen. Barrie wurde selbst nie erwachsen, wie in Janet Dunbars Biographie klar und brillant gezeigt wird. Er hatte wunderliche Seiten. Als eine alte Dame ihn fragte, was er werden wolle, antwortete er: «Autor.» Sie schlug die Hände zusammen.

«Was? Sie, ein Master of Arts?» Talent hatte er, sogar eine Menge. Sein Schauspiel *Lieber Brutus* ist ein beispielhaft gebautes Theaterstück. Aber ich zweifle sehr, ob ich eine Begegnung mit ihm zu schätzen gewußt hätte. Der einzige von all den Schriftstellern der Vergangenheit, den ich liebend gern kennengelernt hätte, ist Oscar Wilde. Es muß wunderbar gewesen sein, ihm bei seinen Gesprächen im *Café Royal* zuzuhören. Winston Churchill hatte übrigens denselben Wunsch.

Professor Bernal war ein Wissenschaftler mit großer Vorstellungskraft. Er hielt gelegentlich unseren Schülern Vorträge. Er sagte ihnen, daß die Nordsee eines Tages entwässert und in urbares Land verwandelt werde; er sah die Bevölkerungsexplosion schon vor dreißig Jahren voraus und malte sich die Fortführung menschlichen Lebens auf den anderen Planeten aus. Im Krieg hielt Winston Churchill große Stücke auf ihn. Seine erste Aufgabe bestand darin, nicht explodierte Bomben, Blindgänger, zu untersuchen. Einmal, so wird erzählt, kam er zu einem Feld mit einem riesigen, von Stacheldraht umgrenzten Bombenkrater.

«Sorry, Sir», sagte der Sergeant, der den Zugang bewachte, «aber hier darf keiner rein, ehe ein hohes Tier aus London die Bombe untersucht hat.»

Bernal, der gar nicht auf den Gedanken kam, daß mit dem hohen Tier er selbst gemeint sein könnte, fuhr davon.

Ich fragte Bernal, ob die Geschichte wahr sei.

«Nicht ganz. Als der Sergeant in die andere Richtung blickte, kroch ich unter dem Stacheldrahtverhau durch.»

Er kannte keine Furcht. Als ich ihn fragte, ob er bei seinem gefährlichen Job nie Angst gehabt habe, antwortete er: «Einmal, als eine Bombe plötzlich anfing zu ticken, hab ich so einen Schreck bekommen, daß ich einen Meter zurückgesprungen bin.»

Er war ein Weiser, weil er auf alles eine Antwort wußte, aber als ich ihn einmal fragte, warum eine Rasierklinge sich am Schleifstein besser schärfen lasse, wenn der Stein geölt sei, schüttelte er den Kopf und sagte, er habe keine Ahnung. Ich wünschte, ich hätte ihn in seiner Marineuniform sehen können, als er 1944, am Tage der Invasion der Alliierten in der Normandie, ein Landungsboot kommandierte. Er wußte nicht den Unterschied zwischen Backbord und Steuerbord und schokkierte seine Mannschaft, indem er immer «Links!» und «Rechts!» schrie.

Bernal bekam einen Schlaganfall, und das Ende seines Lebens muß eine beklagenswerte Frustration gewesen sein, zumal er bis zu seinem Tode geistig völlig klar blieb. Ich hoffe, irgend jemand wird einmal die Lebensgeschichte dieses großartigen Wissenschaftlers und so menschlichen Menschen schreiben.

So viel über die Großen, denen ich begegnete. Mein eigenes Milieu, das waren die weniger gehobenen Kreise – die Lehrer, die Studenten, die Eltern. Die Masse, der große Haufen, und das war gut so: nur zu viele haben keine Vorstellung, was normale, gewöhnliche Leute tun und denken.

Gesundheit

Was meine Gesundheit betrifft, habe ich immer viel Glück gehabt. Abgesehen von zwei schmerzhaften Ischiasattacken und einer Hämorrhoidenoperation habe ich keinerlei ernste Krankheiten gehabt. Vor vierzig Jahren lag ich drei Monate mit einer Nierenbeckenentzündung, und damals begann ich mich für Naturheilkunde zu interessieren. Sie schien zu meinen Gedanken über Erziehung zu passen. Rohkost und Buttermilch waren so etwas wie ein Pendant zum freien Kind; Medikamente entsprachen dagegen der äußerlichen Schuldisziplin. Natürlich stimmt diese Analogie nicht. Ich ging jedes Jahr in eine Klinik für Naturheilkunde, und jedesmal fühlte ich mich danach erfrischt und fit. Im großen und ganzen geht die Naturheilkunde davon aus, daß die Krankheit von innen her kommt; daß der Körper auf Gifte, die hauptsächlich aus schlechter Nahrung stammen, reagiert, indem er sie ausstößt, daß also Hautkrankheiten oder eine Erkältung Mittel sind, Gifte loszuwerden, ein Selbstreinigungsprozeß. Und das klingt vernünftig. Mein Vater und mein Großvater sagten immer, sie verdankten ihr langes Leben ihren vielen Erkältungen, und ein französischer Arzt behauptete, die langlebigsten unter seinen Patienten seien diejenigen, die eine Hautkrankheit hätten. Die Schulmediziner lachten und sprachen verächtlich von Quacksalberei: die Krankheiten kämen von Infektionen, also von außenher, der Krankheitserreger sei das Entscheidende. Der Laie weiß nicht, was er denken soll. Die Naturheilkundler benutzten Orangen und Zitronen als Heilmittel, lange bevor das Vitamin C entdeckt wurde. Einige Schulmediziner, besonders in Deutschland, wandten bei Verstauchungen kalte Umschläge an, gingen aber nicht soweit wie die Naturheilkundler, die sogar beispielsweise Lungenentzündungen mit Wickeln behandelten.

Vom Gefühl her stand ich ganz auf der Seite der Naturheilkunde. Doch stiegen Zweifel auf. Wenn eine vernünftige Ernährung so wichtig war, wie kam es dann, daß mein Vater fünfundachtzig wurde, obwohl er sich sein Leben lang falsch ernährt hatte? Die Naturheilkunde warnte davor, Flanell auf der Haut zu tragen. Mein Vater trug sommers wie winters nichts anderes. Aber ich sah auch die positive Seite. Ich kannte Frauen, die sich, durch rheumatische Arthritis gelähmt, kaum rühren konnten, aber ein Jahr später sah ich sie draußen spazierengehen, nicht geheilt, doch das Leiden hatte sich gebessert. Was die medizinische Kontroverse betraf, so waren beide Seiten engstirnig und dogmatisch. Die Naturheilkundler hatten nichts mit Impfungen im Sinn, und nur wenige akzeptierten die Tatsache, daß Tetanusinjektionen Tausenden im Krieg das Leben gerettet hatten. Mein Bruder, der Arzt, erzählte mir, nach der Erfindung des Penicillins sei keiner seiner Patienten mehr an Lungenentzündung gestorben. Andererseits lachten die Mediziner über den Gedanken des Fastens und übersahen dabei völlig, daß Tiere kein Futter zu sich nehmen, wenn sie krank sind. Ein Tierarzt erzählte mir, der Tod von Pferden und Rindern sei in seinem Bezirk in den meisten Fällen darauf zurückzuführen, daß die Bauern die Tiere zwängen, das Futter herunterzuwürgen, «damit sie nicht vom Fleisch fallen». Nach meiner Vortragsreise in Südafrika, nach zuviel Alkohol und zuwenig Bewegung, war mir, als ich wieder an Bord ging, sterbenselend zumute. Mein Urin war trübe. Sechs Tage lang fastete ich und nahm nur Wasser zu mir. Als ich in Southampton ankam, sah ich aus wie das blühende Leben. Das Seltsame am Festen ist, daß man sich geistig dabei so luzid vorkommt. Ich hatte damals das Gefühl, ich könnte Einstein sagen, wo er sich geirrt habe.

Die Zweifel verstärkten sich jedesmal, wenn Leute, die sich stets im Sinne der Naturheilkunde ernährt hatten, an Krebs starben; denn das bewies, daß richtige Ernährung allein nicht genügte. Und ich vermute, daß viele Naturärzte unbewußt Moralisten waren. Einer der bekanntesten behauptete in einem Buch, viele der von ihm behandelten Krankheiten seien durch Masturbation verursacht worden, und alle Patienten hätten Stimulantia zu sich genommen – Tee, Kaffee, Alkohol, Tabak und natürlich jede Art von Fleisch. Ich glaubte und glaubte gleichzeitig nicht, aber letzten Endes habe ich die gleiche Haltung gegenüber Ärzten, die eine Hautsalbe verschreiben, ohne nach den Ursachen der Hautkrankheit zu fragen. Ich habe selten einen Arzt erlebt, der mich fragte, was ich esse, ob ich Sport treibe, ob mein Geschlechtsleben befriedigend sei. Es ging nur darum, die Krankheit zu behandeln, während der Naturheilkundler sein Augenmerk auf den gesamten Körper richtet. Eine Kombination der beiden Systeme könnte eine Lösung sein.

Einen großen Unterschied gibt es zwischen den beiden Schulen. Die Naturheilkundler erklären einem genau, was sie tun, aber der normale Arzt macht das nicht. Manche sind sogar verärgert, wenn man sie fragt, was in den Medikamenten ist, die sie einem verschreiben. Ich habe so viel über die Gefahren von Kortison gehört, daß ich ganz gern wissen möchte, ob es in den Pillen, die man mir verschreibt, enthalten ist oder nicht. Shaw hat es so formuliert: «Jeder Beruf ist eine Verschwörung gegen die Laien.»

Biscuit

Mein goldgelber Neufundländer Biscuit ist am Ende seiner Kräfte und hat die Kontrolle über seinen Darm verloren. Er wird eingeschläfert werden müssen, und ich hasse es, daß ich der Gott sein soll, der über sein Schicksal entscheidet. Er war ein idealer Hund für eine Schule. Nie hat er jemanden gebissen. Er erlaubte den Kindern, daß sie ihn streichelten und mit ihm spielten. Ich werde ihn sehr vermissen.

Der Tod einer Katze löst im allgemeinen nicht so großen Kummer aus wie der Tod eines Hundes. Katzen zeigen selten Zuneigung, und Menschen bedeuten ihnen wenig. Hunde schmeicheln dem Menschen, Katzen nicht. Hunde lieben Menschen und sind nicht wählerisch in ihrer Liebe. Ich bin sicher, Hermann Görings Hund hat seinen Herrn genauso geliebt, wie er ihn geliebt hätte, wenn er ein Gandhi gewesen wäre. Die meisten von uns lieben Hunde, weil die Hunde ihre Liebe zu uns zeigen.

Man kann einen Hund zu Gehorsam erziehen ... Bei Biscuit hätte ich das nicht gekonnt. Interessierte er sich für einen Gegenstand, dann überhörte er einfach mein Pfeifen. Aber eine Katze kann man nicht Gehorsam lehren. Frage: Warum kann man ein Pferd zu Gehorsamkeit erziehen, aber nicht eine Kuh? Oder kann man es doch? Man kann einen Ochsen vor den Pflug spannen, ja. Aber eine Kuh auf einem Feld? Nein. Da gab es eine seltsame Sache mit Biscuit: er kannte sich mit der Zeit aus. Jeden Tag nach dem Mittagessen wußte er, daß es nun Zeit für seinen Spaziergang am Strand war, und er plagte mich, bis ich ihn ins Auto schob. Ich erinnere mich noch an den Skyeterrier, den wir hatten, als ich ein Junge war. Setzte mein Vater seinen Hut auf und zog seinen Mantel an, um in die Stadt zu gehen, tanzte Boulot vor Freude um ihn herum, aber wenn mein Vater sonntags für den Kirchgang den Zylinder aufsetzte und den Gehrock anzog, blickte Boulot nicht einmal auf. Ich möchte wissen, wieviel Intelligenz ein Hund wohl besitzt. Ich fragte einmal einen Schäfer, der bei einem Schäferhundwettbewerb den ersten Preis gewonnen hatte, wieviel sein Hund verstehe.

«Der versteht überhaupt nichts; er gehorcht nur meinem Pfeifen. Es hat noch keinen Hund gegeben, dem man sagen konnte, er solle drei

Schafe in die eine und fünf in die andere Hürde treiben.»

Tausende von Hundebesitzern haben gesagt, sie zögen ihre Hunde den Menschen vor, und ich verstehe, was sie damit meinen. Die grenzenlose Treue und Liebe, die einem ein Hund entgegenbringt, kann es in keiner menschlichen Beziehung geben. Eine Ehefrau, ein Bruder übt leicht Kritik; ein Hund kritisiert nie, zweifelt nie. Man könnte ihn ein höheres Tier nennen, denn er lügt oder verleumdet nicht, er führt keine Kriege und haßt nicht. Wird er aggressiv, so wegen eines Knochens oder einer Hündin. Viel hängt davon ab, wie weit sein Herr ihm erlaubt, sozusagen über sich selbst zu bestimmen. Hundebesitzer, die ihre Tiere schlagen, sie auf Katzen hetzen, machen ihre Hunde wild. Ich glaube, wenn ich Biscuit an die Kette gelegt hätte, dann wäre er binnen von sechs Wochen ein bissiger Hund gewesen. Katzen und Hunde sind nicht von Natur aus Feinde. Meine Frau hat viele Katzen. Sie spielten mit Biscuit, schliefen zwischen seinen Pfoten. Ich will damit nicht sagen, daß Wildkatzen und wilde Hunde nicht Feinde sein können; ich sage nur, daß, sind sie domestiziert, keine Feindschaft zwischen ihnen besteht.

Eines Tages werden Hunde zumindest aus den Städten verbannt werden. In manchen Orten Englands gibt es Verordnungen wegen der Verschmutzung der Bürgersteige. Biscuit hätte, nebenbei gesagt, solch ein Gesetz nie gebraucht; er verließ immer den Bürgersteig und ging mitten auf die Straße oder an eine Grasböschung. Er war schon ein manierlicher Hund, der alte Biscuit, und nun schiebe ich es hinaus, den Tierarzt anzurufen, genau wie ich es immer hinauszögere, einem Lehrer den Laufpaß zu geben. Ich bin zu alt, um mir noch einen anderen Hund anzuschaffen, aber selbst wenn ich jünger wäre, wollte ich keinen Hund mehr haben, denn seine Lebensspanne ist zu kurz und die Trennung zu schmerzlich.

Zoë

Irgendwo in diesem Buch habe ich gesagt, ich wollte nicht über Leute schreiben, die noch am Leben sind. Aber im Fall meiner Tochter Zoë verstoße ich gegen meinen eigenen Vorsatz. In mehr als einem meiner Bücher habe ich sie erwähnt, und ihr Name muß von Millionen gelesen worden sein. Viele Leser haben mir geschrieben und mich nach ihrem Leben gefragt. Manche wollten wissen, ob sich an ihr das alte schottische Sprichwort bewahrheite, daß des Schuhmachers Kinder die schlechtesten Schuhe tragen. Ein anderes schottisches Sprichwort sagt, daß des Pfarrers Sohn oft ein gottloser Taugenichts ist.

Die Antwort lautet, kurz gefaßt, daß Zoë mit 24 Jahren ein so gutes Produkt eines freien Elternhauses und einer freien Schule ist, wie man es sich nur wünschen kann. Sie ist, bisher, keine Akademikerin. Seit ihrer frühesten Jugend hat sie ein ganz großes Interesse – Pferde. Sie hat ihre Prüfung als Reitlehrerin abgelegt und hat jetzt einen großen Stall auf dem Schulgelände, und sie lacht mich aus wegen meiner eigenen Ansichten über das Reiten, die ich mir vor über zwanzig Jahren als Zuschauer bei einem Rodeo in Madison Square Garden zulegte. «Cowboys können nicht reiten; die sitzen einfach auf den Pferden.»

Ihre Schulzeit war schwierig. Sie stand zwischen Elternhaus und Schule. Solange sie bei uns in unserem Cottage lebte, war sie für die Kinder, die als Internatsschüler im Schulgebäude wohnten, ein Außenseiter, und als wir sie zur Internatsschülerin machten, hatte sie das Gefühl, sie hätte kein Elternhaus. Und sie litt sehr unter der Eifersucht der anderen. Meine Frau und ich waren seit langem der Überzeugung, daß Eltern ihre eigenen Kinder nie in ein Internat geben sollten, in dem sie selbst als Lehrer arbeiten. So schickten wir sie, als sie elf war, auf ein anderes Internat. In den ersten Ferien sagte sie zu mir: «Daddy, du bist ein Schwindler. Du gibst anderen Kindern Freiheit, nur nicht deiner eigenen Tochter. Ich hasse diese Schule; die Freiheit dort ist eine Scheinfreiheit, und es gibt da auch keine richtige Selbstverwaltung.» Ich sah mir die Schule an und holte Zoë nach Hause. Übrigens gingen später zwei andere Mädchen, die wir kannten, auf jene Schule, und beide übten eine ähnliche Kritik, nämlich daß die Freiheit dort nur ein Schwindel sei.

Ich nehme an, insgeheim hatte ich den Wunsch, Zoë werde sich eines Tages meiner Arbeit und meinen Interessen zuwenden und nach mir Summerhill leiten. Schon viele Eltern haben sich solchem Wunschdenken hingegeben, besonders Väter, die große Unternehmen besitzen. Zum Glück täuschen wir uns alle; zum Glück haben wir keine Macht über unsere Kinder. Zum Glück kam ich zu der Einsicht, daß es, wenn Pferde nun einmal ihr Leben waren, nur auf Zoës Glück ankam. Und schließlich werden Fachleute für Pferde ebenso gebraucht wie Fachleute für Erziehung, vielleicht sogar noch mehr. Man kann Generationen von Kindern durch falsche Erziehung zu Furcht und Gehorsam zugrunde richten, und grausame Trainer können Pferde ruinieren, während Zoës Methoden sanft und freundlich sind. Ihr preisgekrönter Hengst Karthage brauchte nicht zugeritten zu werden. Als sie das erste Mal auf seinen Rücken sprang, nahm er es hin wie eine neue natürliche Freundschaftsbekundung. «Mein Stall ist ein Summerhill für Pferde.»

Im September 1971 heiratete sie einen jungen Farmer, und inzwischen haben die beiden eine eigene Farm, nur ein paar hundert Meter von der Schule entfernt. Bei der Hochzeit mußte ich feierlich auf das Wohl von Tony und Zoë Readhead (wie Redhead ausgesprochen) anstoßen, und obwohl ich doch stundenlang ohne jede Nervosität Vorträge halten kann, hatte ich etwas Angst, eine kleine Rede zu halten, da hier so viele Gefühle mitschwangen. Zum Glück erinnerte ich mich dunkel an eine Stelle in meinem Buch *The Free Child*. Ich las sie laut vor ...

«Gestern hatte ich Geburtstag. Meine Zoë, die nächsten Monat sechs wird, sagte: ‹Daddy, du bist doch alt, nicht? Du wirst doch vor mir sterben, nicht? Ich werde furchtbar weinen, wenn du stirbst.› – ‹He, Moment›, sagte ich, ‹vielleicht werde ich doch lieber warten, bis du verheiratet bist.› – ‹In dem Fall›, meinte sie, ‹brauche ich sicher nicht zu weinen, oder?›»

Ich las nicht weiter. Und mir geht auf, daß ein kleines Kind, wenn es als selbstverständlich annimmt, daß es seinen Vater später nicht mehr braucht, unwillkürlich den guten alten Ödipuskomplex überwunden hat.

Tod

Auf diesen Seiten habe ich viel über die Ängste zu sagen, die mich in meiner Kindheit und Jugend beherrschten – Angst vor der Dunkelheit, Angst vor Krankheit, Angst vor dem Tod. Mit 89 Jahren weiß ich natürlich, daß der Tod nicht weit entfernt sein kann, und ich hasse die Vorstellung, wie eine Kerze zu erlöschen und in das Nichts zu gehen, das ich dahinter vermute. Aber ich bin nicht sicher, ob das Angst vor dem Tod ist; eher ist es die Furcht, nicht mehr zu leben, Menschen und Dinge, an denen ich sehr hänge, zu verlassen. Und es ist auch Neugier. Ich möchte gern weiterleben, erleben, wie es mit den Kindern weitergeht, mit der Menschheit, mit dieser Welt des Hasses, der Verbrechen und der vereitelten Liebe. Es ist ein ernüchternder Gedanke, daß, wenn ich sterbe, der Briefträger und der Milchmann wie sonst jeden Tag kommen werden, daß mein Hinscheiden ihnen nichts bedeuten wird, niemandem wirklich etwas bedeuten wird außer denen, die um mich herum sind.

Ich habe das, was man als Groll gegen den Tod beschreiben könnte. Er tötet den Körper, wenn der Geist noch weiterleben möchte. Ich glaube, jene Leute, die behaupten, wir wünschten uns unseren eigenen Tod, irren, obwohl es, wenn man krank ist, so aussehen mag. Keats war wahrscheinlich ein kranker Mann, als er schrieb, er sei halb verliebt in einen leichten Tod. In meinem hohen Alter ist mein Herz kränklich, und es kann mir den Tod bringen, aber mein Kopf, so hoffe ich, ist munter und lebendig und mein Interesse an allen Dingen des Lebens genauso heftig wie eh und je. Ich würde gern noch weitere fünfzig Jahre Summerhill erleben. Man sollte eine neue Religion erfinden, wo man alle zwanzig Jahre die Erde für eine Woche wiederbesuchen darf. Die Chancen stehen dafür, daß die meisten Toten nach dem ersten Besuch alle weiteren absagen würden. Es wäre eine interessante Spekulation, sich auszudenken, wie Heinrich VIII., wenn er jetzt zurückkehrte, auf unsere neue Toleranz in sexuellen Dingen reagieren würde. Wahrscheinlich fände er, das sei genau das richtige für ihn.

Es ist auch ein starkes Element der Eitelkeit in meiner Haltung gegenüber dem Tod. Ich bin der große Mann, wenn auch nicht der größte wie Muhammad Ali, und kein anderer Mann kann meine

Arbeit tun. Viele, die meisten Menschen haben diesen Komplex und wissen genau wie ich, daß diese Vorstellungen nichts weiter als kindliche Phantasien sind. Keiner ist unersetzlich, keiner ist unentbehrlich. Trotzdem ist das Gefühl da. Einen Vortrag über Summerhill von irgend jemandem zu hören – es würde mich schaudern. Und Artikel über Summerhill machen mir ohnehin im allgemeinen mehr Kummer als Freude. Die Menschen sollten über das schreiben, was sie selbst im Leben tun, und nicht über das, was andere tun ... Humbug! Habe ich nicht selbst eine Menge über Homer Lane und Wilhelm Reich geschrieben? Doch habe ich es nach Möglichkeit immer vermieden, sie zu interpretieren.

Ich habe das Glück, ein langes Leben gelebt zu haben mit einem Minimum an Furcht auslösenden Einflüssen von der Außenwelt. Das Erziehungsministerium, das möglicherweise meine Anschauungen ablehnte, ist tolerant gewesen. Kein Kirchenmann hat mich angegriffen, weil ich Kinder von der Religion fernhielt oder sie ihnen doch zumindest nicht nahebrachte. Unsere kleine Stadt in Suffolk ist friedlich, und unsere Kinder sind vor Rowdies und Verbrechern sicher. Meine Schüler sind weitaus furchtloser als ich es in ihrem Alter war.

Kürzlich fragte mich jemand, welche Ereignisse in meinem Leben als glückliche Augenblicke herausragten. In meiner Kindheit muß es viele gegeben haben, denn die Jugend ist die Zeit der überschwenglichen Freude ... und der schrecklichen Niedergeschlagenheit, zum Beispiel an dem Tag nach einem Zirkusbesuch. Ich kann mich nicht erinnern an die frühen Wonnen, an die Augenblicke, da die Zeit stillzustehen schien, wenn ein geliebtes Mädchen mir zulächelte. Meine größte Freude erlebte ich vor vergleichsweise kurzer Zeit: die Rückkehr nach Summerhill nach dem Krieg. Das Chaos, das die Armee auf dem Grundstück angerichtet hatte, war vergessen über der Freude und der stillen Glückseligkeit, endlich wieder an dem Ort zu sein, den ich liebte. Früher hatte ich nie eine emotionale Bindung an einen Ort gehabt. Bei Summerhill mag es daran liegen, daß Summerhill mir gehört. Ich habe es gekauft und habe es verschönert, und es wurde Ausdruck meiner eigenen Persönlichkeit. Es war mein *House with the Green Shutters.* Wenn ich an den Tod denke, denke ich nicht so sehr daran, daß ich aus dem Leben scheiden werde, sondern mehr daran, daß ich Summerhill verlassen muß, das schließlich mein Leben gewesen ist.

Ah, jetzt erinnere ich mich. An die große Freude, als 1915 mein Buch *A Dominie's Log* erschien; an das Entzücken, mit dem ich die Besprechungen las, und an die Niedergeschlagenheit, wenn es feindselige Kritiken waren. (Ich beeile mich, hinzuzufügen, daß ich in meiner langen Laufbahn als Autor nur sehr wenige feindselige Kritiken bekommen habe.) Einer der Vorteile des Kleinstadtlebens ist der, daß man seinen Namen ins Lokalblättchen bringen kann, und wenn es nur eine Meldung ist, daß man für falsches Parken zu einer Geldstrafe verurteilt wurde. In der Großstadt ist das nicht so leicht möglich. Vielleicht ist das auch der Grund, warum es in kleinen Städten selten jugendliche Banden gibt. Alles und jeder ist den Nachbarn bekannt, man ist eine bekannte Persönlichkeit, keine Einheit wie in einer großen, unpersönlichen Stadt. Ich wünschte, ich könnte heute noch einmal die Erregung empfinden, die ich damals empfand, wenn ich meinen Namen gedruckt sah.

Ich kann mich nicht an meine Gefühle bei Zoës Geburt erinnern, nur an das natürliche und allgemeine Gefühl, wie ungerecht es sei, daß die Mütter alle Schmerzen ertragen müssen. Ich glaube nicht, daß ich je ein Besitzgefühl gegenüber meiner Tochter gehabt hatte, und nie tauchte der Gedanke auf, meine Tochter sei aus einem Lehm gemacht, der feiner und glatter sei als der des Kindes nebenan. Mitanzusehen, wie das eigene Kind aufwächst, ist – so könnte man wohl sagen – ein langes, stilles Vergnügen.

Die Freuden, die aus einer natürlichen Entwicklung erwachsen, werden allzu leicht verdrängt. Die Augenblicke der Scham in der Reifezeit . . . man benutzt die falsche Gabel, spricht irgendein Wort falsch aus, findet, daß man komisch angezogen ist . . . in Schottland muß man einen Kilt tragen, während doch alle anderen Jungen Breeches anhaben – tausend Demütigungen machen die Jugend zur Hölle. So, als ich mit sechzehn nach dem ersten Satz einer Symphonie Beifall klatschte, weil ich dachte, sie sei zu Ende. Ich hatte den unglückseligen Hang, zu erröten. Jack Flugel wies einmal auf die Anomalie des Errötens hin. Man möchte sich verstecken, im Boden versinken, wenn man einen Fauxpas gemacht hat – aber da man rot anläuft im Gesicht, starren einen alle erst recht an.

Auch eine gewisse Armut war für manche Verlegenheit und Niedergeschlagenheit verantwortlich. Als Student mußte ich oft Einladungen zu Veranstaltungen ablehnen, weil ich es mir nicht leisten konnte, mein Frackhemd in die Wäscherei zu geben ... Ich hatte nur das eine. Und oft sagte ich, ich hätte dem Alkohol abgeschworen – als Entschuldigung dafür, daß ich ein paar Freunde nicht in die Kneipe begleitete ... Ich hatte nicht das Geld, um eine Runde bezahlen zu können. Ich mußte von Newport, Fife, dritter Klasse über die Tay Bridge nach Dundee fahren, wo doch jeder eine Dauerkarte erster Klasse hatte. Andererseits betrachtete ich selbst mich niemals als eine *first class*-Person, und 1936, auf meiner Reise nach Südafrika, fühlte ich mich von meinem Mitreisenden so isoliert, daß ich in meiner Kabine blieb und ein Buch schrieb – *That Dreadful School* (Auszüge daraus sind in *Summerhill* enthalten). Au, au, ich hätte das genau prüfen sollen, denn *Summerhill* enthält einen Teil, der mich zum Freudianer macht, was ich schon seit vielen Jahren nicht mehr bin; ich bin weder Freud-Anhänger noch sonst jemandes Anhänger.

Jetzt, da ich alt bin, reise ich in der Bahn erster Klasse, aber ich habe dabei immer ein leichtes Gefühl der Verlegenheit. Die anderen Reisenden wirken im Vergleich zu den Leuten in den Abteilen der zweiten Klasse immer so steif, so konventionell. Selbst falls ich mich im Grunde meines Herzens für eine *first class*-Person halte: bewußt würde ich lieber mit den vulgären Leuten reisen – lateinisch *vulgus*, das Volk, die Masse. Ich stamme von Geburt aus dem unteren Mittelstand, und im Grunde bin ich dort noch, aber das hängt zu einem Teil mit dem Gefühl zusammen, daß ich keinen wirklichen Kontakt zu den feinen Pinkeln, dem Establishment, den Klassenbewußten, oder sollte ich sagen, den Geldbewußten, den Bejahern des Status quo habe. Der umgekehrte Snob, das ist es, was ich bin.

Wenn man sehr alt wird, scheint die Natur den Übergang, den Tod leicht zu machen. Ich stelle fest, daß ich nach und nach an vielen Dingen das Interesse verloren habe und auch an Menschen weniger interessiert bin. Ich sehe, wie der Gärtner die Sense benutzt, die ich immer so sauber und scharf gehalten habe, und es bedeutet mir nichts. Stehe ich morgens auf, dann fühle ich mich, als sei ich hundert und habe kein Interesse an irgend etwas oder irgend jemand, aber wenn ich zu Bett gehe, bin ich wieder fünfzig. Die Morgenpost bringt nichts, was mich noch aufregen könnte; die Morgenzeitungen haben wenig Interessantes zu berichten. Im Alter gibt es nichts, worauf man sich wirklich freuen könnte. Ich kann mir kein verheißungsvolles Ereignis ausdenken, das mich jetzt in Erregung versetzen würde – weder ein Scheck über eine Million Dollar von einem reichen Amerikaner noch das Angebot eines Ehrentitels (das ich sowieso nicht annehmen könnte), noch ein weiterer Ehrendoktor von irgendeiner Universität.

Die Natur bereitet einen auf das Ende vor. Ich habe nicht die Weisheit eines R. L. S. erlangt – «... freudig sterben, und willig lege ich mich nieder». Aber ich beginne zu verstehen, warum er das sagte, obwohl er lange vor dem Greisenalter starb.

Wenn die Altersschwäche nicht käme, wie lange könnte man dann wohl glücklich leben, wie lange das Interesse behalten, zum Beispiel an der Schönheit der Blumen und Landschaften. Ich habe meine Schule in zwei sehr schönen Gegenden gehabt, im österreichischen Tirol und in den walisischen Bergen. Nach ein paar Wochen sah ich die Schönheit nicht mehr, so wie der Regisseur eines Musicals die Schönheit seiner Tänzerinnen nicht mehr sieht. Insofern bin ich nicht ganz ehrlich, wenn ich mir selbst sage: «Bald wirst du die Bäume und Blumen von Summerhill nicht mehr sehen, die glücklichen Gesichter der Kinder; bald wirst du deine Freunde für immer verlassen, wie traurig.»

Ich habe an so manchem hübschen Fleckchen gerastet, und ich bin zufrieden, daß ich nicht den Wunsch habe, Erfahrungen zu wiederholen. In der Jugend ist alles von Dauer. Im alten Schulhaus kamen wir Kinder nie auf den Gedanken, daß das Leben sich ändern könnte, daß unsere Eltern sterben würden, daß unsere Brüder und Schwestern sterben würden. Hätte mir damals jemand gesagt, ich würde mein Leben in einer kleinen englischen Stadt beschließen, die nicht einmal auf der Landkarte stand, ich glaube, ich hätte gelacht über die Unsinnigkeit dieser Vorstellung. Die Jugend denkt nicht an den Tod, es sei denn, etwas Schreckliches wie der Calvinismus flößt einem Angst davor ein. Meine Schüler, die keine religiösen Ängste kennen, denken an das Leben, an Taten, an Liebe, an Erfolg. Die einzige Lebensaufgabe besteht darin, das Leben zu leben, und da ich ein sehr volles Leben hatte und die meisten meiner Vorhaben verwirklichen konnte, habe ich gar nicht den Wunsch, wehmütig zu werden und zu bedauern, daß die vergangenen Freuden und Erfolge für immer vorüber sind. Als

Charles Froman, der Filmmagnat, auf der sinkenden *Lusitania* stand, soll ihn jemand gefragt haben, ob er denn keine Angst habe. «Nein», sagte er, «der Tod ist das größte Abenteuer im Leben» (Peter Pan zitierend). Für mich ist er das nicht, weil ich mit Hamlet denke: «Der Rest ist Schweigen.» Ein stummes Abenteuer kann man sich nicht vorstellen.

Ich hatte nie das Gefühl, daß ich nun «mein eigen Fleisch und Blut» allein lasse. Einer meiner ehemaligen Schüler, der im Zweiten Weltkrieg Funker auf einem Schiff war, erzählte mir, hinter der Furcht, daß sein Schiff torpediert werde, habe bei ihm der Gedanke gestanden, daß er keine Kinder hatte, die seinen Namen weiterführen würden. Ich bin froh, eine Tochter zu haben, die meinen Namen trägt, obwohl sie nun, da sie verheiratet ist, nicht länger eine Neill ist. Ich werde meine Zoë verlassen, und irgendwann wird auch sie sterben, aber das, was ich als mein Werk zurücklasse, wird, so hoffe ich, einige Zeit weiterleben. Ich hoffe auch, daß meine Pionierarbeit in der Erziehung nicht zu einer Masse pseudo-freier Schulen führen wird, die alle gütig den Charakter der Kinder formen.

In Schottland lachten wir über den Tod mehr als über irgend etwas sonst. Die Frau eines Farmers starb. Als die Männer den Sarg die schmale Treppe hinuntertrugen, stießen sie an einer Ecke an. Der Deckel flog auf, und die Frau erwachte aus ihrer Trance. Zwanzig Jahre später starb sie zum zweitenmal, und der Farmer stand ängstlich dabei, als die Männer den Sarg heruntertrugen.

«Paßt um Gottes willen bei der Ecke auf, Jungens.»

Trauriger Gedanke: der Tod bedeutet das Ende des Spaßes. Stünde in der Bibel auch nur ein einziger Witz, ich wäre geneigt, an einen Himmel zu glauben. Himmel für Heiligkeit, Hölle für Gesellschaft, sagte Bernard Shaw. Vielleicht hätte man ja in der Hölle ein bißchen Spaß. Falls es eine gibt, weiß ich ja, wer da ist – Shaw, Wilde, O. Henry, Damon Runyon, Mark Twain. Aber vielleicht würden sie sich in ihrer Zwanglosigkeit eingeschränkt fühlen durch die Anwesenheit von Paulus, Calvin, John Knox. Und natürlich würden die meisten Politiker da sein.

Ich beende dieses Buch mit einer meiner Lieblingsgeschichten, einer sehr alten. Ein Kaufmann im Orient schickte seinen Diener zum Marktplatz, die täglichen Besorgungen zu machen. Der Diener kam zurückgelaufen mit einem Gesicht, weiß wie ein Laken.

«Herr, ich sah auf dem Markt den Todesengel, und er warf mir einen Blick zu, der mich erschreckte. O Herr, leiht mir ein Pferd, und ich werde nach Samara fliehen.»

Der Kaufmann lieh ihm ein Pferd und nahm selbst den Korb und ging zum Markt. «Warum», sagte er zu dem Todesengel, «warum hast du meinen Diener geängstigt? Er sagte, du habest ihm einen Blick zugeworfen, der ihn mit Schrecken erfüllte.»

«Das tut mir leid», sagte der Todesengel. «Ich warf ihm einen Blick zu, aber es war ein Blick der Überraschung, ihn hier zu sehen, denn ich habe heute abend eine Verabredung mit ihm in Samara.»

Meine Vorliebe für diese Geschichte mag zeigen, daß einer der großen Einflüsse in meinem Leben der gute alte Omar Chaijam war.

Die Hand, die alles schrieb und die nie stehn geblieben,
Schreibt weiter stets, und all dein Sinnen, all dein Lieben –
Nichts lockt zurück sie, eine Zeile auszustreichen,
Noch löschen deine Tränen aus, was sie geschrieben.

Jedermanns Leben, meines eingeschlossen.

Bildquellennachweis:
Bildtafel 1, 2, 4, 7 und 8: Archiv Harold H. Hart
Bildtafel 3 und 6: Andreas Heumann, London
Bildtafel 5: aus Joshua Popenoe *Schüler in Summerhill*,
Rowohlt Verlag GmbH, Reinbek, 1971